JLPT 한권으로 끝내기 N1~N5 교재 연계 강의 구성

JLPT 수강료 100% 환급 패키지

환급 패키지 혜택

N1~N5 전 급수
유형 분석&팁 강의 무료

N1~N3 실전 모의고사
N1~N4 한자/족집게 특강 무료

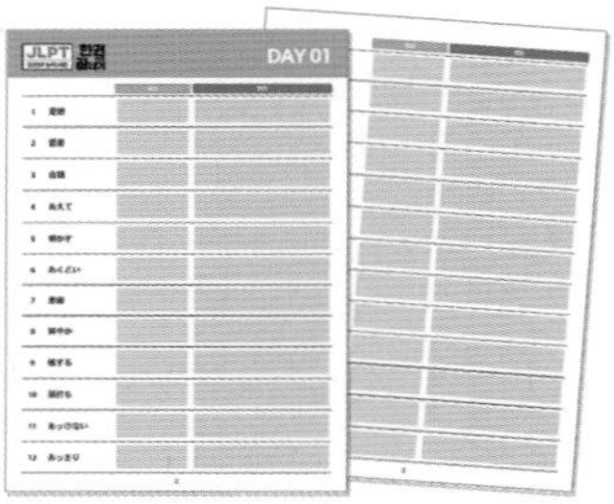

N1~N5 전 급수
비법 자료 무료

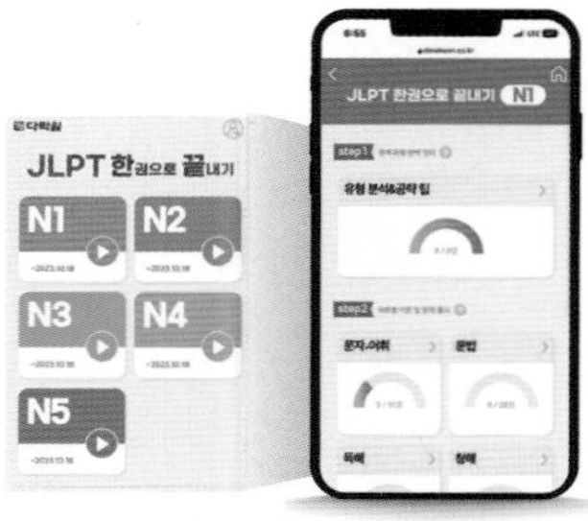

편리한 학습 환경
JLPT 전용 강의실 이용

합격 후기 이벤트

100% 증정!

상기 혜택 및 이벤트 상품은 변경될 수 있으며, 자세한 내용은 다락원사이트〉JLPT 환급 패키지 페이지를 참고해 주세요.

JLPT

일본어 능력시험

한권으로 끝내기

이치우, 이한나 공저

N5

다락원

머리말

JLPT(일본어능력시험)는 일본어를 모국어로 하지 않는 학습자들의 일본어 능력을 측정하고 인정하는 것을 목적으로 하는 시험으로, 국제교류기금 및 일본국제교육지원협회가 1984년부터 실시하고 있습니다. JLPT는 일본 정부가 공인하는 세계 유일의 일본어 시험인 만큼 그 결과는 일본의 대학, 전문학교, 국내 대학의 일본어과 등의 특차 전형과 기업 인사 및 공무원 선발 등에서 일본어 능력을 평가하는 자료로도 활용되고 있습니다.

JLPT의 수험자층은 초등학생에서 일반인으로 그 폭이 넓어지고 있고 수험의 목적도 실력 측정뿐만 아니라 취직 및 승진, 대학이나 대학원 등의 진학을 위해서 등등 다양해지고 있습니다. 이와 같은 변화에 대응하여 국제교류기금과 일본국제교육지원협회는 시험 개시로부터 20년 넘게 발전해 온 일본어 교육학이나 테스트 이론의 연구 성과와 지금까지 축적해 온 시험 결과의 데이터 등을 활용하여 JLPT의 내용을 개정하여 2010년부터 새로운 JLPT를 실시하고 있습니다.

『JLPT 한권으로 끝내기 N5』는 2015년에 발행된 『JLPT(일본어능력시험) 한권으로 끝내기 N5』의 개정판으로, 실제 시험 문제와 같은 형식인 1교시 언어지식(문자·어휘·문법)·독해, 2교시 청해 순으로 구성되어 있습니다. 이번 개정판에서는 JLPT N5에서 고득점을 받을 수 있도록 문자·어휘, 문법, 독해, 청해의 각 파트별 총정리는 물론, 예상문제와 실전모의테스트까지 준비하였습니다. 또한 2010년부터 현재까지 출제된 어휘와 문법을 보기 쉽게 정리하였고, 새롭게 출제된 문제 유형을 철저히 분석 및 반영하여 JLPT N5의 모든 파트를 종합적으로 마스터할 수 있도록 하였습니다.

이 책을 이용하는 독자 여러분 모두에게 아무쪼록 좋은 결과가 있기를 바랍니다. 끝으로 이 책의 출판에 도움을 주신 (주)다락원의 정규도 사장님과 일본어 편집부 직원분들께 이 자리를 빌어 감사 드립니다.

저자 이치우 · 이한나

JLPT (일본어능력시험)에 대하여

❶ JLPT의 레벨

시험은 N1, N2, N3, N4, N5로 나뉘어져 있어 수험자가 자신에게 맞는 레벨을 선택한다. 각 레벨에 따라 N1~N2는 언어지식(문자·어휘·문법)·독해, 청해의 두 섹션으로, N3~N5는 언어지식(문자·어휘), 언어지식(문법)·독해, 청해의 세 섹션으로 나뉘어져 있다.

시험 과목과 시험 시간 및 인정 기준은 다음과 같으며, 인정 기준을 「읽기」,「듣기」의 언어 행동으로 나타낸다. 각 레벨에는 이들 언어행동을 실현하기 위한 언어지식이 필요하다.

레벨	과목별 시간		인정기준
	유형별	시간	
N1	언어지식 (문자·어휘·문법) 독해	110분	**폭넓은 장면에서 사용되는 일본어를 이해할 수 있다.** 【읽기】 신문의 논설, 논평 등 논리적으로 약간 복잡한 문장이나 추상도가 높은 문장 등을 읽고, 문장의 구성과 내용을 이해할 수 있으며, 다양한 화제의 글을 읽고 이야기의 흐름이나 상세한 표현의도를 이해할 수 있다. 【듣기】 자연스러운 속도로 체계적 내용의 회화나 뉴스, 강의를 듣고, 내용의 흐름 및 등장인물의 관계나 내용의 논리구성 등을 상세히 이해하거나 요지를 파악할 수 있다.
	청해	55분	
	계	165분	
N2	언어지식(문자·어휘·문법) 독해	105분	**일상적인 장면에서 사용되는 일본어의 이해에 더해, 보다 폭넓은 장면에서 사용되는 일본어를 어느 정도 이해할 수 있다.** 【읽기】 신문이나 잡지의 기사나 해설, 평이한 평론 등, 논지가 명쾌한 문장을 읽고 문장의 내용을 이해할 수 있으며, 일반적인 화제에 관한 글을 읽고 이야기의 흐름이나 표현의도를 이해할 수 있다. 【듣기】 자연스러운 속도로 체계적 내용의 회화나 뉴스를 듣고, 내용의 흐름 및 등장인물의 관계를 이해하거나 요지를 파악할 수 있다.
	청해	50분	
	계	155분	
N3	언어지식(문자·어휘)	30분	**일상적인 장면에서 사용되는 일본어를 어느 정도 이해할 수 있다.** 【읽기】 일상적인 화제에 구체적인 내용을 나타내는 문장을 읽고 이해할 수 있으며, 신문 기사 제목 등에서 정보의 개요를 파악할 수 있다. 일상적인 장면에서 난이도가 약간 높은 문장은 대체 표현이 주어지면 요지를 이해할 수 있다. 【듣기】 자연스러운 속도로 체계적 내용의 회화를 듣고, 이야기의 구체적인 내용을 등장인물의 관계 등과 함께 거의 이해할 수 있다.
	언어지식(문법)·독해	70분	
	청해	40분	
	계	140분	
N4	언어지식(문자·어휘)	25분	**기본적인 일본어를 이해할 수 있다.** 【읽기】 기본적인 어휘나 한자로 쓰여진, 일상생활에서 흔하게 일어나는 화제의 문장을 읽고 이해할 수 있다. 【듣기】 일상적인 장면에서 다소 느린 속도의 회화라면 내용을 거의 이해할 수 있다.
	언어지식(문법)·독해	55분	
	청해	35분	
	계	115분	
N5	언어지식(문자·어휘)	20분	**기본적인 일본어를 어느 정도 이해할 수 있다.** 【읽기】 히라가나나 가타카나, 일상생활에서 사용되는 기본적인 한자로 쓰여진 정형화된 어구나 문장을 읽고 이해할 수 있다. 【듣기】 일상생활에서 자주 접하는 장면에서 느리고 짧은 회화라면 필요한 정보를 얻어낼 수 있다.
	언어지식(문법)·독해	40분	
	청해	30분	
	계	90분	

※N3 – N5 의 경우, 1교시에 언어지식(문자·어휘)과 언어지식(문법)·독해가 연결 실시됩니다.

❷ 시험 결과의 표시

레벨	득점 구분	득점 범위
N1	언어지식(문자 · 어휘 · 문법)	0 ~ 60
	독해	0 ~ 60
	청해	0 ~ 60
	종합득점	0 ~ 180
N2	언어지식(문자 · 어휘 · 문법)	0 ~ 60
	독해	0 ~ 60
	청해	0 ~ 60
	종합득점	0 ~ 180
N3	언어지식(문자 · 어휘 · 문법)	0 ~ 60
	독해	0 ~ 60
	청해	0 ~ 60
	종합득점	0 ~ 180
N4	언어지식(문자 · 어휘 · 문법) · 독해	0 ~ 120
	청해	0 ~ 60
	종합득점	0 ~ 180
N5	언어지식(문자 · 어휘 · 문법) · 독해	0 ~ 120
	청해	0 ~ 60
	종합득점	0 ~ 180

N1, N2, N3의 득점 구분은 '언어지식(문자 · 어휘 · 문법)', '독해', '청해'의 3구분입니다.
N4, N5의 득점 구분은 '언어지식(문자 · 어휘 · 문법) · 독해'와 '청해'의 2구분입니다.

❸ 시험 결과 통지의 예

다음 예와 같이 ① '득점 구분별 득점'과 득점 구분별 득점을 합계한 ② '종합득점', 앞으로의 일본어 학습을 위한 ③ '참고 정보'를 통지합니다. ③ '참고 정보'는 합격/불합격 판정 대상이 아닙니다.

*예 : N5를 수험한 A씨의 '합격/불합격 통지서'의 일부 성적 정보 (실제 서식은 변경될 수 있습니다.)

① 득점 구분별 득점		② 종합득점
언어지식 (문자 · 어휘 · 문법) · 독해	청해	
120 / 120	60 / 60	180 / 180

③ 참고 정보		
문자 · 어휘	문법	독해
A	A	A

A 매우 잘했음 (정답률 67% 이상)
B 잘했음 (정답률 34%이상 67% 미만)
C 그다지 잘하지 못했음 (정답률 34% 미만)

이 책의 구성과 활용

이 책은 JLPT(일본어능력시험) N5에 완벽하게 대응할 수 있도록 출제 경향을 철저히 분석·정리하여 종합적으로 대비할 수 있도록 한 학습서이다. 최신 기출어휘, 문법과 함께 새 문제 유형에 대비한 문제를 실었다. 전체 구성은 본책 〈0교시 끝내기 – 일본어 문자와 기초 문법〉 〈1교시 끝내기 – 언어지식(문자·어휘·문법) / 독해〉 〈2교시 끝내기 – 청해〉과 별책 부록 〈해석 및 해설집〉 〈실전모의테스트〉 〈스피드 체크북〉으로 이루어져 있다.

0교시 끝내기 일본어 문자와 기초 문법

제1~2장 일본어 문자 / 일본어 기초 문법

N5 학습을 좀 더 쉽게 하기 위해 일본어 문자와 4개의 주요 품사를 정리하였다.

1교시 끝내기 언어지식(문자·어휘·문법) / 독해

제1~2장 언어지식 – 문자·어휘 기출 공략편/예상 공략편

제1장은 문자·어휘 기출 공략편으로 JLPT N5에 출제된 기출어휘를 2016~2024, 2000~2015, 1990~1999년으로 각각 나누어 정리하고 확인문제를 실었다. 제2장에서는 출제 가능성이 높은 문자·어휘를 품사별로 나누어 정리하고 확인문제를 통해 학습한 내용을 다시 한 번 복습할 수 있도록 하였다.

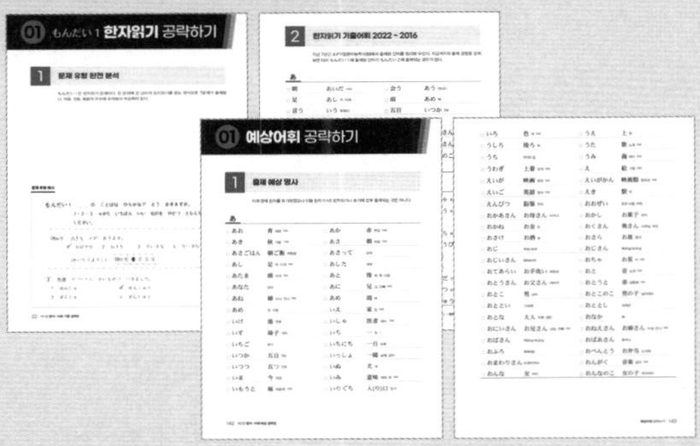

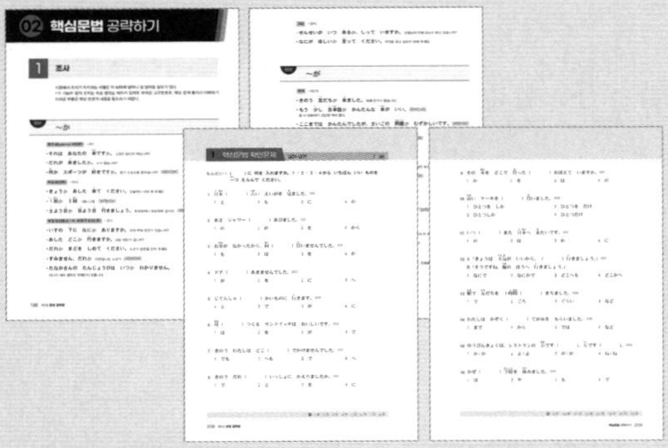

제3장 언어지식 – 문법 공략편

JLPT N5 대비용으로 선정한 핵심문법 100개를 정리하였다. 또한 문제 유형에 맞추어 제시한 문법 확인문제로 기능어가 가진 역할과 함께 새로운 문제 패턴을 충분히 이해하고 연습할 수 있게 하였다.

제4장 독해 공략편

JLPT N5 독해 문제의 유형 분석과 함께 독해를 푸는 요령을 정리하였다. 각 문제 유형별로 예제를 통해 실전 감각을 익히고, 확인문제를 통해 실전에 대비할 수 있도록 하였다.

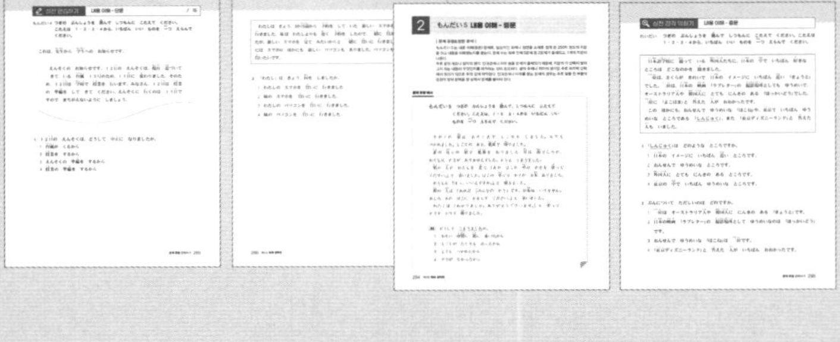

2교시 끝내기 청해

제5장 청해 공략편

우리나라 사람들이 알아듣기 힘든 발음을 항목별로 정리하고 MP3 음성을 통한 연습으로 청해 시험에 대비한 듣기 요령을 터득할 수 있도록 하였다. 또한 각 문제 유형별로 예제를 통해 실전 감각을 익히고, 다양한 확인문제를 통해 실전에 대비할 수 있도록 하였다.

MP3 파일은 다락원 홈페이지에서 다운로드할 수 있으며, QR코드를 촬영하면 쉽게 스마트폰으로 접속하여 음성을 들을 수 있다.

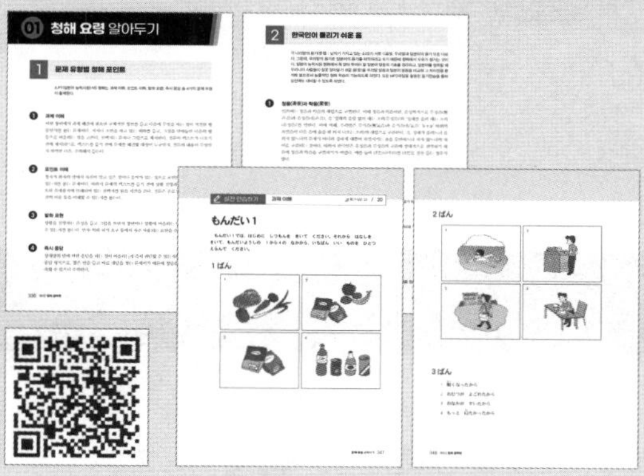

별책 부록

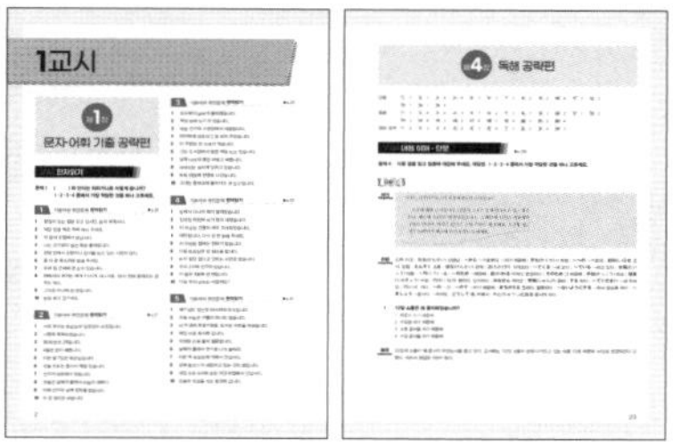

해석 및 해설집

학습의 이해도와 능률을 높이기 위하여 각 단원별로 확인문제의 해석, 독해 지문의 해석 및 정답과 해설, 청해 스크립트 및 정답과 해설을 실었다. 문제를 풀고 확인하기 편리하게끔 별책으로 제공한다.

실전모의테스트 문제집

별책에 실제 시험과 동일한 형식의 모의테스트가 2회분 수록되어 있다. 모의테스트를 통해 학습한 내용을 최종적으로 점검하고 함께 수록된 채점표를 통해 본 시험에서의 예상 점수를 확인해 볼 수 있다. 함께 실은 해답용지를 이용하여 사전에 해답 기재 요령을 익혀 시험에 쉽게 적응할 수 있다. 또한 온라인에서 실전모의테스트 2회분을 더 제공하고 있으므로 충분히 연습할 수 있다.

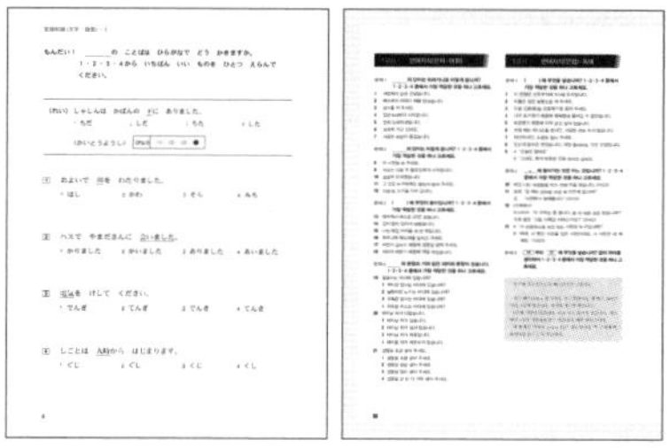

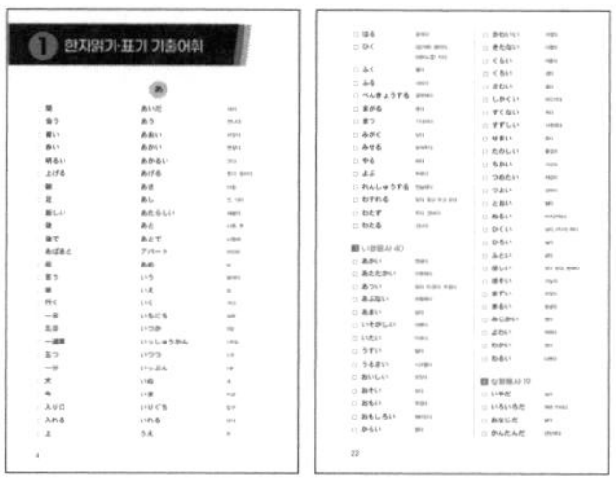

스피드 체크북

문자·어휘 파트의 기출어휘를 각 문제 유형별로 나누고 아이우에오 순으로 정리하였다. 문법 파트에서는 N5에서 출제되는 핵심문법을 보기 쉽게 정리하였다. 평소 자투리 시간을 이용하여 복습용으로 공부할 수 있으며, 시험 당일 최종 점검용으로도 활용할 수 있다.

목차

0교시 끝내기

일본어 문자와 기초 문법

N5

01 일본어 문자

일본어는 한자(漢字)와 히라가나(ひらがな), 가타카나(カタカナ) 두 종류의 문자를 조합해서 표기한다.

❶ 일본어에서 사용하고 있는 한자(漢字)는 중국의 문자이다. N5에서 외워야 하는 한자 수는 103자 정도인데, N5 시험에서는 모양이 비슷하게 만들어서 출제되기 때문에 모양을 확실히 익혀 두어야 한다.

예 배울 학(學) 学(○), 学(×)
같을 동(同) 同(○), 同(×)

❷ 히라가나(ひらがな) 오십음도 익히기
한자(漢字)의 초서체를 간략화해서 만든 일본어의 음절 문자이다. 아래의 표를 오십음도라고 하며, 50음을 5단 10행으로 배열하고 있다.

	あ단	い단	う단	え단	お단
あ행	あ [아]	い [이]	う [으·우]	え [에]	お [오]
か행	か [카]	き [키]	く [쿠]	け [케]	こ [코]
さ행	さ [사]	し [시]	す [스]	せ [세]	そ [소]
た행	た [타]	ち [치]	つ [츠·쯔]	て [테]	と [토]
な행	な [나]	に [니]	ぬ [누]	ね [네]	の [노]
は행	は [하]	ひ [히]	ふ [후]	へ [헤]	ほ [호]
ま행	ま [마]	み [미]	む [무]	め [메]	も [모]
や행	や [야]		ゆ [유]		よ [요]
ら행	ら [라]	り [리]	る [루]	れ [레]	ろ [로]
わ행	わ [와]				を [오]
	ん [응]				

※ わ행의 を(을/를)는 조사로만 사용된다.

❸ 가타카나(カタカナ) 오십음도 익히기

대부분 한자(漢字)의 일부분을 따서 만든 일본어의 음절 문자이다. 주로 외래어를 표기할 때 사용된다.

	あ단	い단	う단	え단	お단
あ행	ア [아]	イ [이]	ウ [우]	エ [에]	オ [오]
か행	カ [카]	キ [키]	ク [쿠]	ケ [케]	コ [코]
さ행	サ [사]	シ [시]	ス [스]	セ [세]	ソ [소]
た행	タ [타]	チ [치]	ツ [츠·쯔]	テ [테]	ト [토]
な행	ナ [나]	ニ [니]	ヌ [누]	ネ [네]	ノ [노]
は행	ハ [하]	ヒ [히]	フ [후]	ヘ [헤]	ホ [호]
ま행	マ [마]	ミ [미]	ム [무]	メ [메]	モ [모]
や행	ヤ [야]		ユ [유]		ヨ [요]
ら행	ラ [라]	リ [리]	ル [루]	レ [레]	ロ [로]
わ행	ワ [와]				ヲ [오]
	ン [응]				

※ わ행의 ヲ(을/를)는 조사로만 사용된다.

02 일본어 기초 문법

1 い형용사

사물의 성질이나 상태를 나타내며, 어미가 ～い로 끝나는 형용사를 い형용사라고 한다. 사전에는 ～い로 실려 있어서 사전형이라고도 한다. 어간은 명사·な형용사·い형용사가 활용할 때 변하지 않는 것을 말하며, 어미는 활용할 때 변하는 것을 말한다.

구분		긍정	부정
현재형	정중체	いたいです 아픕니다 いいです 좋습니다 よいです	いたく ないです 아프지 않습니다 ありません よく ないです 좋지 않습니다 ありません
	보통체	いたい 아프다 いい・よい 좋다	いたく ない 아프지 않다 よく ない 좋지 않다
과거형	정중체	いたかったです 아팠습니다 よかったです 좋았습니다	いたく なかったです 아프지 않았습니다 ありませんでした よく なかったです 좋지 않았습니다 ありませんでした
	보통체	いたかった 아팠다 よかった 좋았다	いたく なかった 아프지 않았다 よく なかった 좋지 않았다
중지형 (～하고, ～해서)		いたくて 아프고, 아파서 よくて 좋고, 좋아서	
부사적 표현 (～하게)		いたく 아프게 よく 잘, 자주, 종종	

※ いい・よい는 둘 다 '좋다'라는 뜻이지만, 활용할 때는 よい를 사용한다.

2 な형용사

사물의 성질이나 상태를 나타내며, 어미가 명사와 같다. 사전에는 어간만 실려 있고, 명사를 수식할 때 ～な가 붙어서 な형용사라고 한다. な형용사는 ～だ와 접속하여 '～하다'라는 뜻의 보통형으로 활용되거나 ～です와 접속하여 '～합니다'라는 뜻의 정중형이 된다.

구분		긍정	부정
현재형	정중체	きれいです 예쁩니다	きれいでは　ありません 예쁘지 않습니다 きれいでは　ないです
	보통체	きれいだ 예쁘다	きれいでは　ない 예쁘지 않다
과거형	정중체	きれいでした 예뻤습니다	きれいでは　ありませんでした 예쁘지 않았습니다 きれいでは　なかったです
	보통체	きれいだった 예뻤다	きれいでは　なかった 예쁘지 않았다
중지형 (～하고, ～해서)		きれいで 예쁘고, 예뻐서	
부사적 표현 (～하게)		きれいに 예쁘게	

※ 일본의 학교 문법에서는 형용동사(形容動詞)라고 한다. 일부 학자는 명사처럼 활용하므로 형용명사라고 칭하거나 제2형용사라고 칭한다.

※ きれい(예쁨), きらい(싫어함)은 ～い로 끝나는 것처럼 보여, い형용사라고 생각하기 쉽지만, 綺麗(きれい), 嫌(きら)い에서 온 な형용사이다. 따라서 부정형을 만들 때는 きれいでは　ない(○), きれく　ない(×), きらいでは　ない(○), きらく　ない(×)가 된다.

3 명사

명사는 물건이나 사물의 이름을 나타내며, 자립어로 활용이 없다. な형용사와 마찬가지로 ～だ와 접속하여 '～이다'라는 뜻의 보통형으로 표현하거나 ～です와 접속하여 '～입니다'라는 뜻의 정중형이 된다.

구분		긍정	부정
현재형	정중체	いい　天気(てんき)です 좋은 날씨입니다	いい　天気(てんき)では　ありません いい　天気(てんき)では　ないです 좋은 날씨가 아닙니다
	보통체	いい　天気(てんき)だ 좋은 날씨이다	いい　天気(てんき)では　ない 좋은 날씨가 아니다
과거형	정중체	いい　天気(てんき)でした 좋은 날씨였습니다	いい　天気(てんき)では　ありませんでした いい　天気(てんき)では　なかったです 좋은 날씨가 아니었습니다
	보통체	いい　天気(てんき)だった 좋은 날씨였다	いい　天気(てんき)では　なかった 좋은 날씨가 아니었다
중지형 (～이고, ～이며)		いい　天気(てんき)で 좋은 날씨이고	

※ ～だ(～이다, ～하다), ～です(～입니다, ～합니다)는 な형용사와 명사에만 붙는 것은 아니다. わたしもです(저도입니다), 午後(ごご)からです(오후부터입니다)와 같이 조사 「～も, ～から 등」에도 붙는다.

4 동사

동사는 사물의 동작, 작용, 존재를 나타내며, 자립어로서 활용이 있다.

구분		긍정	부정
현재형	정중체	バスに　のります 버스를 탑니다	バスに　のりません 버스를 타지 않습니다
	보통체	バスに　のる 버스를 탄다	バスに　のらない 버스를 타지 않는다
과거형	정중체	バスに　のりました 버스를 탔습니다	バスに　のりませんでした 버스를 타지 않았습니다
	보통체	バスに　のった 버스를 탔다	バスに　のらなかった 버스를 타지 않았다
중지형 (~하고)		バスに　のって / バスに　のり 버스를 타고	

※ 동사의 종류는 1그룹동사, 2그룹동사, 3그룹동사 3가지가 있는데, 본 교재 안에서 자세히 공부하기로 하자. 일본의 학교 문법에서는 5단동사, 상1단동사, 하1단동사, カ행변격동사, サ행변격동사 5가지로 분류되어 있다.

1교시 끝내기

언어지식(문자·어휘·문법) / 독해

N5

제 1 장

문자·어휘 기출 공략편

01 もんだい 1 한자읽기 공략하기
02 もんだい 2 표기 공략하기
03 もんだい 3 문맥규정 공략하기
04 もんだい 4 교체유의어 공략하기

01 もんだい１ 한자읽기 공략하기

1 문제 유형 완전 분석

もんだい１은 한자읽기 문제이다. 한 문장에 한 단어의 한자읽기를 묻는 형식으로 7문제가 출제된다. 탁음, 장음, 촉음의 유무에 주의해서 학습해야 한다.

문제 유형 예시

もんだい１　＿＿＿の　ことばは　ひらがなで　どう　かきますか。1・2・3・4から　いちばん　いい　ものを　ひとつ　えらんで　ください。

（れい）　大きな　えが　あります。
✓ おおきな　2　おきな　3　だいきな　4　たいきな

（かいとうようし）　| （れい） | ● ② ③ ④ |

1　先週　デパートに　かいものに　いきました。
1　せんしゅ　✓ せんしゅう
3　ぜんしゅ　4　ぜんしゅう

2 한자읽기 기출어휘 2024 ~ 2016

지난 9년간 JLPT(일본어능력시험)에서 출제된 단어를 정리해 두었다. 지금까지의 출제 경향을 살펴보면 이미 もんだい 1에 출제된 단어가 もんだい 2에 출제되는 경우가 많다.

あ

□ 間	あいだ 사이	□ 会う	あう 만나다
□ 足	あし 발, 다리	□ 雨	あめ 비
□ 言う	いう 말하다	□ 五日	いつか 5일
□ 五つ	いつつ 5개	□ 犬	いぬ 개
□ 上	うえ 위	□ お母さん	おかあさん 어머니
□ お金	おかね 돈	□ お国	おくに (남의) 고향
□ お父さん	おとうさん 아버지	□ 男の人	おとこのひと 남자
□ 女の子	おんなのこ 여자아이	□ 女の人	おんなのひと 여자

か

□ 外国	がいこく 외국	□ 会社	かいしゃ 회사
□ 書く	かく 쓰다	□ 学校	がっこう 학교
□ 火よう日	かようび 화요일	□ 川	かわ 강
□ 北がわ	きたがわ 북쪽	□ 北口	きたぐち 북쪽 출입구
□ 九千円	きゅうせんえん 9000엔	□ 金よう日	きんようび 금요일
□ 九月	くがつ 9월	□ 九時	くじ 9시
□ 国	くに 나라, 국가	□ 来る	くる 오다
□ 車	くるま 자동차	□ 元気だ	げんきだ 건강하다
□ 午後	ごご 오후	□ 九つ	ここのつ 9개
□ 五分	ごふん 5분	□ 今週	こんしゅう 이번 주

さ

□ 魚	さかな 생선, 물고기	□ 雑誌	ざっし 잡지
□ 三本	さんぼん 3병	□ 四月	しがつ 4월
□ 七時	しちじ 7시	□ 水よう日	すいようび 수요일
□ 少ない	すくない 적다	□ 少し	すこし 조금
□ 千円	せんえん 천 엔	□ 先月	せんげつ 지난달
□ 先生	せんせい 선생님	□ 空	そら 하늘

た

□ 高い	たかい 높다, (가격이) 비싸다	□ 出す	だす 내다, 꺼내다
□ 立つ	たつ 서다	□ 小さい	ちいさい 작다
□ 父	ちち 아버지	□ 手	て 손
□ 出る	でる 나가다	□ 天気	てんき 날씨
□ 電車	でんしゃ 전철	□ 友だち	ともだち 친구
□ 土よう日	どようび 토요일		

な

□ 中	なか 안, 중	□ 西がわ	にしがわ 서쪽, 서쪽 방면
□ 二万円	にまんえん 2만 엔	□ 飲む	のむ 마시다, (약을) 먹다

は

□ 入る	はいる 들어가다	□ 花	はな 꽃
□ 話	はなし 이야기	□ 話す	はなす 이야기하다
□ 半分	はんぶん 절반	□ 東がわ	ひがしがわ 동쪽, 동쪽 방면
□ 東口	ひがしぐち 동쪽 출입구	□ 百人	ひゃくにん 100명
□ 古い	ふるい 낡다, 오래되다		

ま

□ 毎週	まいしゅう 매주	□ 毎月	まいつき 매월
□ 毎日	まいにち 매일	□ 前	まえ 앞
□ 右	みぎ 오른쪽	□ 水	みず 물
□ 店	みせ 가게	□ 三つ	みっつ 3개
□ 南がわ	みなみがわ 남쪽, 남쪽 방면	□ 耳	みみ 귀
□ 見る	みる 보다	□ 六つ	むっつ 6개
□ 目	め 눈	□ 木よう日	もくようび 목요일

や

□ 休む	やすむ 쉬다	□ 八つ	やっつ 8개
□ 読む	よむ 읽다		

memo

1 기출어휘 확인문제 한자읽기 / 10

もんだい1 ＿＿＿の ことばは ひらがなで どう かきますか。1・2・3・4から いちばん いい ものを ひとつ えらんで ください。

1 にわの ある 家が ほしいけど、お金が たりない。

1 おきん 2 おかね 3 おがね 4 おぎん

2 くすりは ごはんを たべた あとで 飲んで ください。

1 たのんで 2 すんで 3 のんで 4 やんで

3 えきの まえの きっさてんで 会いましょう。

1 あいましょう 2 かいましょう 3 つかいましょう 4 ならいましょう

4 わたしは にくより 魚の ほうが すきです。

1 かさな 2 がさな 3 さかな 4 さがな

5 電車(でんしゃ)の 中(なか)で しんぶんや ざっしを 読んで いる 人(ひと)が 多(おお)い。

1 よんで 2 もんで 3 すんで 4 こんで

6 もっと 大(おお)きな こえで 言って ください。

1 いって 2 すって 3 とって 4 まって

7 うちの ちかくに 大(おお)きな 川が あります。

1 いけ 2 かわ 3 へん 4 むら

8 父(ちち)の かえりは たいてい 11時(じ)すぎで、10時(じ)まえに かえる ことは 少ない。

1 すきない 2 すこない 3 すけない 4 すくない

9 それは ひとつ 千円です。

1 せんねん 2 せねん 3 せんえん 4 せえん

10 前を みて あるいて ください。

1 まい 2 めえ 3 めい 4 まえ

답 1② 2③ 3① 4③ 5① 6① 7② 8④ 9③ 10④

もんだい１ ＿＿＿＿の ことばは ひらがなで どう かきますか。１・２・３・４から
いちばん いい ものを ひとつ えらんで ください。

1 わたしの 会社(かいしゃ)は 土よう日と 日(にち)よう日(び)が 休(やす)みです。

1 とようび　2 どようび　3 かようび　4 がようび

2 あとで おふろに 入ります。

1 はいります　2 しまります　3 いります　4 おります

3 50の 半分は 25です。

1 ほんぶん　2 はんぶん　3 ほんふん　4 はんふん

4 四月(しがつ)は 花が きれいです。

1 そら　2 はな　3 もり　4 みどり

5 こんげつの なのかは 木よう日です。

1 げつようび　2 すいようび　3 もくようび　4 きんようび

6 きょうの 午後は、ひとりで 本(ほん)を よみます。

1 ごこ　2 ごこう　3 ごご　4 ごごう

7 ともだちが 外国から きました。

1 がいごく　2 かいこく　3 がいこく　4 かいごく

8 きょうは 天気(てんき)が よくて 空が きれいだ。

1 そら　2 あき　3 はる　4 うみ

9 きのう ともだちと いっしょに えいがを 見ました。

1 しました　2 みました　3 わすれました　4 おぼえました

10 この しろい さかなは 高いです。

1 ほそい　2 ひくい　3 ふとい　4 たかい

답 1② 2① 3② 4② 5③ 6③ 7③ 8① 9② 10④

もんだい１ ＿＿＿＿の ことばは ひらがなで どう かきますか。１・２・３・４から いちばん いい ものを ひとつ えらんで ください。

1 ごごから 天気が よく なりました。
1 でんぎ　2 でんき　3 てんぎ　4 てんき

2 つくえの 上に ノートが あります。
1 した　2 ちた　3 うえ　4 うへ

3 毎日 ともだちと プールで およぎます。
1 こんじつ　2 こんにち　3 まいじつ　4 まいにち

4 こどもに 外国の おかねを 見(み)せました。
1 かいこく　2 かいごく　3 がいこく　4 がいごく

5 この へんは やすい 店が すくないです。
1 みせ　2 みぜ　3 むぜ　4 むせ

6 かれは としょかんで かりた 本(ほん)を 読んで います。
1 のんで　2 よんで　3 ふんで　4 すんで

7 みなみの 国の 水(みず)は あおくて きれいです。
1 みち　2 まち　3 こく　4 くに

8 父は げんきに はたらいて います。
1 おじ　2 はは　3 ちち　4 あね

9 北の まちに 電車(でんしゃ)で でかけました。
1 にし　2 ほか　3 きた　4 となり

10 かのじょは 中学校(ちゅうがっこう)に 入(はい)って はじめての 友だちです。
1 ともだち　2 どもだち　3 どむだち　4 とむだち

답 1④ 2③ 3④ 4③ 5① 6② 7④ 8③ 9③ 10①

もんだい 1 ＿＿＿＿の　ことばは　ひらがなで　どう　かきますか。1・2・3・4から　いちばん　いい　ものを　ひとつ　えらんで　ください。

1 前から　たなかさんが　はしって　きました。

1 あと　　2 まえ　　3 とき　　4 さき

2 にちようびの　あさ　雨が　たくさん　ふりました。

1 ゆき　　2 くも　　3 かぜ　　4 あめ

3 この　学校は　たてものが　とても　ふるいです。

1 がくこう　　2 がっごう　　3 がくごう　　4 がっこう

4 すみません、もう　いちど　言って　ください。

1 すって　　2 いって　　3 とって　　4 のって

5 あの　古い　いえには　電話が　ありません。

1 ふるい　　2 ふろい　　3 くるい　　4 くろい

6 つぎの　土よう日は　へやの　そうじを　します。

1 かようび　　2 どようび　　3 すいようび　　4 にちようび

7 お金が　いらないと　いう　ひとは　いません。

1 おかね　　2 おがね　　3 おかぬ　　4 おがぬ

8 ごご　2時に　ともだちに　会います。

1 かいます　　2 あいます　　3 いいます　　4 すいます

9 この　水は　さんぼん　せんえんです。

1 き　　2 もく　　3 すい　　4 みず

10 らいしゅうの　天気は　どうでしょうか。

1 げんき　　2 てんき　　3 でんき　　4 けんき

답 1② 2④ 3④ 4② 5① 6② 7① 8② 9④ 10②

5 기출어휘 확인문제

한자읽기　　/ 10

もんだい１ ＿＿＿＿の　ことばは　ひらがなで　どう　かきますか。１・２・３・４から　いちばん　いい　ものを　ひとつ　えらんで　ください。

1 ベトナムも　日本(にほん)も　アジアの　国です。

1　くみ　　2　くに　　3　こく　　4　ごく

2 きょうの　空は　くもが　ひとつも　ありません。

1　そら　　2　やま　　3　うみ　　4　かわ

3 雨が　ふって　さむかったから、あつい　コーヒーを　のみました。

1　あめ　　2　ゆき　　3　くも　　4　はれ

4 まいにち　車で　かいしゃへ　いきます。

1　くろま　　2　くるま　　3　こるま　　4　ころま

5 がくせいは　手を　あげて　しつもんします。

1　て　　2　け　　3　め　　4　せ

6 天気(てんき)が　いいから　そとへ　出て　あそびなさい。

1　てて　　2　でて　　3　たして　　4　だして

7 今週(こんしゅう)の　火よう日に　えきで　あいましょう。

1　どようび　　2　もくようび　　3　すいようび　　4　かようび

8 川(かわ)に　魚が　およいで　いるのが　見(み)えます。

1　さかな　　2　とり　　3　かさ　　4　つくえ

9 あしたの　午後　６時(じ)に、いつもの　きっさてんで　あいましょう。

1　ごご　　2　こぜん　　3　こご　　4　ごぜん

10 きょうは　学校(がっこう)を　休んで　びょういんに　行(い)きます。

1　あそんで　　2　やすんで　　3　すんで　　4　たのんで

답 1② 2① 3① 4② 5① 6② 7④ 8① 9① 10②

もんだい１ ＿＿＿＿の ことばは ひらがなで どう かきますか。１・２・３・４から いちばん いい ものを ひとつ えらんで ください。

1 うさぎの 耳は ながいです。

1 はな　2 おなか　3 みみ　4 あたま

2 母(はは)は かぜを ひいて いて 手が あつかったです。

1 て　2 みみ　3 あたま　4 かお

3 水(みず)が すくなかったので あるいて 川を わたりました。

1 いけ　2 かわ　3 うみ　4 みず

4 たなか先生は 日(にち)よう日(び)に きます。

1 せいせ　2 せいせい　3 せんせ　4 せんせい

5 電車の 中(なか)に かさを わすれる 人(ひと)が おおいです。

1 てんしゃ　2 てんじゃ　3 でんしゃ　4 でんじゃ

6 天気が いいから、じゅぎょうの あとで テニスを しましょう。

1 てんき　2 でんき　3 けんき　4 げんき

7 手紙(てがみ)を まだ 半分しか よんで いません。

1 ほんふん　2 ほんぶん　3 はんぶん　4 はんふん

8 毎日 バスで だいがくへ いきます。

1 まいにち　2 まえにち　3 めいにち　4 めえにち

9 この デパートは 木よう日が 休(やす)みです。

1 きんようび　2 すいようび　3 かようび　4 もくようび

10 ドアの まえに 立って ください。

1 たって　2 すわって　3 のって　4 とまって

답 1③ 2① 3② 4④ 5③ 6① 7③ 8① 9④ 10①

7 기출어휘 확인문제 한자읽기 / 10

もんだい１ ＿＿＿＿の　ことばは　ひらがなで　どう　かきますか。１・２・３・４から　いちばん　いい　ものを　ひとつ　えらんで　ください。

1 きのう　友だちに　てがみを　書(か)きました。

1 とまだち　2 どまだち　3 ともだち　4 どもだち

2 ほんだなの　右に　ちいさい　いすが　あります。

1 みき　2 みぎ　3 ひたり　4 ひだり

3 やまださんは　一週間(いっしゅうかん)　会社を　やすんで　います。

1 かいしゃ　2 がいしゃ　3 かいっしゃ　4 がいっしゃ

4 おふろに　入って　すこし　休んでから、べんきょうします。

1 たのんで　2 あそんで　3 えらんで　4 やすんで

5 あの　男(おとこ)の子(こ)は　せが　高くて、あしが　長いです。

1 おおくて　2 ひろくて　3 ひくくて　4 たかくて

6 学校(がっこう)の　うしろに　小さい　こうえんが　あります。

1 こさい　2 しょうさい　3 ちっさい　4 ちいさい

7 おふろに　入ってから　ばんごはんを　たべました。

1 はって　2 はいって　3 いって　4 いれって

8 つくえの　うえに　ボールペンが　三本　あります。

1 さんこ　2 さんご　3 さんほん　4 さんぼん

9 ごはんは　少しだけでしたから、さんぷんで　ぜんぶ　たべました。

1 すこし　2 すくなし　3 すっこし　4 すっくなし

10 あなたの　お父さんは　とても　りっぱな　人(ひと)でした。

1 おかあさん　2 おとうさん　3 おにいさん　4 おねえさん

답 1③ 2② 3① 4④ 5④ 6④ 7② 8④ 9① 10②

3 한자읽기 기출어휘 2015 ~ 2000

あ

□ 会う	あう 만나다	□ 朝	あさ 아침
□ 足	あし 발, 다리	□ 新しい	あたらしい 새롭다
□ 後	あと 나중, 후	□ 雨	あめ 비
□ 言う	いう 말하다	□ 一週間	いっしゅうかん 1주일
□ 五つ	いつつ 5개	□ 犬	いぬ 개
□ 入り口	いりぐち 입구	□ 上	うえ 위
□ 生まれる	うまれる 태어나다	□ 駅	えき 역
□ 多い	おおい 많다	□ 大きな	おおきな 큰, 커다란
□ お母さん	おかあさん 어머니	□ お金	おかね 돈
□ お父さん	おとうさん 아버지	□ 男	おとこ 남자
□ 男の人	おとこのひと 남자	□ 女の子	おんなのこ 여자아이
□ 女の人	おんなのひと 여자		

か

□ 外国	がいこく 외국	□ 会社	かいしゃ 회사
□ 買う	かう 사다	□ 書く	かく 쓰다
□ 風	かぜ 바람	□ 学校	がっこう 학교
□ 火よう日	かようび 화요일	□ 川	かわ 강
□ 木	き 나무	□ 聞く	きく 듣다
□ 北	きた 북쪽	□ 北がわ	きたがわ 북쪽
□ 九十人	きゅうじゅうにん 90명	□ 九千円	きゅうせんえん 9000엔

□ 教室	きょうしつ 교실	□ 金よう日	きんようび 금요일
□ 銀行	ぎんこう 은행	□ 九月	くがつ 9월
□ 九時	くじ 9시	□ 国	くに 나라, 국가
□ 来る	くる 오다	□ 車	くるま 자동차
□ 元気だ	げんきだ 건강하다	□ 五かい	ごかい 5번
□ 午後	ごご 오후	□ 九つ	ここのつ 9개
□ 午前中	ごぜんちゅう 오전 중	□ 今年	ことし 올해
□ 五万	ごまん 5만	□ 今月	こんげつ 이번 달
□ 今週	こんしゅう 이번 주		

さ

□ 魚	さかな 생선, 물고기	□ 先	さき 먼저, 앞
□ 三千円	さんぜんえん 3천 엔	□ 三万円	さんまんえん 3만 엔
□ 三分	さんぷん 3분	□ 三本	さんぼん 3병
□ 四月	しがつ 4월	□ 時間	じかん 시간
□ 下	した 아래	□ 七月	しちがつ 7월
□ 食堂	しょくどう 식당	□ 白い	しろい 희다
□ 新聞	しんぶん 신문	□ 水よう日	すいようび 수요일
□ 少ない	すくない 적다	□ 少し	すこし 조금
□ 千円	せんえん 천 엔	□ 先月	せんげつ 지난달
□ 先週	せんしゅう 지난주	□ 先生	せんせい 선생님
□ 外	そと 밖	□ 空	そら 하늘

た

□ 大学	だいがく 대학(교)	□ 高い	たかい 높다, (가격이) 비싸다
□ 立つ	たつ 서다	□ 食べる	たべる 먹다
□ 小さい	ちいさい 작다	□ 父	ちち 아버지
□ 手	て 손	□ 手紙	てがみ 편지
□ 出口	でぐち 출구	□ 出る	でる 나가다
□ 天気	てんき 날씨	□ 電車	でんしゃ 전철
□ 電話	でんわ 전화	□ 十日	とおか 10일
□ 友だち	ともだち 친구	□ 土よう日	どようび 토요일

な

□ 中	なか 안, 중	□ 七日	なのか 7일
□ 二冊	にさつ 2권	□ 西	にし 서쪽
□ 西がわ	にしがわ 서쪽, 서쪽 방면	□ 二時間半	にじかんはん 2시간 반
□ 二百かい	にひゃっかい 200회	□ 二万円	にまんえん 2만 엔
□ 飲む	のむ 마시다, (약을) 먹다		

は

□ 入る	はいる 들어가다	□ 花	はな 꽃
□ 話	はなし 이야기	□ 話す	はなす 이야기하다
□ 母	はは 어머니	□ 半分	はんぶん 절반
□ 東がわ	ひがしがわ 동쪽, 동쪽 방면	□ 東口	ひがしぐち 동쪽 출입구
□ 左	ひだり 왼쪽	□ 人	ひと 사람
□ 一つ	ひとつ 1개	□ 一人	ひとり 혼자, 1명

□ 百	ひゃく 100	□ 百人	ひゃくにん 100명
□ 百本	ひゃっぽん 100송이	□ 二つ	ふたつ 2개
□ 古い	ふるい 낡다	□ 本	ほん 책

ま

□ 毎朝	まいあさ 매일 아침	□ 毎週	まいしゅう 매주
□ 毎月	まいつき 매월	□ 毎日	まいにち 매일
□ 前	まえ 앞	□ 窓	まど 창, 창문
□ 右	みぎ 오른쪽	□ 水	みず 물
□ 店	みせ 가게	□ 見せる	みせる 보여주다
□ 道	みち 길	□ 耳	みみ 귀
□ 見られる	みられる 볼 수 있다	□ 見る	みる 보다
□ 六つ	むっつ 6개	□ 目	め 눈
□ 木よう日	もくようび 목요일		

や

□ 安い	やすい 싸다	□ 休み	やすみ 휴일, 방학
□ 休む	やすむ 쉬다	□ 八つ	やっつ 8개
□ 山	やま 산	□ 有名だ	ゆうめいだ 유명하다
□ 八日	ようか 8일	□ 読む	よむ 읽다

ら

□ 来週	らいしゅう 다음 주	□ 六時	ろくじ 6시
□ 六本	ろっぽん 6자루		

8 기출어휘 확인문제 한자읽기 / 10

もんだい 1 ＿＿＿＿の ことばは ひらがなで どう かきますか。1・2・3・4から いちばん いい ものを ひとつ えらんで ください。

1 半分しか 食(た)べないのに おなかが いっぱいに なった。
1 ほんふん　2 ほんぶん　3 はんぶん　4 はんふん

2 えきの まえの みせで はなを 百本 買(か)いました。
1 ひょっぽん　2 ひょっぽん　3 ひゃっぽん　4 ひゃっぽん

3 日本(にほん)に 来て 何年(なんねん)に なりますか。
1 いて　2 いって　3 きて　4 きって

4 この むらの 男(おとこ)の ひとは 九十人です。
1 くじゅうにん　2 きゅじゅうにん　3 くうじゅうにん　4 きゅうじゅうにん

5 いま いそがしいので 後で でんわします。
1 そと　2 ほか　3 あと　4 うち

6 たなかさんは 四月から 毎朝(まいあさ) ぎゅうにゅうを のんで います。
1 よんげつ　2 しがつ　3 よんがつ　4 しげつ

7 男(おとこ)の子(こ)が ふたり いるから つぎは 女の子が ほしい。
1 おなのこ　2 おんなのこ　3 おなのこう　4 おんなのこう

8 わたしは 学校の せんせいに なりたいです。
1 がくこ　2 がっこ　3 がくこう　4 がっこう

9 たなかさんの 左に やまださんが すわりました。
1 みき　2 みぎ　3 ひたり　4 ひだり

10 毎週(まいしゅう)、火よう日は 日本語(にほんご)の クラスが あります。
1 かようび　2 きんようび　3 すいようび　4 もくようび

답 1③ 2③ 3③ 4④ 5③ 6② 7② 8④ 9④ 10①

もんだい1 ＿＿＿＿の ことばは ひらがなで どう かきますか。1・2・3・4から いちばん いい ものを ひとつ えらんで ください。

1 今月の はつかから 冬休(ふゆやす)みに はいります。

1 こがつ　2 こげつ　3 こんがつ　4 こんげつ

2 ふじさんは 日本(にほん)で いちばん 高い 山(やま)です。

1 たかい　2 とおい　3 ひくい　4 ふるい

3 あねは だいがくを 出(で)て がっこうの 先生に なりました。

1 せんせ　2 せんせい　3 せせん　4 せいせん

4 子(こ)どもたちに とても やさしい 母でした。

1 ちち　2 はは　3 あね　4 いもうと

5 かのじょは 大(おお)きな 目で わたしを 見(み)ました。

1 て　2 あし　3 め　4 はな

6 きゅうこうは この 駅に とまりません。

1 へや　2 もん　3 えき　4 うち

7 日本(にほん)は 山が おおい 国(くに)です。

1 やま　2 かわ　3 みち　4 むら

8 たなかさんは お金が ないから じどうしゃを かいません。

1 おかね　2 おがね　3 おかぬ　4 おがぬ

9 ごご 2時(じ)に ともだちと 会います。

1 かいます　2 あいます　3 いいます　4 すいます

10 この 中(なか)に 何(なに)が 入(はい)って いるか、外からは わかりません。

1 うち　2 よこ　3 そば　4 そと

답 1④ 2① 3② 4② 5③ 6③ 7① 8① 9② 10④

10 기출어휘 확인문제 한자읽기 / 10

もんだい１ ＿＿＿＿の ことばは ひらがなで どう かきますか。１・２・３・４から いちばん いい ものを ひとつ えらんで ください。

1 時間が ある ときに ゆっくり 話(はな)しましょう。

1 しかん　2 じがん　3 しがん　4 じかん

2 三(みっ)つ目(め)の かどを 右に まがって ください。

1 みち　2 みぎ　3 ひだり　4 ひがし

3 ここは あたらしい 食堂です。

1 しょうくどう　2 じょくどう　3 じょうくどう　4 しょくどう

4 きょうだいは 男ばかりです。

1 おとな　2 おどこ　3 おとこ　4 おどな

5 ゆうびんきょくは あさ 九時に あきます。

1 くうじ　2 きゅじ　3 くじ　4 きゅうじ

6 この 道を まっすぐ 行(い)って ください。

1 かど　2 はし　3 へん　4 みち

7 白い はなが とても きれいです。

1 あかい　2 くろい　3 あおい　4 しろい

8 とても かわいい 女の子ですね。

1 おなのこ　2 おうなのこ　3 おんなのこ　4 おなんのこ

9 じゅぎょうの 後で えいがを 見(み)に 行(い)きませんか。

1 うしろで　2 こうで　3 あとで　4 ごで

10 ごはんを 一人で 食(た)べても おいしく ありません。

1 いちじん　2 いちにん　3 ひとり　4 ふたり

답 1④ 2② 3④ 4③ 5③ 6④ 7④ 8③ 9③ 10③

11 기출어휘 확인문제　한자읽기　/ 10

もんだい１ ＿＿＿＿の　ことばは　ひらがなで　どう　かきますか。１・２・３・４から いちばん　いい　ものを　ひとつ　えらんで　ください。

1 安い　みせは　どこに　ありますか。

1 たかい　2 せまい　3 やすい　4 ひろい

2 しゃしんは　かばんの　下に　ありました。

1 ちだ　2 しだ　3 ちた　4 した

3 ほっかいどうは　日本(にほん)で　いちばん　北に　あります。

1 きた　2 にし　3 ひがし　4 みなみ

4 パーティーが　ありますから、はなを　百本　かいます。

1 ひょっぽん　2 ひょっぼん　3 ひゃっぽん　4 ひゃっぼん

5 休みの　まえに　テストが　あります。

1 やすみ　2 やつみ　3 おやすみ　4 おやつみ

6 左から　じてんしゃが　はしって　きました。

1 さき　2 ひだり　3 みぎ　4 むこう

7 七月ごろから　ときどき　みみが　いたいんです。

1 なのげつ　2 しちげつ　3 なのがつ　4 しちがつ

8 あの　人は　とても　ゆうめいです。

1 にん　2 ひと　3 しと　4 じん

9 はこの　中(なか)に　三万円の　とけいが　あります。

1 さんまんねん　2 さんまんえん　3 さんぜんねん　4 さんぜんえん

10 日本(にほん)で　いちばん　高(たか)い　山は　ふじさんです。

1 やま　2 かわ　3 みち　4 むら

답 1③ 2④ 3① 4③ 5① 6② 7④ 8② 9② 10①

12 기출어휘 확인문제 한자읽기 / 10

もんだい１ ＿＿＿＿の ことばは ひらがなで どう かきますか。１・２・３・４から いちばん いい ものを ひとつ えらんで ください。

1 うちには 電話が さんだい あります。

1 てんわ　2 でんわ　3 てんは　4 でんは

2 きのうは かんじを 二百かいも かきました。

1 にびゃ　2 にひゃ　3 にひゃっ　4 にびゃっ

3 まだ ＣＤを 半分（はんぶん）しか 聞いて いません。

1 きいて　2 おいて　3 ひらいて　4 はたらいて

4 父の くつを みがくのが わたしの 毎朝の しごとでした。

1 めえあさ　2 まいあさ　3 まえあさ　4 めいあさ

5 有名に なりたいとは 思わないが、りっぱな しごとを したい。

1 ゆうめい　2 ゆうめ　3 ゆうまい　4 ゆうま

6 おかしを 一人（ひとり）に 一つずつ あげます。

1 ひとつ　2 ふだつ　3 ふたつ　4 ひどつ

7 西の そらが あかく なりました。

1 ひがし　2 にし　3 はる　4 なつ

8 ぎんこうは 駅を でて すぐ みぎです。

1 うち　2 えき　3 てら　4 もん

9 日本（にほん）では 学校（がっこう）は 四月から はじまる。

1 しがつ　2 よんがつ　3 しげつ　4 よんげつ

10 この こうえんは 木（き）が 多いです。

1 おい　2 おいい　3 おおい　4 おおいい

답 1② 2③ 3① 4② 5① 6① 7② 8② 9① 10③

もんだい１ ＿＿＿の ことばは ひらがなで どう かきますか。１・２・３・４から いちばん いい ものを ひとつ えらんで ください。

1 えきは いえから あるいて 三分です。
1 さんぶん　2 さっぶん　3 さんぷん　4 さっぷん

2 きょう ともだちから 手紙が きました。
1 てかみ　2 てがみ　3 でかみ　4 でがみ

3 かわいい おんなのこが 生まれました。
1 うまれました　2 ふまれました　3 くまれました　4 つまれました

4 もう すこし 大きな へやが ほしい。
1 おきな　2 おおきな　3 たいきな　4 だいきな

5 ちちは かぜで 一週間 かいしゃを やすんで います。
1 いしゅかん　2 いしゅうかん　3 いっしゅかん　4 いっしゅうかん

6 みせの 入り口は どこですか。
1 のりぐち　2 かえりぐち　3 おりぐち　4 いりぐち

7 あしたの ごごは ふくを 買いに 行(い)きます。
1 かい　2 ならい　3 つかい　4 あい

8 この みちを 百メートル 行(い)って ください。
1 ひゃく　2 びゃく　3 はく　4 ばく

9 木の うえに ねこが います。
1 ぼん　2 ほん　3 ぎ　4 き

10 かりた 本(ほん)は 七日までに かえして ください。
1 ななか　2 なのか　3 しっか　4 しちか

답 1③ 2② 3① 4② 5④ 6④ 7① 8① 9④ 10②

もんだい１ ＿＿＿＿の　ことばは　ひらがなで　どう　かきますか。１・２・３・４から　いちばん　いい　ものを　ひとつ　えらんで　ください。

1 その　おんなのこは　がいこくで　生まれました。
1 うまれました　2 おまれました　3 ゆまれました　4 よまれました

2 この　ほんを　先に　よんで、それから、作文(さくぶん)を　書(か)きましょう。
1 せんに　2 せいに　3 さきに　4 さいに

3 ごはんは　五分(ごふん)で　ぜんぶ　食べました。
1 さべました　2 たべました　3 なべました　4 はべました

4 らいしゅう　金よう日に　でんわを　ください。
1 かようび　2 どようび　3 きんようび　4 もくようび

5 それは　ふたつで　五万えんです。
1 ごせん　2 ごまん　3 ごうせん　4 ごうまん

6 わたしの　あねは　今年から　ぎんこうに　つとめて　います。
1 こねん　2 こんねん　3 ことし　4 こんとし

7 六時ごろ　だいがくの　せんせいに　でんわを　かけました。
1 ごじ　2 くじ　3 ろくじ　4 はちじ

8 八日(ようか)から　十日まで　母(はは)と　りょこうしました。
1 じゅうか　2 じゅうにち　3 とおか　4 とおにち

9 ともだちに　かぞくの　しゃしんを　見せました。
1 にせました　2 ねせました　3 みせました　4 めせました

10 毎日(まいにち)　ばんごはんの　あとで　二時間半ぐらい　テレビを　見(み)ます。
1 にじかんはん　2 にじはんかん　3 にじぶんはん　4 にじはんぶん

답 1① 2③ 3② 4③ 5② 6③ 7③ 8③ 9③ 10①

15 기출어휘 확인문제 한자읽기 / 10

もんだい１ ＿＿＿＿の　ことばは　ひらがなで　どう　かきますか。１・２・３・４から　いちばん　いい　ものを　ひとつ　えらんで　ください。

1 来週　げつようびに　でんわを　ください。

1　らいしゅう　　2　らんしゅう　　3　こいしゅう　　4　こんしゅう

2 だいどころにも　電話が　ほしいです。

1　でんご　　2　でんは　　3　でんき　　4　でんわ

3 その　りんごは　二つで　さんびゃくえんです。

1　よっつ　　2　みっつ　　3　いつつ　　4　ふたつ

4 いしゃは　白い　ふくを　着て　います。

1　くるい　　2　くろい　　3　しるい　　4　しろい

5 かのじょの　たんじょうびに　百本の　バラを　あげました。

1　ひゃくぶん　　2　ひゃっぷん　　3　ひゃっぽん　　4　ひゃくぼん

6 大学へ　はいる　ときは　百万円(ひゃくまんえん)ぐらい　お金(かね)が　かかった。

1　たいかく　　2　たいがく　　3　だいかく　　4　だいがく

7 七月の　ようかは　日(にち)よう日(び)です。

1　しちがつ　　2　しちげつ　　3　なのがつ　　4　なのげつ

8 ポケットの　中の　ものを　出(だ)しました。

1　そと　　2　なか　　3　みぎ　　4　よこ

9 わたしの　いもうとは　銀行に　つとめて　います。

1　きんこ　　2　きんこう　　3　ぎんこ　　4　ぎんこう

10 午前中から　みみが　いたいです。

1　ごぜんしゅう　　2　ごぜんちゅう　　3　ごぜんじゅう　　4　ごぜんぢゅう

답 1① 2④ 3④ 4④ 5③ 6④ 7① 8② 9④ 10②

16 기출어휘 확인문제

한자읽기 / 10

もんだい１ ＿＿＿＿の ことばは ひらがなで どう かきますか。１・２・３・４から いちばん いい ものを ひとつ えらんで ください。

1 らいしゅうの 金よう日は たなかさんの たんじょうびです。

1 すいようび 2 もくようび 3 きんようび 4 げつようび

2 ちずは ふつう、上(うえ)が 北です。

1 みなみ 2 きた 3 ひがし 4 にし

3 火(か)よう日(び)に わたしと ともだちは コーヒーを 飲みました。

1 すみました 2 やみました 3 のみました 4 よみました

4 駅から かいしゃまで あるいて １５分(ふん) かかります。

1 はし 2 いえ 3 まち 4 えき

5 もう １２月(がつ)か。ことしも 今月で おわりだ。

1 こがつ 2 こげつ 3 こんがつ 4 こんげつ

6 ここは 新しい しょくどうです。

1 あらたしい 2 あだらしい 3 あらだしい 4 あたらしい

7 この へんは やすい みせが 少ないです。

1 すくない 2 すきない 3 すけない 4 すこない

8 きっさてんに 入って はなしを しましょう。

1 いって 2 はって 3 はいって 4 いれって

9 この へやは ふるいですから、安いです。

1 せまい 2 ひろい 3 ひくい 4 やすい

10 白くて おおきい たてものが あります。

1 しろくて 2 しらくて 3 ひらくて 4 ひろくて

답 1③ 2② 3③ 4④ 5④ 6④ 7① 8③ 9④ 10①

4 한자읽기 기출어휘 1999 ~ 1990

あ

□ 会う	あう 만나다	□ 青い	あおい 파랗다
□ 赤い	あかい 빨갛다	□ 上げる	あげる 들다, 올리다
□ 朝	あさ 아침	□ 後で	あとで 나중에
□ 雨	あめ 비	□ 家	いえ 집
□ 一日	いちにち 하루	□ 五日	いつか 5일
□ 五つ	いつつ 5개	□ 一分	いっぷん 1분
□ 上	うえ 위	□ 後ろ	うしろ 뒤
□ 上着	うわぎ 상의	□ 駅	えき 역
□ 大きい	おおきい 크다	□ お金	おかね 돈
□ お父さん	おとうさん 아버지	□ 男	おとこ 남자
□ 男の子	おとこのこ 남자아이	□ 女の子	おんなのこ 여자아이

か

□ 外国	がいこく 외국	□ 外国人	がいこくじん 외국인
□ 買う	かう 사다	□ 学校	がっこう 학교
□ 火よう日	かようび 화요일	□ 川	かわ 강
□ 木	き 나무	□ 聞く	きく 듣다
□ 北	きた 북쪽	□ 九本	きゅうほん 9자루, 9개비
□ 金よう日	きんようび 금요일	□ 銀行	ぎんこう 은행
□ 九月	くがつ 9월	□ 九時	くじ 9시

□ 来る	くる 오다	□ 車	くるま 차, 자동차
□ 午後	ごご 오후	□ 今月	こんげつ 이번 달

さ

□ 先に	さきに 먼저		
□ 三千六百円	さんぜんろっぴゃくえん 3천 6백 엔		
□ 三万円	さんまんえん 3만 엔	□ 下	した 아래
□ 七月	しちがつ 7월	□ 七時	しちじ 7시
□ 白い	しろい 희다	□ 先週	せんしゅう 지난주
□ 先生	せんせい 선생님	□ 外	そと 밖
□ 空	そら 하늘		

た

□ 大学	だいがく 대학(교)	□ 高い	たかい 높다, (가격이) 비싸다
□ 出す	だす 꺼내다, 부치다	□ 食べる	たべる 먹다
□ 小さい	ちいさい 작다	□ 近く	ちかく 근처
□ 父	ちち 아버지	□ 手	て 손
□ 手紙	てがみ 편지	□ 出る	でる 나가다
□ 天気	てんき 날씨	□ 電気	でんき 전기
□ 電話	でんわ 전화	□ 十日	とおか 10일
□ 友だち	ともだち 친구	□ 土よう日	どようび 토요일

な

□ 中	なか 안, 속	□ 長い	ながい 길다
□ 夏休み	なつやすみ 여름휴가	□ 何が	なにが 무엇이
□ 何語	なにご 어느 나라 말	□ 何人	なんにん 몇 명
□ 西	にし 서쪽	□ 西口	にしぐち 서쪽 출구
□ 二十四時間	にじゅうよじかん 24시간		
□ 飲む	のむ 마시다, (약을) 먹다		

は

□ 入る	はいる 들어가다	□ 八万円	はちまんえん 8만 엔
□ 二十日	はつか 20일	□ 八百人	はっぴゃくにん 800명
□ 話	はなし 이야기	□ 花見	はなみ 꽃구경
□ 母	はは 어머니	□ 春	はる 봄
□ 半分	はんぶん 절반	□ 左	ひだり 왼쪽
□ 左がわ	ひだりがわ 좌측	□ 人	ひと 사람
□ 百円	ひゃくえん 100엔	□ 百本	ひゃっぽん 100송이
□ 二日	ふつか 2일	□ 古い	ふるい 낡다
□ 本	ほん 책		

ま

□ 毎日	まいにち 매일	□ 前	まえ 앞
□ 右	みぎ 오른쪽	□ 水	みず 물
□ 見せる	みせる 보여주다	□ 道	みち 길
□ 三つめ	みっつめ 세 번째	□ 南	みなみ 남쪽
□ 木よう日	もくようび 목요일		

や

□ 休む	やすむ 쉬다	□ 八つ	やっつ 8개
□ 山	やま 산	□ 有名だ	ゆうめいだ 유명하다
□ 四人	よにん 4명	□ 読む	よむ 읽다
□ 四キロ	よんキロ 4킬로		

ら

□ 来月	らいげつ 다음 달	□ 来週	らいしゅう 다음 주
□ 六千円	ろくせんえん 6천 엔	□ 六年間	ろくねんかん 6년간

もんだい１ ＿＿＿＿の ことばは ひらがなで どう かきますか。１・２・３・４から いちばん いい ものを ひとつ えらんで ください。

1 この ふるい 本(ほん)は <u>三千六百円</u>です。

1 さんせんろくひゃくえん　2 さんぜんろっぴゃくえん
3 さんぜんろくひゃくえん　4 さんせんろっぴゃくえん

2 こんげつの <u>五日</u>に たなかさんと 話(はなし)を しました。

1 ごにち　2 ごうにち　3 いつか　4 いっか

3 <u>手紙</u>に きってを はるのを わすれて 出(だ)しました。

1 はがき　2 はかき　3 てかみ　4 てがみ

4 やまださんは <u>青い</u> ふくを 着(き)て います。

1 あかい　2 あおい　3 しろい　4 くろい

5 くがつ <u>二十日</u>に ともだちに 会(あ)います。

1 にじゅうにち　2 にじゅっか　3 はつにち　4 はつか

6 キリンの くびは <u>長い</u>です。

1 ながい　2 おもい　3 おそい　4 はやい

7 ゾウは <u>南</u>の くにの どうぶつです。

1 みなみ　2 ひがし　3 きた　4 にし

8 さいふの 中(なか)に <u>八万円</u> はいって いました。

1 はちまんえん　2 はちばんえん　3 はっせんえん　4 はっかんえん

9 <u>百円</u>の りんごを いつつ 買(か)いました。

1 しゃくえん　2 じゃくえん　3 ひゃくえん　4 びゃくえん

10 デパートは えきの <u>西口</u>を 出(で)て 右(みぎ)がわに あります。

1 きたぐち　2 きたもん　3 にしぐち　4 にしもん

답 1② 2③ 3④ 4② 5④ 6① 7① 8① 9③ 10③

18 기출어휘 확인문제 한자읽기 / 10

もんだい１ ＿＿＿＿の　ことばは　ひらがなで　どう　かきますか。１・２・３・４から　いちばん　いい　ものを　ひとつ　えらんで　ください。

1 あめの　日(ひ)は　そとへ　出(で)ないで、家で　ゆっくり　やすみます。

1 へや　2 しつ　3 いえ　4 みせ

2 九月に　なれば　すずしいです。

1 きゅがつ　2 きゅうがつ　3 くがつ　4 くうがつ

3 でんしゃが　来(き)たので　後ろへ　下(さ)がった。

1 あとろ　2 うしろ　3 こうろ　4 ごろ

4 学校(がっこう)は　７月(がつ)２１日(にち)から　８月(がつ)３１日(にち)まで　夏休みです。

1 はるやすみ　2 なつやすみ　3 あきやすみ　4 ふゆやすみ

5 ぎんこうは、この　みちを　西(にし)へ　四キロ　いって　左(ひだり)がわに　あります。

1 しいキロ　2 しちキロ　3 よっキロ　4 よんキロ

6 デパートで　三万円の　かばんを　買(か)いました。

1 さんまんねん　2 さんまんえん　3 さんまねん　4 さんまえん

7 せかいじゅうの　いろいろな　ところに　人が　すんで　います。

1 にん　2 ひと　3 じん　4 いと

8 父(ちち)の　たんじょうびに　本を　おくりました。

1 はん　2 ばん　3 ほん　4 ぼん

9 来週の　きんようびは　たのしい　パーティーが　あります。

1 らいしゅう　2 こんしゅう　3 せんしゅう　4 まいしゅう

10 むずかしい　話は　わたしには　わかりません。

1 はねし　2 はなし　3 はぬし　4 はのし

답 1③ 2③ 3② 4② 5④ 6② 7② 8③ 9① 10②

もんだい１ ＿＿＿＿の ことばは ひらがなで どう かきますか。１・２・３・４から いちばん いい ものを ひとつ えらんで ください。

1 お母(かあ)さんは 電気を つけて、へやに はいりました。

1 けんき　2 げんき　3 てんき　4 でんき

2 きのう デパートで スカートを 買いました。

1 あいました　2 かいました　3 あらいました　4 つかいました

3 あなたの 国では 何語(なにご)を はなしますか。

1 くに　2 くみ　3 こく　4 ごく

4 いちにちは 二十四時間です。

1 にじゅうしじげん　2 にじゅうよんじげん
3 にじゅうよじかん　4 にじゅうしじかん

5 とおかの あさ 七時に えきへ 来(き)て ください。

1 しちじ　2 しつじ　3 なにじ　4 なのじ

6 うちの 近くに ゆうびんきょくは ありませんか。

1 しかく　2 しがく　3 ちかく　4 ちがく

7 きょうしつには がくせいが 何人 いますか。

1 なににん　2 なにじん　3 なんにん　4 なんじん

8 りんごを 五つ 買(か)って きて ください。

1 いつつ　2 ななつ　3 やっつ　4 よっつ

9 長い やすみに りょうしんと がいこくへ りょこうしたいです。

1 あつい　2 とおい　3 ながい　4 はやい

10 母は ８４さいに なりますが、とても げんきです。

1 あに　2 あね　3 ちち　4 はは

답 1④ 2② 3① 4③ 5① 6③ 7③ 8① 9③ 10④

もんだい１ ＿＿＿＿の ことばは ひらがなで どう かきますか。１・２・３・４から いちばん いい ものを ひとつ えらんで ください。

1 冬休(ふゆやす)みに 国に 行(い)って きました。

1 みち　2 まち　3 こく　4 くに

2 毎日 あさ ６時(じ)に おきて うんどうして います。

1 まいにち　2 まえにち　3 めいにち　4 めえにち

3 はこから りんごを いつつ 出して ください。

1 だして　2 たして　3 でして　4 てして

4 うさぎの 目(め)は 赤いです。

1 あおい　2 あかい　3 あまい　4 あかるい

5 その こうえんには おおぜいの ひとが 花見に きます。

1 つきみ　2 はなみ　3 かぜみ　4 ゆきみ

6 やまださんは 大きい いえに すんで います。

1 おおきい　2 おいきい　3 おっきい　4 おきい

7 いもうとは かばんを 六千円で かいました。

1 ろくせんえん　2 ろくぜんえん　3 ろっせんえん　4 ろっぜんえん

8 こんげつの 二日に ちいさい ベッドを 買(か)いました。

1 につか　2 ににち　3 ふつか　4 ふにち

9 きのう 四人の せんせいに でんわを かけました。

1 よにん　2 よんにん　3 ようにん　4 しにん

10 わたしは 六年間 にほんごを おしえて います。

1 ろっにんかん　2 ろっねんかん　3 ろくにんかん　4 ろくねんかん

답 1④ 2① 3① 4② 5② 6① 7① 8③ 9① 10④

21 기출어휘 확인문제 한자읽기 / 10

もんだい１ ＿＿＿＿の　ことばは　ひらがなで　どう　かきますか。１・２・３・４から　いちばん　いい　ものを　ひとつ　えらんで　ください。

1 あの　男の子の　くつは　どこで　うって　いますか。

1 おとこのこう　2 おとこのこ　3 おんなのこう　4 おんなのこ

2 せんせいは　何語で　じゅぎょうを　しますか。

1 なんご　2 なのご　3 なぬご　4 なにご

3 この　大学(だいがく)では　さんびゃくにんの　外国人が　べんきょうして　います。

1 がいこくじん　2 がいこっじん　3 がいこくにん　4 がいこっくにん

4 ひこうきは　とおくの　空へ　消(き)えて　いった。

1 そら　2 やま　3 うみ　4 かわ

5 さいふから　お金(かね)を　にまんえん　出しました。

1 だしました　2 けしました　3 かしました　4 おしました

6 はこの　中(なか)に　ひゃくえんの　りんごが　八つ　あります。

1 むっつ　2 やっつ　3 よっつ　4 はっつ

7 なつやすみには、まいあさ　七時に　おきました。

1 なんじ　2 なのじ　3 しちじ　4 ひちじ

8 あの　あおい　上着は　女(おんな)の子(こ)のですか。

1 うえき　2 うえぎ　3 うわき　4 うわぎ

9 しごとを　先に　やってから　あそびに　いきなさい。

1 せんに　2 つぎに　3 すぐに　4 さきに

10 けさの　ごじ一分に　女(おんな)の子(こ)が　うまれました。

1 いちふん　2 いちぶん　3 いっふん　4 いっぷん

답 1② 2④ 3① 4① 5① 6② 7③ 8④ 9④ 10④

もんだい1 ＿＿＿＿の ことばは ひらがなで どう かきますか。1・2・3・4から いちばん いい ものを ひとつ えらんで ください。

1 一日は にじゅうよじかんです。

1 ついたち　2 ひとひ　3 いちじつ　4 いちにち

2 くるまの 中(なか)に 女(おんな)の子(こ)が 何人 いますか。

1 なにひと　2 なんじん　3 なにじん　4 なんにん

3 エレベーターは 花(はな)やの 左がわに あります。

1 みぎがわ　2 みきがわ　3 ひだりがわ　4 ひたりがわ

4 あの こうじょうには 八百人の がいこくじんが はたらいて います。

1 はちひゃくじん　2 はっぴゃくじん　3 はちひゃくにん　4 はっぴゃくにん

5 来月の 三日(みっか)が いもうとの たんじょうびです。

1 くげつ　2 らいがつ　3 くがつ　4 らいげつ

6 けっこんの プレゼントは 何が ほしいですか。

1 なん　2 なか　3 ない　4 なに

7 ちちは 銀行に つとめて います。

1 ぎんこ　2 ぎんこう　3 ぎんぎょ　4 ぎんぎょう

8 ゆうびんきょくへ 行(い)く 道を おしえて くださいませんか。

1 まち　2 かど　3 にわ　4 みち

9 かのじょは はたちで おとこのこの 母に なった。

1 ちち　2 あに　3 はは　4 あね

10 日本人(にほんじん)の 友だちが できましたか。

1 ゆうだち　2 ようだち　3 ともだち　4 てもだち

답 1④ 2④ 3③ 4④ 5④ 6④ 7② 8④ 9③ 10③

02 もんだい 2 표기 공략하기

1 문제 유형 완전 분석

もんだい 2는 표기 문제이다. 한자읽기와 마찬가지로 한 문장에 한 문제씩 묻는 형식으로 5문제가 출제된다. 단, N5 시험 표기에서는 히라가나(ひらがな)를 가타카나(カタカナ)로 바르게 표기하는 지를 묻는 문제도 출제된다.

문제 유형 예시

もんだい 2 ＿＿＿の ことばは どう かきますか。1・2・3・4から いちばん いい ものを ひとつ えらんで ください。

（れい） わたしの こどもは はなが すきです。

1 了ども　　2 子ども　　3 于ども　　4 予ども

（かいとうようし）　（れい）①●③④

11 けさ しゃわーを あびました。

1 シャワー　　2 シャウー　　3 ツャワー　　4 ツャウー

12 コーヒーを のみました。

1 飯みました　　2 飲みました

3 餃みました　　4 飲みました

2 표기 기출어휘 2024 ~ 2016

지난 9년간 출제되었던 단어를 히라가나 순으로 정리하였다.

あ

□ あたらしい	新しい 새롭다	□ いう	言う 말하다
□ いつか	五日 5일	□ いま	今 지금
□ うえ	上 위	□ えあこん	エアコン 에어컨
□ えいご	英語 영어	□ えれべえたあ	エレベーター 엘리베이터
□ おおい	多い 많다	□ おおきい	大きい 크다
□ おとこのひと	男の人 남자	□ おりる	下りる 내리다, 내려오다

か

□ かいしゃ	会社 회사	□ かう	買う 사다
□ かく	書く 쓰다	□ がくせい	学生 학생
□ がっこう	学校 학교	□ かようび	火よう日 화요일
□ かわ	川 강	□ きく	聞く 듣다
□ ごご	午後 오후	□ ここのつ	九つ 9개
□ ごぜん	午前 오전	□ こんしゅう	今週 이번 주

memo

さ

□ すいようび	水よう日 수요일	□ せんせい	先生 선생님
□ した	下 아래, 밑	□ しんぶん	新聞 신문
□ そら	空 하늘		

た

□ たかい	高い 높다, (가격이) 비싸다	□ たつ	立つ 서다
□ たべる	食べる 먹다	□ ちいさい	小さい 작다
□ ちち	父 아버지	□ ちょこれーと	チョコレート 초콜릿
□ て	手 손	□ でる	出る 나가다
□ てんき	天気 날씨	□ でんしゃ	電車 전철
□ でんわ	電話 전화	□ ともだち	友だち 친구

な

□ ないふ	ナイフ 나이프	□ なか	中 안, 속
□ ななせんえん	七千円 7천 엔	□ ななまんえん	七万円 7만 엔
□ なまえ	名前 이름	□ にしぐち	西口 서쪽 출구

は

□ はちじ	八時 8시	□ はな	花 꽃
□ はなす	話す 이야기하다	□ はは	母 어머니
□ ひがしがわ	東がわ 동쪽, 동쪽 방면	□ ふるい	古い 낡다, 오래되다

ま

□ まいしゅう	毎週 매주	□ みぎ	右 오른쪽
□ みみ	耳 귀	□ みる	見る 보다
□ め	目 눈	□ めーとる	メートル 미터(m)
□ もくようび	木よう日 목요일		

や

□ やすい	安い (가격이) 싸다	□ やすみ	休み 휴일, 방학, 쉼
□ やすむ	休む 쉬다	□ やま	山 산
□ よむ	読む 읽다		

ら・わ

□ らーめん	ラーメン 라면	□ らいげつ	来月 다음 달
□ らいねん	来年 내년	□ れすとらん	レストラン 레스토랑
□ ろくばん	六ばん 6번	□ ろっぷん	六分 6분
□ わいしゃつ	ワイシャツ 와이셔츠		

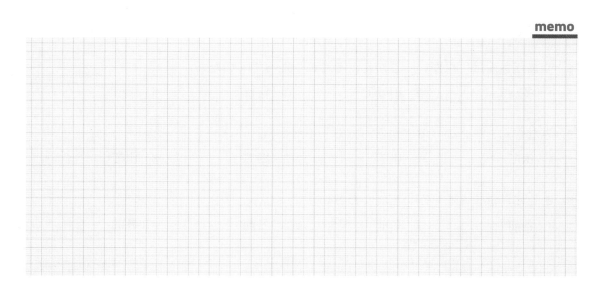

memo

23 기출어휘 확인문제

표기 / 10

もんだい２ ＿＿＿＿の　ことばは　どう　かきますか。１・２・３・４から　いちばん　いい　ものを　ひとつ　えらんで　ください。

1 あの　やまは　３,０００メートルいじょうです。

1 ヨ　　2 山　　3 川　　4 由

2 この　みちは　くるまが　おおいです。

1 明い　　2 太い　　3 多い　　4 大い

3 みちは　みぎに　まがって　います。

1 在　　2 右　　3 左　　4 石

4 やまださんは　きょう　がっこうを　やすんだ。

1 学校　　2 字校　　3 字枚　　4 学枚

5 いえの　まえに　ちいさな　かわが　あります。

1 川　　2 氷　　3 水　　4 小

6 しちがつ　なのかの　ごごに　あいましょう。

1 午役　　2 牛役　　3 午後　　4 牛後

7 こんしゅうの　てんきが　よかった。

1 天気　　2 天汽　　3 矢気　　4 矢汽

8 やまださんは　ながい　じかん、そこに　たって　いた。

1 多って　　2 田って　　3 立って　　4 手って

9 みなさん、みぎの　ドアから　でて　ください。

1 缶て　　2 申て　　3 出て　　4 由て

10 ここに　なまえを　かいて　ください。

1 各前　　2 名前　　3 名葥　　4 各葥

답 1② 2③ 3② 4① 5① 6③ 7① 8③ 9③ 10②

もんだい２ ＿＿＿＿の ことばは どう かきますか。１・２・３・４から いちばん いい ものを ひとつ えらんで ください。

1 その ほんは うえの たなに あるよ。

1 上　2 下　3 止　4 午

2 まいにち あたらしい かんじを いつつ おぼえます。

1 新しい　2 新しい　3 新い　4 新い

3 なつやすみに がいこくりょこうを する ひとが おおく なって いる。

1 大く　2 太く　3 広く　4 多く

4 だれかが きょうしつの そとに たって います。

1 赤って　2 並って　3 丘って　4 立って

5 あしたの てんきは はれるでしょう。

1 天気　2 天気　3 夫気　4 夫気

6 じぶんの ものには なまえを かいて ください。

1 各前　2 名前　3 各前　4 名前

7 たかい やまの うえから がっこうが みえます。

1 川　2 土　3 山　4 田

8 その まちには がっこうが いつつ あります。

1 学枚　2 学枚　3 学校　4 学校

9 にかいで だれかが ラジオを きいて います。

1 問いて　2 開いて　3 関いて　4 聞いて

10 にわに しろい はなが さきました。

1 衣　2 花　3 花　4 花

답 1① 2① 3④ 4④ 5① 6② 7③ 8④ 9④ 10④

もんだい２ ＿＿＿＿の ことばは どう かきますか。１・２・３・４から いちばん いい ものを ひとつ えらんで ください。

1 たかはしさんは えいごが じょうずです。

1 英記　2 英詞　3 英話　4 英語

2 ともだちから じてんしゃを かいました。

1 売いました　2 店いました　3 員いました　4 買いました

3 まちの きたに ながい かわが あります。

1 三　2 川　3 山　4 田

4 あしたの てんきは くもるでしょう。

1 天気　2 天気　3 夫気　4 夫気

5 ケーキを つくるのに たまごを ここのつ つかいました。

1 八つ　2 四つ　3 九つ　4 六つ

6 やまの うえから とおくの まちが みえます。

1 山　2 田　3 天　4 川

7 この ないふを もって やまへ いきます。

1 ナイフ　2 ナイワ　3 メイフ　4 メイワ

8 げんかんを はいって みぎの へやが おうせつまです。

1 右　2 石　3 左　4 左

9 きょうは にくと さかなを たべました。

1 食べました　2 食べました　3 食べました　4 食べました

10 ちちは りょこうがいしゃに つとめて います。

1 又　2 父　3 文　4 交

답 1④ 2④ 3② 4① 5③ 6① 7① 8① 9④ 10②

もんだい２ ＿＿＿＿の　ことばは　どう　かきますか。１・２・３・４から　いちばん　いい　ものを　ひとつ　えらんで　ください。

1 へやの　まえに　えれべえたあが　あります。

1　ヨレベーター　　2　コレベーター　　3　ユレベーター　　4　エレベーター

2 もう　すこし　おおきい　こえで　はなして　ください。

1　高きい　　2　多きい　　3　広きい　　4　大きい

3 ごご　１１じに　さいごの　テレビニュースが　あります。

1　干後　　2　牛後　　3　午後　　4　半後

4 まいあさ、しんぶんを　よんでから　かいしゃへ　いきます。

1　新文　　2　新分　　3　新聞　　4　新本

5 いい　てんきですから、そとで　たべましょう。

1　矢気　　2　大気　　3　夫気　　4　天気

6 でんしゃで　がっこうへ　かよって　います。

1　電車　　2　霅車　　3　雷車　　4　雷車

7 むすめは　れすとらんで　はたらいて　います。

1　レストラソ　　2　レストラン　　3　レヌトラソ　　4　レヌトラン

8 おとうとは　からだは　ちいさいが、とても　げんきです。

1　中さい　　2　少さい　　3　小さい　　4　大さい

9 いつも　ここで　しんぶんを　かいます。

1　員います　　2　貿います　　3　貸います　　4　買います

10 ことし　あたらしく　はいって　きた　がくせいは　よく　べんきょうする。

1　美しく　　2　親しく　　3　清しく　　4　新しく

답 1④　2④　3③　4③　5④　6①　7②　8③　9④　10④

もんだい 2 ＿＿＿＿の　ことばは　どう　かきますか。１・２・３・４から　いちばん　いい　ものを　ひとつ　えらんで　ください。

1 わたしは　へやで　しずかな　おんがくを　<u>ききます</u>。

1 問きます　　2 目きます　　3 聞きます　　4 耳きます

2 あさは　パンと　サラダを　<u>たべます</u>。

1 食べます　　2 食べます　　3 食べます　　4 食べます

3 <u>ひだり</u>がわに　おおきい　ホテルが　あります。

1 左　　2 在　　3 石　　4 右

4 こんしゅうの　どようびは　いえで　<u>やすみます</u>。

1 休みます　　2 休すみます　　3 体みます　　4 体すみます

5 かいしゃへ　いく　ときは　しろい　<u>わいしゃつ</u>を　きます。

1 ウイシャツ　　2 ウイシュツ　　3 ワイシャツ　　4 ワイシュツ

6 まいにち　テレビで　ニュースを　<u>みます</u>。

1 目ます　　2 只ます　　3 見ます　　4 貝ます

7 くにの　<u>はは</u>から　てがみが　きました。

1 毌　　2 毋　　3 囙　　4 母

8 すずきさんと　<u>はなして</u>から、へやで　てがみを　かきました。

1 話して　　2 詔して　　3 詰して　　4 語して

9 きのうは　にちようびだったから、あしたは　<u>かようび</u>だ。

1 日よう日　　2 火よう日　　3 水よう日　　4 土よう日

10 せんせいの　はなしは　いつも　<u>ながい</u>です。

1 食い　　2 長い　　3 良い　　4 高い

답 1③ 2② 3① 4① 5③ 6③ 7④ 8① 9② 10②

3 표기 기출어휘 2015 ~ 2000

あ

□ あいだ	間 사이	□ あう	会う 만나다
□ あし	足 발, 다리	□ あたらしい	新しい 새롭다
□ あめ	雨 비	□ いく	行く 가다
□ いつか	五日 5일	□ いま	今 지금
□ うえ	上 위	□ うまれる	生まれる 태어나다
□ えあこん	エアコン 에어컨	□ えいご	英語 영어
□ えれべえたあ	エレベーター 엘리베이터	□ えん	円 엔
□ おおい	多い 많다	□ おおきい	大きい 크다
□ おおきな	大きな 큰, 커다란	□ おかあさん	お母さん 어머니
□ おとこ	男 남자	□ おなじだ	同じだ 같다
□ おりる	下りる 내리다, 내려오다	□ おんな	女 여자

か

□ がいこく	外国 외국	□ かいしゃ	会社 회사
□ かう	買う 사다	□ かく	書く 쓰다
□ がっこう	学校 학교	□ かめら	カメラ 카메라
□ かようび	火よう日 화요일	□ かれんだー	カレンダー 달력
□ かわ	川 강	□ きく	聞く 듣다
□ きる	切る 자르다	□ きんようび	金よう日 금요일
□ くじはん	九時半 9시 반	□ くち	口 입
□ ぐらむ	グラム 그램	□ くる	来る 오다

□ くるま	車 자동차	□ ごご	午後 오후
□ ここのつ	九つ 9개	□ ごぜん	午前 오전
□ こども	子ども 아이	□ こんげつ	今げつ 이번 달
□ こんしゅう	今週 이번 주		

さ

□ さかな	魚 물고기, 생선	□ しあい	試合 시합
□ じかん	時間 시간	□ した	下 아래, 밑
□ しゃわー	シャワー 샤워	□ しろい	白い 희다
□ しんぶん	新聞 신문	□ すすむ	進む 진행하다
□ すぺいん	スペイン 스페인	□ すぽーつ	スポーツ 스포츠
□ せんえん	千円 천 엔	□ せんせい	先生 선생님
□ そと	外 밖	□ そら	空 하늘

た

□ たかい	高い 높다, (가격이) 비싸다	□ たくしー	タクシー 택시
□ たつ	立つ 서다	□ たべる	食べる 먹다
□ ちいさい	小さい 작다	□ ちち	父 아버지
□ ちょこれーと	チョコレート 초콜릿	□ てきすと	テキスト 텍스트
□ でぱーと	デパート 백화점	□ でる	出る 나가다
□ てんき	天気 날씨	□ でんしゃ	電車 전철
□ でんわ	電話 전화	□ どようび	土よう日 토요일

な

□ ないふ	ナイフ 나이프	□ なか	中 안, 속
□ ながい	長い 길다	□ ななせんえん	七千円 7천 엔
□ ななまんえん	七万円 7만 엔	□ なまえ	名前 이름
□ なん	何 무엇	□ にし	西 서쪽
□ にほんご	日本語 일본어	□ のむ	飲む 마시다

は

□ ぱーてぃー	パーティー 파티	□ ばす	バス 버스
□ はちじ	八時 8시	□ はな	花 꽃
□ はは	母 어머니	□ はんかち	ハンカチ 손수건
□ はんぶん	半分 절반	□ ひがし	東 동쪽
□ ひがしがわ	東がわ 동쪽, 동쪽 방면	□ ひだり	左 왼쪽
□ ひと	人 사람	□ ほん	本 책

ま

□ まど	窓 창, 창문	□ みぎ	右 오른쪽
□ みず	水 물	□ みせ	店 가게
□ みち	道 길	□ みなみ	南 남쪽
□ みみ	耳 귀	□ みる	見る 보다
□ むいか	六日 6일	□ め	目 눈

や

□ やすい	安い (가격이) 싸다	□ やすむ	休む 쉬다
□ やま	山 산	□ ようか	八日 8일
□ よむ	読む 읽다		

ら・わ

□ らーめん	ラーメン 라면	□ らいねん	来年 내년
□ らじお	ラジオ 라디오	□ らじかせ	ラジカセ 라디오 카세트
□ れすとらん	レストラン 레스토랑	□ ろっぷん	六分 6분
□ わいしゃつ	ワイシャツ 와이셔츠		

memo

もんだい 2 ＿＿＿＿の　ことばは　どう　かきますか。1・2・3・4から　いちばん　いい　ものを　ひとつ　えらんで　ください。

1 あめが　はいるから　ドアを　しめて　ください。

1 冊　　2 両　　3 雨　　4 再

2 テーブルの　うえに　あった　ケーキを　はんぶん　食べました。

1 平分　　2 平分　　3 半分　　4 半分

3 それは　いい　かめらですね。

1 刀メラ　　2 カメヲ　　3 刀メヲ　　4 カメラ

4 ひこうきが　くもの　うえを　とんで　いきます。

1 下　　2 上　　3 止　　4 土

5 じかんが　なかったので　くるまで　きました。

1 運　　2 里　　3 車　　4 軍

6 こんしゅうは　たくさん　あるいたので、あしが　いたいです。

1 先週　　2 今週　　3 合週　　4 近週

7 いそがしくて　ほんを　よむ　じかんが　ない。

1 待間　　2 時間　　3 時問　　4 待問

8 ともだちは　みせで　しゃつを　かいました。

1 シャシ　　2 ツャツ　　3 ツャシ　　4 シャツ

9 たくしいは　つかわないで　でんしゃで　いきましょう。

1 クタシー　　2 タクシー　　3 クタツー　　4 タクツー

10 これは　なんの　ほんですか。

1 同　　2 何　　3 向　　4 伺

답 1③ 2③ 3④ 4② 5③ 6② 7② 8④ 9② 10②

もんだい2 ＿＿＿＿の ことばは どう かきますか。1・2・3・4から いちばん いい ものを ひとつ えらんで ください。

1 にほんでは たべものや いえが <u>たかい</u>です。

1 長い　　2 高い　　3 多い　　4 安い

2 きのう ほんやで あたらしい <u>ほん</u>を 買(か)いました。

1 本　　2 夲　　3 末　　4 木

3 どようびに <u>みなみ</u>の やまに いきます。

1 北　　2 西　　3 東　　4 南

4 せんげつ あかい <u>くるま</u>を かいました。

1 車　　2 車　　3 東　　4 東

5 この ほんを <u>よんで</u> ください。

1 諸んで　　2 続んで　　3 読んで　　4 緒んで

6 かのじょの <u>あし</u>は ほそくて きれいです。

1 足　　2 歩　　3 足　　4 足

7 この まちの ひがしには <u>おおきな</u> かわが あります。

1 犬きな　　2 夫きな　　3 大きな　　4 天きな

8 きれいな しゃしんの <u>かれんだー</u>ですね。

1 カ˩ングー　　2 カ˩ンダー　　3 カレングー　　4 カレンダー

9 ちょっと <u>くち</u>を あけて ください。

1 口　　2 自　　3 目　　4 回

10 わたしの <u>こども</u>は はなが すきです。

1 了ども　　2 子ども　　3 于ども　　4 予ども

답 1② 2① 3④ 4② 5③ 6① 7③ 8④ 9① 10②

もんだい２ ＿＿＿＿の　ことばは　どう　かきますか。１・２・３・４から　いちばん　いい　ものを　ひとつ　えらんで　ください。

1 なつは、あさ　４じごろには　そらが　あかるく　なります。

1 川　2 池　3 空　4 風

2 にほんは　アメリカより　ちいさいです。

1 小い　2 小さい　3 少い　4 少さい

3 つぎの　どようびは　やまに　いきます。

1 工よう日　2 士よう日　3 干よう日　4 土よう日

4 かばんの　なかに　なにが　ありますか。

1 中　2 円　3 内　4 甲

5 まちの　にしには　おおきな　こうえんが　あります。

1 西　2 西　3 東　4 東

6 あめなので　タクシーで　きました。

1 羽　2 雪　3 兩　4 雨

7 これは　なんの　ぱーてぃーですか。

1 ペーティー　2 パーティー　3 ペーティー　4 パーティー

8 らいげつの　ついたちに　ともだちが　きます。

1 来ます　2 木ます　3 気ます　4 行ます

9 むいかも　たばこを　すって　いません。

1 九日　2 三日　3 六日　4 五日

10 らいねんの　なつやすみは　うみへ　いきましょう。

1 未年　2 末年　3 来年　4 来年

답 1③ 2② 3④ 4① 5② 6④ 7④ 8① 9③ 10③

もんだい２ ＿＿＿＿の　ことばは　どう　かきますか。１・２・３・４から　いちばん　いい　ものを　ひとつ　えらんで　ください。

1 あめが　ふって　いますから、いきません。

1 行きません　2 行きません　3 仃きません　4 行きません

2 わたしの　かいしゃは　あの　ビルの　なかです。

1 会社　2 公仕　3 公社　4 会仕

3 らいねんの　なつは　がいこくへ　いきたいです。

1 外国　2 列国　3 各国　4 条国

4 わたしは　ベトナムから　きました。

1 未ました　2 末ました　3 朱ました　4 来ました

5 ひまな　じかんに　らじおを　ききます。

1 ラジオ　2 ラジホ　3 ヲジオ　4 ヲジホ

6 おもい　にもつが　あったので　たくしーに　のりました。

1 クタシー　2 ワタシー　3 タクシー　4 タワシー

7 ひるやすみの　じかんは　１２じから　１じまでです。

1 時間　2 時間　3 時問　4 時問

8 らいねんは　ながい　やすみが　ほしいです。

1 長い　2 長い　3 長い　4 長い

9 げつようびから　きんようびまで　はたらきます。

1 全よう日　2 余よう日　3 金よう日　4 金よう日

10 きんようびに　あたらしい　おんなの　せんせいが　きました。

1 文　2 女　3 女　4 文

답 1① 2① 3① 4④ 5① 6③ 7② 8④ 9④ 10③

32 기출어휘 확인문제 표기 / 10

もんだい２ ＿＿＿＿の　ことばは　どう　かきますか。１・２・３・４から　いちばん　いい　ものを　ひとつ　えらんで　ください。

1 わたしの　ちちは　えいごの　せんせいです。

1 先生　2 生先　3 光生　4 生光

2 やまださんの　おかあさんは、デパートで　かばんを　かいました。

1 お井さん　2 お丹さん　3 お母さん　4 お図さん

3 きょうは　げつようびだから　あしたは　かようびだ。

1 日よう日　2 火よう日　3 水よう日　4 土よう日

4 つめたい　みずが　のみたいです。

1 飲みたい　2 飢みたい　3 飯みたい　4 餃みたい

5 ばすと　タクシーの　どっちが　はやいですか。

1 ベス　2 バス　3 ベマ　4 バマ

6 とけいの　したに　かれんだーが　はって　あります。

1 ケレングー　2 ケレンダー　3 カレングー　4 カレンダー

7 にほんごの　たんごを　やっつ　おぼえました。

1 日本話　2 日本語　3 日本詰　4 日本詔

8 わたしと　兄は　おなじ　がっこうに　かよいます。

1 回じ　2 同じ　3 司じ　4 何じ

9 きのうは　ねる　まえに　しゃわーを　あびました。

1 シャワー　2 ショワー　3 ジャワー　4 シャウー

10 この　くつしたは　ちいさくて　あしが　はいらない。

1 虽　2 足　3 昰　4 是

답 1① 2③ 3② 4① 5② 6④ 7② 8② 9① 10②

もんだい２ ＿＿＿＿の ことばは どう かきますか。１・２・３・４から いちばん いい ものを ひとつ えらんで ください。

1 きのう みせで はんかちを かいました。
1 ハンクチ　2 ハンカチ　3 ハソクチ　4 ハソカチ

2 その みせの かどを ひだりに まがって ください。
1 石　2 右　3 左　4 左

3 あした でぱーとへ いって とけいを かいます。
1 デパート　2 モパート　3 ヂパート　4 モパート

4 まちの みなみがわは みどりが おおいです。
1 南　2 南　3 南　4 南

5 ここに かいしゃの なまえを かいて ください。
1 書いて　2 書いて　3 書いて　4 書いて

6 あした ごご いちじに きっさてんで あいましょう。
1 今ましょう　2 今いましょう　3 会ましょう　4 会いましょう

7 あした、ほっかいどうから ちちと ははが きます。
1 木ます　2 未ます　3 米ます　4 来ます

8 その おとこのひとは きのう ここに きました。
1 男　2 男　3 男　4 男

9 やまださんの お父(とう)さんは いそがしくて、日(にち)よう日(び)も かいしゃに いきます。
1 会礼　2 礼会　3 会社　4 社会

10 わたしの いぬは あしが しろいです。
1 田い　2 由い　3 白い　4 自い

답 1② 2④ 3① 4① 5④ 6④ 7④ 8④ 9③ 10③

もんだい２ ＿＿＿＿の ことばは どう かきますか。１・２・３・４から いちばん いい ものを ひとつ えらんで ください。

1 ごぜん くじはんに あいましょう。

1 七時羊　2 七時半　3 九時羊　4 九時半

2 てんきが わるくて、そとで すぽーつが できません。

1 スポーシ　2 スポーツ　3 ヌポーシ　4 ヌポーツ

3 たくしーは バスより はやいです。

1 タクシー　2 タクツー　3 タワシー　4 タワツー

4 ひがしの そらが きれいです。

1 南　2 北　3 東　4 西

5 デパートで あたらしい かめらを かいました。

1 カヌラ　2 カメラ　3 カヌウ　4 カメウ

6 みずを たいせつに つかいましょう。

1 木　2 水　3 氷　4 永

7 わたしは らじおで おんがくを きく。

1 ラシオ　2 ワシオ　3 ラジオ　4 ワジオ

8 その みせの かどを みぎに まがって ください。

1 床　2 店　3 圧　4 占

9 あそこに おとこのひとが います。

1 人　2 亼　3 夫　4 夫

10 せかいで いちばん たかい やまに のぼりたいです。

1 古い　2 高い　3 長い　4 重い

답 1④ 2② 3① 4③ 5② 6② 7③ 8② 9① 10②

4 표기 기출어휘 1999 ~ 1990

あ

□ あかるい	明るい 밝다	□ あたらしい	新しい 새롭다
□ あぱあと	アパート 아파트	□ あめ	雨 비
□ いく	行く 가다	□ いれる	入れる 넣다
□ うえ	上 위	□ うしろ	後ろ 뒤
□ うまれる	生まれる 태어나다	□ うみ	海 바다
□ えれべえたあ	エレベーター 엘리베이터		
□ おおきい	大きい 크다		

か

□ がいこく	外国 외국	□ かう	買う 사다
□ かく	書く 쓰다	□ がっこう	学校 학교
□ かめら	カメラ 카메라	□ かようび	火よう日 화요일
□ きく	聞く 듣다	□ きた	北 북쪽
□ くる	来る 오다	□ くるま	車 자동차
□ ごご	午後 오후	□ ことし	今年 올해
□ こども	子ども 아이	□ こんげつ	今げつ 이번 달
□ こんしゅう	今週 이번 주		

さ

- □ しゃつ シャツ 셔츠
- □ しんぶん 新聞 신문
- □ すいっち スイッチ 스위치
- □ すいようび 水よう日 수요일
- □ すかーと スカート 치마
- □ すこし 少し 조금
- □ せんえん 千円 천 엔

た

- □ だいがく 大学 대학
- □ たかい 高い 높다, (가격이) 비싸다
- □ たくしー タクシー 택시
- □ たべる 食べる 먹다
- □ てーぶる テーブル 테이블
- □ ちいさい 小さい 작다
- □ ちち 父 아버지
- □ でかける 出かける 외출하다
- □ てんき 天気 날씨
- □ でんき 電気 전기
- □ でんしゃ 電車 전철
- □ としょかん 図書館 도서관
- □ ともだち 友だち 친구
- □ どようび 土よう日 토요일

な

- □ ないふ ナイフ 나이프
- □ ながい 長い 길다
- □ にじかん 二時間 2시간
- □ ねくたい ネクタイ 넥타이

は

- □ はなす 話す 이야기하다
- □ はは 母 어머니
- □ はんかち ハンカチ 손수건
- □ はんぶん 半分 절반
- □ ひがし 東 동쪽
- □ ひだり 左 왼쪽
- □ ぷうる プール 수영장
- □ ぽけっと ポケット 포켓, 호주머니
- □ ほてる ホテル 호텔

ま

□ まいにち	毎日 매일	□ まえ	前 앞
□ みぎ	右 오른쪽	□ みなみ	南 남쪽
□ みる	見る 보다	□ むいか	六日 6일
□ もつ	持つ 가지다, 들다		

や

□ やすみ	休み 휴일, 방학, 쉼	□ やすむ	休む 쉬다
□ やま	山 산	□ よむ	読む 읽다

ら・わ

□ らいねん	来年 내년	□ らじお	ラジオ 라디오
□ れすとらん	レストラン 레스토랑	□ わいしゃつ	ワイシャツ 와이셔츠

memo

もんだい２ ＿＿＿＿の　ことばは　どう　かきますか。１・２・３・４から　いちばん　いい　ものを　ひとつ　えらんで　ください。

1 １０さいうえの　ひとと　<u>ともだち</u>に　なりました。

1　及だち　　2　友だち　　3　反だち　　4　支だち

2 あの　ふねは　アメリカへ　<u>いきます</u>。

1　仃きます　　2　行きます　　3　行きます　　4　行きます

3 <u>すいようび</u>の　ごご　１じから　かいぎが　あります。

1　不よう日　　2　氷よう日　　3　未よう日　　4　水よう日

4 <u>まいにち</u>　おさけを　のむのは　からだに　わるいです。

1　毎日　　2　毎日　　3　母日　　4　苺日

5 かいしゃを　やめたら　また　<u>だいがく</u>へ　いきたい。

1　大与　　2　大挙　　3　大楽　　4　大学

6 わたしの　むらに　<u>でんき</u>が　きました。

1　電気　　2　電氣　　3　電氧　　4　電気

7 みぎの　ちいさい　とけいは　<u>せんえん</u>です。

1　干円　　2　千円　　3　午円　　4　牛円

8 レストランを　でてから　<u>にじかん</u>ぐらい　あるきました。

1　二時問　　2　二時間　　3　二時開　　4　二時開

9 <u>うしろ</u>を　あるかないで　よこに　きて　ください。

1　係ろ　　2　係ろ　　3　後ろ　　4　後ろ

10 さむくても　<u>ぽけっと</u>から　てを　だしなさい。

1　ポクット　　2　ポケット　　3　オ゜クット　　4　オ゜ケット

답 1 ②　2 ④　3 ④　4 ①　5 ④　6 ④　7 ②　8 ②　9 ④　10 ②

36 기출어휘 확인문제 표기 / 10

もんだい２ ＿＿＿＿の　ことばは　どう　かきますか。１・２・３・４から　いちばん　いい　ものを　ひとつ　えらんで　ください。

1 みなみの　ほうへ　１００メートルぐらい　いって　ください。
1 東　2 西　3 南　4 北

2 しんぶんの　じが　ちいさくて　よめません。
1 水さくて　2 木さくて　3 少さくて　4 小さくて

3 くるまの　うしろに　こどもが　います。
1 子ども　2 千ども　3 予ども　4 午ども

4 ふゆは　すかーとでは　さむいでしょう。
1 スクート　2 スクーイ　3 スカート　4 スカーイ

5 てーぶるには　たべものが　おいて　あります。
1 テーブレ　2 テーブル　3 チーブレ　4 チーブル

6 こんげつ　ともだちと　うみへ　いきます。
1 海　2 海　3 㴁　4 海

7 ながい　じかん　でんしゃに　のりました。
1 表い　2 長い　3 長い　4 表い

8 ジュースを　いれますから　コップを　もって　ください。
1 持って　2 待って　3 侍って　4 特って

9 きたなく　なった　はんかちを　あらいました。
1 ルンカチ　2 ルソカチ　3 ハンカチ　4 ハソカチ

10 えんぴつで　かかないで　ボールペンを　つかって　ください。
1 書かないで　2 書かないで　3 書かないで　4 書かないで

답 1③ 2④ 3① 4③ 5② 6④ 7② 8① 9③ 10②

もんだい２ ＿＿＿＿の ことばは どう かきますか。１・２・３・４から いちばん いい ものを ひとつ えらんで ください。

1 あめの ひは あぱあとの へやで おんがくを ききます。

1 マパート　2 アパート　3 マポート　4 アポート

2 きょねん ひがしの まちでは、よく あめが ふりました。

1 両　2 兩　3 㒳　4 雨

3 にほんは ちゅうごくの ひがしに あります。

1 北　2 南　3 西　4 東

4 らいしゅうの かようび、ごご ３じに あう やくそくです。

1 火よう日　2 金よう日　3 木よう日　4 水よう日

5 えいごを らじおで べんきょうします。

1 ラゾオ　2 ラジオ　3 ウゾオ　4 ウジオ

6 こんしゅうの すいようびの しんぶんが ありますか。

1 来週　2 先週　3 今週　4 近週

7 その えは すこし うえに かけた ほうが よく みえます。

1 示し　2 小し　3 少し　4 不し

8 おとうとは からだは おおきいが、とても よわいです。

1 太きい　2 少きい　3 大きい　4 小きい

9 その かめらは すこし たかいです。

1 カメヲ　2 カメラ　3 カナヲ　4 カナラ

10 わたしの いもうとは としょかんで はたらいて います。

1 図所館　2 図書館　3 読所館　4 読書館

답 1② 2④ 3④ 4① 5② 6③ 7③ 8③ 9② 10②

38 기출어휘 확인문제 표기 / 10

もんだい２ ＿＿＿の ことばは どう かきますか。１・２・３・４から いちばん いい ものを ひとつ えらんで ください。

1 ちちの たんじょうびに ねくたいを あげました。

1 ネクタイ　2 ネタクイ　3 スクタイ　4 スタクイ

2 どようびは こどもと ぷうるで およぎます。

1 ワ゜ール　2 ワ゜ーレ　3 プール　4 プーレ

3 げんかんの まえに にもつが おいて ありました。

1 前　2 前　3 前　4 前

4 がっこうが おわってから、えいがを みに いきます。

1 具に　2 自に　3 貝に　4 見に

5 きのうの ごご へやで ざっしを よみました。

1 読みました　2 読みました　3 訳みました　4 説みました

6 やまださんの くるまで ドライブに いきたいです。

1 行きたい　2 行きたい　3 仃きたい　4 行きたい

7 えんぴつや ノートを かばんに いれましたか。

1 八れましたか　2 丈れましたか　3 人れましたか　4 入れましたか

8 ひがしの そらが あかるく なりました。

1 明く　2 赤く　3 明るく　4 赤るく

9 どの だいがくを いくか せんせいと はなした。

1 語した　2 詰した　3 話した　4 詔した

10 わたしは ながのに ある びょういんで うまれました。

1 生まれました　2 主まれました　3 性まれました　4 住まれました

답 1① 2③ 3① 4④ 5② 6② 7④ 8③ 9③ 10①

39 기출어휘 확인문제 표기 / 10

もんだい２ ＿＿＿の　ことばは　どう　かきますか。１・２・３・４から　いちばん　いい　ものを　ひとつ　えらんで　ください。

1 すいようびは　<u>がっこう</u>で　おべんとうを　たべます。

1　学校　　2　学校　　3　学枚　　4　学枚

2 えきまで　タクシーで　<u>せんえん</u>ぐらい　かかります。

1　百円　　2　千円　　3　百丹　　4　千丹

3 アメリカの　<u>きた</u>は　カナダです。

1　比　　2　北　　3　化　　4　比

4 ドアの　みぎに　でんきの　<u>すいっち</u>が　あります。

1　スイッテ　　2　ヌイッテ　　3　スイッチ　　4　ヌイッチ

5 <u>どようび</u>の　まえの　きんようびの　ばんが　いちばん　すきです。

1　上よう日　　2　士よう日　　3　土よう日　　4　止よう日

6 しんだ　<u>はは</u>に　もう　いちど　あいたいです。

1　父　　2　火　　3　母　　4　甲

7 かれと　かのじょは　<u>まいにち</u>　あって　います。

1　宙日　　2　舞日　　3　毎日　　4　無日

8 つぎの　かいぎは　らいげつの　<u>むいか</u>です。

1　八日　　2　九日　　3　三日　　4　六日

9 むすこは　<u>らいねん</u>　しがつ、だいがくに　はいります。

1　未年　　2　末年　　3　米年　　4　来年

10 <u>でかける</u>　まえに　かぎを　かけるのを　わすれないで　ください。

1　外かける　　2　来かける　　3　行かける　　4　出かける

답 1① 2② 3② 4③ 5③ 6③ 7③ 8④ 9④ 10④

03 もんだい 3 문맥규정 공략하기

1 문제 유형 완전 분석

もんだい 3은 주어진 단문의 밑줄 친 공란에 가장 적당한 어휘를 4개의 보기에서 고르는 문제로, 6문제가 출제된다. 품사별로 명사·동사·い형용사·부사·な형용사·외래어·인사말 순으로 출제 빈도가 높다. 또한 한자 표기가 있는 한자숙어 어휘도 거의 대부분 히라가나(ひらがな) 표기로 출제되고 있으나, 최근에는 エアコン(에어컨)같은 가타카나(カタカナ) 표기 어휘도 출제되고 있다.

문제 유형 예시

もんだい 3 （　　）に なにを いれますか。1・2・3・4から いちばん いい ものを ひとつ えらんで ください。

（れい） あそこで バスに （　　）。

1 のりました　　2 あがりました

3 つきました　　4 はいりました

（かいとうようし） | （れい） | ● ② ③ ④ |

19 わたしの へやは この （　　）の 2かいです。

1 エレベーター　　2 プール

3 エアコン　　4 アパート

2 문맥규정 기출어휘 2024 ~ 2016

지난 9년간 출제된 어휘를 정리해 두었다. 한자 표기 여부나 품사에 관계없이 다양한 어휘가 출제되고 있다.

あ

- □ あかるい 밝다
- □ あける 열다
- □ アパート 아파트
- □ あびる (샤워를) 하다
- □ あまい 달다
- □ あめ 비
- □ いつか 언젠가
- □ いっぱいだ 가득 차다
- □ うすい 얇다
- □ うまれる 태어나다
- □ エアコン 에어컨
- □ エレベーター 엘리베이터
- □ おく 놓다, 두다
- □ おぼえる 외우다
- □ おもい 무겁다
- □ およぐ 헤엄치다, 수영하다
- □ おわる 끝나다

か

- □ ～かい ~층
- □ かいだん 계단
- □ かえる 돌아오다, 돌아가다
- □ かかる (시간, 돈 등이) 들다, 걸리다
- □ かぎ 열쇠
- □ かける (전화를) 걸다
- □ かど 모퉁이
- □ かぶる (모자를) 쓰다
- □ かるい 가볍다
- □ きる 자르다
- □ くらい 어둡다
- □ こまる 곤란하다, 난처하다

さ

□ ～さい ～세, ～살

□ さく (꽃이) 피다

□ さとう 설탕

□ さんぽする 산책하다

□ しつもんする 질문하다

□ しゃしん 사진

□ じょうずだ 능숙하다

□ しんごう 신호, 신호등

□ すこし 조금

□ そうじ 청소

□ さいふ 지갑

□ ～さつ ～권

□ さむい 춥다

□ じしょ 사전

□ しまる 닫히다

□ しゅくだい 숙제

□ じょうぶだ 튼튼하다

□ しんぶん 신문

□ せんたくする 세탁하다

た

□ ～だい ～대

□ たかい 높다, (가격이) 비싸다

□ ちかい 가깝다

□ つかれる 피로해지다, 지치다

□ つよい 강하다

□ でる 나가다, 출발하다

□ でんき 전기

□ とおい 멀다

□ とる (사진을) 찍다

□ たいへんだ 힘들다, 큰일이다

□ たべもの 음식, 먹을 것

□ チケット 티켓, 표

□ つめたい 차갑다

□ てがみ 편지

□ てんき 날씨

□ ドア 문, 도어

□ とけい 시계

な

□ ながい 길다
□ ならう 배우다
□ にぎやかだ 떠들썩하다, 번화하다
□ ぬぐ (옷 등을) 벗다
□ のむ 마시다, (약을) 먹다

は

□ は 이, 이빨
□ ～はい ～잔
□ はく (바지 등을) 입다, (신을) 신다
□ パスポート 여권, 패스포트
□ ～ひき ～마리
□ びょういん 병원
□ プール 풀, 수영장
□ ふく 불다
□ へただ 서투르다, 잘 못하다
□ べんりだ 편리하다
□ ぼうし 모자
□ ポケット 포켓, 호주머니

ま

□ ～まい ～장, ～매
□ まいあさ 매일 아침
□ まがる (방향을) 돌다, 구부러지다
□ まっすぐ 곧장
□ まど 창문
□ みがく 닦다
□ みじかい 짧다
□ みち 길

ら

□ りょこうする 여행하다

わ

□ わすれる 잊고 두고 오다, 잊어버리다

40 기출어휘 확인문제 문맥규정 / 10

もんだい３（　　）に　なにを　いれますか。１・２・３・４から　いちばん　いい　ものを　ひとつ　えらんで　ください。

1 かいしゃまで　でんしゃで　１じかん（　　　）。

1 かかります　2 あびます　3 はいります　4 あそびます

2 きょねん、ほっかいどうを（　　　）しました。

1 りょこう　2 げんき　3 こうばん　4 ぐあい

3 つぎの（　　　）を　みぎに　まがって　ください。

1 そと　2 きって　3 かど　4 にわ

4 がっこうで　ともだちと　しゃしんを（　　　）。

1 つけました　2 つくりました　3 かかりました　4 とりました

5 きょうは　かぜが　（　　　）です。

1 おもい　2 つよい　3 ひま　4 いそがしい

6 ゆうべ　ざっしを　３（　　　）よみました。

1 まい　2 だい　3 ひき　4 さつ

7 みみが　いたいですから、（　　　）へ　いきます。

1 がっこう　2 びょういん　3 いえ　4 ゆうびんきょく

8 いえに　とけいを（　　　）から、じかんが　わかりません。

1 かぶった　2 きった　3 まがった　4 わすれた

9 みせは　よる　１０じに（　　　）。

1 しまります　2 たちます　3 かきます　4 つかいます

10 へやが（　　　）ですから、でんきを　つけました。

1 まるい　2 くらい　3 あかるい　4 おおきい

답 1① 2① 3③ 4④ 5② 6④ 7② 8④ 9① 10②

41 기출어휘 확인문제

문맥규정 / 10

もんだい３（　　）に　なにを　いれますか。１・２・３・４から　いちばん　いい　ものを　ひとつ　えらんで　ください。

1 きのう　かぞくの（　　）を　とりました。

1 しゃしん　　2 スカート　　3 ぼうし　　4 めがね

2 ひだりへ（　　）ください。

1 たべて　　2 まがって　　3 あって　　4 あそんで

3 きのう（　　）の　コピーを　つくりました。

1 かぎ　　2 がいこく　　3 とり　　4 はな

4 あの　こは　あかい　くつを（　　）います。

1 つけて　　2 おきて　　3 はって　　4 はいて

5（　　）が　よくて　きもちが　いいですね。

1 てんき　　2 えき　　3 こうえん　　4 びょうき

6 おじいさんは　９０さいに（　　）が　とても　げんきです。

1 すくない　　2 とおい　　3 ちかい　　4 おおきい

7 この（　　）、ソウルへ　おくりたいんですが、いくらですか。

1 てがみ　　2 えいが　　3 おんがく　　4 でんき

8 ともだちから　しゃしんを　２（　　）もらいました。

1 ひき　　2 だい　　3 まい　　4 さつ

9 さんぽした　あとは　シャワーを（　　）。

1 とります　　2 あびます　　3 なきます　　4 ぬぎます

10 たくさん　あるきましたので、とても（　　）。

1 あらいました　　2 さんぽしました　　3 そうじしました　　4 つかれました

답 1① 2② 3① 4④ 5① 6③ 7① 8③ 9② 10④

もんだい３（　　）に　なにを　いれますか。１・２・３・４から　いちばん　いい　ものを　ひとつ　えらんで　ください。

1 だいどころの（　　）に　3じかん　かかりました。

1　そうじ　2　せんたく　3　おさら　4　れいぞうこ

2 （　　）を　やってから　テレビを　みなさい。

1　りょこう　2　しゅくだい　3　こうばん　4　りょうり

3 ごはんを　たべてから　はを　（　　）。

1　あらいます　2　みがきます　3　かぶります　4　つかいます

4 やすいですが、（　　）つくえです。

1　げんきな　2　しずかな　3　じょうぶな　4　にぎやかな

5 （　　）の　なかの　ものを　ぜんぶ　だして　みせました。

1　アルバイト　2　エアコン　3　ポケット　4　ハンカチ

6 なつやすみは　まいにち　プールで（　　）。

1　たべました　2　さんぽしました　3　のぼりました　4　およぎました

7 （　　）かばんを　もって　かいしゃまで　あるきました。

1　おもい　2　あまい　3　おいしい　4　やさしい

8 ふゆは　なつよりも　ひるまが（　　）です。

1　ふるい　2　みじかい　3　ながい　4　おもしろい

9 きのうは（　　）ゆきで、でんしゃも　バスも　うごきませんでした。

1　きれいな　2　たいへんな　3　ちいさな　4　たいせつな

10 その　女(おんな)の人(ひと)は　ぼうしを（　　）います。

1　しめて　2　きって　3　いれて　4　かぶって

답 1① 2② 3② 4③ 5③ 6④ 7① 8② 9② 10④

43 기출어휘 확인문제

문맥규정 / 10

もんだい３（　　）に　なにを　いれますか。１・２・３・４から　いちばん　いい　ものを　ひとつ　えらんで　ください。

1 １２がつに　なると（　　）きたの　かぜが　ふいて　きます。

1　あかるい　2　つめたい　3　くらい　4　しろい

2 うちに　ねこが　５（　　）います。

1　ひき　2　まい　3　はい　4　かい

3 まいにち（　　）が　ふって　いやですね。

1　あめ　2　かぜ　3　はる　4　あき

4 おとうとの　にゅうがくの　おいわいは　えいごの（　　）に　しました。

1　はな　2　とけい　3　じしょ　4　おさけ

5 （　　）シャワーを　あびてから　しょくじに　します。

1　まいとし　2　まいしゅう　3　まいげつ　4　まいあさ

6 きのうは　こうちゃを　２（　　）のみました。

1　まい　2　だい　3　はい　4　さつ

7 おもい　かばんは　いやです。もうすこし（　　）のは　ありませんか。

1　おもしろい　2　かるい　3　あかい　4　おおきい

8 この　みちを（　　）行って　ください。

1　とても　2　だんだん　3　すこし　4　まっすぐ

9 きょうは（　　）ですね。ゆきが　ふって　いますよ。

1　ふとい　2　つよい　3　さむい　4　あたたかい

10 まいあさ　３０ぷん、いえの　まわりを（　　）。

1　あらいます　2　さんぽします　3　りょこうします　4　せんたくします

답 1② 2① 3① 4③ 5④ 6③ 7② 8④ 9③ 10②

もんだい３（　　）に　なにを　いれますか。１・２・３・４から　いちばん　いい　ものを　ひとつ　えらんで　ください。

1 やまもとさんは（　　）じを　かきますね。
1 じょうぶな　2 じょうずな　3 べんりな　4 だいじょうぶな

2 エレベーターを　つかわないで（　　）を　のぼる　ほうが　からだに　いいです。
1 かいだん　2 やま　3 こうばん　4 エアコン

3 この　クッキーは（　　）が　おおく　はいって　います。
1 くすり　2 さとう　3 ゆき　4 おさら

4 ２かいの　まどの　まえに（　　）きが　あって　じゃまです。
1 ちいさい　2 ちかい　3 とおい　4 たかい

5 しょくじの　あとに　かならず（　　）を　みがきましょう。
1 て　2 あし　3 め　4 は

6 まいあさ（　　）を　よんで　います。
1 しんぶん　2 テレビ　3 しゃしん　4 たべもの

7 あついですから、（　　）や　まどを　あけて　ください。
1 エアコン　2 でんき　3 スイッチ　4 ドア

8 わたしは　とうきょうで（　　）。
1 ありました　2 こまりました　3 うまれました　4 よみました

9 （　　）ところまで　あるきましたので、あしが　いたいです。
1 ふとい　2 つよい　3 ほそい　4 とおい

10 いしはらさんに　にほんごを（　　）います。
1 かいて　2 うたって　3 ならって　4 はたらいて

답 1② 2① 3② 4④ 5④ 6① 7④ 8③ 9④ 10③

もんだい３（　　　）に　なにを　いれますか。１・２・３・４から　いちばん　いい　ものを　ひとつ　えらんで　ください。

1 たなかさんは　あかい（　　　）を　かぶって　います。

1　くつ　　2　ぼうし　　3　めがね　　4　スカート

2 この　ナイフで　ハムを（　　　）ください。

1　おきて　　2　つけて　　3　しめて　　4　きって

3 いえに（　　　）を　わすれて　きたから、じかんが　わかりません。

1　じしゃ　　2　きって　　3　とけい　　4　さいふ

4 がっこうは　えきから　あるいて　３ぷんなので（　　　）です。

1　べんり　　2　じょうぶ　　3　いっぱい　　4　へた

5 なつやすみは　まいにち　だいがくの（　　　）で　およいだ。

1　レストラン　　2　プール　　3　エレベーター　　4　ビル

6 わからない　ことばが　あったら（　　　）して　ください。

1　しつもん　　2　さんぽ　　3　れんしゅう　　4　じゅぎょう

7 あついから（　　　）を　あけましょう。

1　かぜ　　2　へや　　3　なつ　　4　まど

8 にほんごの　もじを（　　　）のに　１かげつ　かかりました。

1　うる　　2　もつ　　3　おぼえる　　4　こまる

9 ないて　いる　こに（　　　）おかしを　あげました。

1　わかい　　2　くらい　　3　つよい　　4　あまい

10 あたたかい　かぜが（　　　）いますね。

1　ふいて　　2　いそいで　　3　とんで　　4　はしって

답 1② 2④ 3③ 4① 5② 6① 7④ 8③ 9④ 10①

もんだい３（　　）に　なにを　いれますか。１・２・３・４から　いちばん　いい　ものを　ひとつ　えらんで　ください。

1 やまださん、また（　　）あいましょう。
1 ぜんぜん　2 いつか　3 たぶん　4 ずっと

2 うちの　アパートには（　　）が　ありません。
1 りょこう　2 げんき　3 エレベーター　4 ぐあい

3 （　　）たかいので、もっと　やすいのを　ください。
1 ずっと　2 ぜんぜん　3 すこし　4 ゆっくり

4 あたまが　いたいですから、くすりを（　　）。
1 のみました　2 たべました　3 かかりました　4 おぼえました

5 トイレの　よこに　せんたくきを（　　）です。
1 かきたい　2 のみたい　3 はきたい　4 おきたい

6 みちが　わからなくて（　　）。
1 うまれました　2 こまりました　3 わすれました　4 まがりました

7 にほんの　いろいろな　ところを（　　）したいです。
1 しつもん　2 てがみ　3 せんたく　4 りょこう

8 この　きょうしつは　あついですから、（　　）を　つけましょう。
1 れいぞうこ　2 エアコン　3 レストラン　4 ストーブ

9 ちいさな　じを　みて　いて　めが（　　）。
1 つかれました　2 つよいでした　3 こまりました　4 みがきました

10 リーさんは　まいにち　うんどうを　して　いるので　からだが（　　）です。
1 じょうぶ　2 よわい　3 ほそい　4 あかい

답 1② 2③ 3③ 4① 5④ 6② 7④ 8② 9① 10①

3 문맥규정 기출어휘 2015 ~ 2000

あ

□ あそぶ 놀다
□ あたたかい 따뜻하다
□ あに 형, 오빠
□ アパート 아파트
□ あびる (샤워를) 하다
□ あぶない 위험하다
□ あまい 달다
□ あめ 비
□ あらう 씻다
□ いう 말하다
□ いくら 얼마
□ いちど 한 번
□ いつつ 5개
□ いれる 넣다
□ いろいろだ 여러 가지다
□ うえ 위
□ うすい 얇다
□ うまれる 태어나다
□ えき 역
□ エレベーター 엘리베이터
□ ～えん ~엔
□ おおぜい 많이
□ おきる 일어나다
□ おく 놓다, 두다
□ おとな 어른
□ おねがいします 부탁합니다
□ おぼえる 외우다
□ おもい 무겁다
□ おもしろい 재미있다
□ およぐ 헤엄치다, 수영하다
□ おりる 내리다

か

□ かいだん 계단
□ かえす 반납하다
□ かかる (시간, 돈 등이) 들다, 걸리다
□ かぎ 열쇠
□ かける (안경 등을) 쓰다
□ かぜ 감기

□ かど 모퉁이

□ かぶる (모자를) 쓰다

□ からい 맵다

□ かるい 가볍다

□ きく 듣다

□ きっぷ 표

□ きる 자르다

□ きれいだ 깨끗하다, 예쁘다

□ ～キロ ～킬로(미터)

□ くらい 어둡다

□ けす 끄다

□ けっこうだ 충분하다

□ けっこんする 결혼하다

□ ～こ ～개

□ こうえん 공원

□ こたえる 대답하다

□ こうちゃ 홍차

□ ごちそうさま 잘 먹었습니다

□ こちら 이분, 이쪽

□ こまる 곤란하다, 난처하다

さ

□ ～さつ ～권

□ さとう 설탕

□ さむい 춥다

□ さんぽ 산책

□ じしょ 사전

□ しつもんする 질문하다

□ しまる 닫히다

□ しめる 닫다

□ しゃしん 사진

□ シャワー 샤워

□ しゅくだい 숙제

□ じょうずだ 능숙하다

□ じょうぶだ 튼튼하다

□ しんぶん 신문

□ すう 들이마시다, (담배를) 피우다

□ スカート 스커트, 치마

□ すきだ 좋아하다

□ すぐに 바로

□ すこし 조금

□ そうじ 청소

□ そと 밖

□ そば 옆

□ それでは 그럼

た

- □ ～だい ~대
- □ だいじょうぶだ 괜찮다
- □ たいせつだ 중요하다
- □ たいへんだ 힘들다, 큰일이다
- □ たかい 높다, (가격이) 비싸다
- □ たのしい 즐겁다
- □ だんだん 점점
- □ ちかい 가깝다
- □ ちがう 틀리다, 다르다
- □ ちず 지도
- □ チケット 티켓
- □ つかれる 피로해지다, 지치다
- □ つめたい 차갑다
- □ つよい 강하다
- □ てがみ 편지
- □ デパート 백화점
- □ でも 하지만
- □ でる 나가다
- □ てんき 날씨
- □ ドア 문, 도어
- □ どういたしまして 천만의 말씀입니다
- □ どうぞ よろしく 잘 부탁합니다
- □ とおい 멀다
- □ ときどき 때때로
- □ とけい 시계
- □ としょかん 도서관
- □ どちら 어느 쪽
- □ とぶ 날다

な

- □ ナイフ 나이프, 칼
- □ ならう 배우다
- □ ならべる 늘어놓다
- □ にかい 2층
- □ のぼる 오르다
- □ のみもの 마실 것
- □ のむ 마시다, (약을) 먹다

は

- □ は 이, 이빨
- □ ～はい ~잔
- □ はく (바지 등을) 입다, (신을) 신다
- □ はじめて 처음(으로)

□ はる 붙이다

□ ～ひき ～마리

□ ひく (기타, 피아노 등을) 치다

□ びょういん 병원

□ ふく 불다

□ ふつか 2일

□ ～ページ ～페이지

□ べんりだ 편리하다

□ ぼうし 모자

□ ほしい 갖고 싶다, 원하다

□ ポケット 포켓, 호주머니

□ ～ほん ～자루

ま

□ ～まい ～장, ～매

□ まいあさ 매일 아침

□ まがる (방향을) 돌다, 구부러지다

□ また 또

□ まっすぐ 곧장

□ まど 창문

□ みがく 닦다

□ みじかい 짧다

□ メートル 미터

□ もっと 더, 더욱, 좀 더

や

□ やさい 채소, 야채

□ ゆうべ 어젯밤

□ ゆきが ふる 눈이 내리다

□ ゆっくり 천천히

□ よろしく 잘 부탁해

ら

□ りょうりする 요리하다

□ りょこうする 여행하다

わ

□ わかい 젊다

□ わすれる 잊고 두고 오다, 잊어버리다

□ わたる 건너다

47 기출어휘 확인문제 문맥규정 / 10

もんだい３（　　）に　なにを　いれますか。１・２・３・４から　いちばん　いい　ものを　ひとつ　えらんで　ください。

1 あの　みじかい（　　）を　はいて　いる　ひとは　だれですか。

1　コート　2　スカート　3　ぼうし　4　めがね

2 きょうは　かぜが　とても（　　）。

1　ふとい　2　つよい　3　ほそい　4　みじかい

3 あさ　おきて　かおを（　　）。

1　あらいます　2　あびます　3　そうじします　4　せんたくします

4 （　　）ですね。でんきを　つけましょう。

1　あかるい　2　くらい　3　しろい　4　うすい

5 A「この　カメラは（　　）ですか。」

B「５まんえんです。」

1　いくら　2　いくつ　3　どうして　4　どなた

6 びょういんの（　　）に　きっさてんが　あります。

1　そば　2　はこ　3　にわ　4　たて

7 つくえの　うえに　ざっしが　２（　　）あります。

1　まい　2　だい　3　ひき　4　さつ

8 さむいですね。まどを（　　）ください。

1　けして　2　きって　3　おして　4　しめて

9 ２０１８ねんに（　　）。いま　こどもは　ふたりです。

1　けんかしました　2　さんぽしました　3　けっこんしました　4　しつもんしました

10 やましたさんは　ギターを　じょうずに（　　）。

1　ききます　2　あそびます　3　ひきます　4　うたいます

답 1② 2② 3① 4② 5① 6① 7④ 8④ 9③ 10③

48 기출어휘 확인문제

문맥규정 / 10

もんだい３（　　）に　なにを　いれますか。１・２・３・４から　いちばん　いい　ものを　ひとつ　えらんで　ください。

1 はじめまして。どうぞ（　　　）。

1　こんばんは　　2　ごちそうさま　　3　ごめんください　　4　よろしく

2 ここから　がっこうまで　２（　　　）です。

1　ひき　　2　はい　　3　キロ　　4　カップ

3 ふうとうに　きってを（　　　）ください。

1　けして　　2　おして　　3　まって　　4　はって

4 この（　　　）は　とても　おいしいです。

1　めがね　　2　かびん　　3　とけい　　4　やさい

5 ここから　えきまで（　　　）ですから、あるいて　いきましょう。

1　ちかい　　2　とおい　　3　ながい　　4　みじかい

6 えいがの（　　　）が　２まい　ありますが、いっしょに　いきませんか。

1　きっぷ　　2　ろうか　　3　がいこく　　4　くうこう

7 きょうしつは　１０かいですから、（　　　）で　いきます。

1　フォーク　　2　エレベーター　　3　ノート　　4　ストーブ

8 いすを　まるく（　　　）ください。

1　あらって　　2　たべて　　3　とって　　4　ならべて

9 じかんが（　　　）すぎて　いきます。

1　いちいち　　2　いろいろ　　3　だんだん　　4　もしもし

10 きのうは　３００（　　　）およぎました。

1　グラム　　2　ばん　　3　メートル　　4　ど

답 1④ 2③ 3④ 4④ 5① 6① 7② 8④ 9③ 10③

49 기출어휘 확인문제

문맥규정　　/ 10

もんだい３（　　）に　なにを　いれますか。１・２・３・４から　いちばん　いい　ものを　ひとつ　えらんで　ください。

1　A「りょこうは　どうでしたか。」
　B「とても（　　）です。」
　1　かわいかった　　2　よわかった　　3　つめたかった　　4　たのしかった

2　チーズを（　　）おさらに　ならべました。
　1　きて　　2　きえて　　3　きいて　　4　きって

3　ここから　えきまでの（　　）を　かいて　ください。
　1　しんぶん　　2　りょこう　　3　ちず　　4　かみ

4　（　　）を　とりますから、みなさん、ならんで　ください。
　1　はがき　　2　しゃしん　　3　フィルム　　4　ポスト

5　やまださんは　あかい　ぼうしを（　　）います。
　1　かかって　　2　きて　　3　かぶって　　4　はいて

6　たなかさんの　おくさんは（　　）きれいです。
　1　あさくて　　2　うすくて　　3　からくて　　4　わかくて

7　わたしは　からだが（　　）ですから、あまり　かぜを　ひきません。
　1　ふべん　　2　だいじょうぶ　　3　べんり　　4　じょうぶ

8　げんかんの　まえに　じてんしゃが（　　）とまって　います。
　1　いっぴき　　2　いっさつ　　3　いちまい　　4　いちだい

9　（　　）から　きに　のぼるのは　やめて　ください。
　1　とおい　　2　うまい　　3　あぶない　　4　うるさい

10　あさ　そうじを　したから　へやは（　　）です。
　1　きれい　　2　くらい　　3　あかるい　　4　きたない

답 1④　2④　3③　4②　5③　6④　7④　8④　9③　10①

50 기출어휘 확인문제 문맥규정 / 10

もんだい３（　　）に　なにを　いれますか。１・２・３・４から　いちばん　いい　ものを　ひとつ　えらんで　ください。

1 ははが　つくった　カレーは　あまり（　　）ない。
1 からく　2 くらく　3 さむく　4 みじかく

2 A「わたしが　そうじを　しましょうか。」
B「ええ。（　　）。」
1 おねがいします　2 どういたしまして　3 いただきます　4 しつれいします

3 ゆうがたまで　おとうとと　いっしょに　こうえんで（　　）。
1 あびました　2 つとめました　3 あそびました　4 つくりました

4 （　　）は　ともだちの　いえに　いました。
1 ゆうはん　2 ゆうべ　3 こんばん　4 こんな

5 えきでは　ひとが　でんしゃに　のったり（　　）して　います。
1 ついたり　2 おりたり　3 おきたり　4 とまったり

6 わからない　ことは　すぐ（　　）して　ください。
1 しつもん　2 りょこう　3 じゅぎょう　4 れんしゅう

7 たいていは　あるいて　いきますが、（　　）でんしゃで　いきます。
1 だんだん　2 いろいろ　3 ときどき　4 いつも

8 たくさん　たべたよ。（　　）すぐ　おなかが　すくんだ。
1 じゃ　2 それでは　3 でも　4 そうして

9 わたしの（　　）は　へやが　ふたつ　あります。
1 ポケット　2 アパート　3 ベッド　4 テレビ

10 ここは（　　）が　ふって　います。
1 かぜ　2 くもり　3 はれ　4 ゆき

답 1① 2① 3③ 4② 5② 6① 7③ 8③ 9② 10④

51 기출어휘 확인문제 문맥규정 / 10

もんだい３（　　）に　なにを　いれますか。１・２・３・４から　いちばん　いい　ものを　ひとつ　えらんで　ください。

1 よる　はを（　　）から　ねます。
1 よんで　2 きいて　3 みて　4 みがいて

2 じゅぎょうが　おわった　あとで　としょかんに　ほんを（　　）。
1 かえりました　2 かけました　3 かちました　4 かえしました

3 ゆうしょくに　にくを（　　）して　います。
1 りょうり　2 びょうき　3 けっこん　4 りゅうがく

4 とりが　たくさん　そらを（　　）います。
1 とんで　2 のぼって　3 はしって　4 さんぽして

5 パンを（　　）で　ちいさく　きりました。
1 カップ　2 スプーン　3 ナイフ　4 フォーク

6 （　　）ゆっくり　はなして　ください。
1 たぶん　2 どうも　3 よく　4 もっと

7 A「きょうだいは　いますか。」
B「はい、（　　）が　ひとり　います。」
1 そふ　2 おば　3 かぞく　4 あに

8 おさけは　たくさん　いただきました。もう（　　）。
1 けっこうです　2 たいせつです　3 たいへんです　4 ちょうどです

9 この　えいごの　じしょは　あつくて（　　）です。
1 おもい　2 からい　3 すくない　4 すずしい

10 きょうしつが（　　）ですから、ストーブを　つけましょう。
1 ぬるい　2 さむい　3 つめたい　4 あつい

답 1④ 2④ 3① 4① 5③ 6④ 7④ 8① 9① 10②

52 기출어휘 확인문제 문맥규정 / 10

もんだい３（　　　）に　なにを　いれますか。１・２・３・４から　いちばん　いい　ものを　ひとつ　えらんで　ください。

1 A「こうばんは　どこですか。」
B「この　みちを（　　　）いって　ください。すぐ　そこですよ。」
1 はじめに　2 まえに　3 ちょうど　4 まっすぐ

2 さとうを　たくさん　いれましたから、この　コーヒーは（　　　）です。
1 しろい　2 あまい　3 ぬるい　4 からい

3 きょうは　つよい　かぜが（　　　）います。
1 ふって　2 ふいて　3 はいて　4 ひいて

4 わたしは　あたらしい　カメラが（　　　）。
1 やすいです　2 ほしいです　3 わるいです　4 べんりです

5 きょうは（　　　）が　こんで　います。
1 スプーン　2 ストーブ　3 デパート　4 ニュース

6 きょうは　ざっしを（　　　）よみました。
1 １０グラム　2 １０メートル　3 １０キロ　4 １０ページ

7 ごはんを　たべた　あとは　「（　　　）。」と　いいます。
1 ごちそうさま　2 しつれいします　3 いただきます　4 おねがいします

8 きのうは　あめでした。でんしゃに　かさを（　　　）こまりました。
1 ふって　2 もって　3 おいて　4 わすれて

9 くるまに　きを　つけて　みちを（　　　）。
1 わたりましょう　2 わすれましょう　3 つくりましょう　4 かえりましょう

10 （　　　）を　ひいて、あたまが　いたいです。
1 びょうき　2 くち　3 かぜ　4 おなか

답 1④ 2② 3② 4② 5③ 6④ 7① 8④ 9① 10③

53 기출어휘 확인문제

문맥규정 / 10

もんだい３（　　）に　なにを　いれますか。１・２・３・４から　いちばん　いい　ものを　ひとつ　えらんで　ください。

1 わたしは　ふじさんに（　　　）たいです。

1　はしり　　2　のぼり　　3　やり　　4　うり

2 まいあさ（　　　）を　さんぽします。

1　きっさてん　　2　こうえん　　3　おてあらい　　4　ぎんこう

3 えは　すきですが、（　　　）では　ありません。

1　じょうず　　2　きらい　　3　へた　　4　いや

4 おちゃと　コーヒーと、（　　　）が　いいですか。

1　どこ　　2　どれ　　3　どちら　　4　どんな

5 （　　　）しんぶんを　よむ　じかんが　ほしいです。

1　たいへん　　2　だんだん　　3　けっこう　　4　ゆっくり

6 あした（　　　）いっしょに　あそびましょう。

1　また　　2　もう　　3　いかが　　4　しかし

7 これは（　　　）ノートですから、なくさないで　ください。

1　まっすぐな　　2　いろいろな　　3　じょうぶな　　4　たいせつな

8 A「きのうは　どうも　ありがとうございました。」
B「いいえ、（　　　）。」

1　しつれいします　　2　いらっしゃい　　3　どういたしまして　　4　いただきます

9 わたしは　うたが　へたです。でも、うたは（　　　）。

1　すきです　　2　じょうずです　　3　じょうぶです　　4　りっぱです

10 すずきさんは　めがねを（　　　）います。

1　きて　　2　かぶって　　3　はいて　　4　かけて

답 1② 2② 3① 4③ 5④ 6① 7④ 8③ 9① 10④

もんだい３（　　）に　なにを　いれますか。１・２・３・４から　いちばん　いい　ものを　ひとつ　えらんで　ください。

1 いえを　でる　ときは　でんきを（　　）ます。
1 けし　2 しめ　3 わたり　4 おわり

2 つぎの（　　）を　まがって　３ばんめが　わたしの　いえです。
1 よこ　2 かど　3 となり　4 むこう

3 へやの　なかで　たばこを（　　）ください。
1 かけないで　2 きえないで　3 すわないで　4 つかないで

4 つくえの　うえに　けしゴムが（　　）あります。
1 さんこ　2 さんさつ　3 さんだい　4 さんまい

5 きょねんの　きょう、なにを　したか（　　）いますか。
1 もって　2 なって　3 おぼえて　4 つとめて

6 えいごで　ながい（　　）を　かきました。
1 にもつ　2 てがみ　3 いろ　4 え

7 わたしは　いつも　１０じに　ねて　６じに（　　）。
1 あきます　2 おきます　3 はきます　4 ひきます

8 A「あした　ごご　１じに　どうですか。」
B「はい、（　　）です。」
1 だいじょうぶ　2 べんり　3 りっぱ　4 ゆうめい

9 わかい　ときに（　　）くにを　りょこうするのは　いい　ことだ。
1 いろいろな　2 すくない　3 もっと　4 たいへんな

10 ひが　つよいから（　　）を　かぶって　いって　ください。
1 スカート　2 コート　3 ぼうし　4 めがね

답 1① 2② 3③ 4① 5③ 6② 7② 8① 9① 10③

4 문맥규정 기출어휘 1999 ~ 1990

あ

- □ あし 발
- □ あした 내일
- □ あたたかい 따뜻하다
- □ あたらしい 새롭다
- □ あまい 달다
- □ あらう 씻다
- □ あるく 걷다
- □ いそがしい 바쁘다
- □ いたい 아프다
- □ いぬ 개
- □ うまれる 태어나다
- □ ～えん ~엔
- □ おいしい 맛있다
- □ おく 놓다
- □ おじさん 삼촌, 아저씨
- □ おす 누르다
- □ おととし 재작년
- □ おふろ 목욕탕
- □ おぼえる 외우다
- □ およぐ 헤엄치다

か

- □ ～かい ~층
- □ ～かい ~회
- □ かう 사다
- □ かかる 걸리다
- □ かける (안경을) 쓰다
- □ かぞく 가족
- □ かぶる (모자를) 쓰다
- □ ギター 기타
- □ きたない 더럽다
- □ きって 우표
- □ くらい 어둡다
- □ げんきだ 건강하다
- □ こうちゃ 홍차
- □ こちらこそ 저야말로

さ

- □ さす (우산을) 쓰다
- □ ～さつ ～권
- □ しずかだ 조용하다
- □ したい 하고 싶다
- □ しつれいします 실례합니다
- □ じょうぶだ 튼튼하다
- □ しんぶん 신문
- □ スキー 스키
- □ すぐに 바로
- □ ストーブ 난로, 스토브
- □ セーター 스웨터
- □ せまい 좁다

た

- □ ～だい ～대
- □ たいせつだ 중요하다
- □ たいてい 대개
- □ たいへんだ 힘들다
- □ たかい (키가) 크다, 높다
- □ たくさん 많이
- □ たぶん 아마
- □ だんだん 점점
- □ ちいさい 작다
- □ ちず 지도
- □ ちょうど 마침, 꼭
- □ つかれる 피로해지다
- □ つく 켜지다
- □ つめたい 차갑다
- □ てがみ 편지
- □ でも 하지만
- □ てんき 날씨
- □ でんわ 전화
- □ どういたしまして 천만의 말씀입니다
- □ とおい 멀다
- □ とぶ 날다
- □ とまる 멈추다
- □ とる 집다
- □ とる 찍다

な

- □ ならう 배우다
- □ ならべる 늘어놓다
- □ ネクタイ 넥타이
- □ のむ 마시다
- □ のる 타다

は

- □ は 이, 치아
- □ はいる 들어가다
- □ はし 다리
- □ はたち 20살
- □ はる 붙이다
- □ ～ひき ~마리
- □ ひま 시간, 틈
- □ ふく 불다
- □ ほそい 가늘다
- □ パーティー 파티
- □ はく (바지 등을) 입다
- □ はじめに 처음에
- □ はやく 일찍
- □ ピアノ 피아노
- □ ひく (감기에) 걸리다
- □ プール 수영장
- □ べんりだ 편리하다

ま

- □ まいしゅう 매주
- □ みがく 닦다
- □ まがる 돌다, 구부러지다
- □ もっと 더

や

- □ ようか 8일
- □ よむ 읽다

ら

- □ ラジオ 라디오
- □ りっぱだ 훌륭하다

わ

- □ わたす 건네다, 주다
- □ わたる 건너다

55 기출어휘 확인문제 문맥규정 / 8

もんだい３（　　　）に　なにを　いれますか。１・２・３・４から　いちばん　いい　ものを　ひとつ　えらんで　ください。

1 としょかんでは（　　　）べんきょうしましょう。
1 かんたんに　2 しずかに　3 べんりに　4 にぎやかに

2 あの（　　　）を　わたって、びょういんへ　いきます。
1 やま　2 もん　3 はし　4 まど

3 わたしの　すきな　スポーツは（　　　）です。
1 テーブル　2 ピアノ　3 スキー　4 レコード

4 たなかさんは　たいてい　おふろに　はいって（　　　）ねます。
1 まだ　2 すぐに　3 だんだん　4 ちょうど

5 にほんごは、はじめは　やさしいですが、（　　　）むずかしく　なります。
1 ちょうど　2 まだ　3 だんだん　4 よく

6 わたしは　ゆうべ　ともだちに（　　　）を　かきました。
1 でんわ　2 ふうとう　3 きって　4 てがみ

7 わたしは　にほんへ　いって、にほんごの　べんきょうが（　　　）です。
1 つもり　2 すき　3 したい　4 ほしい

8 にもつは　ここに（　　　）ください。
1 すわって　2 おいて　3 はいって　4 かいて

답 1② 2③ 3③ 4② 5③ 6④ 7③ 8②

56 기출어휘 확인문제　문맥규정　/ 8

もんだい３（　　）に　なにを　いれますか。１・２・３・４から　いちばん　いい　ものを　ひとつ　えらんで　ください。

1 （　　）を　しめて　かいしゃへ　いきます。

1 ズボン　2 セーター　3 シャツ　4 ネクタイ

2 わたしの　へやは（　　）に　あります。

1 にかい　2 にまい　3 にだい　4 にはい

3 やすみの　ひは　いつも　うちで（　　）を　ひきます。

1 テニス　2 スリッパ　3 オートバイ　4 ギター

4 じどうしゃで　うちから　かいしゃまで　２０ぷん（　　）。

1 います　2 かかります　3 いります　4 かけます

5 （　　）は　どうぶつです。

1 ひこうき　2 てんぷら　3 さくら　4 いぬ

6 えきで　でんしゃに（　　）ます。

1 のり　2 とり　3 のぼり　4 すわり

7 わたしは　いつも　よる（　　）ねます。

1 おもく　2 ちかく　3 はやく　4 ほそく

8 わたしの　すきな　のみものは（　　）です。

1 ねこ　2 こうちゃ　3 おかし　4 みかん

답 1④ 2① 3④ 4② 5④ 6① 7③ 8②

もんだい3 (　　)に　なにを　いれますか。1・2・3・4から　いちばん　いい　ものを　ひとつ　えらんで　ください。

1 (　　　)の　なつも　きょねんの　なつも　とても　あつかったです。

1　おととい　　2　おととし　　3　らいねん　　4　まいねん

2 やまださんは　せが（　　　）です。

1　おもい　　2　とおい　　3　ながい　　4　たかい

3 わたしは　ゆうべ　ともだちに（　　　）を　かけました。

1　でんしゃ　　2　でんわ　　3　でんき　　4　でんとう

4 きのう　かぞくの　しゃしんを（　　　）。

1　とりました　　2　しました　　3　かきました　　4　つくりました

5 わたしは　いつも（　　　）を　ききながら　べんきょうします。

1　ストーブ　　2　ラジオ　　3　ペン　　4　テーブル

6 わたしは　かぜを　ひいて　くすりを（　　　）。

1　のみました　　2　たべました　　3　とりました　　4　しました

7 えいがかんの　まえに　みせが（　　　）ならんで　います。

1　おおぜい　　2　はじめて　　3　たくさん　　4　たいへん

8 いっしゅうかんに（　　　）さんぽを　します。

1　さんかい　　2　さんにん　　3　さんばん　　4　さんぼん

답 1② 2④ 3② 4① 5② 6① 7③ 8①

もんだい３（　　）に　なにを　いれますか。１・２・３・４から　いちばん　いい　ものを　ひとつ　えらんで　ください。

1 （　　　）てで　ごはんを　たべないで　ください。
1　あぶない　2　わるい　3　きたない　4　まずい

2 なつは　まいにち（　　　）へ　およぎに　いきます。
1　みせ　2　えき　3　プール　4　テーブル

3 おふろに（　　　）からだを　あらいました。
1　とって　2　とおって　3　あびて　4　はいって

4 ほんだなに　ほんを（　　　）おきました。
1　ならって　2　ならんで　3　ならして　4　ならべて

5 A「そこの　しおを（　　　）ください。」
B「はい、どうぞ。」
1　みて　2　かいて　3　かえって　4　わたして

6 すみません。あの　おさらを（　　　）ください。
1　しめて　2　まって　3　とって　4　すんで

7 やまださんは　べんきょうを　して、（　　　）せんせいに　なりました。
1　りっぱな　2　まっすぐな　3　きれいな　4　だいじょうぶな

8 こんなに　おおきな　ひこうきに　のるのは（　　　）です。
1　ときどき　2　もちろん　3　はじめに　4　はじめて

답 1③ 2③ 3④ 4④ 5④ 6③ 7① 8④

04 もんだい 4 교체유의어 공략하기

1 문제 유형 완전 분석

もんだい 4는 제시된 단문과 가장 가까운 뜻으로 쓰인 단문을 4개의 보기에서 고르는 문제로, 3문제가 출제된다. 단문을 제대로 이해했는지를 측정하는 문제이므로 대개 비슷한 의미를 갖는 어휘를 암기해 두면 좋다. 예를 들면 つまらない(재미없다) ≒おもしろくない(재미있지 않다), きたない(더럽다)≒きれいではない(깨끗하지 않다), たてもの(건물)≒ビル(빌딩), にねんまえ(2년 전)≒おととし(재작년) 등이다.

문제 유형 예시

もんだい 4 ＿＿＿の ぶんと だいたい おなじ いみの ぶんが あります。1・2・3・4から いちばん いい ものを ひとつ えらんで ください。

(れい) ここは でぐちです。いりぐちは あちらです。

1 あちらから でて ください。

2 あちらから おりて ください。

3 あちらから はいって ください。

4 あちらから わたって ください。

（かいとうようし） **(れい)** ① ② ● ④

---

29 まいばん くにの かぞくに でんわします。

1 よるは ときどき くにの かぞくに でんわします。

2 あさは ときどき くにの かぞくに でんわします。

3 よるは いつも くにの かぞくに でんわします。

4 あさは いつも くにの かぞくに でんわします。

2 교체유의어 기출어휘 2024 ~ 2016

지난 9년간 출제된 어구를 정리하였다. 주로 N5 출제 예상 어휘에서 많이 출제되는데, 비슷한 뜻을 가진 어휘를 중심으로 잘 익혀 두자.

あ

□ いそがしかった 바빴다 ≒ ひまじゃ　なかった 한가하지 않았다

□ うるさい 시끄럽다 ≒ しずかでは　ない 조용하지 않다

□ おてあらいは　どこですか。화장실은 어디입니까?
　≒ トイレは　どこですか。화장실은 어디입니까?

か

□ かるいです 가볍습니다 ≒ おもく　ありません 무겁지 않습니다

□ きたない 더럽다 ≒ きれいじゃ　ない 깨끗하지 않다

□ きたなく　ありません 더럽지 않습니다 ≒ きれいです 깨끗합니다

□ きっさてんに　いきました 찻집에 갔습니다
　≒ コーヒーを　のみに　いきました 커피를 마시러 갔습니다

□ きってや　はがきを　うって　いる　ところ 우표랑 엽서를 팔고 있는 곳
　≒ ゆうびんきょく 우체국

□ きのう　せんたくを　しました。어제 빨래를 했습니다.
　≒ きのう　ふくを　あらいました。어제 옷을 빨았습니다.

□ きょうだいに　あう。형제를 만나다.
　≒ おにいさんや　おねえさんに　あう。형(오빠)이랑 누나(언니)를 만나다.

□ きょうは　いつかです。あさってから　がっこうは　やすみです。
　오늘은 5일입니다. 모레부터 학교는 쉽니다.
　≒ やすみは　なのかからです。휴일은 7일부터입니다.

□ くだもの 과일 ≒ りんごや　バナナ(など) 사과나 바나나 (등)
　≒ りんごや　みかん 사과나 귤

□ くらい 어둡다 ≒ あかるく　ない 밝지 않다

□ けさ 오늘 아침 ≒ きょうの　あさ 오늘 아침

さ

□ さんぽ(を)　する 산책(을) 하다 ≒ あるく 걷다

□ しごとが　したい 일을 하고 싶다 ≒ はたらきたい 일하고 싶다.

□ ジュースが　まずい 주스가 맛없다 ≒ ジュースが　おいしく　ない 주스가 맛있지 않다

□ しょくどう 식당 ≒ ごはんを　たべる　ところ 밥을 먹는 곳

□ スポーツが　すきだ。스포츠를 좋아한다. ≒ サッカーが　すきだ。축구를 좋아한다.

□ せんしゅう　がっこうを　やすみました。지난주 학교를 쉬었습니다.
≒ せんしゅう　がっこうへ　いきませんでした。지난주 학교에 가지 않았습니다.

□ せんたくする 빨래하다, 세탁하다 ≒ あらう 빨다

□ せんたくを　する 빨래를 하다 ≒ ふくを　あらう 옷을 빨다
≒ ようふくを　あらう 양복을 빨다

□ そふ 할아버지 ≒ ははの　ちち 어머니의 아버지
≒ ちちの　ちち 아버지의 아버지

□ そぼ 할머니 ≒ ちちの　はは 아버지의 어머니

た

□ だいどころ 부엌 ≒ りょうりを　する　ところ 요리를 하는 곳

□ たてもの 건물 ≒ ビル 빌딩

□ たなかさんは　リーさんに　さくぶんを　おしえます。
다나카 씨는 리 씨에게 작문을 가르칩니다.
≒ リーさんは　たなかさんに　さくぶんを　ならいます。
리 씨는 다나카 씨에게 작문을 배웁니다.

□ たなかさんは　リーさんに　ダンスを　ならいました。
다나카 씨는 리 씨에게 댄스를 배웠습니다.
≒ リーさんは　たなかさんに　ダンスを　おしえました。
리 씨는 다나카 씨에게 댄스를 가르쳤습니다.

□ たまごが　いつつ　あります。달걀이 다섯 개 있습니다.
≒ たまごが　5こ　あります。달걀이 다섯 개 있습니다.

□ つまらない 시시하다, 재미없다 ≒ おもしろく　ない 재미있지 않다

□ トイレ 화장실 ≒ おてあらい 화장실

□ どうぶつが　すきだ。동물을 좋아한다.

≒ いぬや　ねこが　すきだ。개나 고양이를 좋아한다.

≒ いぬや　ねこなどが　すきだ。개나 고양이 등을 좋아한다.

な

□ のみもの 음료 ≒ コーヒーや　こうちゃ 커피와 홍차

≒ ジュースや　ぎゅうにゅう 주스와 우유

は

□ はこは　いすの　そばに　あります。상자는 의자의 옆에 있습니다.

≒ はこは　いすの　よこに　あります。상자는 의자의 옆에 있습니다.

□ はたち 스무 살 ≒ ２０さい 20세

□ はたらく 일하다 ≒ しごとを　する 일을 하다

□ ひまだ 한가하다 ≒ いそがしく　ない 바쁘지 않다

□ ひろい 넓다 ≒ おおきい 크다

□ ふつかまえ 이틀 전 ≒ おととい 그저께

□ ふるい 낡다, 오래되다 ≒ あたらしく ない 새롭지 않다

□ へただ 서투르다, 잘 못하다 ≒ じょうずじゃ ない 능숙하지 못하다, 잘하지 못하다

□ ほんや　ざっしが　ある　ところ 책이랑 잡지가 있는 곳 ≒ としょかん 도서관

や

□ やさしい 쉽다 ≒ かんたんだ 간단하다

□ ゆうびんきょく 우체국

≒ きってや　はがきを　うって　いる 우표나 엽서를 팔고 있다

□ ゆうめいだ 유명하다 ≒ みんな　しって　いる 모두 알고 있다

ら

□ リーさんは　たなかさんに　えんぴつを　もらいました。
리 씨는 다나카 씨에게 연필을 받았습니다.

≒ たなかさんは　リーさんに　えんぴつを　あげました。
다나카 씨는 리 씨에게 연필을 주었습니다.

□ リーさんは　もりさんに　ぺんを　かしました。
리 씨는 모리 씨에게 펜을 빌려 주었습니다.

≒ もりさんは　リーさんに　ぺんを　かりました。
모리 씨는 리 씨에게 펜을 빌렸습니다.

□ りょうしんは　でかけて　いる。 부모님은 나가 계신다.

≒ ちちも　ははも　いえに　いない。 아버지도 어머니도 집에 없다.

□ れいぞうこ 냉장고 ≒ ここに　ぎゅうにゅうを　いれる 여기에 우유를 넣는다

わ

□ わたしは　ここで　はたらいて　います。 나는 여기에서 일하고 있습니다.

≒ わたしは　ここで　しごとを　して　います。 나는 여기에서 일을 하고 있습니다.

memo

59 기출어휘 확인문제 교체유의어 / 5

もんだい４ ＿＿＿＿の　ぶんと　だいたい　おなじ　いみの　ぶんが　あります。１・２・３・４から　いちばん　いい　ものを　ひとつ　えらんで　ください。

1 この　ほんは　ゆうめいです。

1 みんな　この　ほんを　しって　います。
2 みんな　この　ほんを　しりません。
3 みんな　この　ほんが　すきです。
4 みんな　この　ほんが　きらいです。

2 これは　れいぞうこです。

1 ここに　かさを　いれます。
2 ここに　くるまを　いれます。
3 ここに　ジュースを　いれます。
4 ここに　ようふくを　いれます。

3 わたしは　くだものが　すきです。

1 いぬや　ねこなどが　すきです。
2 すしや　てんぷらなどが　すきです。
3 やきゅうや　サッカーなどが　すきです。
4 りんごや　バナナなどが　すきです。

4 スミスさんは　やまださんに　えいごを　おしえました。

1 やまださんは　スミスさんに　えいごを　みせました。
2 スミスさんは　やまださんに　えいごを　みせました。
3 やまださんは　スミスさんに　えいごを　ならいました。
4 スミスさんは　やまださんに　えいごを　ならいました。

5 にちようびは　ひまでした。

1 にちようびは　いそがしく　なかったです。
2 にちようびは　いそがしかったです。
3 にちようびは　うるさく　なかったです。
4 にちようびは　うるさかったです。

답 1① 2③ 3④ 4③ 5①

60 기출어휘 확인문제 교체유의어 / 5

もんだい４ ＿＿＿＿の　ぶんと　だいたい　おなじ　いみの　ぶんが　あります。１・２・３・４から　いちばん　いい　ものを　ひとつ　えらんで　ください。

1 あしたは　でかけます。

1 あしたは　いえに　います。
2 あしたは　いえに　いません。
3 あしたは　いえに　かえります。
4 あしたは　いえに　かえりません。

2 その　ほんは　つまらないです。

1 その　ほんは　うすく　ありません。
2 その　ほんは　かるく　ありません。
3 その　ほんは　おもしろく　ありません。
4 その　ほんは　むずかしく　ありません。

3 あそこは　ゆうびんきょくです。

1 あそこでは　うわぎや　ズボンを　うって　います。
2 あそこでは　きってや　はがきを　うって　います。
3 あそこでは　つくえや　いすを　うって　います。
4 あそこでは　コーヒーや　ケーキを　うって　います。

4 すずきさんは　あさ　くだものを　たべます。

1 すずきさんは　あさ　パンを　たべます。
2 すずきさんは　あさ　りんごを　たべます。
3 すずきさんは　あさ　ごはんを　たべます。
4 すずきさんは　あさ　ケーキを　たべます。

5 この　きょうしつは　うるさいですね。

1 この　きょうしつは　しずかでは　ないですね。
2 この　きょうしつは　しずかですね。
3 この　きょうしつは　きれいでは　ないですね。
4 この　きょうしつは　きれいですね。

답 1② 2③ 3② 4② 5①

61 기출어휘 확인문제 교체유의어 / 5

もんだい４ ＿＿＿＿の ぶんと だいたい おなじ いみの ぶんが あります。１・２・３・４から いちばん いい ものを ひとつ えらんで ください。

1 おてあらいに　いきたいです。

1 デパートに　いきたいです。
2 パーティーに　いきたいです。
3 トイレに　いきたいです。
4 スーパーに　いきたいです。

2 せんぱいと　きっさてんに　いきました。

1 せんぱいと　コーヒーを　のみに　いきました。
2 せんぱいと　きってを　かいに　いきました。
3 せんぱいと　テニスを　しに　いきました。
4 せんぱいと　ごはんを　たべに　いきました。

3 へやは　きたなく　ありません。

1 へやは　しずかです。
2 へやは　あかるいです。
3 へやは　くらいです。
4 へやは　きれいです。

4 けさ、せんたくを　しました。

1 けさ、はを　みがきました。
2 けさ、くつを　みがきました。
3 けさ、くるまを　あらいました。
4 けさ、ふくを　あらいました。

5 ちちは　ここで　はたらいて　います。

1 ちちは　ここで　まって　います。
2 ちちは　ここで　しごとを　して　います。
3 ちちは　ここで　やすんで　います。
4 ちちは　ここで　ごはんを　たべて　います。

답 1③ 2① 3④ 4④ 5②

62 기출어휘 확인문제 교체유의어 / 5

もんだい４ ＿＿＿＿の　ぶんと　だいたい　おなじ　いみの　ぶんが　あります。１・２・３・４から　いちばん　いい　ものを　ひとつ　えらんで　ください。

1 かばんは　かるいです。

1　かばんは　やすく　ありません。

2　かばんは　きたなく　ありません。

3　かばんは　たかく　ありません。

4　かばんは　おもく　ありません。

2 のみものは　どこに　ありますか。

1　はがきや　きっては　どこに　ありますか。

2　コーヒーや　ぎゅうにゅうは　どこに　ありますか。

3　しんぶんや　ざっしは　どこに　ありますか。

4　くつや　スリッパは　どこに　ありますか。

3 ゆうべは　１じかん　さんぽを　しました。

1　ゆうべは　１じかん　あるきました。

2　ゆうべは　１じかん　ねました。

3　ゆうべは　１じかん　はたらきました。

4　ゆうべは　１じかん　やすみました。

4 きょうは　よっかです。あさってから　がっこうは　やすみです。

1　やすみは　ようかからです。

2　やすみは　いつかからです。

3　やすみは　むいかからです。

4　やすみは　なのかからです。

5 リーさんは　どうぶつが　すきですか。

1　リーさんは　ねこや　いぬが　すきですか。

2　リーさんは　なしや　りんごが　すきですか。

3　リーさんは　すしや　てんぷらが　すきですか。

4　リーさんは　コーヒーや　こうちゃが　すきですか。

답 1④ 2② 3① 4③ 5①

3 교체유의어 기출어휘 2015 ~ 2000

あ

□ あきらさんは　けいこさんと　きょうだいだ。 아키라 씨는 게이코 씨와 남매이다.

≒ あきらさんは　けいこさんの　おにいさんだ。 아키라 씨는 게이코 씨의 오빠이다.

□ あまり　さむく　ない。 별로 춥지 않다. ≒ すこし　さむい。 조금 춥다.

□ いそがしいから、しんぶんを　よみません。 바빠서 신문을 읽지 않습니다.

≒ しんぶんを　よむ　じかんが　ありません。 신문을 읽을 시간이 없습니다.

□ いそがしかった 바빴다 ≒ ひまじゃ　なかった 한가하지 않았다

□ いつも　7じに　いえを　でて、しごとに　いきます。
항상 7시에 집을 나와서 일을 하러 갑니다.

≒ まいにち　7じに　でかけます。 매일 7시에 나섭니다.

□ いま、２００１ねんです。さらいねん　がいこくに　いきます。
지금 2001년입니다. 내후년 외국에 갑니다.

≒ ２００３ねんに　がいこくに　いきます。 2003년에 외국에 갑니다.

□ Aは　Bに　ペンを　かしました。 A는 B에게 펜을 빌려 주었습니다.

≒ Bは　Aに　ペンを　かりました。 B는 A에게 펜을 빌렸습니다.

□ えきの　そばに　あります。 역 옆에 있습니다.

≒ えきの　ちかくに　あります。 역 근처에 있습니다.

□ おさらを　８まい　ならべて　ください。 접시를 8장 늘어놓아 주세요.

≒ おさらを　８まい　おいて　ください。 접시를 8장 두세요.

□ おじ 삼촌 ≒ ははの　あに 어머니의 오빠

□ おてあらいは　あちらです。 화장실은 저쪽입니다.

≒ トイレは　あちらに　あります。 화장실은 저쪽에 있습니다.

□ おととし 재작년 ≒ にねんまえ 2년 전

□ おととし　りょこうしました。 재작년에 여행했습니다.

≒ りょこうは　にねんまえです。 여행은 2년 전입니다.

□ おばさん 이모 ≒ おかあさんの　いもうと 어머니의 여동생

□ おもしろく　ない 재미없다 ≒ つまらない 시시하다, 재미없다

か

□ きょうだいに　あう。 형제를 만나다.
≒ おにいさんや　おねえさんに　あう。 형(오빠)이랑 누나(언니)를 만나다.

□ きょうは　ここのかです。 오늘은 9일입니다.
≒ きのうは　ようかでした。 어제는 8일이었습니다.

□ くだもの 과일 ≒ りんごや　バナナ 사과나 바나나
≒ りんごや　バナナなど 사과나 바나나 등
≒ りんごや　みかん 사과나 귤

□ くらい 어둡다 ≒ あかるく　ない 밝지 않다

□ けさ 오늘 아침 ≒ きょうの　あさ 오늘 아침

□ げんかんに　だれか　いる。 현관에 누군가 있다.
≒ いえの　いりぐちに　ひとが　いる。 집 입구에 사람이 있다.

□ けいかんが　いる。 경찰관이 있다. ≒ おまわりさんが　いる。 경찰관이 있다.

□ こうえんを　さんぽする。 공원을 산책하다. ≒ こうえんを　あるく。 공원을 걷다.

□ ここは　でぐちです。いりぐちは　あちらです。 여기는 출구입니다. 입구는 저쪽입니다.
≒ あちらから　はいって　ください。 저쪽으로 들어가세요.

□ この　しょくどうは　まずい。 이 식당은 맛없다.
≒ ここの　りょうりは　おいしく　ない。 이곳의 요리는 맛있지 않다.

□ かして　ください。 빌려 주세요. ≒ かりたいです。 빌리고 싶습니다.

□ ことし　はたちです。 올해 스무 살입니다. ≒ ことし　２０さいです。 올해 20세입니다.

□ この　たてものは　ぎんこうです。 이 건물은 은행입니다.
≒ ここで　おかねを　だします。 여기에서 돈을 찾습니다.

□ これは　りょうしんの　しゃしんです。 이것은 부모님 사진입니다.
≒ これは　ちちと　ははの　しゃしんです。 이것은 아버지와 어머니 사진입니다.

さ

□ さいとうさんに　コピーを　たのみます。사이토 씨에게 복사를 부탁합니다.

≒ さいとうさん、コピーして　ください。사이토 씨, 복사해 주세요.

□ じが　へただ。글씨를 잘 못 쓴다.

≒ じが　じょうずでは　ない。글씨가 능숙하지 않다.

□ しごとが　したい。일을 하고 싶다 ≒ はたらきたい。일하고 싶다.

□ しごとを　やすむ。일을 쉬다. ≒ しごとを　しない。일을 하지 않는다.

□ しょくどう 식당 ≒ ごはんを　たべる　ところ 밥을 먹는 곳

□ スポーツが　すきだ。스포츠를 좋아한다. ≒ サッカーが　すきだ。축구를 좋아한다.

□ せが　たかい 키가 크다 ≒ おおきい 크다

□ せんしゅう　がっこうを　やすみました。지난주 학교를 쉬었습니다.

≒ せんしゅう　がっこうへ　いきませんでした。지난주 학교에 가지 않았습니다.

□ せんたくを　する。빨래를 하다. ≒ ようふくを　あらう。양복을 빨다.

□ そうじを　して　ください。청소를 해 주세요.

≒ へやを　きれいに　して　ください。방을 깨끗하게 해 주세요.

□ そふ 할아버지 ≒ ははの　ちち 어머니의 아버지

□ そぼ 할머니 ≒ ちちの　はは 아버지의 어머니

た

□ だいどころ 부엌 ≒ ごはんを　つくる　ところ 밥을 만드는 곳

≒ りょうりを　する　ところ 요리를 하는 곳

□ たてもの 건물 ≒ ビル 빌딩

□ たなかさんは　しごとを　やすみましたね。なぜですか。
다나카 씨는 일을 쉬었군요. 왜죠?

≒ たなかさんは　どうして　しごとを　やすみましたか。
다나카 씨는 왜 일을 쉬었습니까?

□ たなか「あの　ひとは　どなたですか。」
다나카 "저 사람은 누구십니까?"

≒ たなかさんは　あの　ひとの　なまえが　わかりません。
다나카 씨는 저 사람의 이름을 모릅니다.

□ たんじょうび 생일 ≒ うまれました 태어났습니다

□ たんじょうびは　じゅうがつ　いつかです。 생일은 10월 5일입니다.
≒ じゅうがつ　いつかに　うまれました。 10월 5일에 태어났습니다.

□ ちょうど　3じに　でます。 정각 3시에 출발합니다.
≒ 3じに　でます。 3시에 나갑니다.

□ つまらない 시시하다, 재미없다 ≒ おもしろく　ない 재미있지 않다

□ でかける 외출하다 ≒ いえに　いない 집에 없다

□ テストが　かんたんだ。 시험이 간단하다.
≒ テストが　やさしい。 시험이 쉽다.

□ てんきが　いい。 날씨가 좋다. ≒ よく　はれて　います。 잘 개었습니다.

□ トイレ 화장실 ≒ おてあらい 화장실

□ どうぶつが　すきだ。 동물을 좋아한다.
≒ いぬや　ねこ　などが　すきだ。 개나 고양이 등을 좋아한다.

□ としょかん 도서관 ≒ ほんや　ざっしが　ある　ところ 책이나 잡지가 있는 곳

□ としょかんに　いく。 도서관에 가다. ≒ ほんを　かりる。 책을 빌리다.

□ としょかんに　つとめて　いる。 도서관에 근무하고 있다.
≒ としょかんで　はたらいて　いる。 도서관에서 일하고 있다.

な

□ にぎやかだ 시끌벅적하다 ≒ ひとが　おおぜい　いる。 사람이 많이 있다.

□ にねんまえ 2년 전 ≒ おととし 재작년

□ にほんごを　ならって　いる。 일본어를 배우고 있다.
≒ にほんごを　べんきょうして　いる。 일본어를 공부하고 있다.

□ にほんへは　はじめて　いく。 일본에는 처음 가다.
≒ にほんへは　まだ　いって　いない。 일본에는 아직 가지 않았다.

□ のみもの 음료 ≒ コーヒーや　こうちゃ 커피와 홍차
≒ ジュースや　ぎゅうにゅう 주스와 우유

は

□ ひまだ 한가하다 ≒ いそがしく　ない 바쁘지 않다

□ ひろい 넓다 ≒ おおきい 크다

□ ふくを　せんたくします。 옷을 세탁합니다.

≒ ふくを　あらいます。 옷을 빱니다.

□ ふつかまえ 이틀 전 ≒ おととい 그저께

□ ペットが　いる 애완동물이 있다 ≒ とりが　いる 새가 있다

□ へやが　くらいですね。あかるく　して　ください。 방이 어둡네요. 밝게 해 주세요.

≒ でんきを　つけて　ください。 불을 켜 주세요.

□ ホテルで　はたらいて　いる。 호텔에서 일하고 있다.

≒ ホテルで　しごとを　して　いる。 호텔에서 일을 하고 있다.

ま

□ まいばん 매일 밤 ≒ よるは　いつも 밤에는 항상

□ むこうの　へやは　うるさいです。 맞은편 방은 시끄럽습니다.

≒ むこうの　へやは　しずかでは　ありません。 맞은편 방은 조용하지 않습니다.

や

□ やさしい 쉽다 ≒ かんたんだ 간단하다

□ やまださんは　すずきさんに　えいごを　おしえる。
야마다 씨는 스즈키 씨에게 영어를 가르친다.

≒ すずきさんは　やまださんに　えいごを　ならう。
스즈키 씨는 야마다 씨에게 영어를 배운다.

□ ゆうびんきょく 우체국

≒ きってや　はがきを　うって　いる 우표나 엽서를 팔고 있다

□ ゆうめいだ 유명하다 ≒ みんな　しって　いる 모두 알고 있다

□ ゆうべ 어젯밤 ≒ きのうの　よる 어젯밤

ら

□ リーさんは　たなかさんに　えんぴつを　もらいました。
리 씨는 다나카 씨에게 연필을 받았습니다.

≒ たなかさんは　リーさんに　えんぴつを　あげました。
다나카 씨는 리 씨에게 연필을 주었습니다.

□ りょうしんは　でかけて　いる。 부모님은 나가 계신다.

≒ ちちも　ははも　いえに　いない。 아버지도 어머니도 집에 없다.

□ れいぞうこ 냉장고

≒ ここに　ぎゅうにゅうを　いれる。 여기에 우유를 넣는다.

わ

□ わたしの　あねは　やまださんと　けっこんします。
우리 언니는 야마다 씨와 결혼합니다.

≒ あねは　やまださんの　おくさんに　なります。
언니는 야마다 씨의 부인이 됩니다.

memo

もんだい４ ＿＿＿＿の　ぶんと　だいたい　おなじ　いみの　ぶんが　あります。１・２・３・４から　いちばん　いい　ものを　ひとつ　えらんで　ください。

1 おととし　こどもが　うまれました。

1　にねんまえに　こどもが　うまれました。

2　いちねんまえに　こどもが　うまれました。

3　ふつかまえに　こどもが　うまれました。

4　いちにちまえに　こどもが　うまれました。

2 わたしは　じが　へたです。

1　わたしは　じが　まるく　ありません。

2　わたしは　じが　おおきく　ありません。

3　わたしは　じが　すきでは　ありません。

4　わたしは　じが　じょうずでは　ありません。

3 こうえんに　けいかんが　いました。

1　こうえんに　おいしゃさんが　いました。

2　こうえんに　おくさんが　いました。

3　こうえんに　おにいさんが　いました。

4　こうえんに　おまわりさんが　いました。

4 きょうは　ここのかです。

1　きのうは　よっかでした。

2　きのうは　ようかでした。

3　きのうは　いつかでした。

4　きのうは　はつかでした。

5 いちろうさんは　はなこさんと　きょうだいです。

1　いちろうさんは　はなこさんの　おとうさんです。

2　いちろうさんは　はなこさんの　おじさんです。

3　いちろうさんは　はなこさんの　おにいさんです。

4　いちろうさんは　はなこさんの　おじいさんです。

답 1① 2④ 3④ 4② 5③

もんだい４ ＿＿＿＿の　ぶんと　だいたい　おなじ　いみの　ぶんが　あります。１・２・３・４から　いちばん　いい　ものを　ひとつ　えらんで　ください。

1 ゆうべ　たなかさんに　でんわを　かけました。

1 おとといの　あさ　たなかさんに　でんわを　しました。

2 おとといの　よる　たなかさんに　でんわを　しました。

3 きのうの　あさ　たなかさんに　でんわを　しました。

4 きのうの　よる　たなかさんに　でんわを　しました。

2 わたしは　としょかんに　つとめて　います。

1 わたしは　としょかんで　やすんで　います。

2 わたしは　としょかんで　はたらいて　います。

3 わたしは　としょかんで　まって　います。

4 わたしは　としょかんで　べんきょうして　います。

3 きょうは　いつかです。

1 きのうは　ようかでした。

2 きのうは　よっかでした。

3 きのうは　はつかでした。

4 きのうは　ここのかでした。

4 ここは　だいどころです。

1 ここは　りょうりを　する　ところです。

2 ここは　かいものを　する　ところです。

3 ここは　ねる　ところです。

4 ここは　およぐ　ところです。

5 わたしは　やまださんに　コピーを　たのみました。

1 「やまださん、これを　コピーしないで　ください。」

2 「やまださん、これを　コピーしましょうか。」

3 「やまださん、これを　コピーしましたか。」

4 「やまださん、これを　コピーして　ください。」

답 1④ 2② 3② 4① 5④

65 기출어휘 확인문제 교체유의어 / 5

もんだい４ ＿＿＿＿の　ぶんと　だいたい　おなじ　いみの　ぶんが　あります。１・２・３・４から　いちばん　いい　ものを　ひとつ　えらんで　ください。

1 にちようびの　こうえんは　にぎやかです。

1 にちようびの　こうえんは　きれいです。
2 にちようびの　こうえんは　しずかです。
3 にちようびの　こうえんは　ひとが　すくないです。
4 にちようびの　こうえんは　ひとが　おおぜい　います。

2 おじは　６５さいです。

1 ははの　あには　６５さいです。
2 ははの　あねは　６５さいです。
3 ははの　ちちは　６５さいです。
4 ははの　ははは　６５さいです。

3 やまださんは　じが　じょうずです。

1 やまださんは　じが　まるく　ありません。
2 やまださんは　じが　おおきく　ありません。
3 やまださんは　じが　すきでは　ありません。
4 やまださんは　じが　へたでは　ありません。

4 へやが　くらいですね。あかるく　して　ください。

1 でんきを　けして　ください。
2 でんきを　つけて　ください。
3 でんきを　けさないで　ください。
4 でんきを　つけないで　ください。

5 わたしの　あねは　すずきさんと　けっこんします。

1 あねは　すずきさんの　いもうとに　なります。
2 あねは　すずきさんの　おくさんに　なります。
3 あねは　すずきさんの　おばさんに　なります。
4 あねは　やまださんの　ごしゅじんに　なります。

답 1④ 2① 3④ 4② 5②

もんだい４ ＿＿＿＿の　ぶんと　だいたい　おなじ　いみの　ぶんが　あります。１・２・３・４から　いちばん　いい　ものを　ひとつ　えらんで　ください。

1 ここは　でぐちです。いりぐちは　あちらです。

1　あちらから　でて　ください。
2　あちらから　おりて　ください。
3　あちらから　はいって　ください。
4　あちらから　わたって　ください。

2 つぎの　バスは　ちょうど　１２じに　でます。

1　つぎの　バスは　１２じまえに　でます。
2　つぎの　バスは　１２じはんに　でます。
3　つぎの　バスは　１２じごろ　でます。
4　つぎの　バスは　１２じに　でます。

3 いま、２０２１ねんです。さらいねん　がいこくに　いきます。

1　２０２２ねんに　がいこくに　いきます。
2　２０２３ねんに　がいこくに　いきます。
3　２０２４ねんに　がいこくに　いきます。
4　２０２５ねんに　がいこくに　いきます。

4 おととし　いえを　かいました。

1　にねんまえに　いえを　かいました。
2　いちねんまえに　いえを　かいました。
3　ふつかまえに　いえを　かいました。
4　いちにちまえに　いえを　かいました。

5 そうじを　して　ください。

1　てを　きれいに　して　ください。
2　へやを　きれいに　して　ください。
3　ふくを　きれいに　あらって　ください。
4　からだを　きれいに　あらって　ください。

답 1③　2④　3②　4①　5②

4 교체유의어 기출어휘 1999 ~ 1990

あ

□ いい　てんきでしょう。 좋은 날씨겠지요. ≒ はれるでしょう。 맑겠지요.

□「いただきます」と　いう。 '잘 먹겠습니다'라고 말한다.
≒ いまから　ごはんを　たべる。 지금부터 밥을 먹는다.

□ いちろうさんと　けっこんした。 이치로 씨와 결혼했다.
≒ いちろうさんの　おくさんに　なった。 이치로 씨의 부인이 되었다.

□ いま　でかけて　いる。 지금 나가 있다. ≒ いま　いえに　いない。 지금 집에 없다.

□ いもうとは　「おやすみなさい」と　いう。 여동생은 '안녕히 주무세요'라고 말한다.
≒ いもうとは　いまから　ねる。 여동생은 지금부터 잔다.

□ おととい 그저께 ≒ ふつかまえ 이틀 전

□ おば 이모 ≒ ははの　あね 어머니의 언니

か

□ かない 아내 ≒ おくさん 부인

□ かばんから　ほんや　じしょを　だす 가방에서 책이랑 사전을 꺼내다
≒ かばんは　かるく　なる 가방은 가벼워지다

□ きたない 더럽다 ≒ きれいでは　ない 깨끗하지 않다

□ きっさてん 찻집
≒ コーヒーを　のんだり　ひとと　はなしたり　する　ところ
커피를 마시거나 사람과 이야기하거나 하는 곳
≒ コーヒーや　ジュースを　のむ。 커피랑 주스를 마신다.

□ きのう　りんごを　みっつ　そして、きょう　りんごを　むっつ
かいました。 어제 사과를 3개 그리고 오늘 사과를 6개 샀습니다.
≒ ぜんぶで　りんごを　ここのつ　かいました。 전부 해서 사과를 9개 샀습니다.

□ きらいだ 싫어하다 ≒ すきでは　ない 좋아하지 않는다

□ きれいだ 깨끗하다 ≒ きたなく　ない 더럽지 않다

□ げんかん 현관 ≒ いえの　いりぐち 집 입구

□ くだものを　たべる。과일을 먹다. ≒ みかんを　たべる。귤을 먹다.

□ くるまで　くる。차로 오다. ≒ じどうしゃで　くる。자동차로 오다.

□ ごぜんも　ごごも　いそがしかった。오전도 오후도 바빴다.
≒ あさから　ゆうがたまで　いそがしかった。아침부터 저녁까지 바빴다.

□ こうじょうに　つとめて　いる。공장에 근무하고 있다.
≒ こうじょうで　はたらいて　いる。공장에서 일하고 있다.

□ ごぜんちゅう　いそがしかった。오전 중에 바빴다.
≒ あさから　ひるまで　いそがしかった。아침부터 점심까지 바빴다.

□ この　みせでは　やさいや　くだものを　うって　いる。
이 가게에서는 채소나 과일을 팔고 있다.
≒ ここは　やおやです。여기는 채소 가게입니다.

さ

□ じしょを　ひく。사전을 찾아보다.
≒ ことばの　いみが　わかる。말의 의미를 이해하다.

□ じゅぎょうは　いつも　９じはんに　はじまります。きょうは　１０ぷん　おそく　はじまりました。수업은 항상 9시 반에 시작됩니다. 오늘은 10분 늦게 시작되었습니다.
≒ きょうの　じゅぎょうは　９じ　４０ぷんに　はじまりました。
오늘 수업은 9시 40분에 시작되었습니다.

□ しょくどうが　やすみです。식당이 쉬는 날입니다.
≒ しょくどうが　しまって　います。식당이 닫혀 있습니다.

□ ストーブ 스토브 ≒ へやを　あたたかく　する　もの 방을 따뜻하게 하는 것

□ せっけん 비누 ≒ なにかを あらう ときに　つかう。무언가를 씻을 때에 사용한다.

□ せんたくして　ください。세탁해 주세요. ≒ あらって　ください。빨아 주세요.

□ せんたくを　して　いる。세탁을 하고 있다.
≒ シャツや　ハンカチなどを　あらって　いる。셔츠랑 손수건 등을 빨고 있다.

□ そうじを　する。청소를 하다.
≒ いえの　なかや　にわを　きれいに　する。집 안이랑 정원을 깨끗하게 하다.

た

□ だいがくに　つとめて　いる。 대학에 근무하고 있다.

≒ だいがくで　はたらいて　いる。 대학에서 일하고 있다.

□ たなかさんは　「いただきます」と　いう。 다나카 씨는 '잘 먹겠습니다'라고 말한다.

≒ たなかさんは　ごはんを　たべる。 다나카 씨는 밥을 먹는다.

□ たなかさんは　さとうさんに　くるまを　かりる。 다나카 씨는 사토 씨에게 차를 빌리다.

≒ さとうさんは　たなかさんに　くるまを　かす。
사토 씨는 다나카 씨에게 차를 빌려 주다.

□ つまらなかった。 시시했다.

≒ おもしろく　なかった。 재미있지 않았다.

□ テニスが　すきだ。 테니스를 좋아한다.

≒ テニスが　したい。 테니스를 치고 싶다.

□ でんきを　けして　ねる。 불을 끄고 자다.

≒ へやを　くらく　して　ねる。 방을 어둡게 하고 자다.

□ ドアは　あいて　いる。 문은 열려 있다.

≒ ドアは　しまって　いない。 문은 닫혀 있지 않다.

は

□ へやの　でんきを　つける。 방의 불을 켜다.

≒ へやを　あかるく　する。 방을 밝게 하다.

□ ボールペン 볼펜

≒ これで　てがみを　かく。 이것으로 편지를 쓰다.

ま

□ まずい 맛없다 ≒ おいしく　ない 맛있지 않다

□ むずかしく　ない 어렵지 않다 ≒ やさしい 쉽다

≒ かんたんだ 간단하다

□ もうすぐ　おわる。 이제 곧 끝난다.

≒ まだ　おわって　いない。 아직 끝나지 않았다.

や

□ やまださんは　「わたしの　あには　いしゃです」と　いう。
야마다 씨는 '우리 형은 의사입니다'라고 말한다.

≒ やまださんの　おにいさんは　いしゃです。야마다 씨의 형님은 의사입니다.

□ ゆうびんきょく 우체국 ≒ きってを　うって　いる。우표를 팔고 있다.

□ ゆうべ 어젯밤 ≒ きのうの　よる 어젯밤

ら

□ りゅうがくせい 유학생

≒ べんきょうを　しに　くる。공부를 하러 오다.

□ れいぞうこ 냉장고

≒ ここに　たべものや　のみものを　いれる。여기에 음식이나 음료를 넣는다.

わ

□ わたしは　あの　おとこのこの　あねです。나는 저 남자아이의 누나입니다.

≒ あの　おとこのこは　わたしの　おとうとです。저 남자아이는 내 남동생입니다.

□ わたしは　ふくださんに　かんじを　ならう。나는 후쿠다 씨에게 한자를 배운다.

≒ ふくださんは　わたしに　かんじを　おしえる。후쿠다 씨는 나에게 한자를 가르친다.

もんだい4 ＿＿＿＿の　ぶんと　だいたい　おなじ　いみの　ぶんが　あります。1・2・3・4から　いちばん　いい　ものを　ひとつ　えらんで　ください。

1 きのうの　テストは　むずかしく　なかったです。
1 きのうの　テストは　やさしく　なかったです。
2 きのうの　テストは　かんたんでした。
3 きのうの　テストは　みじかく　なかったです。
4 きのうの　テストは　たいせつでした。

2 この　えは　きらいです。
1 この　えは　すきです。
2 この　えは　きれいです。
3 この　えは　すきでは　ありません。
4 この　えは　きれいでは　ありません。

3 じしょを　ひきました。
1 じかんが　わかりました。
2 でぐちが　わかりました。
3 でんわばんごうが　わかりました。
4 ことばの　いみが　わかりました。

4 ともだちは　げんかんで　くつを　ぬぎました。
1 ともだちは　ベッドの　そばで　くつを　ぬぎました。
2 ともだちは　へやの　まえで　くつを　ぬぎました。
3 ともだちは　いえの　いりぐちで　くつを　ぬぎました。
4 ともだちは　まどの　したで　くつを　ぬぎました。

5 たなかさんは　さとうさんに　くるまを　かりました。
1 さとうさんは　たなかさんに　くるまを　あげました。
2 さとうさんは　たなかさんに　くるまを　かえしました。
3 さとうさんは　たなかさんに　くるまを　うりました。
4 さとうさんは　たなかさんに　くるまを　かしました。

답 1② 2③ 3④ 4③ 5④

68 기출어휘 확인문제 교체유의어 / 5

もんだい４ ＿＿＿＿の　ぶんと　だいたい　おなじ　いみの　ぶんが　あります。１・２・３・４から　いちばん　いい　ものを　ひとつ　えらんで　ください。

1 かばんから　ほんや　じしょを　だしました。

1　かばんは　かるく　なりました。

2　かばんは　おもく　なりました。

3　かばんは　おおきく　なりました。

4　かばんは　やさしく　なりました。

2 いもうとは　「おやすみなさい。」と　いいました。

1　いもうとは　いまから　ねます。

2　いもうとは　いまから　おきます。

3　いもうとは　いまから　うちを　でます。

4　いもうとは　いまから　ごはんを　たべます。

3 わたしは　きょう　くるまで　きました。

1　わたしは　きょう　あるいて　きました。

2　わたしは　きょう　でんしゃで　きました。

3　わたしは　きょう　じどうしゃで　きました。

4　わたしは　きょう　じてんしゃで　きました。

4 その　ドアは　あいて　います。

1　その　ドアは　しまって　いません。

2　その　ドアは　しめて　あります。

3　その　ドアは　あきません。

4　その　ドアは　あけて　ありません。

5 この　コーヒーは　まずいです。

1　この　コーヒーは　やすく　ないです。

2　この　コーヒーは　おいしく　ないです。

3　この　コーヒーは　からく　ないです。

4　この　コーヒーは　ふるく　ないです。

답 1① 2① 3③ 4① 5②

もんだい４ ＿＿＿＿の ぶんと だいたい おなじ いみの ぶんが あります。１・２・３・４から いちばん いい ものを ひとつ えらんで ください。

1 これは ボールペンです。

1 これで てがみを かきます。
2 これで ごはんを たべます。
3 これで かみを きります。
4 これで おんがくを ききます。

2 これは れいぞうこです。

1 ここに くつや スリッパを いれます。
2 ここに たべものや のみものを いれます。
3 ここに くるまや じてんしゃを いれます。
4 ここに スカートや ズボンを いれます。

3 あそこでは やさいや くだものを うって います。

1 あそこは やおやです。
2 あそこは ほんやです。
3 あそこは にくやです。
4 あそこは はなやです。

4 ゆうべ えいがを みました。

1 おとといの あさ えいがを みました。
2 おとといの よる えいがを みました。
3 きのうの あさ えいがを みました。
4 きのうの よる えいがを みました。

5 やまださんは だいがくに つとめて います。

1 やまださんは だいがくに すんで います。
2 やまださんは だいがくに はいって います。
3 やまださんは だいがくで はたらいて います。
4 やまださんは だいがくで べんきょうして います。

답 1① 2② 3① 4④ 5③

70 기출어휘 확인문제 교체유의어 / 5

もんだい４ ＿＿＿＿の　ぶんと　だいたい　おなじ　いみの　ぶんが　あります。１・２・３・４から　いちばん　いい　ものを　ひとつ　えらんで　ください。

1 ははは　いま　でかけて　います。

1 ははは　いま　いえを　でます。
2 ははは　いま　いえに　います。
3 ははは　いま　いえに　いません。
4 ははは　いま　いえに　つきました。

2 あさこさんは　じろうさんと　けっこんしました。

1 あさこさんは　じろうさんの　おこさんに　なりました。
2 あさこさんは　じろうさんの　おねえさんに　なりました。
3 あさこさんは　じろうさんの　おにいさんに　なりました。
4 あさこさんは　じろうさんの　おくさんに　なりました。

3 あしたは　いい　てんきでしょう。

1 あしたは　くもるでしょう。
2 あしたは　はれるでしょう。
3 あしたは　ゆきが　ふるでしょう。
4 あしたは　あめが　ふるでしょう。

4 すずきさんは　あさ　くだものを　たべます。

1 すずきさんは　あさ　パンを　たべます。
2 すずきさんは　あさ　りんごを　たべます。
3 すずきさんは　あさ　ごはんを　たべます。
4 すずきさんは　あさ　ケーキを　たべます。

5 きのうは　ごぜんちゅう　ひまでした。

1 きのうは　あさから　ばんまで　ひまでした。
2 きのうは　あさから　ひるまで　ひまでした。
3 きのうは　あさから　よるまで　ひまでした。
4 きのうは　あさから　ゆうがたまで　ひまでした。

답 1③ 2④ 3② 4② 5②

제2장

문자·어휘
예상 공략편

예상어휘 공략하기

01 예상어휘 공략하기

1 출제 예상 명사

어휘 옆에 한자를 표기하였으나 이들 한자가 N5 한자읽기나 표기에 전부 출제되는 것은 아니다.

あ

□ あお	青 파랑 N4	□ あか	赤 빨강 N4
□ あき	秋 가을 N4	□ あさ	朝 아침 N4
□ あさごはん	朝ご飯 아침밥	□ あさって	모레
□ あし	足 발, 다리 N4	□ あした	내일
□ あたま	頭 머리 N4	□ あと	後 뒤, 후, 나중
□ あなた	당신	□ あに	兄 형, 오빠 N4
□ あね	姉 누나, 언니 N4	□ あめ	雨 비
□ あめ	엿, 사탕	□ いえ	家 집 N4
□ いけ	池 연못	□ いしゃ	医者 의사 N4
□ いす	椅子 의자	□ いち	一 일, 1
□ いちご	딸기	□ いちにち	一日 하루
□ いつか	五日 5일	□ いっしょ	一緒 함께, 같이
□ いつつ	五つ 5개	□ いぬ	犬 개
□ いま	今 지금	□ いみ	意味 의미, 뜻 N4
□ いもうと	妹 여동생 N4	□ いりぐち	入(り)口 입구

□ いろ	色 색 N4	□ うえ	上 위
□ うしろ	後ろ 뒤	□ うた	歌 노래 N4
□ うち	(우리) 집	□ うみ	海 바다 N4
□ うわぎ	上着 상의 N4	□ え	絵 그림 N4
□ えいが	映画 영화 N4	□ えいがかん	映画館 영화관 N4
□ えいご	英語 영어 N4	□ えき	駅 역
□ えんぴつ	鉛筆 연필	□ おおぜい	많은 사람, 여럿
□ おかあさん	お母さん 어머니	□ おかし	お菓子 과자
□ おかね	お金 돈	□ おくさん	奥さん 사모님, 부인
□ おさけ	お酒 술	□ おさら	お皿 접시
□ おじ	백부/숙부	□ おじさん	백부님/숙부님
□ おじいさん	할아버지	□ おちゃ	お茶 차 N4
□ おてあらい	お手洗い 화장실	□ おと	音 소리 N4
□ おとうさん	お父さん 아버지	□ おとうと	弟 남동생 N4
□ おとこ	男 남자	□ おとこのこ	男の子 남자아이
□ おととい	그저께	□ おととし	재작년
□ おとな	大人 어른, 성인	□ おなか	배
□ おにいさん	お兄さん 형님, 오빠 N4	□ おねえさん	お姉さん 누님, 언니 N4
□ おばさん	백모님/숙모님	□ おばあさん	할머니
□ おふろ	목욕(탕)	□ おべんとう	お弁当 도시락
□ おまわりさん	순경아저씨	□ おんがく	音楽 음악 N4
□ おんな	女 여자	□ おんなのこ	女の子 여자아이

か

□ かいぎ	会議 회의	□ がいこく	外国 외국 N4
□ がいこくじん	外国人 외국인 N4	□ かいしゃ	会社 회사
□ かいだん	階段 계단	□ かいもの	買い物 쇼핑 N4
□ かお	顔 얼굴 N4	□ かぎ	열쇠
□ がくせい	学生 학생	□ かさ	傘 우산
□ かぜ	風 바람 N4	□ かぜ	風邪 감기
□ かぞく	家族 가족 N4	□ かた	方 분 N4
□ かたかな	片仮名 가타카나	□ がっこう	学校 학교
□ かてい	家庭 가정	□ かど	角 모퉁이
□ かばん	가방	□ かびん	花瓶 꽃병
□ かみ	紙 종이 N4	□ かようび	火よう日 화요일 N4
□ からだ	体 몸 N4	□ かわ	川 강 N4
□ かんじ	漢字 한자 N4	□ き	木 나무
□ きいろ	黄色 황색	□ きた	北 북쪽
□ きっさてん	喫茶店 다방, 찻집, 커피숍	□ きって	切手 우표 N4
□ きっぷ	切符 표	□ きのう	昨日 어제
□ きゅう	九 아홉, 9	□ ぎゅうにく	쇠고기 N4
□ ぎゅうにゅう	牛乳 우유	□ きょう	今日 오늘
□ きょうしつ	教室 교실 N4	□ きょうだい	兄弟 형제 N4
□ きょねん	去年 작년 N4	□ ぎんこう	銀行 은행 N4
□ きんようび	金よう日 금요일 N4	□ く	九 아홉, 9
□ くすり	薬 약	□ くだもの	果物 과일
□ くち	口 입	□ くつ	靴 신발, 구두
□ くつした	靴下 양말	□ くに	国 나라

□ くるま	車 차, 자동차	□ くろ	黒 검정 N4
□ けいかん	警官 경찰관	□ けさ	今朝 오늘 아침
□ けっこん	結婚 결혼	□ げつようび	月よう日 월요일 N4
□ げんかん	玄関 현관	□ ご	五 다섯, 5
□ こうえん	公園 공원	□ こうさてん	交差点 교차로
□ こうちゃ	紅茶 홍차	□ こうばん	交番 파출소
□ こえ	声 (목)소리	□ ごご	午後 오후
□ ここのか	九日 9일	□ ここのつ	九つ 9개
□ ごぜん	午前 오전	□ ことし	今年 금년, 올해
□ ことば	言葉 말, 단어	□ こども	子ども 아이
□ ごはん	ご飯 밥 N4	□ こんげつ	今月 이번 달
□ こんしゅう	今週 금주, 이번 주	□ こんばん	今晩 오늘 밤 N4

memo

さ

□ さいご	最後 최후	□ さいふ	財布 지갑
□ さかな	魚 생선, 물고기	□ さき	先 먼저
□ さくぶん	作文 작문 N4	□ ざっし	雑誌 잡지
□ さとう	砂糖 설탕	□ さらいねん	다다음 해, 내후년
□ さん	三 셋, 3	□ し	四 넷, 4
□ しお	塩 소금	□ しがつ	四月 4월
□ じかん	時間 시간	□ しごと	仕事 일, 작업 N4
□ じしょ	辞書 사전	□ した	下 아래, 밑
□ しち	七 일곱, 7	□ しちがつ	七月 7월
□ しちじ	七時 7시	□ しつもん	質問 질문 N4
□ じてんしゃ	自転車 자전거 N4	□ じどうしゃ	自動車 자동차 N4
□ じびき	字引 사전 N4	□ じぶん	自分 자기, 자신 N4
□ しゃしん	写真 사진 N4	□ じゅう	十 열, 10
□ じゅぎょう	授業 수업	□ しゅくだい	宿題 숙제 N4
□ しょうゆ	간장	□ しょくどう	食堂 식당 N4
□ しろ	白 하양	□ しんぶん	新聞 신문
□ すいようび	水よう日 수요일 N4	□ せ	背 키
□ せいと	生徒 학생	□ せっけん	비누
□ せびろ	背広 신사복	□ せん	千 천
□ せんげつ	先月 지난달	□ せんしゅう	先週 지난주
□ せんせい	先生 선생님	□ ぜんぶ	全部 전부
□ そと	外 밖	□ そば	옆, 곁
□ そら	空 하늘	□ だいがく	大学 대학(교)

た

□ たいしかん	大使館 대사관 N4	□ だいどころ	台所 부엌
□ たて	縦 세로	□ たてもの	建物 건물
□ たばこ	담배	□ たべもの	食べ物 음식물, 먹을거리 N4
□ たまご	卵 달걀, 계란	□ たんじょうび	誕生日 생일
□ ちかく	近く 근처 N4	□ ちかてつ	地下鉄 지하철
□ ちず	地図 지도	□ ちち	父 아버지
□ ちゃいろ	茶色 차색, 갈색 N4	□ ちゃわん	찻종
□ ちゅうごく	中国 중국	□ ついたち	一日 초하루
□ つぎ	次 다음	□ つくえ	机 책상
□ て	手 손	□ てがみ	手紙 편지 N4
□ でぐち	出口 출구	□ てんき	天気 날씨
□ でんき	電気 전기	□ でんしゃ	電車 전철
□ でんわ	電話 전화	□ と	戸 문
□ とうふ	豆腐 두부	□ どうぶつ	動物 동물 N4
□ とお	十 열, 10	□ とおか	十日 10일
□ とけい	時計 시계 N4	□ ところ	所 곳, 장소 N4
□ とし	年 나이	□ としょかん	図書館 도서관
□ となり	隣 이웃	□ ともだち	友だち 친구
□ どようび	土よう日 토요일 N4	□ とり	鳥 새 N4
□ とりにく	とり肉 닭고기 N4		

な

□ なか	中 안, 속	□ なつ	夏 여름
□ なつやすみ	夏休み 여름 방학, 여름휴가	□ ななつ	七つ 7개
□ なに/なん	何 무엇	□ なのか	七日 7일
□ なまえ	名前 이름	□ なんにん	何人 몇 명
□ に	二 둘, 2	□ にく	肉 고기 N4
□ にし	西 서쪽	□ にしがわ	西側 서쪽 방면
□ にしぐち	西口 서쪽 출구	□ にちようび	日よう日 일요일 N4
□ にほん	日本 일본	□ にほんご	日本語 일본어
□ にもつ	荷物 짐 N4	□ にわ	庭 정원, 뜰 N4
□ ねこ	猫 고양이	□ のみもの	飲み物 음료, 마실 것 N4

は

□ は	歯 이	□ はいざら	灰皿 재털이
□ はがき	葉書 엽서	□ はこ	箱 상자
□ はし	橋 다리	□ はし	젓가락
□ はじめ	初め/始め 초, 시작	□ はじめて	初めて 처음
□ はたち	二十歳 스무살	□ はち	八 여덟, 8
□ はつか	二十日 20일	□ はな	花 꽃
□ はな	鼻 코	□ はなし	話 이야기
□ はなや	花屋 꽃 가게 N4	□ はは	母 어머니
□ はなみ	花見 꽃구경	□ はる	春 봄 N4
□ はれ	晴れ 맑음	□ ばん	晩 밤 N4
□ ばんごう	番号 번호	□ ばんごはん	晩ご飯 저녁밥 N4
□ はんぶん	半分 절반	□ ひがし	東 동쪽

□ ひこうき	飛行機 비행기	□ ひだり	左 왼쪽
□ ひと	人 사람	□ ひとつ	一つ 1개
□ ひとり	一人 1명, 한 사람	□ ひま	暇 틈, 시간
□ ひゃく	百 백	□ びょういん	病院 병원 N4
□ びょうき	病気 병 N4	□ ひらがな	平仮名 히라가나
□ ひる	昼 낮, 점심 N4	□ ひるごはん	昼ご飯 점심 N4
□ ふうとう	封筒 봉투	□ ふく	服 옷 N4
□ ふたつ	二つ 둘, 두 개	□ ぶたにく	豚肉 돼지고기
□ ふたり	二人 두 명	□ ふつか	二日 2일
□ ふゆ	冬 겨울	□ ぶんしょう	文章 문장
□ へや	部屋 방 N4	□ へん	辺 근처, 부근
□ べんきょう	勉強 공부 N4	□ ほう	쪽, 편
□ ぼうし	帽子 모자	□ ほか	外 외
□ ほん	本 책	□ ほんだな	本棚 책장
□ ほんとう	本当 정말, 진실, 진짜		

ま

□ まいあさ	毎朝 매일 아침 N4	□ まいげつ	毎月 매월
□ まいしゅう	毎週 매주	□ まいつき	毎月 매월
□ まいとし	毎年 매년, 해마다	□ まいにち	毎日 매일
□ まいねん	毎年 매년, 해마다	□ まいばん	毎晩 매일 밤 N4
□ まえ	前 앞	□ まち	町 도회, 집이 많이 군집하여 있는 곳
□ まど	窓 창문	□ まん	万 만
□ まんねんひつ	万年筆 만년필	□ みぎ	右 오른쪽
□ みず	水 물	□ みせ	店 가게

□ みち	道 길	□ みっか	三日 3일
□ みっつ	三つ 3개	□ みどり	緑 녹색
□ みなさん	皆さん 여러분	□ みなみ	南 남쪽
□ みみ	耳 귀	□ みんな	모두
□ むいか	六日 6일	□ むこう	向こう 저쪽, 맞은편, 행선지, 상대(방)
□ むっつ	六つ 6개	□ むら	村 마을
□ め	目 눈	□ めがね	眼鏡 안경
□ もくようび	木よう日 목요일 N4	□ もの	物 물건 N4
□ もん	門 문 N4	□ もんだい	問題 문제 N4

や

□ やおや	八百屋 야채 가게	□ やさい	野菜 야채, 채소
□ やすみ	休み 휴일, 방학	□ やっつ	八つ 8개
□ やま	山 산	□ ゆうがた	夕方 저녁때 N4
□ ゆうびんきょく	郵便局 우체국	□ ゆうはん	夕飯 저녁밥 N4
□ ゆうべ	夕べ 어젯밤 N4	□ ゆき	雪 눈 N4
□ ようか	八日 8일	□ ようふく	洋服 양복 N4
□ よこ	横 옆, 가로, 곁	□ よっか	四日 4일
□ よっつ	四つ 4개	□ よにん	四人 4명
□ よる	夜 밤 N4		

ら

□ らいげつ	来月 다음 달	□ らいしゅう	来週 다음 주
□ らいねん	来年 내년	□ りゅうがくせい	留学生 유학생
□ りょうしん	両親 양친, 부모님 N4	□ りょうり	料理 요리 N4
□ りょこう	旅行 여행 N4	□ りんご	사과
□ れい	零 영, 0	□ れいぞうこ	冷蔵庫 냉장고
□ れんしゅう	練習 연습	□ ろうか	廊下 복도
□ ろく	六 여섯, 6	□ ろっぴゃくえん	六百円 600엔
□ ろっぽん	六本 6자루		

わ

□ わけ	이유, 이치, 까닭, 사정	□ わすれもの	忘れ物 분실물, 잊은 물건
□ わたくし	私 저	□ わりあい	割合 비율

2 출제 예상 동사

あ

□ あう	会う 만나다	□ あく	開く 열리다 N4
□ あける	開ける 열다 N4	□ あげる	上げる 올리다
□ あそぶ	遊ぶ 놀다	□ あびる	(샤워 등을) 하다
□ あらう	洗う 씻다	□ ある	있다(존재를 나타냄)
□ ある	있다(소유를 나타냄)	□ あるく	歩く 걷다 N4
□ いう	言う 말하다	□ いく	行く 가다
□ いる	居る 있다	□ いる	要る 필요하다
□ いれる	入れる 넣다	□ うたう	歌う (노래를) 부르다 N4
□ うまれる	生まれる 태어나다	□ うる	売る 팔다 N4
□ おきる	起きる 일어나다 N4	□ おく	置く 놓다, 두다 N4
□ おしえる	教える 가르치다 N4	□ おす	押す 누르다
□ おぼえる	覚える 외우다, 기억하다	□ およぐ	泳ぐ 헤엄치다
□ おりる	降りる・下りる 내리다	□ おわる	終わる 끝나다 N4

memo

か

□ かう	買う 사다	□ かえす	返す 반환하다
□ かえる	帰る 돌아가다 N4	□ かかる	(시간・비용 등이) 들다, 걸리다
□ かく	書く 쓰다	□ かける	(안경 등을) 쓰다, (전화를) 걸다
□ かす	貸す 빌려주다 N4	□ かぶる	(모자 등을) 쓰다
□ かりる	借りる 빌리다 N4	□ きえる	消える 꺼지다, 사라지다
□ きく	聞く 듣다, 묻다	□ きる	切る 끊다, 자르다, 끄다 N4
□ きる	着る 입다 N4	□ くる	来る 오다
□ けす	消す (전기 등을) 끄다	□ こたえる	答える 대답하다 N4
□ こまる	困る 곤란하다, 난처하다		

さ

□ さく	咲く 피다	□ さす	(우산 등을) 쓰다
□ さんぽする	散歩する 산책하다	□ しぬ	死ぬ 죽다 N4
□ しまる	閉まる 닫히다	□ しめる	閉める 닫다
□ しめる	締める (넥타이 등을) 매다	□ しる	知る 알다 N4
□ すう	吸う (담배 등을) 피우다	□ すむ	住む 살다 N4
□ する	하다	□ すわる	座る 앉다
□ せんたくする	洗濯する 세탁하다	□ そうじする	掃除する 청소하다

た

□ だす	出す 꺼내다, 부치다	□ たつ	立つ 서다
□ たのむ	頼む 부탁하다, 의뢰하다	□ たべる	食べる 먹다
□ ちがう	違う 다르다, 틀리다	□ つかう	使う 사용하다 N4
□ つかれる	疲れる 피로해지다	□ つく	着く 도착하다

□ つくる	作る 만들다 N4	□ つける	(전기 등을) 켜다
□ つとめる	勤める 근무하다	□ でかける	出かける 외출하다, 나가다
□ できる	할 수 있다, 생기다	□ でる	出る 나가다, 나오다 N4
□ とぶ	飛ぶ 날다	□ とまる	止まる 멈추다 N4
□ とる	取る 잡다, 쥐다, 들다, (나이를) 먹다	□ とる	撮る 찍다, 촬영하다

な

□ なく	鳴く 울다	□ なくす	無くす 없애다, 잃다
□ ならう	習う 배우다 N4	□ ならぶ	並ぶ 줄을 서다
□ ならべる	並べる 늘어놓다	□ なる	成る 되다
□ ぬぐ	脱ぐ 벗다	□ ねる	寝る 자다
□ のぼる	登る (높은 곳으로) 오르다	□ のむ	飲む 마시다, (약을) 먹다
□ のる	乗る 타다 N4		

は

□ はいる	入る 들어가다, 들어오다	□ はく	입다, 신다
□ はじまる	始まる 시작되다 N4	□ はしる	走る 달리다 N4
□ はたらく	働く 일하다 N4	□ はなす	話す 이야기하다
□ はる	붙이다	□ はれる	晴れる 맑다, 날이 개다
□ ひく	引く (사전 등을) 찾다 N4	□ ひく	악기를 연주하다, 켜다
□ ふく	吹く 불다	□ ふる	降る 내리다

ま

□ まがる	曲がる (방향을) 돌다	□ まつ	待つ 기다리다 N4
□ みがく	磨く 닦다	□ みせる	見せる 보여주다
□ みる	見る 보다	□ もつ	持つ 들다, 가지다, 지니다 N4

や

□ やすむ	休む 쉬다	□ やる	하다
□ よぶ	呼ぶ 부르다	□ よむ	読む 읽다

わ

□ わかる	分かる 알다, 이해하다	□ わすれる	忘れる 잊다, 잊고 오다
□ わたす	渡す 건네다	□ わたる	渡る 건너다

memo

3 출제 예상 い형용사

あ～わ

□ あおい	青い 파랗다 N4	□ あかい	赤い 빨갛다, 붉다 N4
□ あかるい	明るい 밝다 N4	□ あたたかい	暖かい 따뜻하다
□ あたらしい	新しい 새롭다	□ あつい	暑い 덥다 N4
□ あつい	熱い 뜨겁다	□ あつい	厚い 두껍다
□ あぶない	危ない 위험하다	□ あまい	甘い 달다
□ いい	좋다	□ いそがしい	忙しい 바쁘다
□ いたい	痛い 아프다	□ うすい	薄い 얇다
□ うまい	맛있다, 솜씨가 뛰어나다 N4	□ うるさい	시끄럽다, 귀찮다 N4
□ おいしい	맛있다	□ おおい	多い 많다
□ おおきい	大きい 크다	□ おそい	遅い 늦다
□ おもい	重い 무겁다 N4	□ おもしろい	재미있다
□ からい	辛い 맵다	□ かるい	軽い 가볍다 N4
□ かわいい	귀엽다	□ きいろい	黄色い 노랗다
□ きたない	汚い 더럽다	□ くらい	暗い 어둡다 N4
□ くろい	黒い 검다 N4	□ さむい	寒い 춥다
□ しろい	白い 하얗다	□ すくない	少ない 적다
□ すずしい	涼しい 시원하다	□ せまい	狭い 좁다
□ たかい	高い 높다, 비싸다	□ たのしい	楽しい 즐겁다 N4
□ ちいさい	小さい 작다	□ ちかい	近い 가깝다 N4
□ つまらない	재미없다, 시시하다	□ つめたい	冷たい 차갑다
□ つよい	強い 강하다 N4	□ とおい	遠い 멀다

□ ない	없다	□ ながい	長い 길다
□ ぬるい	미지근하다	□ はやい	早い 이르다 N4
□ はやい	速い 빠르다	□ ひくい	低い 낮다
□ ひろい	広い 넓다 N4	□ ふとい	太い 굵다
□ ふるい	古い 낡다	□ ほしい	갖고 싶다, 원하다
□ ほそい	細い 가늘다	□ まずい	맛없다
□ まるい	円い 둥글다 N4	□ みじかい	短い 짧다
□ むずかしい	難しい 어렵다 N4	□ やさしい	易しい 쉽다
□ やすい	安い 싸다	□ よい	良い 좋다
□ よわい	弱い 약하다	□ わかい	若い 젊다
□ わるい	悪い 나쁘다 N4		

memo

4 출제 예상 な형용사

あ～わ

□ いやだ	嫌だ 싫다	□ いろいろだ	여러 가지이다 N4
□ おおきな	大きな 커다란	□ おなじだ	同じだ 같다
□ かんたんだ	簡単だ 간단하다	□ きらいだ	嫌いだ 싫다, 싫어하다
□ きれいだ	예쁘다, 깨끗하다 N4	□ けっこうだ	結構だ 괜찮다, 이제 됐다
□ げんきだ	元気だ 건강하다	□ しずかだ	静かだ 조용하다
□ じょうずだ	上手だ 능숙하다, 잘하다 N4	□ じょうぶだ	丈夫だ 튼튼하다
□ すきだ	好きだ 좋아하다 N4	□ だいじょうぶだ	大丈夫だ 괜찮다
□ だいすきだ	大好きだ 매우 좋아하다 N4	□ たいせつだ	大切だ 소중하다 N4
□ たいへんだ	무척 힘들다, 큰일이다	□ ちいさな	小さな 작은
□ にぎやかだ	번화하다, 떠들썩하다	□ へただ	下手だ 서툴다 N4
□ べんりだ	便利だ 편리하다 N4	□ ゆうめいだ	有名だ 유명하다 N4
□ りっぱだ	훌륭하다		

5 출제 예상 부사

あ～わ

□ あまり	그다지, 별로	□ いちばん	一番 가장, 제일
□ いつも	언제나, 늘, 항상	□ すこし	少し 조금 N4
□ すぐに	바로, 곧	□ ぜんぜん	전혀
□ たいへん	무척, 대단히	□ たくさん	많이
□ たぶん	아마	□ だんだん	점차, 점점
□ ちょうど	마침, 꼭, 정확히	□ ちょっと	잠시, 좀
□ どうして	왜, 어째서	□ どうぞ	부디
□ どうも	정말로, 참으로	□ ときどき	時々 때때로, 가끔
□ とても	무척	□ なぜ	왜, 어째서
□ ほんとうに	本当に 정말(이지), 참으로	□ また	또, 또한
□ まだ	아직	□ まっすぐ	곧바로
□ もう	벌써, 이미, ~더	□ もっと	더, 더욱
□ ゆっくり	천천히	□ よく	자주, 종종, 잘

6 출제 예상 외래어

□ あぱーと	アパート 아파트	□ あるばいと	アルバイト 아르바이트
□ えあこん	エアコン 에어컨	□ えれべーたー	エレベーター 엘리베이터
□ かっぷ	カップ 컵	□ かめら	カメラ 카메라
□ かれー	カレー 카레	□ かれんだー	カレンダー 캘린더, 달력
□ ぎたー	ギター 기타	□ きろ	キロ 킬로(그램), 킬로(미터)
□ くらす	クラス 클래스, 반	□ ぐらむ	グラム 그램
□ けーき	ケーキ 케이크	□ こーと	コート (오버)코트
□ こーひー	コーヒー 커피	□ こっぷ	コップ 컵
□ こぴー	コピー 복사	□ しゃつ	シャツ 셔츠
□ しゃわー	シャワー 샤워	□ じゅーす	ジュース 주스
□ すいっち	スイッチ 스위치	□ すかーと	スカート 스커트, 치마
□ すきー	スキー 스키	□ すとーぶ	ストーブ 난로
□ すぷーん	スプーン 스푼	□ すぽーつ	スポーツ 스포츠, 운동
□ ずぼん	ズボン 바지	□ すりっぱ	スリッパ 슬리퍼
□ せーたー	セーター 스웨터	□ ぜろ	ゼロ 제로, 영
□ たくしー	タクシー 택시	□ てーぷ	テープ 테이프
□ てーぶる	テーブル 테이블	□ てすと	テスト 테스트, 시험
□ でぱーと	デパート 백화점	□ てれび	テレビ 텔레비전, TV
□ どあ	ドア 도어, 문	□ といれ	トイレ 화장실
□ ないふ	ナイフ 나이프, 칼	□ にゅーす	ニュース 뉴스
□ ねくたい	ネクタイ 넥타이	□ のーと	ノート 노트
□ ぱーてぃー	パーティー 파티	□ ばす	バス 버스

□ ばたー	バター 버터	□ ばなな	バナナ 바나나
□ ぱん	パン 빵	□ はんかち	ハンカチ 손수건
□ ぴあの	ピアノ 피아노	□ びる	ビル 빌딩
□ ふぃるむ	フィルム 필름	□ ぷーる	プール 수영장, 풀
□ ふぉーく	フォーク 포크	□ ぺーじ	ページ 페이지
□ べっど	ベッド 침대	□ ぺっと	ペット 애완동물
□ ぺん	ペン 펜	□ ぼーるぺん	ボールペン 볼펜
□ ぽけっと	ポケット 호주머니	□ ぽすと	ポスト 우체통
□ ぼたん	ボタン 버튼	□ ほてる	ホテル 호텔
□ まっち	マッチ 성냥	□ めーとる	メートル 미터
□ らーめん	ラーメン 라면	□ らじお	ラジオ 라디오
□ れこーど	レコード 레코드, 기록	□ れすとらん	レストラン 레스토랑
□ わいしゃつ	ワイシャツ 와이셔츠		

memo

7 출제 예상 인사말

□ いただきます	먹겠습니다, 마시겠습니다, 받겠습니다
□ いってきます	다녀오겠습니다
□ おねがいします	부탁 드립니다
□ さようなら/さよなら	안녕히 가십시오, 안녕히 계십시오
□ すみません	죄송합니다, 미안합니다
□ そうです	그렇습니다
□ では また	그럼 (또)
□ もしもし	여보세요

memo

8 접미어

□ ～いん	～員 ～원 N4	□ ～えん	～円 ～엔
□ ～かい	～回 ～회 N4	□ ～かい	～階 ～층 N4
□ ～かげつ	～か月 ～개월	□ ～がつ	～月 ～월
□ ～がる	～워하다	□ ～がわ	～側 ～가, ～측
□ ～くらい/ぐらい	～정도, ～쯤	□ ～こ	～個 ～개
□ ～ご	～語 ～어	□ ～ころ/ごろ	～경, ～무렵
□ ～さい	～歳 ～세, ～살	□ ～さつ	～冊 ～권
□ ～さん	～씨, ～님	□ ～じかん	～時間 ～시간
□ ～じゅう	～中 온～, ～내내, ～동안	□ ～しゅうかん	～週間 ～주일
□ ～じん	～人 ～인	□ ～すぎ	～지남
□ ～ずつ	～씩	□ ～だい	～台 ～대 N4
□ ～だけ	～만, ～뿐	□ ～たち	～들
□ ～ちゅう	～中 ～중	□ ～ど	～度 ～번 N4
□ ～とき	～時 ～때	□ ～など	～등, ～따위
□ ～にち	～日 ～일	□ ～にん	～人 ～명
□ ～ねん	～年 ～년	□ ～はい	～杯 ～잔
□ ～はん	～半 ～반	□ ～ばん	～番 ～번
□ ～ひき	～匹 ～마리	□ ～ほん	～本 ～자루
□ ～まい	～枚 ～장, ～매	□ ～まえ	～前 ～전
□ ～め	～目 ～째	□ ～や	～屋 ～가게, ～장수 N4

9 기타

□ あそこ 저기, 저곳
□ あちら/あっち 저쪽, 저기, 저곳
□ あれ 저것
□ あの 저
□ いかが 어떠함
□ いくつ 몇 살, 몇 개
□ いくら 얼마
□ ください 주십시오
□ いつ 언제
□ ここ 여기, 이곳
□ これ 이것
□ こんな 이런
□ こちら/こっち 이쪽, 이곳
□ さあ 글쎄, 확실한 대답을 회피할 때의 소리
□ しかし 그러나, 그렇지만
□ じゃ/じゃあ 그럼
□ そう 그러함
□ そうして/そして 그리고
□ そこ 거기, 그곳
□ そちら/そっち 그쪽, 거기
□ その 그
□ それ 그것
□ それから 그 다음에, 그리고 (또)
□ それでは 그렇다면
□ だから 그러니까
□ だれ 누구
□ だれか 누군가
□ では 그럼
□ でも 그렇더라도, 그래도
□ どう 어떻게
□ どこ 어디, 어느 곳
□ どちら/どっち 어느 쪽
□ どなた 어느 분
□ どの 어느
□ どれ 어느 것
□ どんな 어떤
□ わたくし 私 저, 나 N4
□ わたし 나

もんだい１ ＿＿＿＿の ことばは ひらがなで どう かきますか。１・２・３・４から いちばん いい ものを ひとつ えらんで ください。

1 先に たべて ください。

1 さきに　2 すぐに　3 せんに　4 つぎに

2 ことしの さんがつ 大学を でました。

1 たいかく　2 だいかく　3 たいがく　4 だいがく

3 わたしは 後で たべます。

1 あと　2 うち　3 ほか　4 どこ

4 東京(とうきょう)の 西に ふじさんが みえます。

1 ひがし　2 にし　3 みなみ　4 きた

5 この 本を さきに よんで ください。

1 はん　2 ばん　3 ほん　4 ぼん

6 レストランで 千円の さかなりょうりを たべました。

1 せねん　2 せんねん　3 せえん　4 せんえん

7 みずを 買って いきます。

1 つくって　2 とって　3 かって　4 あらって

8 三つめの かどを みぎに まがって ください。

1 いくつめ　2 みっつめ　3 ふたつめ　4 さんつめ

9 きのう いえに 友だちが きました。

1 ともだち　2 とむだち　3 とぬだち　4 とのだち

10 ベランダの 花を きって げんかんに かざりました。

1 はし　2 かさ　3 いす　4 はな

답 1① 2④ 3① 4② 5③ 6④ 7③ 8② 9① 10④

2 예상어휘 확인문제 한자읽기 / 10

もんだい１ ＿＿＿の　ことばは　ひらがなで　どう　かきますか。１・２・３・４から
いちばん　いい　ものを　ひとつ　えらんで　ください。

1 まいにち　いっかい　母に　でんわします。

1　ちち　　2　あに　　3　はは　　4　あね

2 かぜが　つめたくて　耳が　いたいです。

1　みみ　　2　め　　3　あし　　4　あたま

3 下の　へやから　うたの　こえが　きこえます。

1　すだ　　2　すた　　3　しだ　　4　した

4 車の　なかに　おとこのこが　なんにん　いますか。

1　くるま　　2　くろま　　3　しゃ　　4　ちゃ

5 はこの　中に　なにが　はいって　いますか。

1　ちゅう　　2　ちゅん　　3　なっか　　4　なか

6 わたしは　毎日　さんぽを　します。

1　まいび　　2　まいにち　　3　めいび　　4　めいにち

7 きのう　先生に　でんわを　かけました。

1　せんせん　　2　せんせい　　3　せいせん　　4　せいせい

8 これは　たんじょうびに　父から　もらった　まんねんひつです。

1　あに　　2　あね　　3　ちち　　4　はは

9 もう　すこし　ゆっくり　言って　ください。

1　いって　　2　とって　　3　のって　　4　すって

10 ふうとうに　お金が　はちまんえん　はいって　いました。

1　おかし　　2　おちゃ　　3　おかね　　4　おさら

답 1③　2①　3④　4①　5④　6②　7②　8③　9①　10③

もんだい１ ＿＿＿の ことばは ひらがなで どう かきますか。１・２・３・４から いちばん いい ものを ひとつ えらんで ください。

1 一分は ろくじゅうびょうです。

1 いっぷん　2 いちふん　3 いちぶ　4 いちぶん

2 こんばん 七時に あいましょう。

1 しっちじ　2 しちじ　3 ひっちじ　4 ひちじ

3 ワイシャツが ズボンの 外に でて います。

1 うち　2 どこ　3 ほか　4 そと

4 まいにち にじかんぐらい テレビを 見ます。

1 ねます　2 みます　3 います　4 します

5 きょうは 天気が いいです。

1 げんき　2 けんき　3 てんき　4 でんき

6 その スカート、長く ないですか。

1 ながく　2 みじかく　3 ちいさく　4 おおきく

7 ケーキを いもうとと 半分ずつ わけました。

1 ほんぶん　2 ほんぷん　3 はんぶん　4 はんぷん

8 右に おおきな 山(やま)が 見(み)えました。

1 ひたり　2 ひだり　3 みに　4 みぎ

9 げんきな 男の子が うまれました。

1 おうなのこ　2 おんなのこ　3 おどこのこ　4 おとこのこ

10 きょう、午後 1時(じ)の ひこうきで 日本(にほん)へ 行(い)きます。

1 こご　2 ごごう　3 ごご　4 ごごう

답 1① 2② 3④ 4② 5③ 6① 7③ 8④ 9④ 10③

もんだい1 ＿＿＿＿の ことばは ひらがなで どう かきますか。1・2・3・4から いちばん いい ものを ひとつ えらんで ください。

1 やまの 上に おおきい たてものが あります。
1 した 2 うえ 3 まえ 4 よこ

2 とうきょうの 空は よるも あかるいです。
1 そら 2 あき 3 から 4 くう

3 まどから きたに 白い やまが よく みえます。
1 しろい 2 あかい 3 ひろい 4 たかい

4 わたしは 日本の とうきょうで 生まれました。
1 おまれました 2 うまれました 3 ふまれました 4 ほまれました

5 わたしの いえは 古くて ちいさいです。
1 ほそくて 2 やすくて 3 ふとくて 4 ふるくて

6 おかねが ないから、水しか のみません。
1 みず 2 すい 3 ちゃ 4 さけ

7 あの あおい うわぎは 女の子のですか。
1 おとこのこ 2 おとこのひと 3 おんなのこ 4 おんなのひと

8 ばんごはんは 魚が たべたい。
1 たまご 2 さかな 3 にく 4 やさい

9 あめの ひは そとへ 出ないで、いえで ゆっくり やすみます。
1 こない 2 いかない 3 やらない 4 でない

10 山には まだ ゆきが のこって います。
1 むら 2 まち 3 やま 4 かわ

답 1② 2① 3① 4② 5④ 6① 7③ 8② 9④ 10③

もんだい２ ＿＿＿の ことばは どう かきますか。１・２・３・４から いちばん いい ものを ひとつ えらんで ください。

1 ふつう、おんなの ひとより おとこの ひとの ほうが せが たかい。

1 另　　2 妟　　3 要　　4 男

2 こんげつ ははと デパートへ いきます。

1 今月　　2 今目　　3 合月　　4 合目

3 えきで くじに あいましょう。

1 今ましょう　　2 今いましょう　　3 会ましょう　　4 会いましょう

4 でんしゃの なかで ラジオを ききながら かいしゃに いきます。

1 雷車　　2 雷東　　3 電車　　4 電東

5 きょうしつの なかには だれも いませんでした。

1 史　　2 中　　3 央　　4 内

6 みなみの ほうへ ひゃくメートルぐらい いって ください。

1 行って　　2 言って　　3 走って　　4 入って

7 じかんを つくって あそびに きて ください。

1 待問　　2 待間　　3 時問　　4 時間

8 おひるですよ。ごはんを たべましょう。

1 食べ　　2 食べ　　3 食べ　　4 食べ

9 この まちの ひがしには おおきな かわが あります。

1 小　　2 川　　3 水　　4 氷

10 くちを おおきく あけて うたいましょう。

1 口　　2 目　　3 回　　4 自

답 1 ④ 2 ① 3 ④ 4 ③ 5 ② 6 ① 7 ④ 8 ③ 9 ② 10 ①

6 예상어휘 확인문제 표기 / 10

もんだい２ ＿＿＿＿の　ことばは　どう　かきますか。１・２・３・４から　いちばん　いい　ものを　ひとつ　えらんで　ください。

1 まどが　くもって　そとが　みえません。

1 引　　2 外　　3 北　　4 化

2 にねんまえに　この　かいしゃに　はいりました。

1 会杜　　2 会社　　3 今杜　　4 今社

3 なつは　よじには　ひがしの　そらが　あかるく　なる。

1 明く　　2 赤く　　3 明るく　　4 赤るく

4 テーブルの　うえに　ケーキが　あります。

1 止　　2 土　　3 下　　4 上

5 こんしゅうは　たくさん　あるきました。

1 近週　　2 先週　　3 合週　　4 今週

6 がっこうの　うしろに　ながい　かわが　あります。

1 長い　　2 高い　　3 食い　　4 良い

7 がっこうまで　どのぐらい　かかりますか。

1 学校　　2 学枚　　3 学校　　4 学枚

8 こどもが　ねたので　ラジオの　おとを　ちいさく　しました。

1 少さく　　2 小さく　　3 水さく　　4 木さく

9 すずきさんは　がくせいの　ときからの　たいせつな　ともだちです。

1 反だち　　2 反だち　　3 友だち　　4 友だち

10 あたらしい　みずを　もって　きて　ください。

1 来て　　2 末て　　3 木て　　4 未て

답 1② 2② 3③ 4④ 5④ 6① 7③ 8② 9③ 10①

7 예상어휘 확인문제 표기 / 10

もんだい２ ＿＿＿＿の ことばは どう かきますか。１・２・３・４から いちばん いい ものを ひとつ えらんで ください。

1 ちちは らいねん ６０さいに なります。

1 父　2 兄　3 母　4 姉

2 ホテルの レストランは ねだんが たかいです。

1 低い　2 高い　3 広い　4 安い

3 みちの ひがしがわは みどりが おおいです。

1 太い　2 大い　3 多い　4 広い

4 ちちと ははに てがみを かきました。

1 書きました　2 書きました　3 書きました　4 書きました

5 こんしゅうの どようびは いえで やすみます。

1 上よう日　2 止よう日　3 士よう日　4 土よう日

6 にほんごの テープを ききながら べんきょうしました。

1 聞きながら　2 閉きながら　3 問きながら　4 開きながら

7 ねこに こどもが さんびき うまれました。

1 干ども　2 予ども　3 了ども　4 子ども

8 きょうは いちにちじゅう あめです。

1 雨　2 雨　3 雨　4 雨

9 この しんぶんは まだ よんで いません。

1 新分　2 新本　3 新聞　4 新文

10 にほんごは なんさいから べんきょうしましたか。

1 日本詰　2 日本語　3 日本詔　4 日本話

답 1① 2② 3③ 4① 5④ 6① 7④ 8② 9③ 10②

8 예상어휘 확인문제

표기 / 10

もんだい２ ＿＿＿の　ことばは　どう　かきますか。１・２・３・４から　いちばん　いい　ものを　ひとつ　えらんで　ください。

1 おおきな　えきの　まえには　たいてい　でぱーとが　ある。

1　デパーイ　　2　デペーイ　　3　デパート　　4　デペート

2 その　みせで　ねくたいを　かいました。

1　ネクタイ　　2　ネタクイ　　3　スクタイ　　4　スタクイ

3 ３がいで　えれべーたーを　おりました。

1　コレベーター　　2　ユレベーター　　3　ヨレベーター　　4　エレベーター

4 とけいの　したに　かれんだーが　はって　あります。

1　ケレングー　　2　ケレンダー　　3　カレングー　　4　カレンダー

5 にくを　さんびゃくぐらむ　ください。

1　グウム　　2　グラム　　3　ゲウム　　4　ゲラム

6 どんな　すぽーつが　すきですか。

1　ヌポーツ　　2　ヌポーシ　　3　スポーツ　　4　スポーシ

7 ともだちは　みせで　しゃつを　かいました。

1　シャシ　　2　シャツ　　3　シセシ　　4　シセツ

8 すぺいんで　えいごを　べんきょうして　います。

1　ヌペイン　　2　ヌペトン　　3　スペイン　　4　スペトン

9 ぼーるぺんで　かいて　ください。

1　ボールペン　　2　ボールペソ　　3　オールペン　　4　オールペソ

10 らじおの　おとが　とても　おおきいです。

1　ウヅオ　　2　ウジオ　　3　ラヅオ　　4　ラジオ

답 1③ 2① 3④ 4④ 5② 6③ 7② 8③ 9① 10④

もんだい3 (　　　)に　なにを　いれますか。1・2・3・4から　いちばん　いい　ものを　ひとつ　えらんで　ください。

1 （　　　）、えいがを　みに　いきませんか。

1 ゆうべ　2 おととい　3 きのう　4 あした

2 A「はじめまして。どうぞ　よろしく。」
B「（　　　）。どうぞ　よろしく。」

1 こちらこそ　2 さようなら　3 ごめんください　4 おやすみなさい

3 いそがしくて　ほんを　よむ（　　　）が　ありません。

1 つくえ　2 やすみ　3 ひま　4 しごと

4 どうぞ（　　　）を　はいて　ください。

1 セーター　2 コート　3 シャツ　4 スリッパ

5 きょうは　かぜが　つよく（　　　）います。

1 ふいて　2 やんで　3 ふって　4 とまって

6 この　みちを（　　　）がっこうへ　いきます。

1 とんで　2 だして　3 あるいて　4 およいで

7 やまださんの　たんじょうびの（　　　）で　うたを　うたいました。

1 アパート　2 レコード　3 テープ　4 パーティー

8 まいばん　かおを（　　　）から　ねます。

1 みがいて　2 あらって　3 あびて　4 そうじして

답 1④ 2① 3③ 4④ 5① 6③ 7④ 8②

10 예상어휘 확인문제

문맥규정 / 8

もんだい３（　　）に　なにを　いれますか。１・２・３・４から　いちばん　いい　ものを　ひとつ　えらんで　ください。

1 たなかさんは（　　）を　ひきながら　うたを　うたって　います。

1 テレビ　2 ピアノ　3 レコード　4 ラジカセ

2 せんしゅう、（　　）えいがを　みました。

1 すずしい　2 おいしい　3 おもしろい　4 きいろい

3 じかんは　あります。（　　）おかねが　ありません。

1 しかし　2 たぶん　3 もちろん　4 ほんとうに

4 ノートを（　　）かいました。

1 さんまい　2 さんぼん　3 さんだい　4 さんさつ

5 あつい　ときは（　　）おちゃが　おいしいです。

1 ひくい　2 うるさい　3 さむい　4 つめたい

6 A「（　　）は　なんじに　ねましたか。」

B「10じはんに　ねました。」

1 こんにち　2 こんばん　3 ゆうべ　4 ゆうはん

7 この　ほんは　としょかんで（　　）。

1 かしました　2 かりました　3 かいました　4 かけました

8 あの　きっさてんの（　　）は　とても　おいしいです。

1 スプーン　2 カップ　3 フォーク　4 コーヒー

답 1② 2③ 3① 4④ 5④ 6③ 7② 8④

もんだい３ （　　）に　なにを　いれますか。１・２・３・４から　いちばん　いい　ものを　ひとつ　えらんで　ください。

1 とりが　そらを（　　　）います。
1　とんで　　2　さして　　3　あって　　4　あげて

2 この　みちは　とても（　　　）です。
1　おもい　　2　わかい　　3　せまい　　4　うすい

3 ちちは　いま、たばこを（　　　）いって　います。
1　ききに　　2　よびに　　3　ぬぎに　　4　かいに

4 A「ごはんを　もう　いっぱい　いかがですか。」
B「（　　　）です。」
1　ちょうど　　2　たいせつ　　3　けっこう　　4　たいへん

5 さむいから　ぼうしを（　　　）いきました。
1　かぶって　　2　きて　　3　しめて　　4　はいて

6 きのう（　　　）にほんの　えいがを　みました。
1　もちろん　　2　ときどき　　3　はじめて　　4　はじめに

7 わたしは　こうちゃに　さとうを（　　　）のみます。
1　いって　　2　いれて　　3　はいて　　4　はいって

8 いま、（　　　）12じです。
1　だんだん　　2　まっすぐ　　3　ちょっと　　4　ちょうど

답 1① 2③ 3④ 4③ 5① 6③ 7② 8④

12 예상어휘 확인문제

문맥규정 / 8

もんだい３（　　）に　なにを　いれますか。１・２・３・４から　いちばん　いい　ものを　ひとつ　えらんで　ください。

1 （　　）みちを　ひとりで　あるくのは　あぶないです。

1 くらい　2 くろい　3 まるい　4 ひろい

2 でかける　ときは、でんきを（　　）ましょう。

1 しめ　2 けし　3 わたり　4 おわり

3 わたしの　あには　たいしかんに（　　）います。

1 つかれて　2 なくして　3 とまって　4 つとめて

4 もう　はるですね。これから（　　）あたたかく　なりますね。

1 もしもし　2 まっすぐ　3 だんだん　4 はじめて

5 わたしの　うちは　えきから（　　）です。

1 おおい　2 とおい　3 ぬるい　4 おそい

6 つぎの（　　）を　まがって　ください。

1 たて　2 むこう　3 かど　4 となり

7 A「きのうは　どうも　ありがとうございました。」
B「いいえ、（　　）。」

1 いただきます　2 しつれいします
3 ごめんください　4 どういたしまして

8 「そろそろ（　　）。」と　いって　せんせいの　へやを　でました。

1 けっこうです　2 しつれいします　3 よろしく　4 こちらこそ

답 1① 2② 3④ 4③ 5② 6③ 7④ 8②

もんだい３（　　）に　なにを　いれますか。１・２・３・４から　いちばん　いい　ものを　ひとつ　えらんで　ください。

1 もう（　　）ゆっくり　いって　ください。

1 いっしょに　2 いくつ　3 いちど　4 いちまい

2 A「たまごを（　　）たべましたか。」
B「ふたつ　たべました。」

1 いかが　2 どう　3 いくつ　4 いくら

3 やましたさんは（　　）パーティーに　こないでしょう。

1 たぶん　2 すこし　3 ちょうど　4 だんだん

4 わたしは　あの　やまに（　　）たいです。

1 うり　2 のぼり　3 やり　4 はしり

5 よく　わかりません。もう　すこし（　　）はなして　ください。

1 ゆっくり　2 けっこう　3 たいへん　4 だんだん

6 （　　）を　ひいて、あたまが　いたいです。

1 おなか　2 びょうき　3 くち　4 かぜ

7 もう　すこし（　　）はなして　ください。

1 やすく　2 やさしく　3 わかく　4 ひくく

8 きのうは　あさから　ばんまで　そうじや　せんたくで（　　）です。

1 すずしかった　2 いそがしかった　3 あぶなかった　4 すくなかった

답 1③ 2③ 3① 4② 5① 6④ 7② 8②

14 예상어휘 확인문제

문맥규정 / 8

もんだい3（　　）に　なにを　いれますか。1・2・3・4から　いちばん　いい　ものを　ひとつ　えらんで　ください。

1 きっさてんの　まえに　じどうしゃが（　　）います。

1 とまって　2 すわって　3 たって　4 のって

2 （　　）が　のみたいです。

1 こうばん　2 おべんとう　3 こうちゃ　4 ちゃわん

3 おとうとは　きょねん（　　）。ことし　いっさいに　なります。

1 つきました　2 おきました　3 はじまりました　4 うまれました

4 きょうは　とても　つかれました。うちに　かえって（　　）ねます。

1 ほんとう　2 たぶん　3 すぐに　4 ちょうど

5 これは　わたしの（　　）ほんです。

1 たいせつな　2 いろいろな　3 じょうぶな　4 にぎやかな

6 ここでは（　　）くにの　ひとが　はたらいて　います。

1 いろいろな　2 たいへんな　3 にぎやかな　4 だいじょうぶな

7 おとなの　ほんは　こどもには（　　）です。

1 いそがしい　2 つまらない　3 みじかい　4 うるさい

8 A「この　おかしは　いくらですか。」

B「それは（　　）です。」

1 はちじっさつ　2 はちじっぽん　3 はちじゅうえん　4 はちじゅうだい

답 1① 2③ 3④ 4③ 5① 6① 7② 8③

もんだい3 (　　)に　なにを　いれますか。1・2・3・4から　いちばん　いい　ものを　ひとつ　えらんで　ください。

1 この　かばんは　ふるいですが、とても（　　）です。

1 しずか　2 にぎやか　3 げんき　4 じょうぶ

2 わたしは　じてんしゃを（　　）もって　います。

1 にまい　2 にだい　3 にほん　4 にさつ

3 とりが　きれいな　こえで（　　）います。

1 ないて　2 ならって　3 さして　4 とんで

4 たなかさんの　じてんしゃは（　　）きれいです。

1 あつくて　2 わかくて　3 あたらしくて　4 いそがしくて

5 きょうの　てんきは（　　）です。

1 はれ　2 くもり　3 あめ　4 ゆき

답 1④ 2② 3① 4③ 5②

もんだい３ (　　　)に　なにを　いれますか。１・２・３・４から　いちばん　いい　ものを　ひとつ　えらんで　ください。

1 へやには　ひとが（　　　）いて　あついです。

1　おおぜい　　2　とても　　3　たいへん　　4　おおきく

2 わからない　ひとは　わたしに（　　　）ください。

1　こたえて　　2　かえって　　3　れんしゅうして　　4　しつもんして

3 かぜを　ひいて　いて　ごはんが（　　　）です。

1　まるい　　2　まずい　　3　ひくい　　4　ひろい

4 わたしたちの　がっこうは　えきから　あるいて　３ぷんなので（　　　）です。

1　べんり　　2　ひま　　3　じょうず　　4　いろいろ

5 いすの　うえに（　　　）が　います。

1　とり　　2　ひと　　3　いぬ　　4　ねこ

답 1① 2④ 3② 4① 5④

もんだい３（　　　）に　なにを　いれますか。１・２・３・４から　いちばん　いい　ものを　ひとつ　えらんで　ください。

1 まいあさ　５じに（　　　）さんぽを　します。

1　ひいて　　2　わたして　　3　おきて　　4　なくして

2 あたらしい　ことばを（　　　）。

1　おぼえます　　2　つとめます　　3　なります　　4　もちます

3 （　　　）コーヒーは　まずくて　のめません。

1　ふとい　　2　ぬるい　　3　ひろい　　4　とおい

4 たまごは（　　　）いります。

1　にさつ　　2　にだい　　3　にまい　　4　にこ

5 かわは　がっこうの（　　　）に　あります。

1　ひがし　　2　きた　　3　みなみ　　4　にし

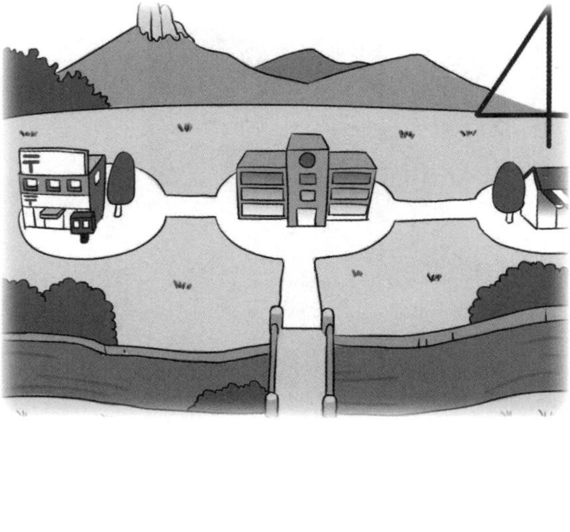

답 1③ 2① 3② 4④ 5③

もんだい３（　　）に　なにを　いれますか。１・２・３・４から　いちばん　いい　ものを　ひとつ　えらんで　ください。

1 わたしの　うちに　ねこが（　　）います。

1 にひき　2 にだい　3 にまい　4 にさつ

2 うみは　たくさんの　ひとが　きて、（　　）でした。

1 にぎやか　2 じょうぶ　3 ひま　4 へた

3 この　へやは　ストーブが　ついて　いて（　　）です。

1 つめたい　2 すずしい　3 あたたかい　4 あたらしい

4 がくせいたちは　きょうしつで　スミスせんせいに　えいごを（　　）います。

1 おぼえて　2 べんきょうして　3 つくって　4 ならって

5 ベッドの　よこに　いぬが（　　）います。

1 にひき　2 いっぴき　3 よんひき　4 さんびき

답 1① 2① 3③ 4④ 5①

もんだい３ (　　　)に　なにを　いれますか。１・２・３・４から　いちばん　いい　ものを　ひとつ　えらんで　ください。

1 たくさん　たべたので　おなかが（　　　）なりました。
1　いたく　2　ぬるく　3　びょうきに　4　しずかに

2 ふうとうに　きってを（　　　）。
1　うります　2　はります　3　とります　4　かります

3 あの　おおきい　はしを（　　　）、ひだりに　まがって　ください。
1　うたって　2　わたって　3　あるいて　4　あそんで

4 さかなが　たくさん（　　　）いますよ。
1　とんで　2　あるいて　3　およいで　4　はしって

5 そらに（　　　）つきが　でて　います。
1　しかくい　2　まるい　3　あかい　4　うすい

답 1① 2② 3② 4③ 5②

もんだい３（　　　）に　なにを　いれますか。１・２・３・４から　いちばん　いい　ものを　ひとつ　えらんで　ください。

1 「あ、（　　　）！　くるまが　きますよ。」

1　うるさい　　2　あぶない　　3　ちいさい　　4　すくない

2 テニスは　はじめは　へただったが、れんしゅうして（　　　）に　なった。

1　きれい　　2　じょうぶ　　3　きらい　　4　じょうず

3 ほんを　よむ　ときは（　　　）を　かけます。

1　めがね　　2　うわぎ　　3　ぼうし　　4　くつした

4 ９じに　なりました。（　　　）テストを　はじめます。

1　どうも　　2　でも　　3　しかし　　4　それでは

5 A「つくえの　うえに　はこが　いくつ　ありますか。」
B「（　　　）あります。」

1　やっつ　　2　よっつ　　3　むっつ　　4　みっつ

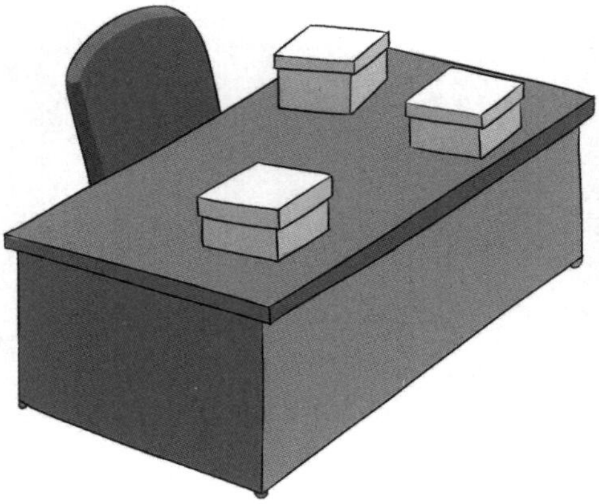

답 1② 2④ 3① 4④ 5④

もんだい４ ＿＿＿＿の ぶんと だいたい おなじ いみの ぶんが あります。１・２・３・４から いちばん いい ものを ひとつ えらんで ください。

1 ろくがつから　はちがつまで　なつです。

1 しちがつは　なつです。
2 ごがつは　なつです。
3 くがつは　なつです。
4 さんがつは　なつです。

2 げんかんに　だれか　いますよ。

1 まどの　ちかくに　ひとが　います。
2 がっこうの　ろうかに　ひとが　います。
3 ビルの　うえに　ひとが　います。
4 いえの　いりぐちに　ひとが　います。

3 あしたは　はれます。

1 あしたは　そらが　くらく　なります。
2 あしたは　そらが　くろく　なります。
3 あしたは　てんきが　わるく　なります。
4 あしたは　てんきが　よく　なります。

4 けさ　こうえんを　さんぽしました。

1 けさ　こうえんを　はしりました。
2 けさ　こうえんを　あるきました。
3 けさ　こうえんを　とびました。
4 けさ　こうえんを　まがりました。

5 この　うたは　ゆうめいです。

1 みんな　この　うたを　わすれました。
2 みんな　この　うたを　ききません。
3 みんな　この　うたを　しって　います。
4 みんな　この　うたを　しりません。

답 1① 2④ 3④ 4② 5③

22 예상어휘 확인문제 교체유의어 / 5

もんだい４ ＿＿＿＿ の　ぶんと　だいたい　おなじ　いみの　ぶんが　あります。１・２・３・４から　いちばん　いい　ものを　ひとつ　えらんで　ください。

1 あそこは　ゆうびんきょくです。

1 あそこでは　いすや　ほんだなを　うって　います。
2 あそこでは　きってや　はがきを　うって　います。
3 あそこでは　おちゃや　おかしを　うって　います。
4 あそこでは　ふくや　ネクタイを　うって　います。

2 きむらさんの　おじさんは　あの　ひとです。

1 きむらさんの　おかあさんの　おとうさんは　あの　ひとです。
2 きむらさんの　おかあさんの　おかあさんは　あの　ひとです。
3 きむらさんの　おかあさんの　おとうとさんは　あの　ひとです。
4 きむらさんの　おかあさんの　いもうとさんは　あの　ひとです。

3 ぎんこうは　くじに　あきます。

1 ぎんこうは　くじに　おわります。
2 ぎんこうは　くじに　やすみに　なります。
3 ぎんこうは　くじに　しまります。
4 ぎんこうは　くじに　はじまります。

4 あした　しごとを　やすみます。

1 あした　しごとを　しません。
2 あした　しごとを　します。
3 あした　しごとが　おわります。
4 あした　しごとが　おわりません。

5 あしたは　でかけます。

1 あしたは　うちに　かえります。
2 あしたは　うちに　かえりません。
3 あしたは　うちに　います。
4 あしたは　うちに　いません。

답 1② 2③ 3④ 4① 5④

もんだい4 ＿＿＿＿の　ぶんと　だいたい　おなじ　いみの　ぶんが　あります。1・2・3・4から　いちばん　いい　ものを　ひとつ　えらんで　ください。

1 この　おさらは　きれいですか。
1 この　おさらは　しろく　ありませんか。
2 この　おさらは　きたなく　ありませんか。
3 この　おさらは　やすく　ありませんか。
4 この　おさらは　おおきく　ありませんか。

2 あきらさんは　せが　たかいです。
1 あきらさんは　おおきいです。
2 あきらさんは　うるさいです。
3 あきらさんは　つよいです。
4 あきらさんは　わかいです。

3 きのう　やまださんは　しごとを　やすみましたね。なぜですか。
1 やまださんは　どこで　しごとを　やすみましたか。
2 やまださんは　どんな　しごとを　やすみましたか。
3 やまださんは　どうして　しごとを　やすみましたか。
4 やまださんは　どっちの　しごとを　やすみましたか。

4 これは　れいぞうこです。
1 ここに　くるまを　いれます。
2 ここに　はがきを　いれます。
3 ここに　ようふくを　いれます。
4 ここに　ぎゅうにゅうを　いれます。

5 この　ノートを　かして　ください。
1 この　ノートを　かりたいです。
2 この　ノートを　かいたいです。
3 この　ノートを　うりたいです。
4 この　ノートを　みせたいです。

답 1② 2① 3③ 4④ 5①

もんだい４ ＿＿＿＿の　ぶんと　だいたい　おなじ　いみの　ぶんが　あります。１・２・３・４から　いちばん　いい　ものを　ひとつ　えらんで　ください。

1 あきらさんは　けいこさんと　きょうだいです。
1 あきらさんは　けいこさんの　おばさんです。
2 あきらさんは　けいこさんの　おばあさんです。
3 あきらさんは　けいこさんの　おとうさんです。
4 あきらさんは　けいこさんの　おにいさんです。

2 わたしは　せんせいに　でんわを　かけました。
1 せんせいが　わたしに　でんわを　かけました。
2 せんせいが　ははに　でんわを　かけました。
3 わたしは　せんせいに　でんわで　はなしました。
4 ははは　せんせいと　でんわで　はなしました。

3 あの　たてものは　ぎんこうです。
1 あそこで　おちゃを　のみます。
2 あそこで　おかねを　だします。
3 あそこで　きっぷを　かいます。
4 あそこで　シャワーを　あびます。

4 きょうは　むいかです。
1 おとといは　いつかでした。
2 おとといは　なのかでした。
3 おとといは　よっかでした。
4 おとといは　ようかでした。

5 この　しょくどうは　まずいです。
1 ここの　りょうりは　おいしく　ないです。
2 ここの　りょうりは　やすく　ないです。
3 ここの　りょうりは　おいしいです。
4 ここの　りょうりは　やすいです。

답 1④　2③　3②　4③　5①

もんだい４ ＿＿＿＿の ぶんと だいたい おなじ いみの ぶんが あります。１・２・３・４から いちばん いい ものを ひとつ えらんで ください。

1 この ほんは つまらないです。
1 この ほんは たかく ないです。
2 この ほんは やすく ないです。
3 この ほんは おもしろく ないです。
4 この ほんは むずかしく ないです。

2 おととい としょかんに いきました。
1 おととい でんわを かけました。
2 おととい ほんを かりました。
3 おととい はなを かいました。
4 おととい ごはんを たべました。

3 がいこくへは はじめて いきます。
1 がいこくへは あまり いきません。
2 がいこくへは まだ いって いません。
3 がいこくへは よく いきます。
4 がいこくへは １かい いきました。

4 テーブルに おさらを ６まい ならべて ください。
1 おさらを ６まい おいて ください。
2 おさらを ６まい とって ください。
3 おさらを ６まい つかって ください。
4 おさらを ６まい わたして ください。

5 まいばん かぞくと でんわします。
1 よるは たいてい かぞくと でんわします。
2 よるは よく かぞくと でんわします。
3 よるは ときどき かぞくと でんわします。
4 よるは いつも かぞくと でんわします。

답 1③ 2② 3② 4① 5④

제3장

문법 공략편

01 문제 유형 공략하기
02 핵심문법 공략하기

01 문제 유형 공략하기

1 もんだい 1 문법형식

| 문제 유형&경향 분석 |

もんだい 1은 문법형식(기능어 넣기) 문제로, (　　) 안에 알맞은 표현을 넣어 문장을 완성하는 문제이다. 문제 수는 16문제가 출제되었으나, 2020년 제2회 JLPT 시험부터 변경되어 9문제가 출제된다.

문제 유형 예시

もんだい１（　　）に 何(なに)を 入(い)れますか。１・２・３・４から いちばん いい ものを 一(ひと)つ えらんで ください。

（れい）　これ（　　）えんぴつです。

１ に　　２ を　　３ は　　４ や

（かいとうようし）　| （れい） | ①　②　●　④ |

1　日本(にほん)（　　）ラーメンは　おいしいです。

１ に　　２ の　　３ を　　４ へ

2 もんだい 2 문맥배열

| 문제 유형&경향 분석 |

もんだい 2는 문맥배열(문장의 배열) 문제로, 4개의 빈칸에 들어가는 말을 순서에 맞게 배열하여 문장을 구성하는 문제이다. 주로 2번째나 3번째에 들어가는 표현(★표시)을 묻는다. 기능어의 조합뿐 아니라 문장의 구성까지 신경 써야 한다. 문제 수는 5문제가 출제되었으나, 2020년 제2회 JLPT 시험부터 변경되어 4문제가 출제된다.

문제 유형 예시

もんだい 2　＿★＿ に 入(はい)る ものは どれですか。1・2・3・4から いちばん いい ものを 一(ひと)つ えらんで ください。

(もんだいれい)

A「＿＿＿　＿＿＿　＿★＿　＿＿＿ か。」
B「山田(やまだ)さんです。」

1　です　　2　は　　3　あの 人(ひと)　　4✓ だれ

(こたえかた)

1. ただしい 文(ぶん)を つくります。

A「＿＿＿　＿＿＿　＿★＿　＿＿＿ か。」
　3 あの 人(ひと)　2 は　4 だれ　1 です
B「山田(やまだ)さんです。」

2. ＿★＿ に 入(はい)る ばんごうを くろく ぬります。

(かいとうようし)

(れい)	① ② ③ ●

3 もんだい３ 문장흐름

| 문제 유형&경향 분석 |

もんだい３은 문장흐름(공란 채우기) 문제로, 제시된 문장 안의 공란에 들어갈 가장 좋은 것을 고르는 문제이다. 문제 수는 5문제가 출제되었으나, 2020년 제2회 JLPT 시험부터 변경되어 4문제가 출제된다. 문맥상 알맞은 어휘 고르기, 접속사, 부사, 기능어 문제 등이 등장한다. 단순히 문법 자체가 아닌 문장의 흐름을 파악하는 것으로 종합적인 독해력이 요구된다. もんだい３에서는 반드시 N5 기능어만 사용되는 것은 아니며, 문장의 흐름에 맞는 문법 요소나 어휘 등이 많이 나온다고 보면 된다.

문제 유형 예시

もんだい３　[14] から [17] に 何(なに)を 入(い)れますか。ぶんしょうの いみを かんがえて、1・2・3・4から いちばん いい ものを 一(ひと)つ えらんで ください。

日本(にほん)で べんきょうして いる 学生(がくせい)が 「すきな 店(みせ)」の ぶんしょうを 書(か)いて、クラスの みんなの 前(まえ)で 読(よ)みました。

(1) ケンさんの ぶんしょう

わたしは すしが すきです。日本(にほん)には たくさん すし屋(や)が ありますね。わたしの 国(くに)には すし屋(や)が ありませんから、今(いま) とても うれしいです。日本(にほん)に [14]、いろいろな 店(みせ)で 食(た)べました。学校(がっこう)の 前(まえ)の 店(みせ)は、安(やす)くて おいしいです。すしが すきな 人(ひと)は、いっしょに [15]。

4 주요 감동사·접속사·부사 베스트 40

문장의 흐름을 파악하는 もんだい 3에 대비하여, N5 수준의 감동사, 접속사, 부사 등을 선별하여 정리하였다. もんだい 3뿐만 아니라 다른 문법 문제, 문자·어휘, 독해, 청해 분야에서도 활용할 수 있으므로 잘 익혀 두자.

- □ あの 저, 저어
- □ あまり 그다지, 별로
- □ いちばん 가장, 제일
- □ いつも 늘, 항상
- □ いまから·これから 지금부터
- □ ええ 예
- □ さあ 자아, 어서
- □ しかし 그러나
- □ じゃ·じゃあ 그럼
- □ すぐ·すぐに 바로
- □ すこし 조금
- □ ずっと 훨씬
- □ ぜんぜん 전혀
- □ ぜんぶ 전부
- □ そして 그리고
- □ それから 그리고, 그러고 나서
- □ それでは 그렇다면
- □ たいてい 대개
- □ たいへん 대단히
- □ たくさん 많이
- □ たぶん 아마
- □ だいぶ 꽤, 상당히
- □ だから·ですから 그러니까
- □ だんだん 점점
- □ ちょうど 마침, 꼭
- □ ちょっと 잠깐, 좀
- □ では 그럼
- □ でも 하지만
- □ ときどき 가끔, 때때로
- □ なんにも 아무 것도
- □ はじめて 처음(으로)
- □ はじめに 처음에
- □ また 또
- □ まだ 아직
- □ もう 이미, 벌써
- □ もしもし 여보세요
- □ もちろん 물론
- □ もっと 더
- □ ゆっくり 천천히
- □ よく 잘, 종종

02 핵심문법 공략하기

1 조사

시험에서 조사가 차지하는 비율은 약 44%에 달하니 잘 알아둘 필요가 있다.
*각 기능어 앞의 숫자는 학습 편의상 저자가 임의로 부여한 고유번호로, 예상 문제 풀이시 이해하기 어려운 부분은 해당 번호의 내용을 참조하기 바란다.

001 ～か

종조사(yes-no 의문문) ～까?

- それは　あなたの　本(ほん)ですか。 그것은 당신의 책입니까?
- だれが　来(き)ましたか。 누가 왔습니까?
- 何(なに)か　スポーツが　好(す)きですか。 뭔가 스포츠를 좋아합니까? 2015-1회

부조사(선택) ～이나

- きょうか　あした　来(き)て　ください。 오늘이나 내일 와 주세요.
- 1回(いっかい)か　2回(にかい) 1회나 2회 2018-1회
- 土(ど)よう日(び)か　日(にち)よう日(び)　行(い)きましょう。 토요일이나 일요일에 갑시다. 2021-1회

부조사(의문사 + か, 부정(不定)의 뜻) ～인가

- いすの　下(した)に　なにか　ありますか。 의자 밑에 무언가 있습니까?
- あした　どこか　行(い)きますか。 내일 어딘가 갑니까?
- だれか　まどを　しめて　ください。 누군가 창문을 닫아 주세요.
- すみません、だれか 미안합니다, 누군가 2022-1회
- だれか　行(い)きませんか。 누군가 가지 않겠습니까? 2023-2회
- たなかさんの　たんじょうびは　いつか　わかりません。
  다나카 씨의 생일은 언제인지 모릅니다.

기타 ～인지

- せんせいが　いつ　来(く)るか、しって　いますか。선생님이 언제 오는지 알고 있습니까?
- なにが　ほしいか　言(い)って　ください。무엇을 갖고 싶은지 말해 주세요.

002 ～が

주어 ～이(가)

- きのう　友(とも)だちが　来(き)ました。어제 친구가 왔습니다.
- もう　少(すこ)し　日本語(にほんご)が　かんたんな　本(ほん)が　いい。2011-1회
  좀 더 일본어가 간단한 책이 좋다.
- ここまでは　かんたんでしたが、さいごの　問題(もんだい)が　むずかしいです。2011-1회
  여기까지는 간단했지만, 마지막 문제가 어려웠습니다.
- タクシーの　ほうが　はやいです。택시 쪽이 빠릅니다. 2021-1회

희망·능력 등의 대상 ～을/를

- あには　サッカーが　すきです。형은 축구를 좋아합니다.
- あの　人(ひと)は　りょうりが　とても　じょうずです。2022-2회
  저 사람은 요리를 매우 잘합니다
- わたしは　にほんごの　じしょが　ほしいです。2020-1회
  저는 일본어 사전을 갖고 싶습니다

의문사 + が ～이(가)

- いつが　いいですか。언제가 좋습니까? 2018-1회
- みなみえきと　きたえきと　どちらが　ちかいですか。2020-2회
  미나미역과 기타역 중 어느 쪽이 가깝습니까?
- どれが　あなたの　くつですか。어느 것이 당신의 신발입니까?
- どれが　わたしたちの　のる　バスですか。어느 것이 우리들이 탈 버스입니까? 2021-1회
- はこの　中(なか)に　なにが　ありますか。상자 속에 무엇이 있습니까?

접속조사 + が(단순 접속, 역접) ～만

- すみませんが、でんわを　かして　ください。죄송합니다만, 전화를 빌려 주세요.
- この　本(ほん)は　いいですが、高(たか)いです。이 책은 좋지만, 비쌉니다.
- もしもし、林(はやし)ですが 여보세요, 하야시입니다만 2021-1회, 2022-2회

기타 ～が ほしい의 꼴로 사물에 대한 희망을 나타낸다.

- わたしは　カメラが　ほしいです。 나는 카메라를 갖고 싶습니다.
- わたしは　にほんごの　じしょが　ほしいです。 2020-1회
  저는 일본어 사전을 갖고 싶습니다.
- どんな　プレゼントが　ほしいですか。 어떤 선물을 갖고 싶습니까? 2021-2회

※「연체수식절 내에서의 が → の의 교체」의 뜻은「015 ～の」에서 다루도록 한다.

003 ～か～か ～까, ～까?

선택 의문문 ～까, ～까?

- あの　人(ひと)は　先生(せんせい)ですか、学生(がくせい)ですか。 저 사람은 선생님입니까, 학생입니까?

004 ～か～ないか ～지 ～지 않을지

- 行(い)くか　行(い)かないか、わかりません。 갈지 가지 않을지 모르겠습니다.

005 ～から

장소 ～에서

- わたしは　中国(ちゅうごく)から　来(き)ました。 나는 중국에서 왔습니다.
- とうきょうから　おおさかまで　行(い)きます。 도쿄에서 오사카까지 갑니다.
- 雨(あめ)が　まどから　入(はい)ります。 비가 창문에서 들어옵니다. 2021-1회

시간 ～부터

- この　がっこうは　9時(くじ)から　4時(よじ)までです。 이 학교는 9시부터 4시까지입니다.
- 夏休(なつやす)みは　来週(らいしゅう)から　始(はじ)まります。 여름 방학은 다음 주부터 시작합니다. 2015-1회
- 冬休(ふゆやす)みは　あしたから　一週間(いっしゅうかん)です。 겨울 방학은 내일부터 일주일간입니다. 2017-2회

동작주 ～에게

- わたしは　あねから　セーターを　もらいました。 나는 언니에게 스웨터를 받았습니다.

이유 ~해서, ~때문에

- たくさん　しゅくだいが　あるから、わたしは　あそびに　行(い)きません。
  숙제가 많이 있어서 나는 놀러 가지 않습니다.
- わたしは　あそびに　行(い)きません。たくさん　しゅくだいが　あるからです。
  나는 놀러 가지 않습니다. 숙제가 많이 있기 때문입니다.
- ここで　れんしゅうして　いますから、来(き)て　ください。 2012-2회
  여기서 연습하고 있으니까 와 주세요.

006 ～ぐらい ~정도

수량의 어림 ~정도

- あの　へやに　３０人(さんじゅうにん)ぐらい　います。 저 방에 30명 정도 있습니다.
- タクシーで　１０００円(せんえん)ぐらいです。 택시로 1000엔 정도입니다. 2011-1회

시간의 어림 ~정도

- １５分(じゅうごふん)ぐらい　バスに　のります。 15분 정도 버스를 탑니다.
- ちかくの　こうえんを　１時間(いちじかん)ぐらい　さんぽしました。 2021-1회
  근처 공원을 1시간 정도 산책했습니다.
- アパートから　学校(がっこう)まで　３０分(さんじゅっぷん)ぐらい　かかります。 2021-12회
  아파트에서 학교까지 30분 정도 걸립니다.

007 ～しか ~밖에(부정)

～しか　ありません ~밖에 없습니다

- お金(かね)が　すこししか　ありません。 돈이 조금밖에 없습니다.

～しか　～ません ~밖에 ~지 않습니다

- おいしい　ものしか　食(た)べません。 맛있는 것밖에 먹지 않습니다.

008 ～だけ ~만

한정·최저 한도 ~만

- 男(おとこ)の子(こ)が　一人(ひとり)だけ　います。 남자아이가 한 명만 있습니다.
- くだものだけ　食(た)べました。 과일만 먹었습니다.

009 ～で

장소 ～에서

• わたしは　きのう　こうえんで　テニスを　しました。
나는 어제 공원에서 테니스를 쳤습니다.

• 作(つく)りかたを　何(なに)かで　만드는 법을 어딘가에서 2011-1회

• としょかんで　도서관에서 2015-2회

방법·도구·재료 등 ～(으)로

• わたしたちは　駅(えき)まで　バスで　行(い)きましょう。
우리는 역까지 버스로 갑시다.

• はしで　ごはんを　食(た)べます。 젓가락으로 밥을 먹습니다.

• 木(き)で　つくえを　つくります。 나무로 책상을 만듭니다.

• すしを　てで　たべます。 초밥을 손으로 먹습니다. 2018-2회

• 電車(でんしゃ)で　しごとに　行(い)きます。 전철로 일하러 갑니다. 2021-1회

• 米(こめ)で　作(つく)った　パン 쌀로 만든 빵 N4 2011-1회

이유 ～해서

• びょうきで　学校(がっこう)を　やすみました。
아파서 학교를 쉬었습니다.

수량＋で＋수량 ～에, ～해서

• この　くだものは　みっつで　１００円(ひゃくえん)です。
이 과일은 3개에 100엔입니다.

• わたしの　かぞくは、ぜんぶで　８人(はちにん)です。
우리 가족은 전부 해서 8명입니다.

기타

• びょういんへ　ひとりで　行(い)きました。 2011-1회
병원에 혼자서 갔습니다.

• じゃあ、これで　じゅぎょうを　おわりましょう。
그럼, 이걸로 수업을 끝냅시다.

• りょうりは　じぶんで　つくりますか。
요리는 스스로 만듭니까?

• りんごが　三(みっ)つで　２２００円(にせんにひゃくえん)でした。 2020-2회
사과가 3개에 2200엔이었습니다.

010 ～と

명사의 대등 접속 ～와/과

- つくえの　上に　本と　ノートが　あります。
  책상 위에 책과 노트가 있습니다.
- 弟と　妹　남동생과 여동생　2011-1회

동작의 공동(～と いっしょに(~와 함께)의 꼴로도 사용됨) ～와/과

- わたしは　おじいさんと　よく　さんぽを　します。
  나는 할아버지와 자주 산책을 합니다.
- 友だちと　いっしょに　えいがを　見ました。
  친구와 함께 영화를 봤습니다.

상대를 필요로 하는 동작의 상대 ～와/과

- しごとが　おわってから　駅で　友だちと　会います。
  일이 끝나고 나서 역에서 친구와 만납니다.
- ゆうべ　弟と　けんかを　しました。어젯밤 남동생과 싸움을 했습니다.
- 妹と　買い物を　します。여동생과 쇼핑을 합니다.　2018-2회
- やまださんと　いっしょに　야마타 씨와 함께　2021-2회

인용(～と 言う의 꼴로도 사용됨) ～라고

- わたくしは　山田と　もうします。
  저는 야마다라고 합니다.
- けさ、先生に　「おはようございます」と　言いました。
  오늘 아침 선생님께 '안녕하세요'라고 말했습니다.

011 ～など ～등

예시적 병렬 ～등

- つくえの　上に　本や　ノートなどが　あります。
  책상 위에 책이나 노트 등이 있습니다.
- うちの　近くには　スーパーや　本屋などが　あります。
  우리 집 근처에는 슈퍼랑 서점 등이 있습니다.
- とりにくの　カレーや　やさいの　カレーなどを　2018-2회
  닭고기 카레나 야채 카레 등을

012 ～に

장소·도달점 등 ～에, ～을/를

- ここに　日本語(にほんご)の　本(ほん)が　あります。여기에 일본어 책이 있습니다.
- こんばんは　7時(しちじ)ごろ　家(いえ)に　かえります。오늘 밤은 7시쯤 집에 돌아갑니다.
- 駅(えき)で　友(とも)だちに　会(あ)いました。역에서 친구를 만났습니다.
- かどを　右(みぎ)に　まがって　ください。모퉁이를 오른쪽으로 돌아 주세요. 2011-1회
- ～に　着(つ)く ～에 도착하다 2015-2회
- 上(うえ)に　います 위에 있습니다 2018-1회, 2022-2회
- きょうしつに　学生(がくせい)が　5人(ごにん)　います。교실에 학생이 5명 있습니다. 2011-1회

시간 ～에

- 毎朝(まいあさ)　5時(ごじ)に　おきて　さんぽを　します。매일 아침 5시에 일어나서 산책을 합니다.
- 6時(ろくじ)に　おきて 6시에 일어나서 2018-1회
- じゅぎょうは　ごご　4時(よじ)に　おわります。수업은 오후 4시에 끝납니다. 2020-1회
- 東京駅(とうきょうえき)に　１０時(じゅうじ)に　着(つ)きます。도쿄역에 10시에 도착합니다. 2020-2회

목적 ～하러

- 大学(だいがく)へ　べんきょうに　行(い)きます。대학에 공부하러 갑니다.
- ゆうびんきょくへ　きってを　かいに　行(い)きます。우체국에 우표를 사러 갑니다.
- わたしは　かぞくに　会(あ)いに　国(くに)に　かえって　母(はは)が　作(つく)った　りょうりを　たべました。나는 가족을 만나러 고향에 돌아가서 어머니가 만든 요리를 먹었습니다. 2018-1회
- 本(ほん)を　買(か)いに　行(い)きます。책을 사러 갑니다. 2022-1회

기간＋に＋횟수 ～에

- 1(いっ)しゅうかんに　3(さん)かい　べんきょうします。일주일에 3번 공부합니다.
- 1週間(いっしゅうかん)に　1回(いっかい) 일주일에 1번 2015-1회, 2022-2회
- 1日(いっにち)に　3回(さんかい) 하루에 3번 2018-1회

대상 ～에게

- わたしは　友(とも)だちに　電話(でんわ)を　しました。나는 친구에게 전화를 했습니다.
- わたしは　父(ちち)に　ネクタイを　あげます。나는 아버지께 넥타이를 드릴겁니다. 2017-2회

• 学校(がっこう)で　先生(せんせい)に　会(あ)いました。 학교에서 선생님을 만났습니다. 2021-2회

• さとうさんに　日本語(にほんご)を　ならって　います。 2022-1회
사토 씨에게 일본어를 배우고 있습니다.

013 격조사+は・も・の 등

격조사 で+は ~에서는

• ~では／~では ~에서는/~에서는 2015-2회

• でも、家(いえ)では　飲(の)みません。 하지만, 집에서는 마시지 않습니다.

격조사 に+は ~에는

• いすの　上(うえ)には　しんぶんが　あります。 의자 위에는 신문이 있습니다.

격조사 へ+は ~에는

• この　バスは　大学(だいがく)へは　行(い)きません。 이 버스는 대학교에는 가지 않습니다.

• 会社(かいしゃ)へは　何(なに)で　行(い)きますか。 회사에는 뭐로 갑니까? 2011-1회

격조사 と+は ~와는

• たなかさんとは　はなしましたが、すずきさんとは　はなしませんでした。
다나카 씨와는 이야기했지만, 스즈키 씨와는 이야기하지 않았습니다.

격조사 と+も ~와도

• きのうは　だれとも　あそびませんでした。 어제는 누구와도 놀지 않았습니다.

격조사 で+も ~에서도

• 家(いえ)でも　学校(がっこう)でも　よく　べんきょうします。 집에서도 학교에서도 잘 공부합니다.

• じぶんの　部屋(へや)でも　れんしゅうします。 2017-1회, 2022-2회
자기 방에서도 연습합니다.

격조사 に+も ~에게도, ~와도

• わたしは　いそがしいから、だれにも　あいません。
나는 바빠서 누구와도 만나지 않습니다.

격조사 へ+も ~에도

• ぎんこうへも　デパートへも　行(い)きませんでした。 은행에도 백화점에도 가지 않았습니다.

격조사 から+も ~에서도

• ドイツからも　学生(がくせい)が　来(き)ました。 독일에서도 학생이 왔습니다.

014 ～ね

동의 등을 구함 ～군요, ～네요

- きょうは　いい　天気(てんき)ですね。오늘은 좋은 날씨군요.

관용적인 용법 ～요

- そうですね、ちょっと　むずかしいですが、おもしろいです。
  글쎄요, 좀 어렵지만 재미있습니다.

015 ～の

2015년 제2회 시험, 2017년 제1회 시험, 2018년 제1회, 제2회 시험에서 출제되었고, 2014년 제2회 N4 시험에도 출제되었다.

명사 + の + 명사 ～의, 해석하지 않음

- これは　わたしの　本(ほん)です。이것은 제 책입니다.
- 日本(にほん)の　ラーメン 일본의 라면 / ギターの　れんしゅう 기타 연습 2011-1회
- これは　日本(にほん)の　ちずです。이것은 일본 지도입니다. 2020-1회
- 部屋(へや)の　そうじ 방 청소 2020-2회
- きのう　やまださんと　いっしょに　森(もり)さんの　家(いえ)に　行(い)きました。2021-1회
  어제 야마다 씨와 함께 모리 씨의 집에 갔습니다.
- 2(に)ひきの　ねこ 두 마리 고양이 2022-1회

명사 + の(뒷부분 명사의 생략) ～의 것

- その　かさは　わたしのです。그 우산은 제 것입니다.
- わたしのは　それです。제 것은 그것입니다.
- やまださんのですか 야마다 씨의 것입니까? 2011-1회
- カレーは　からいのが　多(おお)いです。카레는 매운 것이 많습니다. 2021-1회, 2023-2회
- 色(いろ)が　あかるいのは 색이 밝은 것은 2022-1회

연체수식절 내에서의 が → の의 교체 ～이/가

- 友(とも)だちの(が)　つくった　りょうりを　食(た)べました。친구가 만든 요리를 먹었습니다.

• けさ、せの(が)　たかい　ひとが　ここへ　来(き)ました。
오늘 아침 키가 큰 사람이 여기에 왔습니다.

• あの　目(め)の(が)　きれいな　かたは　どなたですか。 저 눈이 예쁜 분은 누구십니까?

016 ～は

서술상의 주제 ～은(는)

• わたしは　学生(がくせい)です。 나는 학생입니다.

• やまださんは　くつを　かいました。 야마다 씨는 신발을 샀습니다.

• えきの　ちかくの　本屋(ほんや)は 역 근처의 책방은 2011-1회

• 田中(たなか)さんは　きのう　どこかに　出(で)かけましたか。 2011-1회
다나카 씨는 어제 어딘가에 외출했습니까?

• これは　リーさんの　本(ほん)です。 이것은 리 씨의 책입니다. 2020-1회

목적어에 붙는 は ～은(는)

• テニスは　そとで　して　ください。 테니스는 밖에서 해 주세요.

부정과 함께 쓰는 は ～은(는)

• わたしは　おさけは　のみません。 나는 술은 안 마십니다.

• でも、いそがしい　日(ひ)は　しません。 하지만, 바쁜 날은 하지 않습니다. 2021-2회

は 의문사 ～은(는)

• それは　なんですか。 그것은 무엇입니까?

• 本(ほん)は　どこに　ありますか。 책은 어디에 있습니까?

대비 ～은(는)

• たなかさんは　行(い)きますが、すずきさんは　行(い)きません。 2023-2회
다나카 씨는 가지만, 스즈키 씨는 가지 않습니다.

017 ～へ

2015년 제1회 시험에서 출제되었다.

동작이 향하는 방향이나 장소 ～에

• わたしは　らいしゅう　ヨーロッパへ　行(い)きます。 나는 다음 주 유럽에 갑니다.

018 ～まで

2018년 제1회 시험에서 출제되었다.

장소 ～까지

- 大学(だいがく)まで　電車(でんしゃ)で　３０分(さんじゅっぷん)　かかります。
  대학까지 전철로 30분 걸립니다.
- しょくどうは　５時(ごじ)から　７時(しちじ)までです。
  식당은 5시부터 7시까지입니다.
- ここまでは　かんたんでしたが　여기까지는 간단했지만 2011-1회
- 学校(がっこう)まで　２０ぷん　かかります。 학교까지 20분 걸립니다. 2022-1회

019 ～も

병렬 ～도

- たなかさんが　来(き)ました。はやしさんも　来(き)ました。
  다나카 씨가 왔습니다. 하야시 씨도 왔습니다.
- 田中(たなか)さんも　来(き)て　ください。 다나카 씨도 와 주세요. 2011-1회
- 田中(たなか)さんも　食(た)べて　ください。 다나카 씨도 먹으세요. 2020-1회
- ねこや　犬(いぬ)の　しゃしんの　カレンダーも　ありました。 2023-2회
  고양이랑 개 사진 캘린더도 있었습니다.

～も～も ～도 ～도

- 本(ほん)も　ノートも　あります。 책도 노트도 있습니다.
- 中国語(ちゅうごくご)も　英語(えいご)も　話(はな)せます。 중국어도 영어도 말할 수 있습니다. N4 2011-1회

의문사＋も＋부정 ～도

- ここには　なにも　ありません。 여기에는 아무것도 없습니다.
- なにも　たべませんでした。 아무것도 먹지 못했습니다. 2018-1회
- きょうしつには　だれも　いません。 교실에는 아무도 없습니다.
- あしたは　どこへも　行(い)きません。 내일은 어디에도 가지 않습니다. 2018-2회, 2022-1회
- どちらも　もって　いません。 어느 쪽도 갖고 있지 않습니다. 2020-2회

020 ～や

2015년 제1회 N5 시험에서 출제되었다.

나열 ～랑

- はこの　中(なか)に　きってや　はがきが　あります。
  상자 속에 우표랑 엽서가 있습니다.
- うちの　ちかくには　スーパーや　ほんやなどが　あります。 2017-2회
  우리 집 근처에는 수퍼랑 책방 등이 있습니다.

021 ～を

목적어 ～을(를)

- わたしは　パンを　食(た)べます。 나는 빵을 먹습니다.
- きのう　こうえんを　さんぽしました。 2017-2회, 2020-1회, 2023-2회
  어제 공원을 산책했습니다.
- かおを　洗(あら)う。 얼굴을 씻다. 2018-1회
- 毎朝(まいあさ)　シャワーを　あびます。 매일 아침 샤워를 합니다. 2022-1회
- いろいろな　カレーを　つくります。 여러 가지 카레를 만듭니다. 2018-1회

기점·경로·경유지 등(명사 + を + 자동사) ～을(를)

- 7時(しちじ)に　いえを　出(で)ます。 7시에 집을 나갑니다.
- 毎朝(まいあさ)、父(ちち)と　こうえんを　歩(ある)きます。
  매일 아침 아버지와 공원을 걷습니다.
- この　バスは　びょういんの　まえを　とおります。
  이 버스는 병원 앞을 지나갑니다.
- はしを　わたって　右(みぎ)に　まがって　ください。 2018-2회
  다리를 건너 오른쪽으로 돌아 주세요.
- つぎの　しんごうを　右(みぎ)に　まがって　ください。 2020-2회
  다음 신호를 오른쪽으로 돌아 주세요.
- 何時(なんじ)に　いえを　出(で)ますか。 몇 시에 집을 나갑니까? 2021-1회

1 핵심문법 확인문제 001~021 / 26

もんだい１（　　）に 何を 入れますか。１・２・３・４から いちばん いい ものを 一つ えらんで ください。

1 日本（　　）古い えいがを 見ました。015

1 と　　2 も　　3 に　　4 の

2 あさ シャワー（　　）あびました。021

1 の　　2 が　　3 を　　4 から

3 お金が なかったから、何（　　）買いませんでした。019

1 も　　2 は　　3 を　　4 か

4 ドア（　　）あきませんでした。002

1 が　　2 を　　3 に　　4 へ

5 じてんしゃ（　　）かいものに 行きます。009

1 と　　2 で　　3 が　　4 に

6 母（　　）つくる サンドイッチは おいしいです。002

1 は　　2 を　　3 が　　4 で

7 きのう わたしは どこ（　　）でかけませんでした。013

1 でも　　2 へも　　3 で　　4 へ

8 きのう だれ（　　）いっしょに かえりましたか。010

1 で　　2 と　　3 を　　4 に

답 1④ 2③ 3① 4① 5② 6③ 7② 8②

9 その　本を　どこで　買った（　　　　）おぼえて　いますか。001

1 か　　2 を　　3 は　　4 の

10 高い　ケーキを（　　　　）買いました。008

1 ひとつを　しか　　2 ひとつを　だけ

3 ひとつしか　　4 ひとつだけ

11 いつ（　　　　）また　日本へ　来たいです。001

1 の　　2 は　　3 か　　4 に

12 A「きょうは　天気が　いいから、（　　　　）行きましょう。」001

B「そうですね。海の　ほうへ　行きましょう。」

1 なにで　　2 なにかで　　3 どこへも　　4 どこかへ

13 駅で　友だちを　1時間（　　　　）まちました。006

1 で　　2 ごろ　　3 ぐらい　　4 など

14 わたしは　かぞく（　　　　）てがみを　もらいました。005

1 まで　　2 から　　3 では　　4 など

15 ゆうびんきょくは、レストランの　右です（　　　　）、左です（　　　　）。003

1 か / か　　2 よ / よ　　3 が / が　　4 ね / ね

16 かぜ（　　　　）学校を　休みました。009

1 は　　2 や　　3 も　　4 で

답 9① 10④ 11③ 12④ 13③ 14② 15① 16④

もんだい２ ＿★＿ に 入(はい)る ものは どれですか。１・２・３・４から いちばん いい ものを 一(ひと)つ えらんで ください。

17 この ＿＿＿ ＿★＿ ＿＿＿ ＿＿＿ いますか。012

1 りゅうがくせい　2 大学(だいがく)　3 が　4 に

18 先生(せんせい) ＿＿＿ ＿＿＿ ＿★＿ ＿＿＿、しって いますか。001

1 来(く)る　2 いつ　3 が　4 か

19 今(いま) ＿＿＿ ＿＿＿ ＿★＿ ＿＿＿が、はしが できたので べんりに なった。018

1 は　2 わたって いた　3 ふねで　4 まで

20 A「しゅくだいを しましたか。」021

B「いいえ、きのう 学校(がっこう) ＿＿＿ ＿＿＿ ＿★＿ ＿＿＿ できませんでした。」

1 わすれたから　2 を　3 に　4 本(ほん)

21 A「そこに じしょが ありますか。」012

B「いいえ、 ＿＿＿ ＿★＿ ＿＿＿ ＿＿＿ ありません。

1 ここ　2 ざっし　3 しか　4 には

답 17 ④(2413) 18 ①(3214) 19 ③(4132) 20 ②(3421) 21 ④(1423)

もんだい３ ［22］ から ［26］ に 何(なに)を 入(い)れますか。ぶんしょうの いみを かんがえて １・２・３・４から いちばん いい ものを 一(ひと)つ えらんで ください。

ジョンさんは あした じこしょうかいを します。ジョンさんは じこしょうかいの ぶんしょうを 書きました。

はじめまして。ジョン・スミスです。アメリカから ［22］。わたしは 日本語学校(にほんごがっこう)の 学生(がくせい)です。わたしは まいあさ １０時(じ)に 学校に 来ます。ごぜん ［23］ は 学校で 日本語を べんきょうします。ごごは 学校の ちかくに ある レストラン ［24］ アルバイトを します。わたしの アパートは 学校の となりに あります。ひるは たいへん ［25］。かぞくは ニューヨークの ちかくに います。りょうしんと おとうとが います。わたしは あと ３年間(ねんかん) 日本に います。みなさん ［26］ よろしく おねがいします。

22

1 行(い)きます　　2 行(い)きました　　3 来(き)ます　　4 来(き)ました

23

1 じゅう　　2 とき　　3 ちゅう　　4 など

24

1 が　　2 へ　　3 に　　4 で

답 22④ 23③ 24④

25

1 けっこうです　　2 にぎやかです
3 だいじょうぶです　　4 じょうずです

26

1 どうぞ　　2 どうも　　3 ちょっと　　4 ちょうど

핵심문법 다시보기

～から N5 005	～에서	アメリカから 미국에서 (3行)
～は N5 016	～은/는	わたしは 저는 (3行)
～の N5 015	～의	日本語学校(にほんごがっこう)の　学生(がくせい) 일본어 학교의 학생 (4行)
～に N5 012	～에 〈시간〉	１０時(じゅうじ)に 10시에 (4行)
～で N5 009	～에서 〈장소〉	学校(がっこう)で 학교에서 (5行)
～を N5 021	～을/를	日本語(にほんご)を 일본어를 (5行)
～と N5 010	～와/과	りょうしんと　おとうと 부모님과 남동생 (8行)
～が N5 002	～이/가	おとうとが　います 남동생이 있습니다 (8行)
인사말 N5 093		どうぞ　よろしく　おねがいします 아무쪼록 잘 부탁 드립니다 (9行)

답 25 ② 26 ①

2 핵심문법 확인문제 001~021 / 26

もんだい１ （　　　）に 何を 入れますか。１・２・３・４から いちばん いい ものを 一(ひと)つ えらんで ください。

1 きょねん　しごとで　外国(がいこく)（　　　　）　行(い)きました。017

1　で　　2　と　　3　へ　　4　を

2 学校(がっこう)の　そば（　　　　）　ゆうびんきょくが　あります。012

1　に　　2　で　　3　と　　4　が

3 うち（　　　　）会社(かいしゃ)まで　３０分(ぷん)です。005

1　にも　　2　から　　3　へ　　4　で

4 ごはんも　パン（　　　　）　よく　食(た)べます。019

1　を　　2　が　　3　に　　4　も

5 びょういんへ　ひとり（　　　　）　行(い)きました。009

1　で　　2　か　　3　へ　　4　を

6 この　耳(みみ)（　　　　）　大(おお)きい　どうぶつは　何(なん)ですか。015

1　と　　2　を　　3　に　　4　の

7 あには　せ（　　　　）　高(たか)いです。002

1　を　　2　へ　　3　が　　4　に

8 もしもし、すみません（　　　　）、山下(やました)さんを　おねがいします。002

1　から　　2　と　　3　か　　4　が

답 1③ 2① 3② 4④ 5① 6④ 7③ 8④

9 きょう（　　　　）　あした、いっしょに　ごはんを　食べませんか。001

1　だけ　　2　まで　　3　が　　4　か

10 この　へんは　なつは　すずしくて、ふゆ（　　　　）　あたたかいです。016

1　の　　2　は　　3　で　　4　を

11 ノートは　５さつ（　　　　）　３００円です。009

1　を　　2　で　　3　に　　4　と

12 あそびに　行きましょう。（　　　　）　いいですか。002

1　何か　　2　いつは　　3　どこが　　4　いかが

13 あした　雨が　ふるか　ふらない（　　　　）　わかりません。004

1　か　　2　が　　3　も　　4　は

14 車の　中に　かぎ（　　　　）　わすれました。021

1　が　　2　を　　3　に　　4　で

15 A「その　大きい　かばんは　だれのですか。」015

B「（　　　　）。」

1　大きい　かばんです　　2　この　人は　山田さんです

3　これは　大きいです　　4　山田さんのです

16 きょうは　いい　（　　　　）から、せんたくしましょう。005

1　天気だ　　2　天気の　　3　天気な　　4　天気で

답 9 ④　10 ②　11 ②　12 ③　13 ①　14 ②　15 ④　16 ①

もんだい2 ＿★＿ に 入る ものは どれですか。1・2・3・4から いちばん いい ものを 一つ えらんで ください。

17 A「あしたも ひとりで 来ますか。」010
B「いいえ、あした ＿＿ ＿＿ ＿★＿ ＿＿ 。」
1 友だち　2 は　3 来ます　4 と

18 としょかんで 3時間 べんきょうしました。＿＿ ＿＿ ＿★＿ ＿＿ でした。013
1 うち　2 しません　3 では　4 でも

19 ＿＿ ＿★＿ ＿＿ ＿＿ いつも わたしが します。015
1 トイレ　2 の　3 そうじ　4 は

20 A「ぜんぶ すてましたか。」008
B「いいえ、＿＿ ＿＿ ＿★＿ ＿＿ すてました。」
1 だけ　2 なった　3 もの　4 ふるく

21 A「＿＿ ＿＿ ＿★＿ ＿＿ ですか。」002
B「あの おとこの人です。」
1 人　2 山田さん　3 が　4 どの

답 17 ④(2143) 18 ③(4132) 19 ②(1234) 20 ③(4231) 21 ③(4132)

もんだい3 [22] から [26] に 何を 入れますか。ぶんしょうの いみを かんがえて 1・2・3・4から いちばん いい ものを 一つ えらんで ください。

下に ふたつの ぶんしょうが あります。

(1)

わたしは けさ はやく おきて、さんぽに 行きました。[22] 、３０分ぐらい あるいて、こうえんに つきました。しずかで きれいな こうえんでした。ほそい みちが 小さい いけの まえまで あります。いけの そば [23] おんなのこが ひとりで しずかに えを かいて いました。

(2)

きょうは あさから あめが [24] 。きのうは はれて いました。一日 [25] 天気が よかったです。おとといは [26] 天気が よく ありませんでした。あさから くもって いました。

22

1 では　　2 そして　　3 でも　　4 だから

23

1 とは　　2 がは　　3 では　　4 には

24

1 ふったからです　　2 ふるからです

3 ふって あります　　4 ふって います

답 22 ② 23 ③ 24 ④

25

1 じゅう　　2 まで　　3 ごろ　　4 から

26

1 よく　　2 とても　　3 あまり　　4 たくさん

핵심문법 다시보기

～は N5 016 ～은/는	わたしは 저는 (3行)
～に N5 012 ～하러〈목적〉	さんぽに　行(い)きました 산책하러 갔습니다 (3行)
～ぐらい N5 006 ～정도	３０分(ぷん)ぐらい 30분 정도 (3行)
～が N5 002 ～이/가	ほそい　みちが 좁은 길이 (5行)
～の N5 015 ～의, 해석 없음	いけの　まえ 연못 앞 (5行)
～まで N5 018 ～까지	まえまで 앞까지 (5行)
격조사 で+は N5 013 ～에서는	いけの　そばでは 연못 옆에서는 (5行)
～で N5 009 기타	ひとりで 혼자서 (6行)
～を N5 021 ～을/를	えを　かいて　いました 그림을 그리고 있었습니다 (6行)
～から N5 005 ～부터〈시간〉	あさから 아침부터 (8行)
～じゅう N5 059 ～내내	一日(いちにち)じゅう 하루 종일 (9行)

답 25 ①　26 ③

2 い형용사

い형용사의 8가지 기본 패턴

구분		긍정	부정
현재형	정중체	いたいです 아픕니다	いたく ないです 아프지 않습니다 ありません
	보통체	いたい 아프다	いたく ない 아프지 않다
과거형	정중체	いたかったです 아팠습니다	いたく なかったです 아프지 않았습니다 ありませんでした
	보통체	いたかった 아팠다	いたく なかった 아프지 않았다

※ い형용사의 사전형은 ～い로 끝난다. 그리고 일본의 학교 문법에서는 그냥 형용사라고 칭하고 있다. 일부 학자는 제1형용사라고 칭하기도 한다.

※ い형 은 기본적으로 い형용사의 어간을 가리킨다.

022 사전형＋です / い형 く ないです(く ありません)

～합니다/하지 않습니다

- この 本(ほん)は おもしろいです。
  이 책은 재미있습니다.
- その へやは ひろく ないです。
  그 방은 넓지 않습니다.
- その へやは ひろく ありません。
  그 방은 넓지 않습니다.

023 い형 かったです / く なかったです (く ありませんでした) ~했습니다/하지 않았습니다

- きのうは　あたたかかったです。
  어제는 따뜻했습니다.
- きのうは　さむく　なかったです。 2022-2회
  어제는 춥지 않았습니다.
- きのうは　さむく　ありませんでした。
  어제는 춥지 않았습니다.

024 사전형 / い형 く ない ~하다/하지 않다

- この　本(ほん)は　おもしろい。
  이 책은 재미있다.
- その　へやは　ひろく　ない。
  그 방은 넓지 않다.

025 い형 かった / く なかった ~했다/하지 않았다

- きのうは　あたたかかった。
  어제는 따뜻했다.
- きのうは　さむく　なかった。
  어제는 춥지 않았다.

026 い형 くて ~하고, ~해서

단순 연결 ~하고

- この　くだものは　あまくて　おいしいです。
  이 과일은 달고 맛있습니다.
- もっと　小(ちい)さくて　色(いろ)が　明(あか)るいのは　ありませんか。 2013-1회
  좀 더 작고 색이 밝은 것은 없습니까?
- この　かばんは　かるくて　じょうぶだから 2021-2회
  이 가방은 가볍고 튼튼하니까

원인·이유 ~해서

- おかねが　なくて、こまって　います。
  돈이 없어서 어려움을 겪고 있습니다.

027 い형 く＋ 동사 ~하게

- わたしは　毎日(まいにち)　はやく　おきます。
  나는 매일 일찍 일어납니다.

028 사전형＋ 명사 ~한

- これは　おもしろい　本(ほん)です。
  이것은 재미있는 책입니다.

029 사전형＋の ~한 것

- 大(おお)きいのは　いくらですか。
  큰 것은 얼마입니까?

3 な형용사

な형용사의 8가지 기본 패턴

구분		긍정	부정
현재형	정중체	しずかです 조용합니다	しずかでは　ありません 조용하지 않습니다 ないです
	보통체	しずかだ 조용하다	しずかでは　ない 조용하지 않다
과거형	정중체	しずかでした 조용했습니다	しずかでは　ありませんでした なかったです 조용하지 않았습니다
	보통체	しずかだった 조용했다	しずかでは　なかった 조용하지 않았다

※ な형용사의 사전형은 ~だ가 없는 명사 꼴이다. 「な형용사＋な＋명사」의 형태에서, 대부분의 명사 앞에 な가 붙는 현상에서 な형용사라는 명칭이 생겼다. 이 책에서는 な형용사라는 명칭을 채택하였다. 그리고 일본의 학교 문법에서는 형용동사라고 칭하고 있다. 일부 학자는 명사처럼 활용하므로 형용명사라고 칭하거나 제2형용사라고 칭한다.

※ **な형** 은 기본적으로 な형용사의 어간을 가리킨다.

030 な형 です / では(じゃ)　ありません ~합니다/하지 않습니다

- この　へやは　しずかです。
  이 방은 조용합니다.
- あの　人(ひと)の　うたは　じょうずでは　ありません。
  저 사람의 노래는 훌륭하지 않습니다.

031 な형 でした / では(じゃ)　ありませんでした ~했습니다/하지 않았습니다

- その　こうえんは　とても　きれいでした。
  그 공원은 매우 깨끗했습니다.
- あの　人(ひと)は　げんきでは　ありませんでした。
  저 사람은 건강하지 않았습니다.

032 な형 だ / では(じゃ) ない ~하다/하지 않다

- この　へやは　しずかだ。
  이 방은 조용하다.
- あの　人(ひと)の　うたは　じょうずでは　ない。
  저 사람의 노래는 훌륭하지 않다.

033 な형 だった / では(じゃ) なかった ~했다/하지 않았다

- その　こうえんは　とても　きれいだった。
  그 공원은 매우 깨끗했다.
- あの　人(ひと)は　げんきでは　なかった。
  저 사람은 건강하지 않았다.

034 な형 で ~하고

- あの　こうえんは　きれいで、大(おお)きいです。
  저 공원은 깨끗하고 큽니다.
- いろが　きれいで、大(おお)きい　かばんです。 2017-1회
  색이 예쁘고 큰 가방입니다.

035 な형 に + 동사 ~하게

- あの　人(ひと)は　字(じ)を　じょうずに　かきます。
  저 사람은 글씨를 능숙하게 씁니다.

036 な형 な＋ 명사 ~한

• これは　しずかな　へやです。
이것은 조용한 방입니다.

037 な형 なの ~한 것, ~하는 것

• きれいなのを　かいました。 깨끗한 것을 샀습니다.

• いちばん　すきなのは　すしです。 2012-2회, 2020-2회
가장 좋아하는 것은 초밥입니다.

• いちばん　ゆうめいなのは 가장 유명한 것은 2017-2회

4 동사

동사의 8가지 기본 패턴

구분		긍정	부정
현재형	정중체	バスに　のります 버스를 탑니다	バスに　のりません 버스를 타지 않습니다
	보통체	バスに　のる 버스를 탄다	バスに　のらない 버스를 타지 않는다
과거형	정중체	バスに　のりました 버스를 탔습니다	バスに　のりませんでした 버스를 타지 않았습니다
	보통체	バスに　のった 버스를 탔다	バスに　のらなかった 버스를 타지 않았다

※ 동사의 종류는 3가지가 있다. 학자에 따라 사용하는 명칭이 다르기도 하지만, 이 책에서는 1그룹동사, 2그룹동사, 3그룹동사라는 명칭을 채택하였다(5단동사, 1단동사, 변격동사라고 하기도 한다).

동사의 종류

1그룹동사	기본형의 어미가 다섯 단(段)에 걸쳐 변화하는 동사 예 あう (만나다)　かく (쓰다)　はなす (이야기하다) まつ (기다리다)　しぬ (죽다)　あそぶ (놀다) よむ (읽다)　のる (타다)　およぐ (헤엄치다)
2그룹동사	기본형이 항상 る로 끝나고 る 바로 앞에 오는 음이 イ단이나 エ단인 동사 예 おきる (일어나다)　みる (보다)　おりる (내리다) あける (열다)　ねる (자다)　たべる (먹다) いれる (넣다)
3그룹동사	불규칙적으로 변화하는 동사로 두 개밖에 없다. 예 くる (오다)　する (하다)

038 동사 ます형 ＋ます / ません ~합니다/하지 않습니다

• わたしは　毎日(まいにち)　本(ほん)を　よみます。 나는 매일 책을 읽습니다.

• あの　人(ひと)は　テレビを　みません。 저 사람은 텔레비전을 보지 않습니다.

• すみません、私(わたし)は　家(いえ)に　帰(かえ)ってから　します。 2012-2회
미안합니다, 저는 집에 돌아가고 나서 하겠습니다.

• いつも　朝(あさ)　6時(ろくじ)に　起(お)きて　1人(ひとり)で　さんぽします。 2013-1회
항상 아침 6시에 일어나서 혼자서 산책합니다.

• 今(いま)は　ぜんぜん　聞(き)きません。 지금은 전혀 듣지 않습니다. 2020-2회

• あまり　カレーを　食(た)べません。 별로 카레를 먹지 않습니다. 2021-1회

동사의 종류

1그룹동사	기본형의 어미 ウ단을 イ단으로 바꾸고 ます를 붙인다. 예 会(あ)う → あい－ます (만납니다) 書(か)く → かき－ます (씁니다)
2그룹동사	기본형의 어미 る를 없애고 ます를 붙인다. 예 見(み)る → み－ます (봅니다) 食(た)べる → たべ－ます (먹습니다)
3그룹동사	くる는 き로 바꾸고 ます를 붙인다. 예 くる → き－ます (옵니다) する는 し로 바꾸고 ます를 붙인다. 예 する → し－ます (합니다)

참고 1 くださる(주시다), おっしゃる(말씀하시다), いらっしゃる(계시다), なさる(하시다), ござる(있다)의 ます형은 くださいます, おっしゃいます, いらっしゃいます, なさいます, ございます이다.

참고 2 ます형에는 ~たい(~하고 싶다)[N5 061], ~ながら(~하면서)[N5 071], ~やすい(~하기 쉽다)[N4 106], ~にくい(~하기 어렵다)[N4 093], ~そうだ(~할 것 같다)[N4 050] 등이 붙는다.

039 동사 ます형 ＋ました / ませんでした ~했습니다/하지 않았습니다

• わたしは　花(はな)を　かいました。 나는 꽃을 샀습니다.

• けさ　わたしは　ごはんを　たべませんでした。 오늘 아침 나는 밥을 먹지 않았습니다.

• あまり　ふりませんでした。 별로 내리지 않았습니다. 2011-1회

040 동사 사전형 / 동사 ない형+ない ~하다/하지 않다

- わたしは　毎日(まいにち)　本(ほん)を　よむ。 나는 매일 책을 읽는다.
- あの　人(ひと)は　テレビを　みない。 저 사람은 텔레비전을 보지 않는다.

동사의 ない형

1그룹동사	기본형의 어미 ウ단을 ア단으로 바꾸고 ない를 붙인다. 예 会(あ)う (만나다)* → あわ－ない (만나지 않다)　書(か)く (쓰다) → かか－ない (쓰지 않다) * 어미가 ～う로 끝나는 동사의 ない형은 「～あ－ない」가 아니라 「～わ－ない」가 된다.
2그룹동사	기본형의 어미 る를 없애고 ない를 붙인다. 예 見(み)る (보다) → み－ない (보지 않다)　食(た)べる (먹다) → たべ－ない (먹지 않다)
3그룹동사	くる는 こ로 바꾸고 ない를 붙인다. 예 くる (오다) → こ－ない (오지 않다) する는 し로 바꾸고 ない를 붙인다. 예 する (하다) → し－ない (하지 않다)

참고 ない형에는 ない 외에도 사역의 조동사 ～(さ)せる[N4 049], 수동·존경·자발·가능을 나타내는 조동사 ～(ら)れる[N4 112] 등이 붙는다.

041 동사 음편형+た / 동사 ない형+なかった ~했다/~하지 않았다

- わたしは　花(はな)を　かった。 나는 꽃을 샀다.
- けさ　わたしは　ごはんを　たべなかった。 오늘 아침 나는 밥을 먹지 않았다.

동사의 음편형

음편(音便)이란, 1그룹동사의 연용형에 ～て(~하고, ~해서), ～た(~했다, ~한), ～たり(~하기도 하고)가 이어질 때 발음을 쉽고 자연스럽게 하기 위해서 일어나는 음(音)의 변화 현상을 말한다.

❶ **イ음편**

기본형의 어미가 ～く, ～ぐ로 끝나는 1그룹동사의 ます형에 ～て, ～た, ～たり가 이어질 때, ～き, ～ぎ가 ～い로 변하는 것을 말한다. (단, 行く는 촉음편이 됨)

예 書(か)く → かき－ます (씁니다)
かい－て (쓰고, 쓰며, 써서)
かい－た (썼다, 쓴)
かい－たり (쓰기도 하고)

脱(ぬ)ぐ → ぬぎ－ます (벗습니다)
ぬい－で (벗고, 벗으며, 벗어서)
ぬい－だ (벗었다, 벗은)
ぬい－だり (벗기도 하고)

참고 ～ぎ에 ～て, ～た, ～たり가 이어질 때는 탁점(゛)이 붙어 ～で, ～だ, ～だり가 된다.

❷ 촉음편(促音便) 또는 つまる음편

기본형의 어미가 ~う, ~つ, ~る로 끝나는 1그룹동사의 연용형 어미 ~い, ~ち, ~り에 ~て, ~た, ~たり가 이어질 때, ~い, ~ち, ~り가 ~っ(촉음)으로 변하는 것을 말한다.

예 会う → あいます (만납니다)
あって (만나고, 만나며, 만나서)
あった (만났다, 만난)
あったり (만나기도 하고)

待つ → まちます (기다립니다)
まって (기다리고, 기다리며, 기다려서)
まった (기다렸다, 기다린)
まったり (기다리기도 하고)

乗る → のります(탑니다)
のって(타고, 타며, 타서)
のった(탔다, 탄)
のったり(타기도 하고)

예외 동사 行[い]く(가다)는 공식상으로 イ음편에 속해야 하지만, 예외적으로 촉음편에 속한다.

行く → いきます (갑니다)
いって (가고, 가며, 가서)
いった (갔다, 간)
いったり (가기도 하고)

❸ 발음편(撥音便) 또는 はねる음편

기본형의 어미가 ~ぬ, ~ぶ, ~む로 끝나는 1그룹동사의 연용형 어미 ~に, ~び, ~み에 ~て, ~た, ~たり가 이어질 때, ~に, ~び, ~み가 ~ん으로 변하는 것을 말한다.

예 死ぬ → しにます (죽습니다)
しんで (죽고, 죽으며, 죽어서)
しんだ (죽었다, 죽은)
しんだり (죽기도 하고)

呼ぶ → よびます (부릅니다)
よんで (부르고, 부르며, 불러서)
よんだ (불렀다, 부른)
よんだり (부르기도 하고)

読む → よみます (읽습니다)
よんで (읽고, 읽으며, 읽어서)
よんだ (읽었다, 읽은)
よんだり (읽기도 하고)

참고 1 발음편에서는 ~て, ~た, ~たり가 ~で, ~だ, ~だり가 된다.

참고 2 1그룹동사 중에서 기본형의 어미가 ~す로 끝나는 동사와 2그룹동사, 그리고 3그룹동사에서는 음편이 일어나지 않으므로, ます형에 ~て, ~た, ~たり를 붙이면 된다.

예 話す → はなします (이야기합니다)
はなして (이야기하고, 이야기하며)
はなした (이야기했다, 이야기한)
はなしたり (이야기하기도 하고)

する → します (합니다)
して (하고, 하며, 해서)
した (했다, 한)
したり (하기도 하고)

042 자동사 / 타동사

- まどが　あく。 창문이 열리다.
- まどを　あける。 창문을 열다.

자동사 / 타동사

자동사	타동사
きえる　사라지다	けす　끄다
ならぶ　늘어서다	ならべる　늘어놓다
はじまる　시작되다	はじめる　시작하다

043 수수동사 やる / あげる / もらう / くれる

수수동사는 N5에서 4개만 알고 있으면 된다. やる는 '(손아랫사람에게) 주다', あげる는 '(내가 남에게) 주다, 드리다', もらう는 '받다', くれる는 '(남이 나에게) 주다'의 의미를 갖고 있다.

- わたしは　まごに　おかしを　やった。 나는 손자에게 과자를 주었다.
- この　本(ほん)、やまださんに　あげます。 이 책 야마다 씨에게 줍니다. 2023-2회
- わたしは　ともだちに　チョコレートを　たくさん　もらいました。
  나는 친구에게 초콜릿을 많이 받았습니다.
- クラスの　せいとたちが　この　ネクタイを　くれました。
  반 학생들이 이 넥타이를 주었습니다.
- 兄(あに)に　もらった　ぼうしを　まいにち　かぶって　います。 2013-2회
  형(오빠)에게 받은 모자를 매일 쓰고 있습니다.
- たんじょうびに　そふが　くれた　カメラ 생일 선물로 할아버지가 준 카메라 2019-1회
- たんじょうびに　ははに　もらいました。 생일 선물로 어머니에게 받았습니다. 2020-1회
- あしたは　やまださんの　たんじょうびですね。なにを　あげますか。 2021-2회
  내일은 야마다 씨의 생일입니다. 무엇을 줄까요?
- わたしに　とけいを　くれました。 나에게 시계를 주었습니다. 2022-1회

044 동사 음편형＋て ~해서

단순 접속

• あさ　おきて、しんぶんを　よみます。 아침에 일어나서 신문을 읽습니다.

부사적으로 방법 등을 서술함

• この　本(ほん)を　つかって　べんきょうします。 이 책을 사용해서 공부합니다.

이유

• かぜを　ひいて、学校(がっこう)を　やすみました。 감기에 걸려서 학교를 쉬었습니다.

045 동사 음편형＋て ある ~해져 있다

• こくばんに　字(じ)が　かいて　あります。 칠판에 글자가 쓰여져 있습니다.

046 동사 음편형＋て いる

(타동사) て　いる ~하고 있다 (진행)

• わたしは　いま　本(ほん)を　よんで　います。 나는 지금 책을 읽고 있습니다.

• 小(ち い)さな　魚(さかな)が　たくさん　およいで　います。 2011-1회
작은 물고기가 많이 헤엄치고 있습니다.

(자동사) て　いる ~되어 있다 (상태)

• まどが　しまって　います。 창문이 닫혀 있습니다.

047 동사 ない형＋ないで ~하지 않고

• けさ　わたしは　ごはんを　たべないで　学校(がっこう)へ　来(き)ました。
오늘 아침 나는 밥을 먹지 않고 학교에 왔습니다.

4 명사

명사의 8가지 기본 패턴

구분		긍정	부정
현재형	정중체	ゆめです 꿈입니다	ゆめでは　ありません 꿈이 아닙니다 ないです
	보통체	ゆめだ 꿈이다	ゆめでは　ない 꿈이 아니다
과거형	정중체	ゆめでした 꿈이었습니다	ゆめでは　ありませんでした 꿈이 아니었습니다 なかったです
	보통체	ゆめだった 꿈이었다	ゆめでは　なかった 꿈이 아니었다

※ 명사의 사전형은 ~だ가 없는 꼴이다. 명사의 활용은 대부분 な형용사와 같다.

048 명사 です / では(しゃ) ありません ~입니다/이 아닙니다

- わたしは　学生(がくせい)です。
  나는 학생입니다.
- わたしは　日本人(にほんじん)では　ありません。
  나는 일본인이 아닙니다.

049 명사 でした / では(しゃ) ありませんでした ~었습니다/이 아니었습니다

- きのうは　日(にち)よう日(び)でした。
  어제는 일요일이었습니다.
- きのうは　とても　いい　天気(てんき)でした。 2018-2회
  어제는 무척 좋은 날씨였습니다.
- きのうは　休(やす)みでは　ありませんでした。
  어제는 휴일이 아니었습니다.

050 명사 だ / では(じゃ) ない ~다 / 이 아니다

- わたしは　学生(がくせい)だ。 나는 학생이다.
- わたしは　日本人(にほんじん)では　ない。 나는 일본인이 아니다.
- 林(はやし)さんの　たんじょうびは　きょうでは　なくて　らいげつですよ。 2018-2회
  하야시 씨의 생일은 오늘이 아니고 다음 달이에요.
- きょうでは　なくて　あさってですよ。 2020-2회
  오늘이 아니고 모레입니다.

051 명사 だった / では(じゃ) なかった ~었다/이 아니었다

- きのうは　日(にち)よう日(び)だった。
  어제는 일요일이었다.
- きのうは　休(やす)みでは　なかった。
  어제는 휴일이 아니었다.

052 명사 で ~이고, ~이며

- これは　りんごで、それは　みかんです。
  이것은 사과이고, 그것은 귤입니다.
- りゅうがくせいで、げんきな　人(ひと)です。 2017-2회
  유학생이고 건강한 사람입니다.
- あにの　しゅみは　ギターで 2018-2회
  형(오빠)의 취미는 기타이고
- わたしの　あには　大学生(だいがくせい)で 2020-2회
  우리 형(오빠)는 대학생이고
- わたしは　28さいで　ぎんこうに　はたらいて　います。 2023-2회
  나는 28살이고 은행에서 일하고 있습니다.

もんだい１ （　　　）に 何を 入れますか。１・２・３・４から いちばん いい ものを 一つ えらんで ください。

1 わたしの　へやは（　　　　）です。030

1 きれいでは ない　　2 きれいく ない
3 きれいだ ない　　4 きれい ない

2 きのうは（　　　　）。023

1 あたたかく ないでした　　2 あたたかく ありませんでした
3 あたたかいでは ないでした　　4 あたたかいでは なかったです

3 かんじの　テストは（　　　　）と　みんな　言って　いました。033

1 たいへんかった　　2 たいへん なかった
3 たいへんだった　　4 たいへんく なかった

4 あの　ビルは　エレベーターが（　　　　）ふべんです。026

1 なくて　　2 ないで　　3 なくで　　4 ないて

5 ボールペンで（　　　　）、えんぴつで　書きます。047

1 書きないで　　2 書かないで　　3 書きなくて　　4 書かなくて

6 きのうは　天気が（　　　　）。023

1 いいでした　　2 いかったです　　3 よかったでした　　4 よかったです

7 この　まちで　いちばん　にぎやか（　　　　）この　へんです。037

1 なのは　　2 ので　　3 が　　4 では

8 この　くつは（　　　　）とても　いいです。034

1 じょうぶな　　2 じょうぶの　　3 じょうぶに　　4 じょうぶで

답 1① 2② 3③ 4① 5② 6④ 7① 8④

9 わたしは　もっと（　　　　）テープレコーダーが　ほしいです。028

1 小さく　2 小さくて　3 小さい　4 小さいの

10 あさは　いそがしくて　しんぶんは（　　　　）。040

1 読んだ　2 読みた　3 読まない　4 読みない

11 かぎは（　　　　）のを　二つ　買いました。037

1 じょうぶ　2 じょうぶな　3 じょうぶだ　4 じょうぶで

12 きのうの　よるは　6時に（　　　　）、ごはんを　つくりました。044

1 かえる　2 かえった　3 かえって　4 かえったり

13 そこの　つくえに　ボールペンが（　　　　）。045

1 おいて　います　2 おいて　あります

3 おきます　4 おきて　あります

14 スポーツは（　　　　）からだに　いいです。026

1 たのしくて　2 たのしで　3 たのしいく　4 たのしいくて

15 A「コーヒー、もう　いっぱい　いかがですか。」046

B「いいえ、けっこうです。まだ　入って（　　　　）から。」

1 ありません　2 あります　3 いません　4 います

16 A「テレビを　よく　見ますか。」038

B「そうですね、毎日は（　　　　）。」

1 見ます　2 見ないでした　3 見ました　4 見ません

답 9③ 10③ 11② 12③ 13② 14① 15④ 16④

もんだい２ ＿＿★＿＿ に 入(はい)る ものは どれですか。１・２・３・４から いちばん いい ものを 一(ひと)つ えらんで ください。

17 山田(やまだ) 「クリスさん、日本(にほん)りょうりの レストランは はじめてですか。」048
クリス 「いいえ、＿＿＿ ＿＿＿ ＿★＿ ＿＿＿ 。名前(なまえ)は わすれましたが、先週(せんしゅう) 行(い)きました。」
1 は　2 はじめて　3 ありません　4 で

18 まどを あけないで ください。きょうは ＿＿＿ ＿＿＿ ＿★＿ ＿＿＿ です。022
1 かぜ　2 から　3 が　4 つよい

19 あなたは いま、おかね ＿＿＿ ＿＿＿ ＿★＿ ＿＿＿ 。046
1 もって　2 います　3 か　4 を

20 大(おお)きい じしょ ＿＿＿ ＿＿＿ ＿★＿ ＿＿＿ 、小(ちい)さい じしょは わたしの です。052
1 は　2 で　3 の　4 友(とも)だち

21 A「マリーさんの かさは どれですか。」029
B「あれです。 ＿＿＿ ＿★＿ ＿＿＿ ＿＿＿ 。」
1 あかい　2 の　3 あの　4 です

답 17 ①(2413) 18 ④(1342) 19 ②(4123) 20 ③(1432) 21 ①(3124)

もんだい3　[22]　から　[26]　に　何(なに)を　入(い)れますか。ぶんしょうの　いみを　かんがえて　1・2・3・4から　いちばん　いい　ものを　一(ひと)つ　えらんで　ください。

下(した)に　ふたつの　ぶんしょうが　あります。

(1)

わたしは　おんがくが　すきです。でも、じぶんが　えらんだ　曲(きょく)じゃ　ないのを　[22]　。電車(でんしゃ)や　バスの　中(なか)、きっさてんで　すきじゃ　ない　おんがくは　[23]　。

(2)

わたしは　学校(がっこう)　[24]　行(い)く　とき、いつも　うちから　駅(えき)まで　じてんしゃで　行きます。せんしゅうの　月(げつ)よう日(び)の　ゆうがたは　あめが　ふったので、駅から　うちまで　あるいて　[25]　。つぎの　日(ひ)は　はれでしたが、じてんしゃが　駅に　あるので、うちから　駅まで　[26]　。

22

1　聞(き)くのは　すきです　　2　書(か)くのは　じょうずです
3　聞(き)くのは　いやです　　4　書(か)くのは　へたです

23

1　聞(き)きたがりたいです　　2　聞(き)きたく　ありません
3　聞(き)きたがります　　4　聞(き)きたがりません

답 22 ③　23 ②

24

1 へ　　2 の　　3 と　　4 か

25

1 かえるでしょう　　2 かえったでしょう

3 かえりましょう　　4 かえりました

26

1 バスで　行(い)きました　　2 じてんしゃで　来(き)ました

3 バスで　行(い)くでしょう　　4 じてんしゃで　来(く)るでしょう

핵심문법 다시보기

~(な형)です N5 030 ~합니다	おんがくが　すきです 음악을 좋아합니다 (3行)
~(명사)じゃない N5 050 ~이 아니다	曲(きょく)じゃ　ないのを 곡이 아닌 것을 (3行)
~(な형)じゃない N5 032 ~하지 않다	すきじゃ　ない　おんがく 좋아하지 않는 음악 (4行)
~たい N5 061 ~하고 싶다	聞(き)きたく　ありません 듣고 싶지 않습니다 (5行)
~(동사)ます N5 038 ~합니다	行(い)きます 갑니다 (8行)
~ので N4 015 ~기 때문에	あめが　ふったので 비가 내렸기 때문에 (8行) /
	じてんしゃが　駅(えき)に　あるので 자전거가 역에 있기 때문에 (9行)
~(동사)て N5 044 ~하고, ~해서	うちまで　あるいて 집까지 걸어서 (9行)
~(동사)ました N5 039 ~했습니다	かえりました 돌아왔습니다 (9行)
~(명사)でした N5 049 ~었습니다	はれでしたが 맑았지만 (9行)

답 24 ① 25 ④ 26 ①

4 핵심문법 확인문제 022~052 / 26

もんだい1 (　　　)に 何を 入れますか。1・2・3・4から いちばん いい ものを 一つ えらんで ください。

1 子どもたちが　うたを（　　　　）うたって　います。035

1 じょうずで　　2 じょうずに　　3 じょうずな　　4 じょうずの

2 まどが　ぜんぶ（　　　　）あります。045

1 あきて　　2 あきって　　3 あけて　　4 あけって

3 きのうは　天気が（　　　　）ですね。023

1 いいなかった　　2 いいく なかった

3 よいなかった　　4 よく なかった

4 おとといは　雨（　　　　）、きのうは　雪でした。052

1 で　　2 だ　　3 だった　　4 だったで

5 この　道は（　　　　）あぶないです。026

1 くらい　　2 くらいく　　3 くらくて　　4 くらいで

6 ホテルの　へやは　しずか（　　　　）。031

1 では ありませんでした　　2 なかったです

3 では ないでした　　4 く なかったです

7 きのうの　テストは（　　　　）できました。027

1 よかった　　2 よくて　　3 よい　　4 よく

8 あの　ケーキは（　　　　）よ。025

1 おいしく ないだった　　2 おいしく なかった

3 おいしいじゃ なかった　　4 おいしいく なかった

답 1② 2③ 3④ 4① 5③ 6① 7④ 8②

9 A「どの　ネクタイを　かいますか。」029
B「その　あかい（　　　　）を　かいます。」
1 な　　2 の　　3 は　　4 も

10 きのう　きょうしつの　電気(でんき)を（　　　　）か。042
1 けします　　2 けしません　　3 けしました　　4 けしましょう

11 おかあさんは　あねと　わたしに　にんぎょうを（　　　　）。043
1 あげました　　2 やりました　　3 もらいました　　4 くれました

12（　　　　）ところに　アパートを　かりたいです。036
1 しずかな　　2 しずかに　　3 しずかで　　4 しずかの

13 この　りょうりは　あまり（　　　　）よ。022
1 からかったです　　2 からいです
3 からいでは ありませんでした　　4 からく ないです

14 きのうは　だれも（　　　　）。039
1 来(き)ました　　2 来(き)たです
3 来(き)ませんでした　　4 来(こ)ないでした

15 こうえんの　花(はな)は　とても（　　　　）。033
1 きれかった　　2 きれいだった
3 きれく なかった　　4 きれく ないだった

16 A「わたしの　いえへ　あそびに　来(き)ませんか。」038
B「はい、（　　　　）。」
1 行(い)きます　　2 行きません　　3 来ます　　4 来ません

답 9② 10③ 11④ 12① 13④ 14③ 15② 16①

もんだい2 ＿★＿ に 入(はい)る ものは どれですか。1・2・3・4から いちばん いい ものを 一(ひと)つ えらんで ください。

17 もう ＿＿ ＿＿ ＿★＿ ＿＿ 、見(み)せて ください。029

1 やすい　　2 の　　3 を　　4 ちょっと

18 あにの 新(あたら)しい カメラ ＿＿ ＿★＿ ＿＿ ＿＿ 。026

1 小(ちい)さく　　2 て　　3 は　　4 かるい

19 となりに ＿＿ ＿＿ ＿★＿ ＿＿ 、わたしの へやは くらく なりました。043

1 が　　2 高(たか)い　　3 たって　　4 たてもの

20 この へやは くらいですね。でんきが 一(ひと)つ ＿＿ ＿＿ ＿★＿ ＿＿ 。046

1 しか　　2 よ　　3 いません　　4 ついて

21 ＿＿ ＿＿ ＿★＿ ＿＿ 子(こ)どもたちの こえで にぎやかに なった。033

1 が　　2 だった　　3 しずか　　4 こうえん

답 17 ②(4123) 18 ①(3124) 19 ①(2413) 20 ③(1432) 21 ④(3241)

もんだい３ [22] から [26] に 何(なに)を 入(い)れますか。ぶんしょうの いみを かんがえて １・２・３・４から いちばん いい ものを 一(ひと)つ えらんで ください。

下(した)に ふたつの ぶんしょうが あります。

(1)

わたしは 大学生(だいがくせい)です。ひとり [22] アパートに すんで います。毎日(まいにち) アルバイトを して います。ごはんは そとで 食(た)べますが、つめたい ものが [23] ので、よく コンビニに 行(い)きます。コンビニが ちかくに あるので、へやには れいぞうこが ありません。べんきょうに つかう ものも いっしょに 買(か)います。

(2)

わたしは レストランで アルバイトを して います。レストランは [24] 。きのうは 日(にち)よう日(び)だったので、おおぜいの 人(ひと)が きて とても [25] 。この レストランの カレーは とても ゆうめいです。レストランは あさ ７時(じ)から よるの １２時までですが、わたしの [26] は ごご １時から ５時までです。

22

1 で　　2 へ　　3 か　　4 に

23

1 飲(の)みたく ない　　2 飲(の)みます
3 飲(の)みたく なる　　4 飲(の)みました

답 22 ① 23 ③

24

1 ひろくて　きれいます　　2 ひろくて　きれいです

3 きれくて　ひろいます　　4 きれくて　ひろいです

25

1 あたたかく　なるでしょう　　2 あたたかかったです

3 いそがしく　なるでしょう　　4 いそがしかったです

26

1 エレベーターの　時間(じかん)　　2 ひるごはんの　時間(じかん)

3 アルバイトの　時間(じかん)　　4 ばんごはんの　時間(じかん)

핵심문법 다시보기

~(명사)です N5 048 ~입니다	大学生(だいがくせい)です 대학생입니다 (3行)
~(동사)ている N5 046 ~하고 있다	アパートに　すんで　います 아파트에 살고 있습니다 (3行)
	アルバイトを　して　います 아르바이트를 하고 있습니다 (4行)
~(동사)ます/~(동사)ません N5 038 ~합니다/~하지 않습니다	
	食(た)べますが 먹습니다만(4行) / ありません 없습니다 (6行)
~もの N5 095 ~것	つめたい　もの 차가운 것 (4行)
	べんきょうに　つかう　もの 공부에 사용하는 것 (6行)
~くなる N5 057 ~해지다	飲(の)みたく　なるので 마시고 싶어지기 때문에 (5行)
~(い형)くて N5 026 ~하고, ~해서	ひろくて 넓고 (10行)
~(な형)です N5 030 ~합니다	きれいです 깨끗합니다 (10行)
~(명사)だった N5 051 ~었다	日(にち)よう日(び)だったので 일요일이었기 때문에 (10行)
~(동사)て N5 044 ~하고, ~해서	おおぜいの　人(ひと)が　きて 많은 사람이 와서 (10行)
~(い형)かったです N5 023 ~했습니다	いそがしかったです 바빴습니다 (11行)

답 24 ②　25 ④　26 ③

6 표현 의도 등

053 あまり ～ません 그다지(별로) ~하지 않습니다

- わたしの　へやは　あまり　きれいでは　ありません。 내 방은 별로 깨끗하지 않습니다.
- いいえ、あまり　みません。 아니요, 그다지 보지 않습니다. 2020-2회, 2023-2회
- あまり　カレーを　食(た)べません。 별로 카레를 먹지 않습니다. 2021-1회

054 ぜんぜん ～ません 전혀 ~하지 않습니다

- わたしは　ドイツ語(ご)が　ぜんぜん　わかりません。 나는 독일어를 전혀 모릅니다.
- ぜんぜん　飲(の)みません。 전혀 마시지 않습니다. 2019-1회
- 今(いま)は　ぜんぜん　聞(き)きません。 지금은 전혀 듣지 않습니다. 2021-1회

055 ～がた・～たち ~분들·~들

- あなたがたは　きょう　なにを　しますか。 여러분은(당신들은) 오늘 무엇을 합니까?
- あの　人(ひと)たちは　みんな　学生(がくせい)です。 저 사람들은 모두 학생입니다.

056 ～く する ~하게 하다

- へやを　あかるく　しました。 방을 밝게 했습니다.

057 ～く なる ~해지다

- へやが　あかるく　なりました。 방이 밝아졌습니다.

058 ～ごろ ～쯤

- 5時(ごじ)はんごろ　かえります。5시 반쯤 돌아갑니다.

059 ～じゅう/～ちゅう ～내내 / ～중

- みなみの　くには　一年(いちねん)じゅう　あついです。남쪽 나라는 1년 내내 덥습니다.
- じゅぎょうちゅうですから　ドアを　しめて　ください。수업 중이니까 문을 닫아 주세요.
- パーティーちゅう 파티 중 2017-2회

060 ～た　あと(で)・～の　あと(で) ～한 후에

- ごはんを　食(た)べた　あとで、おふろに　入(はい)ります。2023-2회
밥을 먹은 후에 목욕을 합니다.
- ゆうはんの　あとで　トランプを　しました。저녁밥을 먹은 후에 트럼프를 했습니다.
- しゅくだいを　した　あとで 숙제를 한 후에 2011-1회
- サッカーを　した　あとで 축구를 한 후에 2017-1회
- あさごはんを　つくって　食(た)べた　後(あと)で 아침밥을 만들어 먹은 후에 2018-2회
- きのう　しごとの　あとで　えいがかんで　えいがを　見(み)ました。2019-1회
어제 일이 끝난 후에 영화관에서 영화를 봤습니다.
- ばんごはんの　あとで 저녁밥을 먹은 후에 2021-2회
- あさごはんの　後(あと)で　そうじを　して　います。2017-2회, 2022-1회
아침밥을 먹은 후에 청소를 합니다.

061 ～たい ～하고 싶다

- わたしは　家(いえ)に　かえりたいです。나는 집에 돌아가고 싶습니다.
- なにか　あたたかい　ものが　のみたいですね。뭔가 따뜻한 것을 마시고 싶어요. 2020-2회
- また、作(つく)りたいです。또, 만들고 싶습니다. 2022-1회, 2회
- また、東町(ひがしまち)で　買(か)い物(もの)を　したいです。2023-2회
또, 히가시마치에서 쇼핑을 하고 싶습니다.

062 ～たり ～たり(する) ～하거나 ～하거나 (하다)

- 本(ほん)を よんだり、おんがくを きいたり しました。 책을 읽거나 음악을 듣거나 했습니다.

063 ～てから ～하고 나서

- ごはんを 食(た)べてから、おふろに 入(はい)ります。 밥을 먹고 나서 목욕을 합니다.
- 日本(にほん)に 来(き)てから 일본에 오고 나서 2011-1회
- しんぶんを 読(よ)んでから、かいしゃに 行(い)きます。 신문을 읽고 나서 회사에 갑니다. 2019-1회

064 ～て ください ～해 주세요

- えんぴつを とって ください。 연필을 집어 주세요.

065 ～て くださいませんか ～해 주시지 않겠습니까?

- その 本(ほん)を かして くださいませんか。 그 책을 빌려 주시지 않겠습니까?

066 ～て くる ～하고 오다

- きょうしつに じしょを もって きて ください。 교실에 사전을 가지고 오세요.

067 ～でしょう ～겠지요

- あしたは いい 天気(てんき)でしょう。 내일은 좋은 날씨겠지요.

068 ～と いう＋명사 ～라는

- これは、しょうゆと いう ものです。 이것은 간장이라는 것입니다.

• 母親(ははおや)に　にると　いう　話(はなし)を　聞(き)いた。모친을 닮았다는 이야기를 들었다. N4 2011-1회

• 「やさしい」と　いう　意味(いみ) '상냥하다'라는 의미 N4 2011-1회

069 ～とき

動사 현재형＋とき ～할 때

• 学校(がっこう)へ　行(い)く　とき、いつも　こうえんの　まえから　バスに　のります。
학교에 갈 때 항상 공원 앞에서 버스를 탑니다.

동사 과거형＋とき ～했을 때

• 先生(せんせい)の　家(いえ)に　行(い)った　とき、みんなで　うたを　うたいました。
선생님의 집에 갔을 때 다 함께 노래를 불렀습니다.

070 ～ないで　ください ～하지 말아 주세요

• まどを　あけないで　ください。창문을 열지 말아 주세요.

• ここで　しゃしんを　とらないで　ください。여기서 사진을 찍지 말아 주세요. 2020-1회

071 ～ながら ～하면서

• おんがくを　ききながら、べんきょうを　します。 2021-1회
음악을 들으면서 공부를 합니다.

072 ～に　する

な형용사 어간＋に　する ～하게 하다

• こうえんを　きれいに　しました。공원을 깨끗하게 했습니다.

• 大切(たいせつ)に　します。소중하게 하겠습니다. N4 2011-1회

• じゃあ、しおラーメンに　して　ください。그럼, 시오라면으로 해 주세요. 2012-2회

• こどもが　ねて　いますから、しずかに　して　ください。 2020-1회
아이가 자고 있으니까 조용히 해 주세요.

명사+に する ~으로 하다(만들다)

- りんごを　ジャムに　しました。 사과를 잼으로 만들었습니다.

073 ~に なる

な형용사+に なる ~해지다

- こうえんが　きれいに　なりました。 공원이 깨끗해졌습니다.

명사+に なる ~이 되다

- あの　人(ひと)は　先生(せんせい)に　なりました。 저 사람은 선생님이 되었습니다.

074 ~まえに·~の まえに ~전에

- おふろに　入(はい)る　まえに、ごはんを　食(た)べます。 목욕하기 전에 밥을 먹습니다.
- さんぽの　まえに、はを　みがきました。 산책을 하기 전에 양치질을 하였습니다.
- 食(た)べる　まえに 먹기 전에 2011-1회
- 日本(にほん)へ　来(く)る　まえに　どこかで　日本語(にほんご)を　ならいましたか。 2017-1회
  일본에 오기 전에 어딘가에서 일본어를 배웠습니까?
- あさごはんの　まえに　はを　みがきます。 2020-2회, 2022-2회
  아침밥을 먹기 전에 양치질을 합니다.
- 会社(かいしゃ)に　行(い)く　まえに 회사에 가기 전에 2021-1회

075 ~ましょう/~ましょうか ~합시다 / ~할까요?

- いっしょに　ごはんを　食(た)べましょう。 함께 밥을 먹읍시다.
- いっしょに　あるきましょうか。 함께 걸을까요?
- エアコンを　つけましょうか。 에어컨을 켤까요?

076 ～ませんか ～하지 않겠습니까?

- えいがを　見(み)に　行(い)きませんか。 영화를 보러 가지 않겠습니까?
- わたしの　家(いえ)へ　来(き)ませんか。 우리 집에 오지 않겠습니까?
- いっしょに　行(い)きませんか。 함께 가지 않겠습니까? 2011-1회
- いっしょに　コーヒーを　飲(の)みませんか。 함께 커피를 마시지 않겠습니까? 2021-1회

077 まだ

まだ＋긍정 아직

- まだ　時間(じかん)が　あります。 아직 시간이 있습니다.

まだ＋부정 아직

- あの　人(ひと)は　まだ　ここへ　来(き)ません。 저 사람은 아직 여기에 오지 않습니다.
- いいえ、まだ　おわって　いません。 아니요, 아직 끝나지 않습니다. 2020-1회

まだです 아직입니다

- A「テストは　はじまりましたか。」 테스트는 시작되었습니까?
  B「いいえ、まだです。」 아니요, 아직입니다.

078 もう

もう＋긍정 이미, 벌써

- あの　人(ひと)は　もう　家(いえ)に　かえりました。 저 사람은 벌써 집에 돌아갔습니다.
- なつやすみは　もう　おわりました。 여름 방학은 이미 끝났습니다. 2020-2회
- いいえ、もう　かえりましたよ。 아니요, 벌써 돌아갔어요. 2021-2회

もう＋부정 이제

- もう　お金(かね)が　ありません。 이제 돈이 없습니다.

もう＋いちど/もう＋すこし 한 번 더 / 조금 더

- もう　いちど　ゆっくり　言(い)って　ください。 한 번 더 천천히 말해 주세요.
- もう　すこし　やさしく　はなして　ください。 조금 더 쉽게 이야기해 주세요.

079 연체수식(절)+명사

동사 현재형 + 명사(연체수식절) ~하는

- あれは　大学(だいがく)へ　行(い)く　バスです。 저것은 대학에 가는 버스입니다.

동사 과거형 + 명사(연체수식절) ~한

- これは　きのう　わたしが　とった　しゃしんです。
  이것은 어제 내가 찍은 사진입니다.
- きのう　わたしが　読(よ)んだ　本(ほん)は　おもしろかったです。 2017-1회
  어제 내가 읽은 책은 재미있었습니다.
- 近(ちか)くの　ケーキやで　買(か)った　バナナケーキが　おいしかったです。 2017-1회
  근처의 케이크 가게에서 산 바나나케이크가 맛있었습니다.
- パーティーで　とった　しゃしんを　もらいました。 2017-2회
  파티에서 찍은 사진을 받았습니다.

い형용사 + 명사(연체수식) ~한

- これは　おもしろい　本(ほん)です。 이것은 재미있는 책입니다.
- 海(うみ)に　ちかくて　大(おお)きい　家(いえ)に　住みたいです。 바다에 가깝고 큰 집에 살고 싶습니다.
- わたしは　小(ちい)さい　とき 내가 어렸을 때 2012-2회

な형용사 + 명사(연체수식) ~한

- これは　しずかな　へやです。 이것은 조용한 방입니다.
- ひまな　とき 한가한 때 2021-2회
- スパゲッティが　ゆうめいな　銀行(ぎんこう)の　近(ちか)くの　レストランで 2021-2회
  스파게티가 유명한 은행 근처의 레스토랑에서

080 ～を　ください ~을 주세요

- あの　りんごを　ください。 저 사과를 주세요.

もんだい1 （　　）に 何を 入れますか。1・2・3・4から いちばん いい ものを 一つ えらんで ください。

1 きのうは　さんぽを　したり、りょうりを（　　　）しました。062

1 つくりたり　2 つくるたり　3 つくらったり　4 つくったり

2 きのう（　　　）人の　名前が　わかりません。079

1 会った　2 会って　3 会うの　4 会う

3 買いものに（　　　）とき、バスに　のります。069

1 行って　2 行っての　3 行く　4 行くの

4 高いですね。もっと（　　　）して　ください。056

1 安い　2 安く　3 安いに　4 安くに

5 たくさん　コピーしたから、紙が（　　　）ありません。052

1 どう　2 あまり　3 とても　4 何まい

6 山田さんは　たぶん　うたが（　　　）でしょう。067

1 じょうず　2 じょうずな　3 じょうずに　4 じょうずだ

7 ねる　前に　はを（　　　）ください。064

1 みがき　2 みがく　3 みがきて　4 みがいて

8 ことしの　なつは　うみで（　　　）たいです。061

1 およが　2 およぐ　3 およぎ　4 およげ

답 1④ 2① 3③ 4② 5② 6① 7④ 8③

9 ここが　あなた（　　　　）の　へやです。055

1　ごろ　　2　ほど　　3　がた　　4　など

10 この　いぬは　何（なん）（　　　　）いう　名前（なまえ）ですか。068

1　が　　2　で　　3　を　　4　と

11 わたしの　じしょが　ありません。あなたの　じしょを（　　　　）。065

1　かして　くださいませんか　　2　かしましょう

3　かさないでしょう　　4　かすでしょう

12 １日（にち）（　　　　）しごとを　して、つかれました。059

1　ごろ　　2　じゅう　　3　から　　4　まで

13 バナナを　半分（はんぶん）（　　　　）して　いっしょに　食（た）べましょう。072

1　が　　2　で　　3　を　　4　に

14 きのうは　そうじを　した（　　　　）せんたくを　しました。060

1　あとで　　2　まえに　　3　ながら　　4　だから

15 １２時（じ）（　　　　）なりました。ひるごはんの　時間（じかん）です。073

1　が　　2　に　　3　から　　4　へ

16 A「カタカナは　ならいましたか。」077

B「（　　　　）。」

1　はい、カタカナです　　2　はい、そうです

3　いいえ、まだです　　4　いいえ、ならいました

답 9③ 10④ 11① 12② 13④ 14① 15② 16③

もんだい2 ＿★＿ に 入(はい)る ものは どれですか。1・2・3・4から いちばん いい ものを 一(ひと)つ えらんで ください。

17 わたしに ＿＿ ＿＿ ＿★＿ ＿＿ ください。080

1 つめたい　　2 のみもの　　3 を　　4 も

18 あした 山田(やまだ)さん ＿＿ ＿＿ ＿★＿ ＿＿ だれですか。079

1 会(あ)う　　2 は　　3 が　　4 人(ひと)

19 みせや ぎんこうが ＿＿ ＿＿ ＿★＿ ＿＿ なりました。073

1 でき　　2 て　　3 にぎやか　　4 に

20 きょうしつに ＿＿ ＿★＿ ＿＿ ＿＿ ください。066

1 きて　　2 を　　3 じしょ　　4 もって

21 A「おなかが すきましたね。」076

B「ええ。あの ＿＿ ＿＿ ＿★＿ ＿＿ 。」

A「ああ、日本(にほん)りょうりの レストランですね。いいですよ。入(はい)りましょう。」

1 入(はい)りません　　2 か　　3 レストラン　　4 に

답 17 ②(4123) 18 ④(3142) 19 ③(1234) 20 ②(3241) 21 ①(3412)

もんだい３ [22] から [26] に 何を 入れますか。ぶんしょうの いみを かんがえて １・２・３・４から いちばん いい ものを 一つ えらんで ください。

下に ふたつの ぶんしょうが あります。

(1)

きょうは 一日じゅう あめですが、あしたは はれるでしょう。あした [22] 、ゆっくり 天気が よく なって、土よう日は いい 天気に なるでしょう。

(2)

日よう日の あさは、あめが ふらない ときは、たいてい ちかくの こうえんへ さんぽに 行きます。さんぽは [23] あさごはんの まえに 行きます。あさごはんの あとで そうじや せんたくなどを します。ごごは ときどき しんじゅくへ かいものに 行きます。かいものに 行かない ときは、テレビを 見ます。[24] 、おもしろい えいがが ある ときは、えいがを [25] 。よるは 月よう日に しけんが ある ときは、１０時ごろまで べんきょうを します。[26] ときは、友だちの うちへ あそびに 行きます。

22

1 など　　2 しか　　3 から　　4 だけ

23

1 たぶん　　2 いつも　　3 まっすぐ　　4 もっと

답 22 ③ 23 ②

24

1 だから　2 それでは　3 じゃあ　4 しかし

25

1 見(み)たいです　2 見(み)に　行(い)きました
3 見(み)たく　ありません　4 見(み)に　行(い)きます

26

1 しけんが　ない　2 そうじが　ある
3 えいがが　ない　4 せんたくが　ある

핵심문법 다시보기

～じゅう N5 059 ～내내	一日(いちにち)じゅう 하루 종일 (3行)
～でしょう N5 067 ～할 것입니다	あしたは　はれるでしょう 내일은 개겠습니다 (3行)
	いい　天気に　なるでしょう 화창한 날씨가 되겠습니다 (4行)
～くなる N5 057 ～해지다	天気(てんき)が　よく　なって 날씨가 좋아져 (4行)
～になる N5 072 ～가 되다	いい　天気に　なる 좋은 날씨가 되다 (4行)
～とき N5 069 ～때	あめが　ふらない　とき 비가 내리지 않을 때 (7行)
	かいものに　行かない　とき 쇼핑하러 가지 않을 때 (10行)
	おもしろい　えいがが　ある　とき 재미있는 영화가 있을 때(11行)
	しけんが　ある　とき 시험이 있을 때 (12行)
	しけんが　ない　とき 시험이 없을 때 (13行)
～に N5 012 ～하러	さんぽに　行(い)きます 산책하러 갑니다 (8行)
	かいものに　行(い)きます 쇼핑하러 갑니다 (10行)
	えいがを　見(み)に 영화를 보러 (11行)
	友(とも)だちの　うちへ　あそびに 친구 집에 놀러(13行)

답 24 ④　25 ④　26 ①

もんだい１（　　）に 何を 入れますか。１・２・３・４から いちばん いい ものを 一つ えらんで ください。

1 CDを（　　　）ながら　べんきょうしました。071
1 聞き　2 聞く　3 聞いて　4 聞いた

2 すしが（　　　）なりました。073
1 すき　2 すきな　3 すきに　4 すきで

3 大きな　こえで（　　　）ください。070
1 話しなくて　2 話さなくて　3 話しないで　4 話さないで

4 かぞくが（　　　）あとで、へやの　そうじを　します。060
1 出かける　2 出かけた　3 出かけます　4 出かけていた

5（　　　）　なりましたから、セーターが　いります。057
1 さむく　2 さむい　3 さむいく　4 さむいに

6 りょこうに（　　　）前に　かばんを　買いました。074
1 行き　2 行く　3 行きの　4 行くの

7 わたしは　となりの　まちから　ここまで　3時間も（　　　）来ました。066
1 あるく　2 あるいて　3 あるき　4 あるいた

8 A「土よう日に　えいがを　見に　行きませんか。」075
B「いいですね。（　　　）。」
1 行きましょう　2 行きました　3 行きませんか　4 行くでしょうか

답 1① 2③ 3④ 4② 5① 6② 7② 8①

9 (　　　　) ときは、先生(せんせい)に　聞(き)きます。069

1　わかって　　2　わかったの　　3　わからない　　4　わからないの

10 けさは　9時(じ)（　　　　）いえを　出(で)ました。058

1　しか　　2　など　　3　だけ　　4　ごろ

11 すみません、バナナ（　　　　）ください。080

1　に　　2　で　　3　へ　　4　を

12 テストを　して　いますから（　　　　）して　ください。072

1　しずかに　　2　しずかだ　　3　しずかの　　4　しずかで

13 学生(がくせい)「すみません。先生(せんせい)の　本(ほん)を（　　　　）。」064

先生(せんせい)「はい、いいですよ。」

学生「ありがとうございます。あした　かえします。」

1　かりて　ください　2　かりましょうか　3　かして　ください　4　かしましょうか

14 いそがしいから、ごはんを（　　　　）時間(じかん)が　ありません。079

1　食(た)べ　　2　食べて　　3　食べる　　4　食べた

15 A「お店(みせ)、まだ　あきませんね。」067

B「そうですね。でも、もうすぐ（　　　　）。」

1　あきました　　2　あくです

3　あきませんでした　　4　あくでしょう

16 A「雨(あめ)は　まだ　ふって　いますか。」078

B「いいえ、（　　　　）。」

1　もう　ふりました　　2　もう　ふって　いません

3　まだ　ふって　います　　4　まだ　ふりませんでした

답 9③　10④　11④　12①　13③　14③　15④　16②

もんだい2 ＿★＿ に 入(はい)る ものは どれですか。1・2・3・4から いちばん いい ものを 一(ひと)つ えらんで ください。

17 午前(ごぜん) ＿＿ ＿＿ ＿★＿ ＿＿ いますが、午後(ごご)は 出(で)かけます。059

1 ちゅう　2 に　3 いえ　4 は

18 これ ＿＿ ＿★＿ ＿＿ ＿＿ おかしです。どうぞ 食(た)べて ください。079

1 わたし　2 は　3 が　4 つくった

19 会社(かいしゃ) ＿＿ ＿＿ ＿★＿ ＿＿ 、ぎんこうへ 行(い)きました。074

1 に　2 行く　3 まえ　4 へ

20 あの 人(ひと)は 毎朝(まいあさ) ＿＿ ＿★＿ ＿＿ ＿＿ します。072

1 きれい　2 に　3 こうえん　4 を

21 A「今(いま) すぐ すずきさんの うちへ 行(い)きますか。」063

B「いいえ、＿＿ ＿＿ ＿★＿ ＿＿ 行きます。」

1 を　2 かけて　3 から　4 でんわ

답 17 ③(1432) 18 ①(2134) 19 ③(4231) 20 ④(3412) 21 ②(4123)

もんだい３　[22]　から　[26]　に　何(なに)を　入(い)れますか。ぶんしょうの　いみを　かんがえて　１・２・３・４から　いちばん　いい　ものを　一(ひと)つ　えらんで　ください。

下(した)に　ふたつの　ぶんしょうが　あります。

（１）

リーさんは　バスの　中(なか)に　本(ほん)を　わすれました。その　本は　とても　たいせつな　本です。リーさんは　[22]　まいにち　日本語(にほんご)を　べんきょうします。[23]　リーさんは　日本語が　じょうずです。リーさんは　日本人(にほんじん)　[24]　日本語で　はなしました。

（２）

たなかさんは　でんしゃの　中(なか)に　かばんを　わすれました。その　かばんは　しかくくて　くろい　かばんです。えきに　おなじ　かばんが　ありました。たなかさんは　[25]　かばんを　うちに　もって　かえりました。[26]　それは　たなかさんの　かばんでは　ありませんでした。

22

1　あの　中(なか)で　　　2　あの　バスで
3　その　日本語(にほんご)で　　　4　その　本(ほん)で

23

1　それから　　　2　だから　　　3　では　　　4　でも

답 22 ④　23 ②

24

1 を　　2 も　　3 と　　4 か

25

1 その　　2 どの　　3 それ　　4 どれ

26

1 さあ　　2 でも　　3 また　　4 では

핵심문법 다시보기

その N5 089 그	その　本(ほん) 그 책 (3行) / その　かばん 그 가방 (8行)
연체수식(い형/な형+명사) N5 079	たいせつな　本(ほん) 소중한 책 (3行) / くろい　かばん 검은 가방 (9行) / おなじ　かばん 같은 가방 (9行)
～が N5 002 ～을/를	日本語(にほんご)が　じょうずです 일본어를 잘합니다 (5行)
～と N5 010 ～와/과	日本人(にほんじん)と 일본인과 (5行)
～で N5 009 ～(으)로	日本語(にほんご)で　はなしました 일본어로 이야기했습니다 (6行)
～(い형)くて N5 026 ～하고, ～해서	その　かばんは　しかくくて 그 가방은 네모나고 (8行)
それ N5 090 그것	それは 그것은 (10行)
～(명사)では　ありませんでした N5 049 ～이 아니었습니다	かばんでは　ありませんでした 가방이 아니었습니다 (11行)

답 24 ③　25 ①　26 ②

7 지시어 및 의문사

081 いくつ

개수 몇 개

- みかんは　いくつ　ありますか。 귤은 몇 개 있습니까?

나이 몇 살

- あの　子(こ)は　ことし　いくつですか。 저 아이는 올해 몇 살입니까? 2022-2회

082 いくら 얼마

- この　りんごは　一(ひと)つ　いくらですか。 이 사과는 하나에 얼마입니까?

083 いつ 언제

- あの　人(ひと)は　いつ　日本(にほん)へ　来(き)ましたか。 저 사람은 언제 일본에 왔습니까?

084 だれ / どなた 누구/어느 분

- だれが　来(き)ましたか。 누가 왔습니까?
- あなたは　どなたですか。 당신은 누구십니까?

085 どう / いかが 어떠함

- A「テストは　どうでしたか。」 시험은 어땠습니까? 2015-1회
  B「やさしかったです。」 쉬웠습니다.

• A「きのうの　えいがは　いかがでしたか。」 어제 영화는 어땠습니까? 2015-2회, 2021-1회
B「おもしろかったですよ。」 재미있었어요.

086 どうして / なぜ 어째서 / 왜

• A「どうして　くすりを　のみましたか。」 왜 약을 먹었습니까?
B「あたまが　いたかったからです。」 머리가 아팠기 때문입니다.

• A「きのうは　なぜ　休(やす)みましたか。」 어제는 왜 쉬었습니까?
B「おなかが　いたかったんです。」 배가 아팠습니다.

087 どこ / あそこ / そこ / ここ 어디/저기/거기/여기

• えきは　どこですか。 역은 어디입니까?
• あそこは　としょかんです。 저기는 도서관입니다.
• そこに　子(こ)どもが　います。 거기에 아이가 있습니다.
• ここに　本(ほん)が　あります。 여기에 책이 있습니다.
• くだものは　どこに　ありますか。 과일은 어디에 있습니까? 2011-1회

088 どちら / あちら / そちら / こちら 어느 쪽/저쪽/그쪽/이쪽

どっち, あっち, そっち, こっち라고 하기도 한다.

• きたは　どちらですか。 북쪽은 어느 쪽입니까?
• みなみは　あちらです。 남쪽은 저쪽입니다.
• にしは　そちらです。 서쪽은 그쪽입니다.
• ひがしは　こちらです。 동쪽은 이쪽입니다. 2015-1회, 2022-2회

089 どの / あの / その / この 등 어느 / 저 / 그 / 이

どのぐらい는 どれぐらい와 같은 뜻으로 사용된다.

- どの　本(ほん)が　おもしろいですか。 어느 책이 재미있습니까?
- あの　人(ひと)は　学生(がくせい)です。 저 사람은 학생입니다. 2023-2회
- その　ノートは　先生(せんせい)のです。 그 노트는 선생님 것입니다.
- この　本(ほん)は　あかいです。 이 책은 빨갛습니다.
- 家(いえ)から　学校(がっこう)まで　どのぐらい　かかりますか。
  집에서 학교까지 어느 정도 걸립니까?

090 どれ / あれ / それ / これ 등 어느 것 / 저것 / 그것 / 이것

どれぐらい는 どのぐらい와 같은 뜻으로 사용된다.

- あなたの　くつは　どれですか。 당신의 신발은 어느 것입니까?
- それは　ノートです。 그것은 노트입니다.
- これは　本(ほん)です。 이것은 책입니다.
- 毎日(まいにち)　どれぐらい　ねますか。 매일 어느 정도 잡니까?
- どれが　たなかさんの　かばんですか。 어느 것이 다나카 씨의 가방입니까? 2020-1회

091 どんな 어떤

- あなたは　どんな　スポーツを　しますか。 당신은 어떤 스포츠를 합니까?
- どんな　プレゼントが　ほしいですか。 어떤 선물을 갖고 싶습니까? 2021-2회

092 なに / なん 무엇

- なにを　かいましたか。 무엇을 샀습니까?
- それは　なんですか。 그것은 무엇입니까?

8 인사말 및 초급회화

093 인사말

인사말

번호	인사말	뜻
1	(どうも)　ありがとうございます・ました	(대단히) 고맙습니다
2	いただきます	잘 먹겠습니다
3	いらっしゃい(ませ)	어서 오세요
4	(では)、おげんきで	(그럼) 건강하세요
5	おねがいします	부탁합니다
6	おはようございます	안녕하세요 (아침 인사)
7	おやすみなさい	안녕히 주무세요
8	ごちそうさま(でした)	잘 먹었습니다
9	こちらこそ	저야말로
10	ごめんください	계십니까?
11	ごめんなさい	미안합니다
12	こんにちは	안녕하세요 (낮 인사)
13	こんばんは	안녕하세요 (밤 인사)
14	さよなら / さようなら	안녕 (작별 인사)
15	しつれいしました	실례했습니다
16	しつれいします	실례합니다
17	すみません	저기요, 미안합니다, 고맙습니다
18	では、また	그럼 또 봐요
19	(いいえ)、どういたしまして	(아니요) 천만에요
20	はじめまして	처음 뵙겠습니다
21	(どうぞ)　よろしく	(아무쪼록) 잘 부탁합니다

- **(電話(でんわ)で)** すみません、**ひろこさんを** おねがいします。 2011-1회

(전화에서) 미안합니다, 히로코 씨를 부탁합니다.

- **東京駅(とうきょうえき)まで** おねがいします。 도쿄역까지 부탁합니다. 2011-1회

094

초급회화

초급회화

번호	초급회화	뜻
1	しる	알다
2	たいへんだ	고생하다
3	(はい)、いいですよ	(예), 좋아요
4	(はい)、そうです	(예), 그렇습니다
5	(はい)、どうぞ	(예), 여기 있습니다
6	(はい)、わかりました	(예), 알겠습니다
7	(いいえ)、けっこうです	(아니요), 괜찮습니다
8	(いいえ)、ちがいます	(아니요), 아닙니다

9 기타

095 형식명사 もの

• パーティーでは　どんな　ものを　のみましたか。
파티에서는 어떤 것을 마셨습니까?

096 종조사 よ / 종조사 わ

• その　本(ほん)は　おもしろいですよ。
그 책은 재미있어요.

• わたしも　いっしょに　行(い)くわ。
나도 같이 갈게.

097 숫자 いち / ひとつ 등

「ひとつ, ふたつ, みっつ…」는「하나, 둘, 셋…」이라는 숫자를 셀 때에 사용되지만, 어린이의 나이를 말할 때도 사용된다. 그리고 일본어에서도 숫자를 셀 때는 우리말과 같이 2가지 방법이 있다. 우리말의「일, 이, 삼…」에 해당하는 것은「いち, に, さん…」이고,「하나, 둘, 셋…」은「ひとつ, ふたつ, みっつ…」이다. 1회 출제되었다.

숫자

いち 일	ひとつ 하나	に 이	ふたつ 둘
さん 삼	みっつ 셋	し・よん・よ 사	よっつ 넷
ご 오	いつつ 다섯	ろく 육	むっつ 여섯
しち・なな 칠	ななつ 일곱	はち 팔	やっつ 여덟
きゅう・く 구	ここのつ 아홉	じゅう 십	とお 열
ひゃく 백	せん 천	まん 만	

참고 いくつ : 몇 개, 몇 살, いくら : 얼마

• いちじかんは　六十分です。 1시간은 60분입니다.

• つくえの　上に　りんごが　みっつ　あります。 책상 위에 사과가 3개 있습니다.

098 조수사 ~かい / ~さつ / ~はい / ~ほん / ~まい 등

조수사는 N5에서 12개만 알고 있으면 된다.

조수사

종류 / 개수	~にん(人) ~명	~まい(枚) ~장	~ど(度) ~도	~さつ(冊) ~권	~さい(歳) ~살	~こ(個) ~개
	사람을 셀 때	얇고 평평한 물건을 셀 때	온도·각도 등을 나타낼 때	책·공책 등을 셀 때	나이를 셀 때	물건을 셀 때
1	ひとり	いちまい	いちど	いっさつ	いっさい	いっこ
2	ふたり	にまい	にど	にさつ	にさい	にこ
3	さんにん	さんまい	さんど	さんさつ	さんさい	さんこ
4	よにん	よんまい	よんど	よんさつ	よんさい	よんこ
5	ごにん	ごまい	ごど	ごさつ	ごさい	ごこ
6	ろくにん	ろくまい	ろくど	ろくさつ	ろくさい	ろっこ
7	しちにん ななにん	ななまい	しちど ななど	ななさつ	ななさい	ななこ
8	はちにん	はちまい	はちど	はっさつ	はっさい	はちこ はっこ
9	くにん きゅうにん	きゅうまい	きゅうど	きゅうさつ	きゅうさい	きゅうこ
10	じゅうにん	じゅうまい	じゅうど	じっさつ じゅっさつ	じゅっさい	じゅっこ
몇~	なんにん	なんまい	なんど	なんさつ	なんさい	なんこ

- としょかんで　本(ほん)を　ごさつ　かりました。 2021-1회
  도서관에서 책을 5권 빌렸습니다.

종류 / 개수	～かい(階) ～층	～かい(回) ～회	～はい(杯) ～잔	～ひき(匹) ～마리	～ほん(本) ～자루	～だい(台) ～대
	건물 등의 층수를 셀 때	횟수를 셀 때	술이나 물 등의 잔수를 셀 때	고양이, 개 등 작은 동물을 셀 때	연필, 우산 등 가늘고 긴 물건을 셀 때	차나 기계를 셀 때
1	いっかい	いっかい	いっぱい	いっぴき	いっぽん	いちだい
2	にかい	にかい	にはい	にひき	にほん	にだい
3	さんがい	さんかい	さんばい	さんびき	さんぼん	さんだい
4	よんかい	よんかい	よんはい	よんひき	よんほん	よんだい
5	ごかい	ごかい	ごはい	ごひき	ごほん	ごだい
6	ろっかい	ろっかい	ろっぱい	ろっぴき	ろっぽん	ろくだい
7	ななかい	ななかい	ななはい	ななひき	ななほん	しちだい ななだい
8	はちかい はっかい	はっかい	はっぱい	はっぴき	はちほん はっぽん	はちだい
9	きゅうかい	きゅうかい	きゅうはい	きゅうひき	きゅうほん	きゅうだい
10	じゅっかい	じっかい じゅっかい	じっぱい じゅっぱい	じっぴき じゅっぴき	じっぽん じゅっぽん	じゅうだい
몇～	なんがい	なんかい	なんばい	なんびき	なんぼん	なんだい

099 월·일·요일 표현

～月(がつ)　～월	
一月(いちがつ) 1월	二月(にがつ) 2월
三月(さんがつ) 3월	四月(しがつ) 4월
五月(ごがつ) 5월	六月(ろくがつ) 6월
七月(しちがつ) 7월	八月(はちがつ) 8월
九月(くがつ) 9월	十月(じゅうがつ) 10월
十一月(じゅういちがつ) 11월	十二月(じゅうにがつ) 12월

～よう日(ようび)　～요일	
月よう日(げつようび) 월요일	火よう日(かようび) 화요일
水よう日(すいようび) 수요일	木よう日(もくようび) 목요일
金よう日(きんようび) 금요일	土よう日(どようび) 토요일
日よう日(にちようび) 일요일	

참고 なんようび : 무슨 요일, なんがつ : 몇 월, なんにち : 며칠

日よう日	月よう日	火よう日	水よう日	木よう日	金よう日	土よう日
		1日 ついたち	2日 ふつか	3日 みっか	4日 よっか	5日 いつか
6日 むいか	7日 なのか	8日 ようか	9日 ここのか	10日 とおか	11日 じゅういち にち	12日 じゅうににち
13日 じゅうさん にち	14日 じゅうよっか	15日 じゅうごにち	16日 じゅうろく にち	17日 じゅうしち にち	18日 じゅうはち にち	19日 じゅうくにち
20日 はつか	21日 にじゅういち にち	22日 にじゅうに にち	23日 にじゅうさん にち	24日 にじゅう よっか	25日 にじゅうご にち	26日 にじゅうろく にち
27日 にじゅうしち にち	28日 にじゅうはち にち	29日 にじゅうく にち	30日 さんじゅう にち	31日 さんじゅういち にち		

- きょうは　五月(ごがつ)　一日(ついたち)　火(か)よう日(び)です。
  오늘은 5월 1일 화요일입니다.

100 시·분 표현

N5 문법에서 시·분 표현은 출제되지 않았지만, 한자읽기·표기에서 자주 출제된다.

- いま、なん時(じ)ですか。
  지금 몇 시입니까?
- 九時(くじ)　二十分(にじっぷん)です。
  9시 20분입니다.

7 핵심문법 확인문제 081~100 / 26

もんだい１（　　）に 何を 入れますか。１・２・３・４から いちばん いい ものを 一(ひと)つ えらんで ください。

1 A「いもうとさんは（　　　　）ですか。」081
B「１９さいです。」
1 なんこ　2 なんにん　3 いくつ　4 いくら

2 （　　　　）に 女(おんな)の人(ひと)が いますね。087
1 あそこ　2 どこ　3 その　4 この

3 A「きのうは（　　　　）はしりましたか。」089
B「５キロ はしりました。」
1 どうやって　2 どのぐらい　3 どうして　4 どんな

4 A「日本(にほん)の ごはんは（　　　　）ですか。」085
B「おいしいですよ。」
1 なん　2 だれ　3 どの　4 どう

5 こうばんの 右(みぎ)に きっぷうりばが ありますから、（　　　　）へ 行(い)って きっぷを 買(か)って ください。087
1 それ　2 そこ　3 あれ　4 あそこ

6 A「（　　　　）ところへ 行(い)きたいですか。」091
B「うみの ちかくが いいですね。」
1 どんな　2 どちら　3 どこ　4 どれ

7 すみません、トイレは（　　　　）ですか。088
1 どの　2 どこか　3 どなた　4 どちら

8 A「きのう 見(み)た えいがは おもしろかったですよ。」089
B「（　　　　）えいがは なんと いう えいがですか。」
1 この　2 どの　3 その　4 あの

답 1③ 2① 3② 4④ 5② 6① 7④ 8③

9 A「（　　　　）が　食(た)べたいですか。」092

B「日本(にほん)りょうりが　いいですね。」

1　だれ　　2　どこ　　3　なに　　4　どう

10 A「すずきさんは（　　　　）人(ひと)ですか。」089

B「あの　人です。」

1　どちら　　2　どれ　　3　どこ　　4　どの

11 A「あの　人(ひと)は（　　　　）ですか。」084

B「わたしの　弟(おとうと)です。」

1　どれ　　2　だれ　　3　どう　　4　いつ

12 A「それは（　　　　）の　国(くに)の　きってですか。」087

B「日本(にほん)のです。」

1　なに　　2　どれ　　3　いつ　　4　どこ

13 A「それは（　　　　）ですか。」092

B「これは　日本(にほん)の　おかしです。」

1　いつ　　2　どう　　3　なん　　4　どんな

14 A「田中(たなか)さんの　ノートは（　　　　）ですか。」090

B「その　小(ちい)さいのです。」

1　どれ　　2　どの　　3　どう　　4　なん

15 A「（　　　　）しごとを　休(やす)みましたか。」086

B「びょうきだったからです。」

1　どのぐらい　　2　どうして　　3　どこの　　4　どなたが

16 A「（　　　　）この　しゃしんを　とりましたか。」083

B「先週(せんしゅう)　とりました。」

1　いつ　　2　だれの　　3　なに　　4　どこから

답 9③　10④　11②　12④　13③　14①　15②　16①

もんだい２　＿★＿に　入（はい）る　ものは　どれですか。１・２・３・４から　いちばん　いい　ものを　一（ひと）つ　えらんで　ください。

17 A「きのうの　えいが ＿＿ ＿＿ ＿★＿ ＿＿ 。」085
B「おもしろかったですよ。」
1　か　　2　は　　3　いかが　　4　でした

18 A「この　ベッド ＿＿ ＿＿ ＿★＿ ＿＿ か。」082
B「７まんえんぐらいでしょう。」
1　いくら　　2　は　　3　ぐらい　　4　です

19 わたしが　ほしい　ちずは　どこ ＿＿ ＿★＿ ＿＿ ＿＿ 。087
1　ありません　　2　に　　3　でした　　4　も

20 A「みかん ＿＿ ＿＿ ＿★＿ ＿＿ 。」081
B「３つ　食（た）べました。」
1　を　　2　食（た）べました　　3　いくつ　　4　か

21 A「あの　かた ＿＿ ＿＿ ＿★＿ ＿＿ 。」084
B「さとうさんです。」
1　です　　2　か　　3　どなた　　4　は

답 17 ④(2341)　18 ③(2134)　19 ④(2413)　20 ②(1324)　21 ①(4312)

もんだい３ 22 から 26 に 何(なに)を 入(い)れますか。ぶんしょうの いみを かんがえて １・２・３・４から いちばん いい ものを 一(ひと)つ えらんで ください。

下(した)に ふたつの ぶんしょうが あります。

(1)

学校(がっこう)の にわに こども 22 おおぜい います。おとこのこも おんなのこも います。こどもたちの そばに いぬも います。

(2)

ここに まるい テーブルが あります。ちゃいろの 23 。テーブルの うえに きれいな 花(はな)が あります。しろい 花も あります。あかい 花も あります。花の そばに あおい りんごが あります。大(おお)きいりんごも 小(ちい)さい りんごも あります。 24 コップと さらと ナイフがあります。

あそこに ほんだなが あります。 25 に 本(ほん)が たくさん あります。 26 本も うすい 本も あります。

22

1 と　　2 に　　3 を　　4 が

23

1 テーブルます　　2 テーブルました
3 テーブルです　　4 テーブルでした

답 22 ④ 23 ③

24

1　ほかに　　2　あまり　　3　ゆっくり　　4　だんだん

25

1　ナイフ　　2　さら　　3　ほんだな　　4　コップ

26

1　さむい　　2　あつい　　3　ちかい　　4　とおい

핵심문법 다시보기

～の N5 015 ～의, 해석 없음	学校(がっこう)の　にわ 학교 정원 (3行)
～に N5 012 ～에	にわに 정원에 (3行)
～が N5 002 ～이/가	こどもが 아이가 (3行)
～も N5 019 ～도	おとこのこも 남자아이도 (3行) / おんなのこも 여자아이도 (4行)
ここ/あそこ N5 087 여기/저기	ここに 여기에 (6行) / あそこに 저기에 (10行)
연체수식(い형/な형+명사) N5 079	まるい　テーブル 둥근 테이블 (6行) / きれいな　花(はな) 예쁜 꽃 (7行) / 大(おお)きい　りんご 큰 사과 (8行) / 小(ちい)さい　りんご 작은 사과 (9行) / あつい　本(ほん) 두꺼운 책 (12行) / うすい　本(ほん) 얇은 책 (11行)
～と N5 010 ～와/과	コップと　さらと　ナイフ 컵과 접시와 칼 (9行)

답 24 ①　25 ③　26 ②

8 핵심문법 확인문제 081~100 / 26

もんだい１（　　）に 何を 入れますか。１・２・３・４から いちばん いい ものを 一つ えらんで ください。

1 A「どうぞ　はいって　ください。」093
B「では、(　　　　)。」
1 しつれいです　2 しつれいでした
3 しつれいします　4 しつれいしました

2 A「はじめまして。どうぞ　よろしく　おねがいします。」093
B「(　　　　)。」
1 おかげさまで　2 ごめんなさい
3 ごめんください　4 こちらこそ

3 A「コーヒーは、いかがですか。」093
B「はい、(　　　　)。」
1 いただきます　2 どういたしまして
3 こちらこそ　4 いらっしゃいませ

4 A「おくれて（　　　　）。」093
B「いいえ、だいじょうぶですよ。」
1 おねがいします　2 ごめんなさい
3 いらっしゃい　4 さようなら

5 A「かいぎの　へやは　４かいですね。」094
B「(　　　　)。５かいですよ。」
1 いいえ、ちがいます　2 はい、そうです
3 わかりません　4 とても　いいです

답 1③ 2④ 3① 4② 5①

6 A「きょうは　たのしかった。」093

B「わたしも。じゃ、(　　　　)。」

1　いらっしゃい　　2　こんにちは

3　さようなら　　4　はじめまして

7 A「しゅくだいは　もう　出(だ)しましたか。」094

B「いいえ。きのう　しゅくだいが　ありましたか。わたしは（　　　　）。」

1　おぼえません　　2　しって　いませんでした

3　おぼえませんでした　　4　しりませんでした

8 A「きのうは、さいふを　わすれて　こまりました。」094

B「そうですか。(　　　　)。」

1　たいへんでしたね　　2　こちらこそ

3　だいじょうぶです　　4　どう　いたしまして

9 (　　　　) とって　ください。098

1　かみが　３まい　　2　かみを　３まい

3　かみが　３まいを　　4　かみを　３まいを

10 A「あなたは　外国(がいこく)の　かたですか。」094

B「はい、(　　　　)。」

1　そうします　　2　しりません

3　そうです　　4　どういたしまして

11 山田(やまだ)「田中(たなか)さん、テレビを　けして　ください。」094

田中(たなか)「はい、(　　　　)。」

1　そうです　　2　わかります　　3　そうですか　　4　わかりました

답 6③　7④　8①　9②　10③　11④

12 A「きょうは　火(か)よう日(び)でしょう？」096
B「ちがうよ。水(すい)よう日(び)だ（　　　　）。」
1 の　　2 よ　　3 か　　4 と

13 A「ありがとうございました。」093
B「（　　　　）。」
1 おかげさまで　　2 どういたしまして
3 おねがいします　　4 どうぞ　よろしく

14 A「ちょっと　これを　見(み)て　くださいませんか。」094
B「（　　　　）。」
1 はい、ください　　2 いいえ、くださいません
3 はい、いいですよ　　4 いいえ、見ませんでした

15 A「すみませんが、その　しおを　とって　ください。」094
B「（　　　　）。」
1 いいえ、どうも　　2 はい、ください
3 いいえ、とります　　4 はい、どうぞ

16 A「つぎの　えいがは（　　　　）ですか。」100
B「1時(じ)です。」
1 何時(なんじ)から　　2 何時間(なんじかん)　　3 いくつ　　4 どのぐらい

답 12 ② 13 ② 14 ③ 15 ④ 16 ①

もんだい2 ＿★＿ に 入(はい)る ものは どれですか。1・2・3・4から いちばん いい ものを 一(ひと)つ えらんで ください。

17 あついわねえ。つめたい ジュース ＿＿ ＿★＿ ＿＿ ＿＿ 。096

1 飲(の)み　2 たい　3 わ　4 が

18 A「ゆうびんきょくの 電話(でんわ)ばんごう ＿＿ ＿＿ ＿★＿ ＿＿ 。」094

B「いいえ、しりません。」

1 います　2 を　3 しって　4 か

19 つくえの ＿＿ ＿★＿ ＿＿ ＿＿ 5さつ あります。098

1 が　2 に　3 上(うえ)　4 本(ほん)

20 A「おかし ＿＿ ＿＿ ＿★＿ ＿＿ 。」093

B「どう いたしまして。」

1 ありがとう　2 ます　3 ござい　4 を

21 A「きょうは ＿＿ ＿＿ ＿★＿ ＿＿ 。ありがとうございました。」093

B「そうですか。じゃあ、また 来(き)て くださいね。」

1 で　2 これ　3 します　4 しつれい

답 17 ①(4123) 18 ①(2314) 19 ②(3241) 20 ③(4132) 21 ④(2143)

もんだい 3 [22] から [26] に 何を 入れますか。ぶんしょうの いみを かんがえて 1・2・3・4から いちばん いい ものを 一つ えらんで ください。

マリアさんは くつやに います。店の 人と はなして います。

マリア 「その あかい くつを 見せて ください。」

店の人 「はい、[22]。」

マリア 「かるくて いいですね。[23]、少し 小さいです。もっと 大きいのは ありますか。」

店の人 「[24]。大きいのは この あおいのだけです。あかいのは ありません。」

マリア 「そうですか。ああ、あおいのも いいですね。」

店の人 「どうぞ、はいて ください。」

マリア 「ああ、これは ちょうど いいですね。山 [25] のぼる とき、はきたいんですが……。」

店の人 「その くつは とても じょうぶですから いいですよ。」

マリア 「じゃあ、[26]。」

店の人 「ありがとうございます。」

22

1 ちょっと　　2 どうも　　3 よろしく　　4 どうぞ

23

1 さあ　　2 では　　3 また　　4 でも

답 22 ④　23 ④

24

1　すみません　　2　ちがいます
3　しりません　　4　おかげさまで

25

1　が　　2　に　　3　や　　4　で

26

1　それは　くつですか　　2　どうですか
3　これを　おねがいします　　4　くつが　いいです

핵심문법 다시보기

〜てください N5 064 ~해 주세요	くつを　見(み)せて　ください 신발을 보여주세요 (2行)
	どうぞ、はいて　ください 자, 신으세요 (9行)
초급회화 N5 094	はい、どうぞ 예, 여기 있습니다 (3行)
〜(い형)くて N5 026 ~하고, ~해서	かるくて　いいですね 가볍고 좋네요 (4行)
인사말 N5 093	すみません 미안합니다 (6行)
〜だけ N5 008 ~뿐, ~만	あおいのだけです 파란 것뿐입니다 (6行)
〜のだ・〜んだ N4 097 ~인 것이다	はきたいんですが 신고 싶은데요 (11行)
〜から N5 005 ~하니까	じょうぶですから 튼튼하니까 (12行)
〜よ N5 096 ~요	いいですよ 좋아요 (12行)
인사말 N5 093	おねがいします 부탁합니다 (13行)
인사말 N5 093	ありがとうございます 고맙습니다 (14行)

답 24 ① 25 ② 26 ③

제4장

독해 공략편

01 독해 요령 알아두기
02 문제 유형 공략하기

01 독해 유형 알아두기

1 문제 유형별 독해 포인트

JLPT(일본어 능력시험) N5 독해는 내용 이해(단문 · 중문), 정보 검색 총 3가지 문제 유형이 출제된다.

❶ 내용 이해(단문)

주로 학습, 생활, 업무 등과 관련된 다양한 화제나 장면을 쉽게 새로 쓴 80자 정도의 지문을 읽고 내용을 이해했는지를 묻는다. 주로 글의 전체 주제를 묻는 문제나 저자의 주장이나 생각을 묻는 문제, 문맥을 파악하는 문제 등의 형태로 출제된다.

❷ 내용 이해(중문)

일상적인 화제나 장면을 소재로 쉽게 새로 쓴 250자 정도의 지문을 읽고 내용을 이해했는지를 묻는다. 주로 문장의 개요나 필자의 생각, 인과관계나 이유 등을 묻는 문제가 출제되기 때문에, 지문의 각 단락이 말하고자 하는 내용이 무엇인지를 파악하는 것이 중요하다.

❸ 정보 검색

이번에 새롭게 추가된 문제 유형으로 안내나 통지 등의 250자 정도의 정보를 다룬 지문에서 자신에게 필요한 정보를 찾아낼 수 있는지를 묻는 문제이다. 정보를 주는 문장의 경우, 읽는 목적에 따라 필요한 부분만을 찾아서 읽으면 된다. 따라서 먼저 문제지의 질문과 선택지를 읽고 필요한 정보가 무엇인지 파악하는 것이 중요하다.

2 질문 유형별 독해 포인트

JLPT(일본어 능력시험) N5 독해에서 출제되는 3가지 문제 유형에는 주로 전체 지문의 내용을 묻는 문제, 문맥을 파악하는 문제, 밑줄 친 부분의 의미를 찾는 문제, 필자의 생각이나 주장을 묻는 문제 등 다양한 유형의 질문 형태가 있다.

❶ 내용 파악 문제

지문의 전체적인 내용을 파악하는 문제로, 내용 이해(단문·중문), 정보 검색 등의 문제 유형에서 출제된다. 문제 유형별로 문제 푸는 요령이 조금씩 다른데, 내용 이해의 경우는 먼저 선택지를 읽고 난 후 본문의 내용과 비교하여 선택지를 지워가면서 문제를 푼다. 그리고 정보 검색의 경우는 질문이 먼저 나오고 지문이 나오므로, 먼저 질문을 읽고 난 다음 질문에서 요구하는 정보를 텍스트에서 파악해야 한다.

❷ 의미 파악 문제

밑줄 친 부분에 대한 의미를 찾는 문제로, 주로 내용 이해(단문·중문)의 문제 유형에서 출제된다. 밑줄 친 부분의 말의 의미를 확실히 이해한 다음, 앞뒤 문맥을 잘 살펴본다.

❸ 필자 관련 문제

필자의 생각이나 주장을 묻는 문제로, 주로 내용 이해(단문·중문)의 문제 유형에서 출제된다. 필자의 주장을 묻는 경우는 단락이 하나일 경우는 첫 문장과 마지막 문장, 단락이 두 개 이상일 경우는 마지막 단락을 주의해서 읽는다. 필자가 가장 말하려고 하는 주장, 의견, 요점을 나타낸 키워드를 찾는다.

02 문제 유형 공략하기

1 もんだい 4 내용 이해 - 단문

| 문제 유형&경향 분석 |

もんだい 4은 내용 이해(단문) 문제로, 주로 학습, 생활, 업무 등과 관련된 다양한 화제나 장면을 쉽게 새로 쓴 80자 정도의 지문을 읽고 내용을 이해했는지를 묻는다. 문제 수는 독해 전체 5문제 중 2문제가 출제된다. 총 2개의 지문이 나오고, 각 지문 당 1문제가 출제된다.
주로 글의 전체 주제를 묻는 문제나 저자의 주장이나 생각을 묻는 문제, 문맥을 파악하는 문제 등의 형태로 출제된다. 전체 독해 문제 중에서 지문이 짧은 편이기 때문에 저자의 주장이나 의견, 전체 지문의 요점을 나타낸 키워드나 문장을 빨리 파악하는 것이 문제를 푸는 키워드이다.

문제 유형 예시

もんだい 4　つぎの　(1)から　(2)の　ぶんしょうを　読んで、　しつもんに　こたえて　ください。こたえは、　1・2・3・4から　いちばん　いい　ものを　一つ　えらんで　ください。

(1)

わたしは　今日、友だちと　買い物に　行きました。3か月前に　見た　えいがの　ＤＶＤが　ほしかったからです。買った　ＤＶＤは、友だちや　姉と　いっしょに　見ます。

27　「わたし」は　今日、何を　しましたか。

1　友だちと　えいがを　見に　行きました。
2　友だちと　ＤＶＤを　買いに　行きました。
3　姉と　えいがを　見に　行きました。
4　姉と　ＤＶＤを　買いに　行きました。

れいだい　つぎの　ぶんしょうを　読んで　しつもんに　こたえて　ください。
こたえは　1・2・3・4から、いちばん　いい　ものを　一つ　えらんで　ください。

中村さんが　山田先生に　手紙を　書きました。

> 山田先生へ
>
> きのう　先生から　借りた　本を　返します。とても　おもしろかったです。あした、もう　一冊の　本も　返します。
>
> ありがとうございます。
>
> 中村より

1 中村さんは　いつ　本を　借りましたか。

1　きのう
2　きょう
3　あした
4　あさって

해석 및 해설

해석

나카무라 씨가 야마다 선생님께 편지를 썼습니다.

야마다 선생님께

어제 선생님으로부터 빌린 책을 돌려 드립니다. 매우 재미있었습니다. 내일 다른 1권의 책도 돌려 드리겠습니다.
감사합니다.

나카무라로부터

1 **나카무라 씨는 언제 책을 빌렸습니까?**

1 어제
2 오늘
3 내일
4 모레

해설

나카무라 씨가 야마다 선생님으로부터 언제 책을 빌렸는지를 묻고 있다. 편지의 앞 부분에 어제 선생님으로부터 빌린 책을 돌려 드린다고 했으므로, 정답은 선택지 1번이 된다.

실전 연습하기　내용 이해 - 단문　/ 15

もんだい４ つぎの　ぶんしょうを　読んで　しつもんに　こたえて　ください。
こたえは　１・２・３・４から、いちばん　いい　ものを　一つ　えらんで　ください。

これは、先生から　学生への　お知らせです。

> えんそくの　お知らせです。１２日の　えんそくは、現在　近づいて　きて　いる　台風　１３号のため、１４日に　変わりました。そのため、１２日は　学校で　授業を　行います。みなさん、１２日は　授業の　準備を　して　きて　ください。えんそくに　行くのは　１４日ですので　まちがえないように　しましょう。

1　１２日の　えんそくは、どうして　中止に　なりましたか。

1　台風が　くるから

2　授業を　するから

3　えんそくの　準備を　するから

4　授業の　準備を　するから

わたしは　きょう、3か月前から　予約を　して　いた　新しい　スマホを　買いに　行きました。妹は　わたしよりも　遅く　予約を　したので、一緒に　買えませんでしたが、新しい　スマホを　見て　みたいからと　一緒に　買いに　行きました。ストアには　スマホの　ほかにも　新しい　パソコンも　ありました。パソコンも　いつか　買いたいです。

2　「わたし」は　きょう、何を　しましたか。

1　わたしの　スマホを　買いに　行きました

2　妹の　スマホを　買いに　行きました。

3　わたしの　パソコンを　買いに　行きました。

4　妹の　パソコンを　買いに　行きました。

田中さんに　メールが　きました。

あしたの　会議ですが、３０１の　部屋から　３０４の　部屋に　変わりました。

３０２や　３０３の　部屋でも　別の　会議が　ありますので、まちがえないで　ください。

3 会議は　どの　部屋で　しますか。

1　３０１の　部屋

2　３０２の　部屋

3　３０３の　部屋

4　３０４の　部屋

先生が　ジョンさんへ　送った　メールです。

ジョンさん
今週は　仕事が　いそがしいです。土よう日も　日よう日も　仕事を　します。
来週の　火よう日に　来て　ください。

4 先生は　いつ　時間が　ありますか。

1　今週
2　土よう日
3　日よう日
4　来週の　火よう日

きょうは　９月１５日です。きのうは　アンナさんの　たんじょうびでした。わたしたちは　アンナさんの　アパートで　ごはんを　食べてから　ゲームを　して　遊びました。とても　たのしかったです。

5 あしたは　なんにちですか。

1　９月１４日
2　９月１５日
3　９月１６日
4　９月１７日

もうすぐ　4月です。4月には　高校の　入学式が　あります。
中学校の　友だちと　わかれて　少し　さびしいですが、あたらしい　友だちも　できるので　楽しみです。
友だちが　できたら　いっしょに　ゆうえんちに　遊びに　行きたいです。

6 ぶんについて　ただしいのは　どれですか。

1 友だちと　いっしょに　ゆうえんちに　遊びに　行きました。
2 あたらしい　友だちが　たくさん　できました。
3 4月は　高校の　入学式が　あります。
4 4月に　中学校の　卒業式が　ありました。

はじめまして、田中です。
ぼくは　東京大学の　4年生です。
きょねんまでは　サークル活動を　しましたが、今年からは　しゅうしょく活動を　して　います。できれば　銀行で　働きたいです。
がんばります。

7 ぶんについて　ただしいのは　どれですか。

1 田中さんは　大学を　卒業しました。
2 田中さんは　今、サークル活動を　して　います。
3 田中さんは　今、しゅうしょく活動を　して　います。
4 田中さんは　銀行で　働いて　います。

きょう　3月3日は　「ひなまつり」です。
ひなまつりは　女の子の　日です。男の子の　日も　あります。5月5日です。
ひなまつりには　ひなにんぎょうという　にんぎょうを　かざったり、おいしい食べものを　食べたり　します。

8　「ひなまつり」は　どんな　日ですか。

1　男の子の　ための　日です。
2　女の子の　ための　日です。
3　ひなにんぎょうという　にんぎょうを　女の子に　プレゼントする　日です。
4　おいしい　食べものを　作って　かぞく　みんなで　遊びに　行く　日です。

来週、クラスの　みんなと　郵便局の　見学に　行きます。午後から　行くのでお弁当は　いらなかったのですが、午前　10時に　時間が　変わったので　お弁当を　準備しなければ　なりません。

9　ぶんについて　ただしいのは　どれですか。

1　来週、一人で　郵便局の　見学に　行きます。
2　クラスの　人と　郵便局の　見学を　するのは　来週です。
3　あしたの　10時に　郵便局の　見学を　します。
4　午後から　郵便局の　見学を　しに　行きます。

(水村さんが　山田さんへ　送った　メールです。)

山田さん。電車が　遅れて　いるため　約束の　9時２０分より　１０分ぐらい遅れます。9時３０分には　新宿駅に　着く　予定です。
すみませんが　もう少し　待って　ください。

10 水村さんは　何時に　着きますか。

1　9時
2　9時１０分
3　9時２０分
4　9時３０分

あしたから　かぞく　みんなで　インドネシアに　遊びに　行きます。ひこうきのチケットは　２か月まえに　予約したので　安く　買う　ことが　できました。
１週間、ゆっくり　休んで　来たいです。

11 インドネシアから　いつ　戻って　来ますか。

1　あした
2　１週間まえ
3　１週間ご
4　２か月まえ

え～　みなさん。きょうの　れんしゅうは　これで　終わりです。あさってが　しあいですから　あしたの　れんしゅうは　午前だけ　します。しあいが　終わった日には　みんなで　ごはんを　食べに　行く　予定です。

12 しあいは　いつですか。

1 きょう
2 あした
3 あさって
4 しあさって

来週、クラスの　みんなと　お花見を　します。みんなで　おすしや　ピザなどの食べものを　注文するので　お弁当を　作らなくても　いいです。飲みものは自分で　よういして　ください。

13 ぶんについて　ただしいのは　どれですか。

1 お弁当は　作りません。
2 飲みものは　いりません。
3 おすしを　買って　行きます。
4 きょう　電話で　ピザを　注文します。

わたしの　名前(なまえ)は　エミリーです。アメリカから　来(き)ました。
わたしは　今(いま)、日本語学校(にほんごがっこう)で　日本語(にほんご)の　べんきょうを　して　います。クラスの　ともだちと　なかが　いいです。
先週(せんしゅう)は　みんなで　お台場(だいば)に　行(い)って　来(き)ました。

14　エミリーは　どの　国(くに)から　来(き)ましたか。

1　アメリカ
2　アフリカ
3　日本(にほん)
4　お台場(だいば)

大山中学校(おおやまちゅうがっこう)は　わたしの　家(いえ)の　となりに　あります。
学校(がっこう)の　たてものは　きょねん　新(あたら)しく　なりました。前(まえ)は　たてものが　ちいさかったのですが、今(いま)は　大(おお)きいです。

15　大山中学校(おおやまちゅうがっこう)について　ただしいのは　どれですか。

1　大山中学校(おおやまちゅうがっこう)は　ゆうびんきょくの　となりに　あります。
2　大山中学校(おおやまちゅうがっこう)は　きょねん　なくなりました。
3　新(あたら)しい　たてものですが、そんなに　大(おお)きくないです。
4　新(あたら)しい　たてものですが、そんなに　小(ちい)さくないです。

2 もんだい 5 내용 이해 - 중문

| 문제 유형&경향 분석 |

もんだい 5는 내용 이해(중문) 문제로, 일상적인 화제나 장면을 소재로 쉽게 쓴 250자 정도의 지문을 읽고 내용을 이해했는지를 묻는다. 문제 수는 독해 전체 5문제 중 2문제가 출제되고, 1개의 지문이 나온다.

주로 글의 개요나 필자의 생각, 인과관계나 이유 등을 문제가 출제되기 때문에, 지문의 각 단락이 말하고자 하는 내용이 무엇인지를 파악하는 것이 중요하다. 글의 주제나 저자의 생각은 주로 마지막 단락에서 정리가 되므로 주의 깊게 파악한다. 인과관계나 이유를 묻는 문제의 경우는 주로 밑줄 친 부분의 문장의 앞뒤 문맥을 잘 살펴서 문제를 풀어야 한다.

문제 유형 예시

もんだい 5　つぎの　ぶんしょうを　読(よ)んで、しつもんに　こたえて　ください。こたえは、1・2・3・4から　いちばん　いい　ものを　一(ひと)つ　えらんで　ください。

きのうの　夜(よる)は　おそくまで　しごとを　しました。とても　つかれました。しごとの　あと、電車(でんしゃ)で　帰(かえ)りました。

家(いえ)の　近(ちか)くの　駅(えき)で　電車(でんしゃ)を　おりました。外(そと)は　雨(あめ)でしたが、わたしは　かさが　ありませんでした。とても　こまりました。

駅(えき)の　人(ひと)が　わたしを　見(み)て、「あの　はこの　中(なか)の　かさを　使(つか)って　ください。」と　言(い)いました。はこの　中(なか)には　かさが　3本(ぼん)　ありました。

わたしは　「えっ、いいんですか。」と　聞(き)きました。

駅(えき)の　人(ひと)は　「あれは　『みんなの　かさ』です。お金(かね)は　いりません。あした、あの　はこに　かえして　ください。」と　言(い)いました。

わたしは　「わかりました。ありがとうございます。」と　言(い)って、かさを　かりて　帰(かえ)りました。

30　どうして　こまりましたか。

1　おそい　時間(じかん)に　駅(えき)に　着(つ)いたから

2　しごとが　たくさん　あったから

3　とても　つかれたから

4　かさが　なかったから

실전 감각 익히기　내용 이해 - 중문

れいだい　つぎの　ぶんしょうを　読んで　しつもんに　こたえて　ください。こたえは　1・2・3・4から、いちばん　いい　ものを　一つ　えらんで　ください。

> 日本語学校に　通って　いる　外国人たちに、日本の　中で　いちばん　好きな　ところは　どこなのかを　聞きました。
>
> 一位は、さくらが　きれいで　日本の　イメージに　いちばん　近い　「きょうと」でした。二位は、日本の　映画　「ラブレター」の　撮影場所としても　ゆうめいで、オーストラリア人や　韓国人に　とても　にんきの　ある　「ほっかいどう」でした。三位に　「よこはま」と　答えた　人が　おおかったです。
>
> この　ほかにも、おんせんで　ゆうめいな　「はこね」や、東京で　いちばん　ゆうめいな　ところである　「しんじゅく」、また　「東京ディズニーランド」と　答えた　人も　いました。

1　「しんじゅく」は　どのような　ところですか。

1　日本の　イメージに　いちばん　近い　ところです。

2　おんせんで　ゆうめいな　ところです。

3　外国人に　とても　にんきの　ある　ところです。

4　東京の　中で　いちばん　ゆうめいな　ところです。

2　ぶんについて　ただしいのは　どれですか。

1　一位は　オーストラリア人や　韓国人に　にんきの　ある　「きょうと」です。

2　日本の映画　「ラブレター」の　撮影場所として　ゆうめいなのは　「ほっかいどう」です。

3　おんせんで　ゆうめいな　「はこね」は　三位です。

4　「東京ディズニーランド」と　答えた　人が　いちばん　おおかったです。

해석 및 해설

해석

일본어 학교에 다니고 있는 외국인들에게 일본 내에서 가장 좋아하는 곳은 어디인지를 물었습니다.

1위는 벚꽃이 아름답고 일본의 이미지에 가장 가까운 '교토'였습니다. 2위는 일본 영화 '러브레터'의 촬영 장소로서 유명하고, 오스트레일리아인이나 한국인에게 굉장히 인기가 있는 '홋카이도'였습니다. 3위는 '요코하마'라고 대답한 사람이 많았습니다.

이 외에도 온천으로 유명한 '하코네'나 도쿄에서 가장 유명한 곳인 '신주쿠', 또 '도쿄 디즈니랜드'라고 대답한 사람도 있었습니다.

1 '신주쿠'는 어떤 곳입니까?

1 일본의 이미지에 가장 가까운 곳입니다.
2 온천으로 유명한 곳입니다.
3 외국인에게 굉장히 인기가 있는 곳입니다.
4 도쿄 중에서 가장 유명한 곳입니다.

2 글에 대해서 맞는 것은 어느 것입니까?

1 1위는 오스트레일리아인이나 한국인에게 인기가 있는 '교토'입니다.
2 일본 영화 '러브레터'의 촬영 장소로서 유명한 곳은 '홋카이도'입니다.
3 온천으로 유명한 '하코네'는 3위입니다.
4 '도쿄 디즈니랜드'라고 대답한 사람이 가장 많았습니다.

해설

〈질문 1〉은 밑줄 친 신주쿠가 어떤 곳인지를 묻고 있다. 마지막 단락에서 도쿄에서 가장 유명한 곳이 신주쿠라고 했으므로 선택지 4번이 정답이 된다.

〈질문 2〉는 이 글에 대해서 맞게 말한 것이 어느 것인지를 묻는, 전체 내용을 파악하는 문제이다. 선택지 1번은 1위가 오스트레일리아인이나 한국인에게 인기가 있는 '교토'라고 했는데, 오스트레일리아인이나 한국인에게 인기가 있는 곳은 2위인 홋카이도라고 했으므로 틀리고, 선택지 2번은 일본 영화 '러브레터'의 촬영 장소로서 유명한 곳이 '홋카이도'라고 했는데, 두 번째 단락에서 2위인 홋카이도를 설명할 때 말했기 때문에 정답이 된다. 선택지 3번은 온천으로 유명한 '하코네'가 3위라고 했는데, 3위는 요코하마라고 했으므로 틀리다. 선택지 4번은 '도쿄 디즈니랜드'라고 대답한 사람이 가장 많았다고 했는데, 1위는 교토라고 했으므로 틀리다.

실전 연습하기 | 내용 이해 - 중문 | / 22

もんだい５　つぎの　ぶんしょうを　読んで　しつもんに　こたえて　ください。こたえは　１・２・３・４から、いちばん　いい　ものを　一つ　えらんで　ください。

日本には、成人式が　あります。成人式とは、２０歳に　なった　人たちを　集めて、大人に　なった　ことを　祝う　イベントです。
成人式には、女性は　着物を　着て、男性は　スーツや　着物を　着ます。日本では　この　成人の日に　講演会や　パーティーを　開いたり、プレゼントを　贈ったり　します。また、友だちや　家族と　写真も　たくさん　撮ります。
昔は　毎年　１月１５日に　成人式を　して　いましたが、２０００年からは　毎年　１月の　第２月曜日に　成人式を　します。月曜日ですが、日本では　成人式の　ある　成人の日は　休日です。

1 成人の日に　しない　ことは　何ですか。

1 博物館へ　行きます。
2 友だちと　写真を　撮ります。
3 着物や　スーツを　着ます。
4 プレゼントを　贈ります。

2 成人式は　いつ　しますか。

1 毎年　１月１０日
2 毎年　１月１５日
3 毎年　１月の　第１月曜日
4 毎年　１月の　第２月曜日

5月9日　　　　　　　　　　はじめての　スカイツリー

きょうは　母と　弟と　３人で　スカイツリーに　行ってきました。父は　仕事で　一緒に　行けませんでした。スカイツリーの　チケットは、きのう　ホームページで　買いました。おかげで、スカイツリーの　中に　すぐ　入る　ことができました。でも、スカイツリーの　中は　人が　たくさん　いました。展望デッキの　チケット売り場では　いろんな　国の　言葉を　聞きました。スカイツリーには　日本人の　ほかにも、世界中の　人たちが　集まってくる　ところだと　感じました。エレベーターに　乗って　展望デッキに　行きました。展望デッキで　見る　昼の　東京は　本当に　きれいでした。

3　この　人は　何人家族ですか。

1　３人家族
2　４人家族
3　５人家族
4　６人家族

4　ぶんについて　ただしいのは　どれですか。

1　夜の　スカイツリーは　とても　きれいでした。
2　エスカレーターに　乗って　展望デッキに　行きました。
3　５月８日に　ホームページで　チケットを　買いました。
4　家族　みんなで　スカイツリーに　行きました。

　きのうは　夜おそくまで　仕事を　しました。仕事が　終わって　家に　帰るとき、きゅうに　雨が　ふって　来ました。わたしは　かさを　もって　いなかったので　こまりました。でも、電車を　おりた　駅で　かさを　借りる　ことが　できました。かさの　借り方は　スマートフォンに　「えきかさ」という　アプリケーションを　ダウンロードするだけなので　簡単でした。料金は　最初の　月だけ　むりょうなので　きのうは　タダでした。来月からは　一日　９０円で　借りる　ことが　できます。かさを　返さないと　８６４円が　かかるので、きょうは　借りた　かさを　返しに　行きます。かさは　借りた　駅じゃなくても　返す　ことが　できるので　近くの　駅に　行きます。

5 この　人は　きのう　どうして　こまりましたか。

1　かさを　もって　いなかったから
2　仕事が　たくさん　あったから
3　仕事が　終わらなかったから
4　帰りの　電車が　なくなって　いたから

6 きょうは　何を　しますか。

1　かさを　借りた　駅に　かさを　返しに　行きます。
2　近くの　駅に　かさを　返しに　行きます。
3　かさを　借りた　駅に　お金を　はらいに　行きます。
4　近くの　駅に　お金を　はらいに　行きます。

山本先生、お元気ですか。わたしは　元気です。

この前、中学校の　友だちと　きれいな　カフェに　行きました。お店の　中は　たくさんの　絵が　ありました。その　中でも、ゴッホの　「夜の　テラス」という　絵が、とても　きれいでした。ゴッホの　ほかにも、ミレーや　マネ、それから　ルノワールの　絵も　飾って　ありました。カフェじゃなく、まるで　美術館にでも　行ったような　気持ちに　なりました。すてきな　絵を　見ながら　飲んだ　コーヒーも　すごく　おいしかったです。今度は　先生と　一緒に　行きたいです。では　また、はがきを　送ります。先生、お元気で。

7　「夜のテラス」は　誰の　絵ですか。

1　ミレー
2　ルノワール
3　ゴッホ
4　マネ

8　この　人が　行った　カフェは　どんな　カフェですか。

1　いろいろな　絵が　たくさん　ある　きれいな　カフェ
2　ゴッホの　絵だけ　飾って　ある　きれいな　カフェ
3　テラスで　コーヒーが　飲める　きれいな　カフェ
4　美術館の　中に　ある　きれいな　カフェ

　とうとう　あしたは　フランス旅行に　行く　日です。
　フランスには　会社の　ともだちと　三人で　行きます。いま、とても　どきどきして　眠れません。
　わたしたちは　フランスに　着いてから　まず、エッフェルとうに　行く　よていです。その　つぎに　ベルサイユきゅうでんにも　行きます。そこで　写真も　たくさん　とりたいです。あと、いろいろな　美術館に　行って　ゆうめいな　絵も　たくさん　見て　来たいです。その　中でも　オルセー美術館には　絶対に　行きたいです。
　それと、フランスで　本場の　フランス料理も　かならず　食べたいです。ゆうめいな　パン屋さんにも　行く　よていなので　とても　楽しみです。

9 この　人は　いま　何を　して　いますか。

1　オルセー美術館について　調べて　います。
2　フランスの　エッフェルとうに　行く　よていです。
3　とても　どきどきして　眠れないで　います。
4　フランス料理を　食べて　います。

10 エッフェルとうに　行った　つぎに　何を　する　よていですか。

1　オルセー美術館に　行く　よていです。
2　ベルサイユきゅうでんに　行く　よていです。
3　フランス料理を　食べに　行く　よていです。
4　ゆうめいな　パン屋さんに　行く　よていです。

来月の　終わりに　松本さんの　結婚式が　あります。
松本さんは　日本人ですが　相手は　イギリス人です。国際結婚なので　結婚式を日本と　イギリスとで　二回　します。ぼくは　日本で　する　結婚式の　方に行く　よていです。
二人は　日本でも　イギリスでも　ない　オーストラリアで　会いました。松本さんは　英語の　べんきょうを　しに　オーストラリアに　行って、そのあと　また旅行で　オーストラリアに　行きました。二人は　オーストラリアで　出会ってすぐに　恋人に　なりました。そして　こうやって　結婚まで　するのです。ぼくは　二人が　とても　うらやましいです。

11 松本さんは　どうして　オーストラリアに　行きましたか。

1　英語の　べんきょうを　しに　行きました。
2　彼女と　旅行を　しに　行きました。
3　国際結婚を　しに　行きました。
4　二回目の　結婚式を　しに　行きました。

12 ぶんについて　ただしいのは　どれですか。

1　松本さんと　彼女は　イギリスで　出会って、オーストラリアで　結婚式を　します。
2　松本さんは　来月の　終わりに　彼女と　オーストラリアに　行きます。
3　この　男の人は、日本で　する　方の　松本さんの　結婚式に　行きます。
4　松本さんの　結婚式は　イギリスでしか　しないので、この　男の人は　結婚式に　行けません。

２０１９年　１０月１日から　日本の　郵便料金が　変わりました。手紙を　送る　ときに　使う　８２円の　切手は　８４円に　なりました。６２円だった　はがきは　６３円に　なりました。手紙の　値上げは　２０１４年　４月から　５年半ぶりです。はがきは　２０１７年　６月に　５２円から　６２円に　値上げしてから　２年４か月ぶりに　なります。切手は　新しく　変わりましたが、今まで　使って　いた　８２円の　切手や　６２円の　切手は　郵便局で　売って　いる　1円　切手や　2円　切手を　一緒に　貼ることで　今までどおりに　使えます。

13 ８４円の　切手は　今までは　いくらでしたか。

1　８０円

2　８１円

3　８２円

4　８３円

14 はがきの　料金が　６２円に　変わったのは　いつですか。

1　２０１４年

2　２０１５年

3　２０１６年

4　２０１７年

大学時代の　テニス部の　ともだちが、おととい　足を　けがして、いま　中央病院に　入院して　います。

きのう　大学の　ともだちと　みんなで　花束を　買って　お見舞いに　行って　きました。彼は　さいわいにも　軽い　けがだったので、あと　１週間ぐらい　すれば　退院できると　言って　いました。

彼と　わたしは、きのう　１か月ぶりに　会ったので　いっしょに　いろいろな　話を　したかったのですが、お見舞いに　来た　人が　多かったので　すぐに　別れました。その　かわり　退院した　あとで、また　会う　やくそくを　しました。

次に　会う　時には　足も　なおって　元気な　すがたで　会いたいです。

15 この　人は　いつ　お見舞いに　行きましたか。

1　１週間前

2　おととい

3　きのう

4　きょう

16 この　人は　なぜ　入院した　人と　すぐに　別れましたか。

1　入院した　人が　退院して　足が　なおってから　会いたかったからです。

2　入院した　人の　お見舞いに　来た　人が　多かったからです。

3　入院した　人の　足の　けがが　思ったよりも　軽かったからです。

4　入院した　人が　あと　１週間で　退院するからです。

こんにちは。わかばデパート　新入社員の　大月りなです。
今年の　３月から　働いて　います。この　デパートで　仕事を　はじめて　もう　２週間が　過ぎました。少しずつですが、仕事にも　会社にも　ようやく　慣れてきました。
きょうは、わたしよりも　１年　早く　この　デパートで　働きはじめた　田村せんぱいに、ポイントカードを　作る　方法を　習いました。ポイントカードを　作る　方法は　思ったよりも　かんたんだったので　わたしは　すぐに　おぼえました。デパートの　仕事について　まだまだ　分からない　ことが　たくさん　ありますが、いっしょうけんめい　べんきょうして、少しでも　早く　一人前に　なれるように　がんばります。

17 この　人は　働いてから　どのくらい　たちますか。

1　１か月ぐらいです。
2　３か月ぐらいです。
3　１週間ぐらいです。
4　２週間ぐらいです。

18 ぶんに　ついて　ただしいのは　どれですか。

1　大月さんは　きょう、田村せんぱいに　ポイントカードを　作る　方法を　習いました。
2　大月さんは　わかばデパートの　新入社員で、仕事を　はじめて　１か月が　たちました。
3　田村さんは　大月さんよりも　１か月も　早く　デパートで　働いて　いる　せんぱいです。
4　ポイントカードを　作る　方法は　むずかしかったので、あした　また　習います。

きょうの　日本語学校の　授業は　とても　むずかしかったです。

きょう　習ったのは　日本語の　読み書きです。わたしは　日本語会話は　とくいなので、会話の　授業は　たのしいのですが、読み書きの　授業は　きらいです。読み書きの　中でも　読むのは　まだ　大丈夫ですが、日本語の　漢字は　いろいろ　あって　書くのが　ほんとうに　大変です。

日本語には　なぜ　ひらがな・カタカナ・漢字の　３つも　あるのかが　気に　なります。ひらがなと　カタカナは　かんたんなのに、漢字は　ほんとうに　むずかしいです。どうしたら　もっと　漢字が　とくいに　なれるでしょうか。早く　日本語の　漢字も　とくいに　なりたいです。

19　この　人は　何の　授業が　きらいですか。

1　ひらがな・カタカナの　授業です。
2　カタカナ・漢字の　授業です。
3　日本語会話の　授業です。
4　読み書きの　授業です。

20　ぶんについて　ただしいのは　どれですか。

1　この　人が　とくいなのは　日本語の　会話です。
2　日本語には　ひらがなと　カタカナと　漢字が　ありますが、漢字は　かんたんです。
3　日本語の　読み書きの　授業が　ほんとうに　たのしいです。
4　きのうは　日本語の　読み書きを　習いました。

きょうは　近所の　しょうてんがいで　なつまつりが　あるという　ことで、高校の　ともだちと　みんなで　行って　きました。おまつりと　いえば　やっぱり屋台が　思い浮かびます。ぼくたちは　やきそばや　たこやきを　食べて、それから　また　チョコバナナも　食べました。

おなか　いっぱいに　なった　その　時に　女の子たちが　やって　来ました。女の子たちは　ぼくたちとは　ちがって、みんな　ゆかたを　着て　きました。みんな　とても　かわいかったです。みんな　そろった　ところで　ぼくたちは　おまつりの　ハイライトである　花火を　見に　行きました。今年の　なつまつりも　いい　思い出に　なって　ほんとうに　よかったです。

21 おまつりに　誰が　ゆかたを　着て　きましたか。

1 男の子たちだけ　ゆかたを　着て　きました。

2 女の子たちだけ　ゆかたを　着て　きました。

3 男の子たちも　女の子たちも　ゆかたを　着て　きました。

4 男の子たちも　女の子たちも　ゆかたを　着て　きませんでした。

22 この　おまつりで　男の子たちが　食べなかった　ものは　どれですか。

1 やきそば

2 チョコバナナ

3 たこやき

4 おこのみやき

3 もんだい 6 **정보 검색**

| 문제 유형&경향 분석 |

もんだい 6는 정보 검색 문제로, 안내나 통지 등의 250자 정도의 정보를 다룬 지문에서 자신에게 필요한 정보를 찾아낼 수 있는지를 묻는 문제이다. 문제 수는 독해 전체 5문제 중 1문제이고 지문의 수는 1개이다.
정보를 주는 문장의 경우, 처음부터 끝까지 꼼꼼히 읽고 이해하는 것이 아니라 읽는 목적에 따라 필요한 부분만을 찾아서 읽으면 된다. 문제 역시 질문이 먼저 나오고 그 뒤에 지문이 온다. 따라서 먼저 문제지의 질문과 선택지를 읽고 필요한 정보가 무엇인지 파악하는 것이 중요하다.

문제 유형 예시

もんだい６　右(みぎ)の　ページを　見(み)て、下(した)の　しつもんに　こたえて　ください。こたえは、１・２・３・４から　いちばん　いい　ものを　一(ひと)つ　えらんで　ください。

32 あらきやで　トイレットペーパーと　にくと　やさいを　同(おな)じ　日(ひ)に　買(か)いたいです。いつが　安(やす)いですか。

1　6月(がつ)11日(にち)（月(げつ)）と　12日(にち)（火(か)）
2　6月(がつ)13日(にち)（水(すい)）と　14日(か)（木(もく)）
3　6月(がつ)15日(にち)（金(きん)）と　16日(にち)（土(ど)）
4　6月(がつ)17日(にち)（日(にち)）と　18日(にち)（月(げつ)）

실전 감각 익히기 | 정보 검색

れいだい　つぎの　ページは、「こども　英語　スピーチコンテスト」の　ポスターです。
つぎの　ぶんを　読んで、しつもんに　こたえて　ください。こたえは
1・2・3・4から、　いちばん　いい　ものを　一つ　えらんで　ください。

今年から　始まる　「第１回　こども　英語　スピーチコンテスト」に　わたしの　妹が　参加します。こども　英語　スピーチコンテストの　もうしこみは　１１月１日から　始まりました。わたしの　妹は　しめきり　前の　日の　２０日に　もうしこみました。妹は　来月の　１２月１４日に　ある　コンテストに　むけて、今から　いっしょうけんめい　練習する　よていです。

1　「こども　英語　スピーチコンテスト」に　もうしこんだ　日にちは　何よう日ですか。

1　土よう日
2　日よう日
3　月よう日
4　火よう日

第１回

こども 英語 スピーチコンテスト

５才～１３才まで

- もうしこみ受付(うけつけ)きかん
  ２０２１年１１月１日(月)～２０２１年１１月２１日(日)
- コンテストの　日(ひ)にち
  ２０２１年１２月１４日(火)
- 時間(じかん)
  あさ　９時(じ)から 始(はじ)まります。
  午後(ごご)　３時(じ)に 授賞式(じゅしょうしき)を 行(おこな)います。

해석 및 해설

해석

올해부터 시작하는 '제1회 어린이 영어 스피치 콘테스트'에 제 여동생이 참가합니다. 어린이 영어 스피치 콘테스트의 신청은 11월 1일부터 시작했습니다. 제 여동생은 마감 전날인 20일에 신청했습니다. 여동생은 다음 달 12월 14일에 있는 콘테스트를 위해 지금부터 열심히 연습할 예정입니다.

제 1 회
어린이 영어
스피치 콘테스트
5살~13살까지

- 신청 접수 기간
  2021년 11월 1일(월)~2021년 11월 21일(일)
- 콘테스트 날짜
  2021년 12월 14일(화)
- 시간
  오전 9시부터 시작합니다.
  오후 3시에 수상식을 거행합니다.

1 **'어린이 영어 스피치 콘테스트'에 신청한 날짜는 무슨 요일입니까?**

1 토요일
2 일요일
3 월요일
4 화요일

해설

〈질문〉은 여동생이 '어린이 영어 스피치 콘테스트'에 신청한 날짜가 무슨 요일인지를 묻고 있다. 포스터에는 신청 접수 기간이 11월 1일(월요일)부터 11월 21일(일요일)까지라고 써 있고, 여동생은 마감 전날인 20일에 신청했다고 했다. 11월 21일이 일요일이므로 그 전날은 토요일이 된다. 따라서 정답은 선택지 1번이 된다.

실전 연습하기 | 내용 이해 - 정보 검색 / 10

もんだい6 右の　ページを　見て、下の　しつもんに　こたえて　ください。こたえは　1・2・3・4から、いちばん　いい　ものを　一つ　えらんで　ください。

1　4歳と　6歳の　子どもが　います。平日の　午後　3時から　いっしょに　習いたいです。どの　コースに　しますか。

1　Aコース

2　Bコース

3　Cコース

4　Dコース

キッズ　スイミング
レッスン　時間

コース	月	火	水	木	金	土	日	
Aコース	10:00~ 10:45	11:00~ 11:45		10:00~ 10:45				3歳・4歳
Bコース	15:00~ 16:00	15:00~ 16:00	15:00~ 16:00	15:00~ 16:00		15:00~ 16:00	15:00~ 16:00	3歳～6歳
Cコース	16:00~ 17:00	16:00~ 17:00	16:00~ 17:00	16:00~ 17:00		15:00~ 16:00	15:00~ 16:00	4歳～12歳
Dコース	17:00~ 18:00	17:00~ 18:00		17:00~ 18:00		16:00~ 17:00	16:00~ 17:00	5歳～12歳

もんだい6 右の　ページを　見て、下の　しつもんに　こたえて　ください。こたえは　1・2・3・4から、いちばん　いい　ものを　一つ　えらんで　ください。

2 この　美容室に　はじめて　行きます。カットと　カラーを　したいです。いくらですか。

1 2,500円

2 2,800円

3 4,500円

4 5,000円

☆ 10周年(しゅうねん) 記念(きねん) ☆

★ だれでも カット、カラー

カット	カラー		
¥3,000	¥3,500	➡	各(かく) ¥2,800

カット+カラー		
¥6,500	➡	¥5,000

★ はじめて ご来店(らいてん)の方(かた)

カット	カラー		
¥3,000	¥3,500	➡	各(かく) ¥2,500

カット+カラー		
¥6,500	➡	¥4,500

もんだい6 右の　ページを　見て、下の　しつもんに　こたえて　ください。こたえは
1・2・3・4から　いちばん　いい　ものを　一つ　えらんで　ください。

3 ポイントを　一番　多く　もらえる　日に　行きたいです。何曜日に　行けば
いいですか。

1 月曜日
2 火曜日
3 水曜日
4 木曜日

田中(たなか)クリーニング

毎日(まいにち)がラッキー！！ぜひ、ご利用(りよう)ください。

月曜日(げつようび)	ポイント　２倍(ばい)です！
火曜日(かようび)	ドライクリーニングが　１０％　安(やす)くなります。
水曜日(すいようび)	チャンスデーですよ！！２０％　安(やす)くなります。
木曜日(もくようび)	ポイント　３倍(ばい)です！！
金曜日(きんようび)	ワイシャツが　１０円(えん)　安くなります。
土曜日(どようび)	２,０００円以上(えんいじょう)　ご利用(りよう)で　セーター無料(むりょう)クーポンが　もらえます。
日曜日(にちようび)	２,０００円以上(えんいじょう)　ご利用(りよう)で　ワイシャツ　５枚(まい)　無料(むりょう)クーポンが　もらえます。

もんだい6 右の　ページを　見て、下の　しつもんに　こたえて　ください。こたえは
1・2・3・4から　いちばん　いい　ものを　一つ　えらんで　ください。

4 12歳の　男の子と　5歳の　女の子が　2人　乗りました。いくら　払いますか。

1 子ども料金　1人分
2 大人料金　1人分
3 子ども料金　2人分
4 大人料金　1人分と　子ども料金　1人分

バスの　子ども料金の　ご案内

大人と　幼児　３人の　とき  ＊大人料金　１人分と　子ども料金　１人分	大人　２人と　幼児の　４人の　とき  ＊大人料金　２人分	１歳以上　６歳未満(幼児)３人の　とき  ＊子ども料金　３人分
６歳以上　１２歳未満(小学生)と　幼児　２人の　とき  ＊子ども料金　１人分	６歳以上　１２歳未満(小学生)と　幼児　３人の　とき  ＊子ども料金　２人分	１２歳以上(中学生)と幼児　１人の　とき  ＊大人料金　１人分

- １２歳以上(中学生以上) ………………………… 大人料金
- ６歳以上　１２歳未満(小学生) ……………………… 子ども料金
- １歳以上　６歳未満(幼児)

  ① １人で　乗った　場合は　子ども料金

  ② ６歳以上(小学生以上)のお客さん　１名と　一緒に　乗る　幼児　２人まで　無料

もんだい６ 右の　ページを　見て、下の　しつもんに　こたえて　ください。こたえは
１・２・３・４から　いちばん　いい　ものを　一つ　えらんで　ください。

5 よよぎ公園の　お花見情報の　中で　あって　いる　ものは　どれですか。

1 アクセスは、地下鉄　よよぎ公園駅から　歩いて　５分です。

2 問い合わせ電話番号は、０３－３４６９－６０８２です。

3 場所は、東京都　渋谷区　代々木　神園町２－１です。

4 桜の種類は、ソメノヨシノ、ヤマザクラなどが　あります。

よよぎ公園の　お花見情報

場所	東京都　渋谷区　代々木　神園町２－１
見ごろ	２０２２年　３月おわり～２０２２年　４月はじめ
休み	無休
料金	入園料は　ありません。
桜の数	約５００本
桜の種類	ソメイヨシノ、ヤマザクラ　など
トイレ	１０か所
アクセス	地下鉄　よよぎ公園駅から　歩いて　３分
お問い合わせ	03–3469–6081　よよぎ公園　サービスセンター
URL	http://www.tokyo-park.or.jp/

もんだい6　右の　ページは、「みんなの　ピアノ教室」の　ポスターです。つぎの　ぶんしょうを　読んで、しつもんに　こたえて　ください。こたえは　1・2・3・4から　いちばん　いい　ものを　一つ　えらんで　ください。

きょうは　この　あと　学校が　終わってから　ともだちと　「みんなの　ピアノ教室」に　行きます。前から　ずっと　ピアノを　習いたかったんですけど、ピアノは　はじめてだから　ともだちと　一緒に　習います。「みんなの　ピアノ教室」は　場所も　みどり駅から　近いので、駅から　歩いて　8分ぐらいで　行けます。

6　この　人は　何ようびの　何時に　ピアノを　習いますか。

1　月・水・金の　午前　9時30分～午後　11時30分
2　火・木・金の　午前　9時30分～午後　11時30分
3　月・水・金の　午後　4時～午後　6時
4　火・木・金の　午後　4時～午後　6時

みんなの　ピアノ教室

個人レッスン	グループレッスン
AM9：30〜AM11：30	PM4：00〜PM6：00
・先生と　生徒の　1：1レッスン。 ・ピアノが　はじめての　方でも　大丈夫です。	・みんなで　楽しく　ピアノで　遊びましょう。

＊個人レッスンは　月・水・金に、グループレッスンは　火・木・金に　あります。

場所

＊駅から　歩いて　8分ぐらいです。

もんだい６　右の　ページは、「電車の　時間」と　「バスの　時間」です。つぎの　ぶんを　読んで、しつもんに　こたえて　ください。こたえは　１・２・３・４から　いちばん　いい　ものを　一つ　えらんで　ください。

あしたは　きのこ山へ　行きます。新宿駅から　光が丘駅までは　電車で　行って、光が丘駅から　きのこ山までは　バスに　のって　行きます。

きのこ山に　午前　１１時半ごろ　着きたいです。また、電車は　安い　ほうが　いいです。

7　電車は　どれに　のりますか。

1　きく１

2　あじさい１

3　きく２

4　あじさい２

電車の　時間

電車	新宿駅	→ 光が丘駅
きく1	8:10	10:10
あじさい1	9:20	10:20
きく2	9:10	11:10
あじさい2	10:20	11:20

（お金）きく：3000円　／　あじさい：4000円

バスの　時間

光が丘駅	→ きのこ山
10:30	11:00
11:00	11:30
11:30	12:00
12:00	12:30

（お金）800円

もんだい6 右の　ページは、「おおぞら小学校の　ラジオたいそう」の　お知らせです。つぎの　ぶんを　読んで、しつもんに　こたえて　ください。こたえは　1・2・3・4から　いちばん　いい　ものを　一つ　えらんで　ください。

　となりの　家に　住んで　いる　田中さんは、毎年　7月に　なると　近くの　おおぞら小学校で　して　いる　ラジオたいそうを　しに　行きます。ラジオたいそうは　毎年　１０日ぐらい　して　いますが、田中さんは　一回も　休んだ　ことが　ありません。今年も　おとといの　7月１８日から　始まりました。きょうは　わたしも　田中さんと　一緒に　行って　きました。

8 田中さんは　今、今年の　ラジオたいそうに　何回　出ましたか。

1　１回

2　２回

3　３回

4　４回

ラジオたいそう

・にちじ：7月18日～7月28日
　（25日は　お休みです。）

・時間：あさ　6時15分から　35分まで
・場所：おおぞら小学校

＊雨の日は　中止します。
＊最後の　日には　参加賞を　くばります。

ーおおぞら小学校ー

もんだい６ 右の ページは、「ファミリーレストランの お知らせ」です。つぎの ぶんを 読んで、しつもんに こたえて ください。こたえは １・２・３・４から いちばん いい ものを 一つ えらんで ください。

> ドイツに 留学して いる ともだちが、冬休みなので 日本に 帰って 来ました。ともだちは きのう 帰って 来て、５日後の 日ようびの あさに また ドイツに 行きます。わたしは ともだちが ドイツに 行く 前に 一緒に レストランに 行きたいです。

9 レストランには いつ 行けば いいですか。

1 １２月２９日
2 １２月３１日
3 １月１日
4 １月３日

お知らせ

年始は 1月3日から 営業します！

12月29日(月)　10：00〜19：00
30日(火)　休業
31日(水)　休業

1月1日(木)　休業
2日(金)　休業
3日(土)　10：00〜19：00
4日(日)　10：00〜19：00
5日(月)
6日(火)
通常営業　09：00〜22：00

ファミリーレストラン

もんだい６ 右の　ページは、「なはバスの　時刻表」です。つぎの　ぶんを　読んで、しつもんに　こたえて　ください。こたえは　１・２・３・４から　いちばん　いい　ものを　一つ　えらんで　ください。

わたしたちは　いま　おきなわに　遊びに　来て　います。きょうは　午前中に「おきなわワールド」へ　行って　来ました。このあと　「優美堂・デイゴ」に　行って　お昼ごはんを　食べてから　１時半に　「琉球ガラス村」に　出発します。

10 「琉球ガラス村」に　行く　ためには　何便に　のれば　いいですか。

1　２便
2　４便
3　６便
4　８便

なはバスの　時刻表

＊満員の　場合は　次の便を　ご利用ください。

なは市内向け	2便	4便	6便	8便	10便
おきなわワールド	11:30	12:30	13:30	14:30	15:30
優美堂・デイゴ	11:48	12:48	13:48	14:48	15:48
琉球ガラス村	11:51	12:51	13:51	14:51	15:51
サザンビーチホテル	12:09	13:09	14:09	15:09	16:09
いとまん道の駅	12:12	13:12	14:12	15:12	16:12
なは空港	12:37	13:37	14:37	15:37	16:37
県議会前	12:50	13:50	14:50	15:50	16:50

2교시 끝내기

청해

N5

제5장

청해
공략편

01 청해 요령 알아두기
02 문제 유형 공략하기

01 청해 요령 알아두기

1 문제 유형별 청해 포인트

JLPT(일본어 능력시험) N5 청해는 과제 이해, 포인트 이해, 발화 표현, 즉시 응답 총 4가지 문제 유형이 출제된다.

❶ 과제 이해

어떤 장면에서 과제 해결에 필요한 구체적인 정보를 듣고 다음에 무엇을 하는 것이 적절한 행동인가를 묻는 문제이다. 지시나 조언을 하고 있는 회화를 듣고, 그것을 받아들인 다음의 행동으로 어울리는 것을 고른다. 선택지는 문자나 그림으로 제시된다. 질문이 텍스트가 나오기 전에 제시되므로, 텍스트를 듣기 전에 문제를 해결할 대상이 누구인지, 질문의 내용이 무엇인지 파악한 다음, 주의해서 듣는다.

❷ 포인트 이해

청자가 화자의 말에서 자신이 알고 싶은 것이나 흥미가 있는 것으로 포인트를 좁혀서 들을 수 있는지를 묻는 문제이다. 따라서 문제의 텍스트를 듣기 전에 상황 설명과 질문을 들려 주고, 또한 문제용지에 인쇄되어 있는 선택지를 읽을 시간을 준다. 질문은 주로 화자의 심정이나 사건의 이유 등을 이해할 수 있는지를 묻는다.

❸ 발화 표현

상황을 설명하는 음성을 듣고 그림을 보면서 장면이나 상황에 어울리는 말인지 즉시 판단할 수 있는지를 묻는다. 인사·의뢰·허가 요구 등에서 자주 사용되는 표현을 주로 다룬다.

❹ 즉시 응답

상대방의 말에 어떤 응답을 하는 것이 어울리는지 즉시 판단할 수 있는지를 묻는다. A와 B의 응답 형식으로, 짧은 말을 듣고 바로 대답을 찾는 문제이기 때문에 정답을 생각할 시간이 부족할 수 있으니 주의한다.

2 한국인이 틀리기 쉬운 음

각 나라말의 음가(音価 : 낱자가 가지고 있는 소리)가 서로 다르듯, 우리말과 일본어의 음가 또한 다르다. 그런데, 우리말의 음가로 일본어의 음가를 파악하려고 하기 때문에 청해에서 오류가 생기는 것이다. 일본어 능력시험 청해에서 꼭 알아 두어야 할 일본어 발음의 기초를 정리하고, 일본어를 청취할 때 우리나라 사람들이 잘못 알아듣기 쉬운 음(音)을 우리말 발음과 일본어 발음을 비교해 그 차이점을 분석해 봄으로써 능률적인 청해 학습이 가능하도록 하였다. 또한 MP3파일을 활용한 듣기연습을 통해 실전에도 대비할 수 있도록 하였다.

❶ 청음(清音)과 탁음(濁音)

일본어는 청음과 탁음의 대립으로 구별된다. 이때 청음과 탁음이란, 음성학적으로 무성음(無声音)과 유성음(有声音), 즉 '성대의 울림 없이 내는 소리(무성음)'와 '성대를 울려 내는 소리(유성음)'를 말한다. 이에 비해, 우리말은 무기음(無気音)과 유기음(有気音: 'k·t·p' 따위의 파열음이 다음 음에 옮을 때 터져 나오는 소리)의 대립으로 구분된다. 즉, 성대가 울리느냐 울리지 않느냐의 문제가 아니라 강하게 내뿜어 파열시키는 숨을 동반하느냐 하지 않느냐의 차이로 구분되는 것이다. 따라서 한국인은 유성음과 무성음의 구분에 상대적으로 취약하기 때문에 청음과 탁음을 구별하기가 어렵다. 예를 들어 げた(나막신)를 けだ로 잘못 듣는 경우가 많다.

げた [geta] → けだ [keda]

분석 ❶ 첫소리의 무성음화 : [g] → [k]

우리말에서는 콧소리(鼻音: ㄴ, ㅁ, ㅇ) 외에는 유성음이 첫소리에 오지 않기 때문에 げた[geta]의 첫소리인 유성음 [g]를 무성음 [k]로 잘못 듣게 된다.

분석 ❷ 가운뎃소리의 유성음화 : [t] → [d]

우리말의 무성음은 유성음과 유성음 사이에 오면 자동적으로 유성음화하므로 무성음 [t]를 유성음 [d]로 잘못 듣게 된다.

듣기연습

듣기-01

❶ カタカナ(가타카나) ひらがな(히라가나)

❷ たいがく(退学 : 퇴학) だいがく(大学 : 대학)

❸ 三階(さんがい)に 三回(さんかい) 行(い)きました。(3층에 3번 갔습니다.)

❹ 天気(てんき)が 悪(わる)いので 電気(でんき)を つけました。(날씨가 나빠서 전기를 켰습니다.)

❷ 장음(長音)과 단음(短音)

장음이란 연속되는 두 개의 모음을 따로따로 발음하지 않고 길게 늘여서 발음하는 것으로, 1拍(拍은 일본어를 발음할 때 글자 하나하나에 주어지는 일정한 시간적 단위)의 길이를 갖는다. 장음과 단음의 차이를 비교해 보면 다음과 같다.

단음(短音)	くつ(靴 : 2拍)	せき(席 : 2拍)	ほし(星 : 2拍)
장음(長音)	くつう(苦痛 : 3拍)	せいき(世紀 : 3拍)	ほうし(奉仕 : 3拍)

우리나라 사람들이 장음 구별에 서툰 이유는 다음과 같다.

첫째, 일본어에서는 장음을 독립된 길이를 가진 단위로 인식하나, 우리말에서 장음은 의미의 구별을 도와줄 뿐 독립된 길이를 갖지 않는다.

둘째, 우리말에서는 첫음절에서만 장음 현상이 나타나는 것을 원칙으로 하기 때문에 2음절 이하에 나타나는 장음의 구별이 어렵다.

셋째, 우리말은 표기법상에서도 장음을 따로 표기하지 않아(とうきょう를 '도쿄'로, おおさか를 '오사카'로 표기) 장·단음의 구별이 어렵다.

듣기연습 듣기-02

❶ います(居ます : 있습니다)　　いいます(言います : 말합니다)

❷ ちず(地図 : 지도)　　チーズ(cheese : 치즈)

❸ ビル(building : 빌딩)　　ビール(beer : 맥주)

❹ あの　映画(えいが)には　いい　絵(え)が　出(で)て　くる。(저 영화에는 좋은 그림이 나온다.)

❺ ここに　来(き)て、おじさんと　おじいさんに　聞(き)いて　ください。
(여기 와서 아저씨와 할아버지께 물어보세요.)

❸ 촉음(促音)

일명「つまる音(おん)」이라고도 하는 촉음에는 다음과 같은 특징이 있다.

① 작은 っ 또는 ッ로 표기된다.

② カ행, サ행, タ행, パ행 앞에만 온다.

③ 뒤에 오는 음(カ행, サ행, タ행, パ행)에 따라 [k·s·t·p]로 발음된다.

④ 1拍의 길이로 발음된다.

⑤ 첫소리에 오지 않는다.

★ 촉음의 유무에 따라 뜻이 달라지는 문장 예

□ 知(し)って　いるの？(알고 있니?)　　　して　いるの？(하고 있니?)
□ 行(い)って　ください。(가 주십시오.)　　　いて　ください。(있어 주십시오.)
□ 切(き)って　ください。(잘라 주십시오.)　　　来(き)て　ください。(와 주십시오.)

이것은 촉음의 발음이 カ행, サ행, タ행, パ행의 발음에 동화되기 때문에 우리말의 된소리(ㄲ, ㅆ, ㅉ, ㅃ)와 비슷하게 인식되나, 우리말에서는 된소리를 한 음절로 인정하지 않으므로 촉음이 있는 것을 없는 것으로, 또는 촉음이 없는 것을 있는 것으로 잘못 듣게 되어 일어나는 현상이다.

촉음을 구분할 때는 다음 사항을 기억해 두자.

① 탁음 앞에서는 촉음 현상이 일어나지 않으므로 청음과 탁음의 구별을 정확하게 한다.

② 5단 동사는 활용할 때,「~て, ~た, ~たり」앞에서 촉음 현상을 일으키므로 활용하는 동사의 종류를 확인한다.

③ 2자 이상의 한자어에서, 첫 번째 한자의 마지막 음이 く, ち, つ이면 뒤에 이어지는 カ행, サ행, タ행, パ행 앞에서 촉음으로 바뀐다.

□ **学校**：がく＋こう → がっこう
□ **一回**：いち＋かい → いっかい
□ **実際**：じつ＋さい → じっさい

듣기연습　　　듣기-03

❶ いっこ(一個 : 한 개)

❷ ざっし(雑誌 : 잡지)

❸ がっこう(学校 : 학교)

❹ ゆうびんきょくで　きってを　一枚(いちまい)　かった。(우체국에서 우표를 한 장 샀다.)

❺ コップに　水(みず)が　いっぱい　あります。(컵에 물이 가득 있습니다.)

4 요음(拗音)

우리말의 이중모음 'ㅑ, ㅠ, ㅛ'와 비슷한 일본어의 요음을 구분하는 일은 어렵지 않을 것이라고 생각할 수도 있지만, 청해 시험에서 결정적인 실수는 이 요음에서 나온다.

★ 요음을 직음으로 잘못 듣는 예

□ **わたしの　しゅみ(趣味)は　きってを　あつめる　ことです → わたしの　しみは**
(내 취미는 우표를 모으는 것입니다)

□ **お母(かあ)さんが　作(つく)った　りょうり(料理)は　おいしい → 作(つく)った　りおり**
(어머니가 만든 요리는 맛있다)

이것은 しゅ, じゅ가 し, じ에 가깝게 발음되어 생기는 문제인데, 흔히 말하는 사람이 원인을 제공하는 경우가 많다. 일본인은 しゅ, じゅ로 발음한다고 생각하지만, 실제로는 し, じ에 가깝게 발음하기 때문에 생기는 문제이다. 이런 현상은 しゅ, じゅ가 단음일 때 많이 발생한다. 즉, 장음일 때는 발음하는 시간이 길어 요음을 정확하게 발음할 수 있지만, 단음일 때는 시간적으로 여유가 없기 때문에 생기는 현상인 듯하다.

★ 직음을 요음으로 잘못 듣는 예

□ **みち(道)を　歩(ある)きながら** (길을 걸으며) → **みちょう　歩(ある)きながら**

□ **ごじぶん(御自分)で　き(来)て** (몸소 와서) → **ごじゅうぶんで　きて**

이것은 듣는 사람이 연속되는 모음을 다음과 같이 이중모음으로 잘못 듣기 때문에 발생한다.

[イ+ア] → [ヤ]

[イ+ウ] → [ユ]

[イ+オ] → [ヨ]

따라서 요음 듣기의 어려움을 극복하려면 다음과 같은 점에 주의하면 된다.

①「し, じ」라고 들려도「しゅ, じゅ」가 아닌지 의심해 본다(거의 한자어).

②「i+あ → や」,「i+う → ゆ」,「i+お(を) → よ」로 들리므로 조심한다.

③ 대화 중에서「~を」가 있어야 될 곳에「ヨ, ヨー」로 들리는 경우에는「i+を」가 아닌지 의심해 본다.

듣기연습 　　듣기-04

❶ きゅうこう(急行 : 급행)　　くうこう(空港 : 공항)

❷ しゃいん(社員 : 사원)　　サイン(sign : 신호)

❸ ちゅうしん(中心 : 중심)　　つうしん(通信 : 통신)

❹ ぎゅうにゅうは　ひゃくえんです。(우유는 100엔입니다.)

❺ ここは　病院(びょういん)じゃなくて　美容院(びよういん)です。(이곳은 병원이 아니라 미용실입니다.)

❺ 연속되는 모음

조사 を 앞에 장모음 おう가 올 때는, [o] 음이 3박자에 걸쳐 이어지게 되어 미처 다 듣지 못하는 경우가 있다.

듣기연습

듣기-05

❶ 先生(せんせい)に　でんわばんごうを　おしえました。(선생님에게 전화번호를 가르쳐 드렸습니다.)

❷ アフリカで　ぞうを　買(か)いました。(아프리카에서 코끼리를 샀습니다.)

❸ テレビを　見(み)ながら　ぶどうを　食(た)べました。(텔레비전을 보면서 포도를 먹었습니다.)

❻ 기타

앞의 5가지 분류에 넣기 힘든 것만 모아 보았다.

듣기연습

듣기-06

❶ すずき (鈴木 : 스즈키-일본인 성)　　つづき (続き : 계속, 연결)

❷ ちょっと (잠시, 좀)　　ちょうど (마침, 꼭)

❸ パーティー (파티)　　フォーク (포크)　　フィルム (필름)

❹ ならんで　います (줄지어 있습니다)　　ならって　います (배우고 있습니다)

❺ 板橋駅(いたばしえき)じゃ　なくて　飯田橋駅(いいだばしえき)で　会(あ)いましょう。
(이타바시역이 아니고 이이다바시역에서 만납시다.)

❻ どうぞ　浴衣(ゆかた)を　着(き)て　ください。(어서 유카타를 입어 주세요.)
あしたの　夕方(ゆうがた)　来(き)て　ください。(내일 저녁 때 와 주세요.)

❼ いもうとの　部屋(へや)には　ベッドは　なくて　ペットが　います。
(여동생 방에는 침대는 없고 애완동물이 있습니다.)

청해의 기본 표현

듣기-07

청해 문제에 쓰이는 문장은 주로 회화체이다. 따라서 회화체만이 갖는 문제의 속성을 알아 두는 것 또한 시험에서 좋은 점수를 얻는 수단이 될 수 있다. 여기서는 회화체에 많이 쓰이는 표현을 익혀 둠으로써, 청해 문제에 더욱 쉽게 대처할 수 있도록 하였다.

＊～て　行(い)って　ください ~하고 가 주십시오

荷物(にもつ)は　そこに　置(お)かないで、持(も)って　行(い)って　ください。

(짐은 거기에 놓지 말고 가져가 주십시오.)

＊～て　来(き)て　ください ~하고 와 주십시오

すみませんが、切手(きって)を　買(か)って　来(き)て　ください。(미안하지만, 우표를 사다 주십시오.)

＊～て　ください ~해 주십시오

部屋(へや)を　つかいおわった　あとは、そうじして　ください。

(방을 다 쓰고 난 다음에는 청소해 주십시오.)

＊～ても　けっこうです ~해도 괜찮습니다

ホテルに　帰(かえ)っても　けっこうです。(호텔에 돌아가도 괜찮습니다.)

＊～で　いいですか ~으로 좋습니까[괜찮습니까]?

この　白(しろ)い　花(はな)で　いいですか。(이 흰꽃이면 됩니까?)

＊～と　言(い)って　いました ~라고 했습니다

田中(たなか)さんは　きょう　来(こ)ないと　言(い)って　いましたよ。(다나카 씨는 오늘 안 온다고 했습니다.)

＊～と　いいなあ ~하면 좋겠네

早(はや)く　試験(しけん)が　終(お)わると　いいなあ。(빨리 시험이 끝났으면 좋겠네.)

＊～に　行(い)きませんか ~하러 가지 않겠습니까?

今晩(こんばん)、映画(えいが)に　行(い)きませんか。(오늘 밤 영화 보러 가지 않겠습니까?)

＊～に　よろしく ~에게 안부 전해 주십시오

本田(ほんだ)さんに　よろしく。(혼다 씨에게 안부 전해 주십시오.)

＊～のだ[のです] ／ ～(な)んだ[(な)んです] ~인 것이다[입니다]

きょうは　手紙(てがみ)を　書(か)いたのです。(오늘은 편지를 썼습니다.)

あしたは　母(はは)の　誕生日(たんじょうび)なのです。(내일은 어머니 생신입니다.)

この　へんは　いつも　静(しず)かなんです。(이 근방은 언제나 조용합니다.)

※ 강조 또는 설명하는 기분을 나타낼 때 쓰는 표현. 회화체에서 ～のだ[のです]의 ～の는 ～ん으로 바뀌는 예가 많다. 동사, 형용사에 접속할 때는 ～のだ[のです]이나, 명사, 형용동사 등에 접속할 때는 ～なのだ[なのです]가 된다.

＊ **～かな** ～까 〈자기 자신에게 묻는 기분을 나타냄〉

今日(きょう)の　試合(しあい)は　どっちが　勝(か)ったかな。(오늘 시합은 어느 편이 이겼을까?)

＊ **～ね** ～겠지, ～이지, ～군요 (～ねえ로도 씀)

① 다짐하는 기분을 나타냄

もう　これからは　しないね。(이제 앞으로는 안 하겠지.)

② 상대방에게 동의를 구하여 대답을 바라는 기분을 나타냄

これは　君(きみ)の　本(ほん)だね。(이건 자네 책이지.)

③ 가벼운 영탄·감동의 기분을 나타냄

やあ、ずいぶん　きれいな　へやだね(え)。(야, 꽤 깨끗한 방이네.)

02 문제 유형 공략하기

1 もんだい 1　과제 이해

| 문제 유형&경향 분석 |

もんだい 1는 과제 이해 문제로, 결론이 있는 텍스트(대화)를 듣고, 문제 해결에 필요한 구체적인 정보를 듣고 다음에 어떻게 행동하는 것이 적당한 지를 묻는 문제이다. 문제는 선택지만 나오는 문제와 그림과 선택지가 나오는 문제로 7문제가 출제된다.
문제의 흐름은 먼저 상황을 설명하는 문장과 질문이 나온다. 그리고 대화로 구성된 텍스트가 나오고 질문이 한 번 더 나온다. 질문은 보통 “남자/여자는 이제부터 무엇을 합니까?” 등의 형태로 제시된다. 질문이 텍스트가 나오기 전에 제시되므로, 텍스트를 듣기 전에 문제를 해결할 대상이 누구인지, 그리고 질문의 내용이 무엇을 하라는 것인지에 주의해서 듣는다.

문제 유형 예시

もんだい 1

もんだい 1では、はじめに　しつもんを　きいて　ください。それから　はなしを　きいて、もんだいようしの　1から4の　なかから、いちばん　いい　ものを　ひとつ　えらんで　ください。

れい

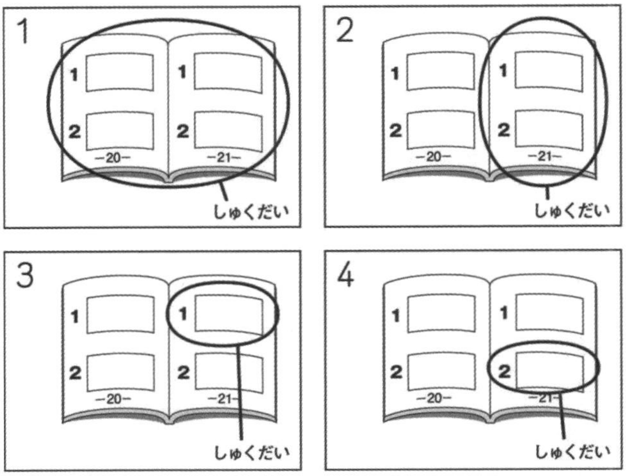

れいだい　はじめに　しつもんを　きいて　ください。それから　はなしを　きいて、もんだいようしの　１から４の　なかから、いちばん　いい　ものを　ひとつ　えらんで　ください。

1

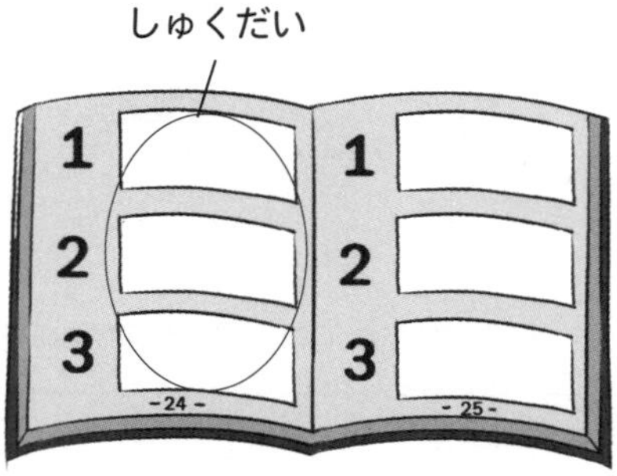

2

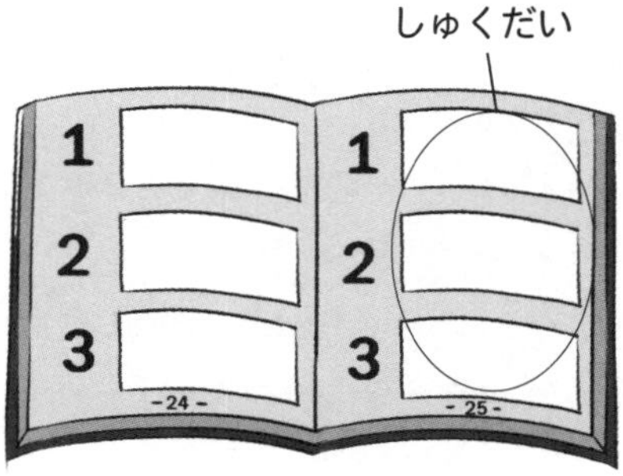

3

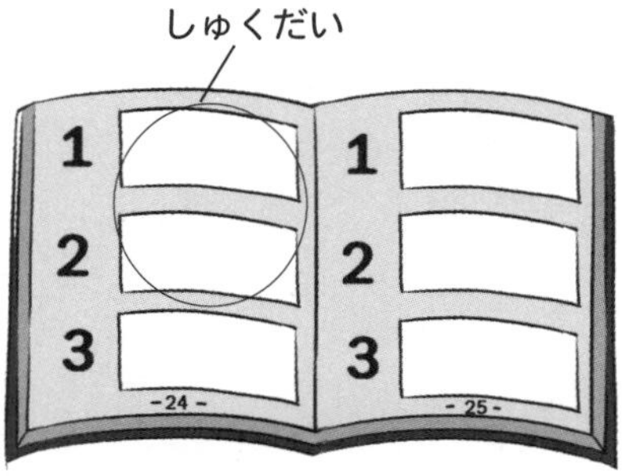

4

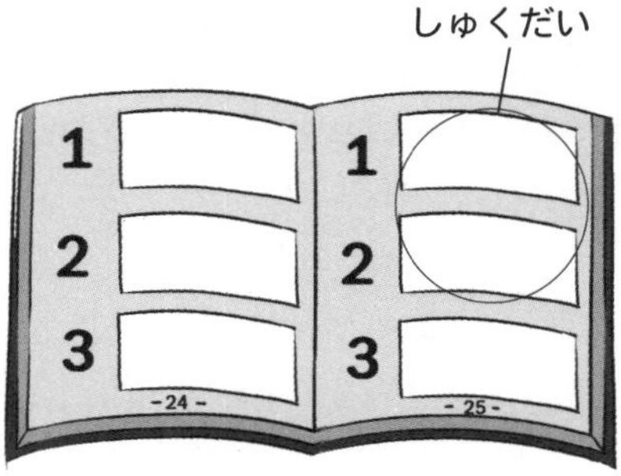

해석 및 해설

스크립트 & 해석

(M : 男性, 男の子　F : 女性, 女の子)

クラスで　先生(せんせい)が　話(はな)して　います。学生(がくせい)は、今日(きょう)、うちで　どこを　勉強(べんきょう)しますか。	학급에서 선생님이 이야기하고 있습니다. 학생은 오늘 집에서 어디를 공부합니까?
F: 今日(きょう)は　ここ　２４(にじゅうよん)ページまで　しましょう。 ２５(にじゅうご)ページは　あしたまでの　宿題(しゅくだい)です。	여 : 오늘은 여기 24페이지까지 하죠. 25페이지는 내일까지 숙제입니다.
M: 全部(ぜんぶ)ですか。	남 : 전부입니까?
F: いいえ、２５(にじゅうご)ページの　１番(いちばん)と　２番(にばん)です。 ３番(さんばん)は　クラスで　します。	여 : 아니요, 25페이지 1번과 2번입니다. 3번은 반에서 하겠습니다.
学生(がくせい)は、今日(きょう)、うちで　どこを　勉強(べんきょう)しますか。	학생은 오늘 집에서 어디를 공부합니까?

해설

선생님이 '오늘은 24페이지까지 공부하겠다(今日はここ24ページまでしましょう)'고 했으므로, 선택지 1번과 3번은 해당되지 않는다. 그리고 25페이지 전부 공부해야 하는지를 묻는 학생의 질문에 선생님이 '25페이지의 1번과 2번(25ページの 1番と 2番です)'이라고 했으므로, 정답은 선택지 4번이 된다.

もんだい 1

もんだい１では、はじめに　しつもんを　きいて　ください。それから　はなしを　きいて、もんだいようしの　１から４の　なかから、いちばん　いい　ものを　ひとつ　えらんで　ください。

1ばん

1

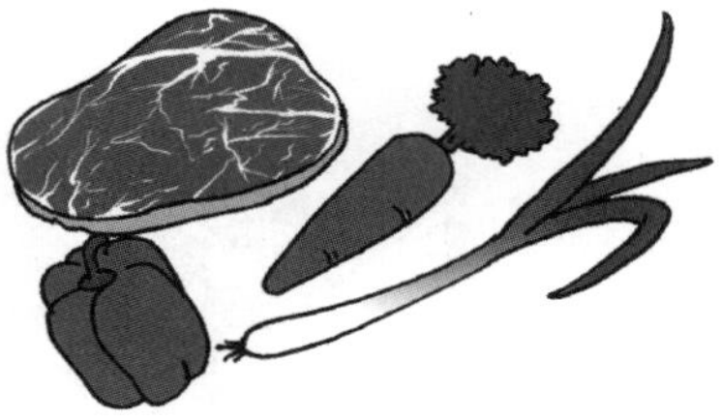

2

3

4

2ばん

1

2

3

4

3ばん

1　眠(ねむ)くなったから

2　おむつが　よごれたから

3　おなかが　すいたから

4　もっと　寝(ね)たかったから

4ばん

1 きのうから

2 きょうから

3 あしたから

4 あさってから

5ばん

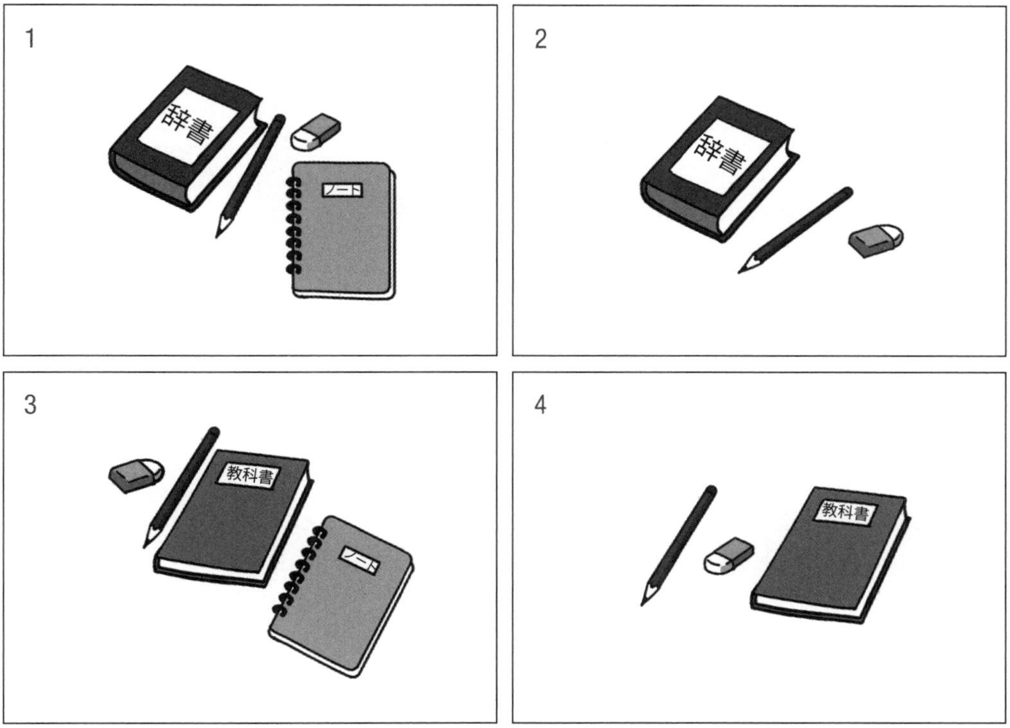

6ばん

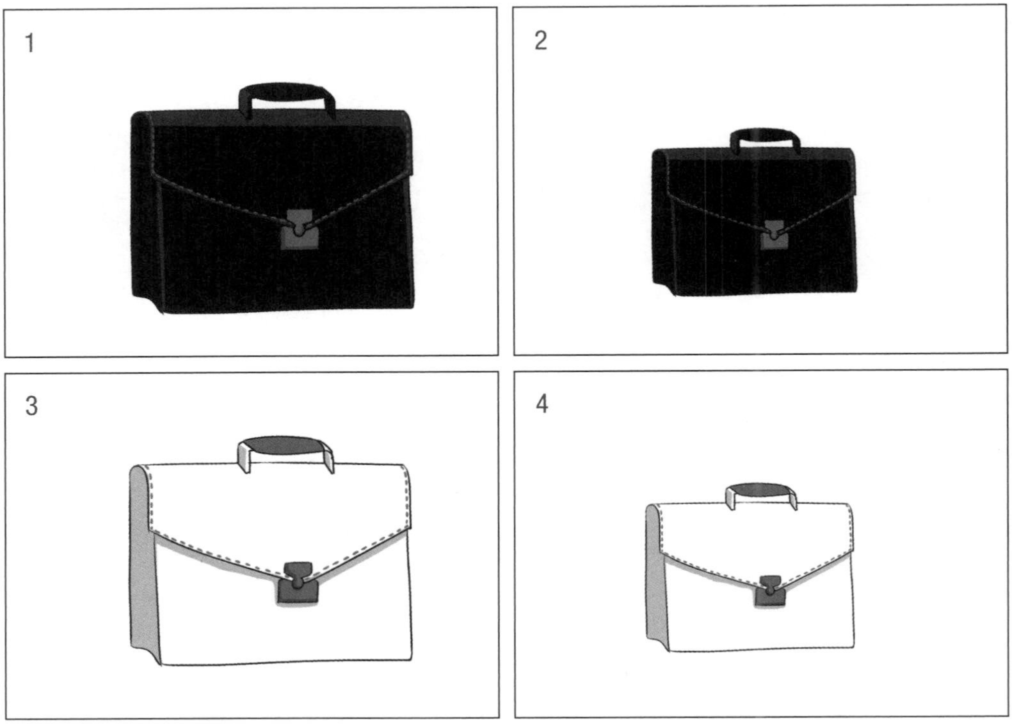

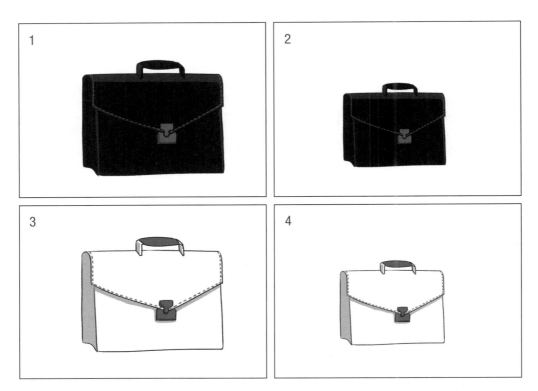

7ばん

1
2
3
4

8ばん

日 月 火 水 木 金 土
1 2 3 4 5
きょう
6 7 8 9 10 11 12
13 14 15 16 17 18 19
20 21 22 23 24 25 26
27 28 29 30 31
1
2
3
4

9ばん

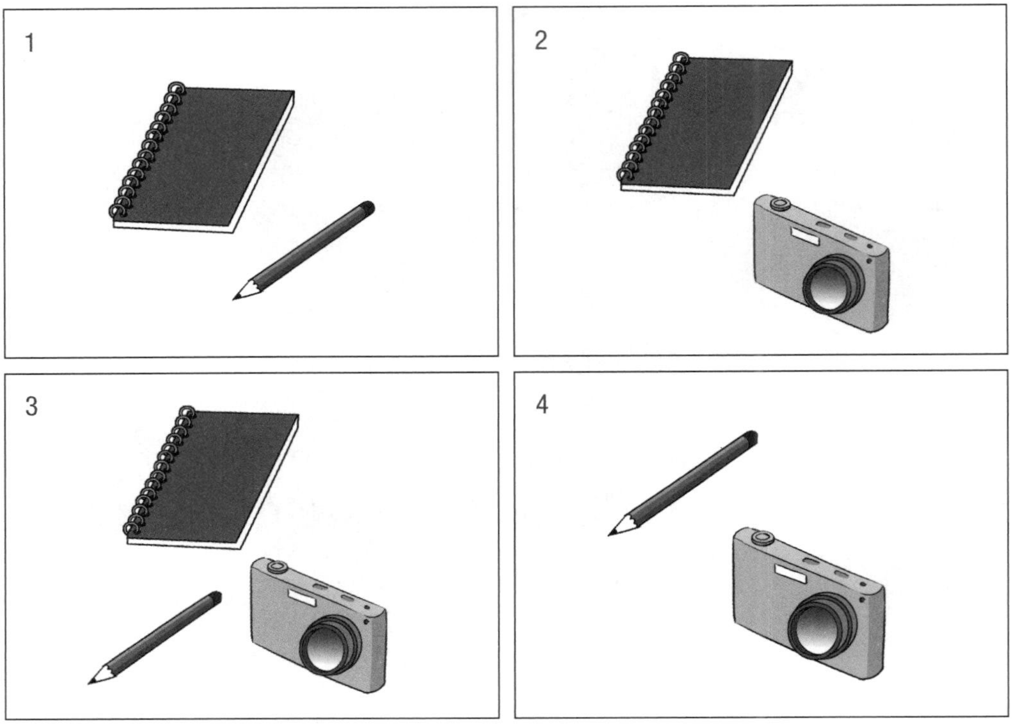

10ばん

11ばん

12 ばん

1　４,６００円(えん)

2　７,２００円(えん)

3　５,４００円(えん)

4　１０,０００円(えん)

13 ばん

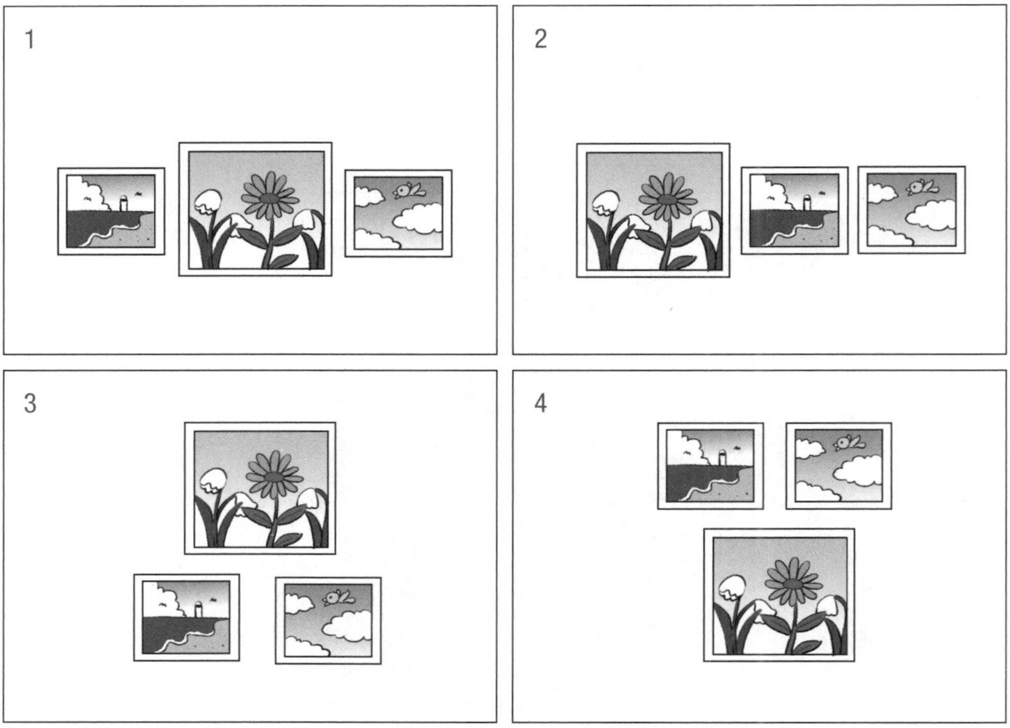

14 ばん

15 ばん

1 春(はる)

2 夏(なつ)

3 秋(あき)

4 冬(ふゆ)

16 ばん

1

2

3

4

17 ばん

1

50
50
50
50
50
80
80
80

2

80
80
80
80
80
50
50
50

3

80
80
50
50
50
50
50
50

4

80
80
80
80
80
80
50
50

18 ばん

1

2

3

4

19 ばん

1　９７４

2　９４７

3　１９７４

4　１９４７

20ばん

1

2

3

4

2 もんだい 2 포인트 이해

| 문제 유형&경향 분석 |

もんだい 2는 포인트 이해 문제로, 결론이 있는 텍스트(대화)를 듣고, 사전에 제시되는 질문에 입각해서 포인트를 파악할 수 있는지를 묻는 문제이다. 문제는 그림이 나오는 문제와 선택지가 나오는 문제로, 6문제가 출제된다.
문제의 흐름은 먼저 상황을 설명하는 문장과 질문이 나온다. 그리고 선택지를 읽을 수 있도록 몇 초 정도 시간을 주고 텍스트가 나온 뒤 질문이 한 번 더 나온다.
텍스트가 나오기 전에 질문이 제시되므로, 질문의 형태가 어떤 것인지 파악해 두는 것이 중요하다. 그리고 질문을 듣고 선택지를 보면서 미리 정답을 예측하기보다 질문에서 요구하는 것이 무엇인지에 집중해서 주의를 기울이는 것이 효과적이다.

문제 유형 예시

もんだい 2

もんだい 2では、はじめに　しつもんを　きいて　ください。それから　はなしを　きいて、もんだいようしの　1から4の　なかから、いちばん　いい　ものを　ひとつ　えらんで　ください。

れい

1　としょかん
2　えき
3　デパート
4　レストラン

실전 감각 익히기 | 포인트 이해

듣기-01~02

れいだい　はじめに　しつもんを　きいて　ください。それから　はなしを　きいて、もんだいようしの　１から４の　なかから、いちばん　いい　ものを　ひとつ　えらんで　ください。

れい 1

れい 2

1　白(しろ)い　薬(くすり)だけです。

2　きいろい　薬(くすり)だけです。

3　白(しろ)と　きいろい　薬(くすり)です。

4　夜(よる)は　飲(の)みません。

해석 및 해설

스크립트 & 해석

(M : 男性, 男の子　F : 女性, 女の子)

れい 1

男の人と　女の人が　話して　います。あさっては　何日ですか。

M: せとさん、あさっては　8日ですよね。

F: え？ 違いますよ。

M: 今日が　6日で、あさっては　8日じゃ・・・。

F: 今日が　7日ですから、あさっては　9日ですよ。

M: あ、そうか。ありがとうございます。

あさっては　何日ですか。

예 1

남자와 여자가 이야기하고 있습니다. 모레는 며칠입니까?

남 : 세토 씨, 모레는 8일이죠.

여 : 넷? 아니에요.

남 : 오늘이 6일이고 모레는 8일이….

여 : 오늘이 7일이니까 모레는 9일이에요.

남 : 아, 그런가? 고마워요.

모레는 며칠입니까?

해설

남자는 모레가 며칠인지를 묻고 있다. 남자는 '오늘을 6일로 알고 있어서 모레가 8일(今日が６日で、あさっては８日じゃ…)'이라고 했지만, 여자가 '오늘이 7일이기 때문에 모레는 9일(今日が７日ですから、あさっては９日ですよ)'이라고 했다. 따라서 정답은 선택지 4번이 된다.

れい 2

男の先生が　病院で　話して　います。女の人は　まいばん、どの　薬を　飲みますか。

M: この　白い　お薬は　1日に　2回、朝ごはんと　晩ごはんの　あとに　飲んで　ください。
　この　きいろい　お薬は、昼にだけ　飲んで　ください。

예 2

남자 선생님이 병원에서 이야기하고 있습니다. 여자는 매일 밤, 어느 약을 먹습니까?

남 : 이 흰 약은 하루에 2번, 아침밥과 저녁밥 먹은 뒤에 드세요.
　이 노란 약은 낮에만 드세요.

女の人は　まいばん、どの　薬を　飲みますか。。

1　白い　薬だけです。
2　きいろい　薬だけです。
3　白と　きいろい　薬です。
4　夜は　飲みません。

여자는 매일 밤, 어느 약을 먹습니까?

1　흰 약만입니다.
2　노란 약만입니다.
3　흰색과 노란색 약입니다.
4　밤에는 먹지 않습니다.

해설

여자가 매일 밤 어느 약을 먹어야 하는지를 묻고 있다. 남자 선생님은 여자에게 '흰 약은 아침밥과 저녁밥을 먹은 뒤에 먹으라고(白いお薬は１日に２回、朝ごはんと晩ごはんのあとに飲んでください)' 했고, 노란 약은 낮에만 먹으라고 했다. 따라서 매일 밤 먹는 약은 흰 약이 되므로 선택지 1번이 정답이 된다.

もんだい２

もんだい２では、はじめに　しつもんを　きいて　ください。それから　はなしを　きいて、もんだいようしの　１から４の　なかから、いちばん　いい　ものを　ひとつ　えらんで　ください。

１ばん

1　ピアノ

2　バイオリン

3　トランペット

4　ドラム

２ばん

1　先週（せんしゅう）

2　今週（こんしゅう）

3　今年（ことし）

4　来年（らいねん）

3ばん

1　1時

2　2時

3　3時

4　4時

4ばん

1　コーヒー

2　サラダ

3　Aセット

4　Bセット

5ばん

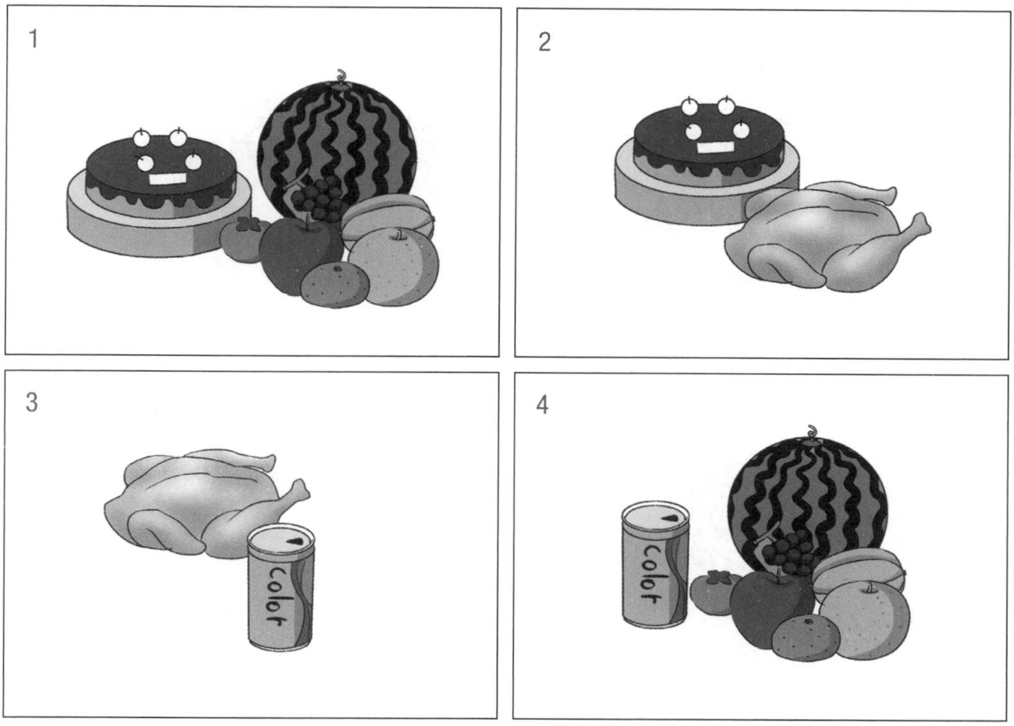

6ばん

1　あしたの　木(もく)よう日(び)です。

2　あしたの　金(きん)よう日(び)です。

3　あさっての　木(もく)よう日(び)です。

4　あさっての　金(きん)よう日(び)です。

7ばん

8ばん

1　カードの　1回払(かいばら)い

2　カードの　3回払(かいばら)い

3　現金(げんきん)

4　商品券(しょうひんけん)

9ばん

1

2

3

4

10ばん

1 買い物が　好きな　男の子です。

2 買い物が　好きな　女の子です。

3 アメリカの　ドラマが　好きな　男の子です。

4 アメリカの　ドラマが　好きな　女の子です。

11 ばん

12 ばん

1 駅(えき)の　出口(でぐち)で　会(あ)います。

2 駅(えき)の　中(なか)で　会(あ)います。

3 きっさてんの　前(まえ)で　会(あ)います。

4 きっさてんの　中(なか)で　会(あ)います。

13 ばん

14 ばん

1　家(いえ)に　帰(かえ)ります。

2　仕事(しごと)を　します。

3　女(おんな)の人(ひと)と　映画(えいが)を　見(み)に　行(い)きます。

4　一人(ひとり)で　映画(えいが)を　見(み)に　行(い)きます。

15 ばん

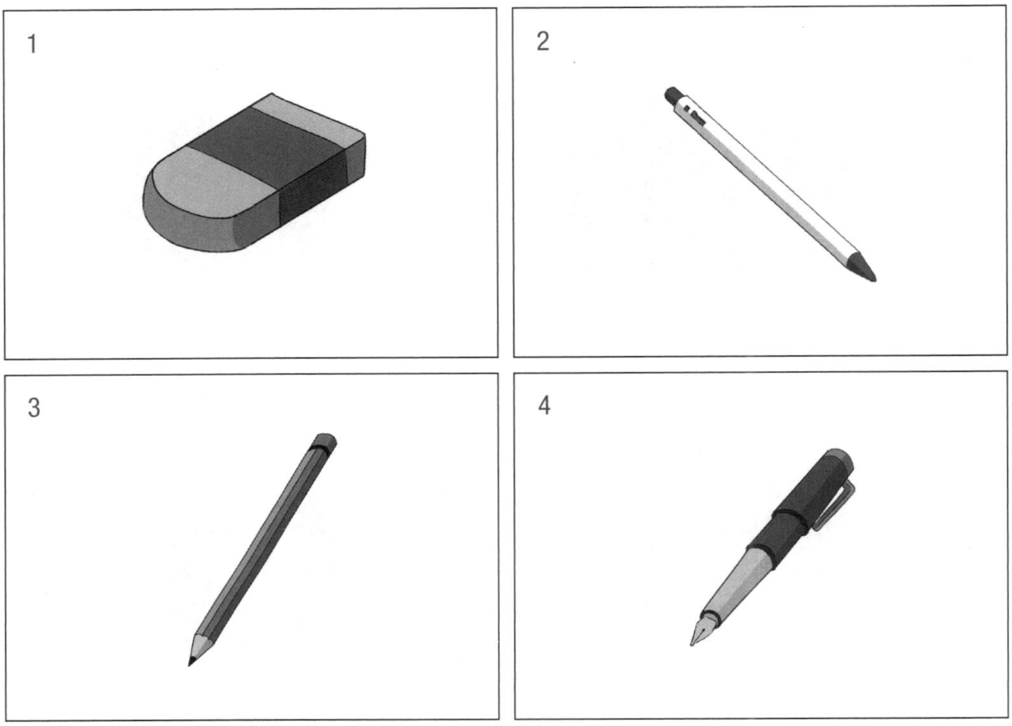

16 ばん

1 男の人

2 男の人の　弟さん

3 男の人の　お兄さん

4 男の人の　お父さん

17 ばん

1　駅から　近いから

2　部屋が　きれいだから

3　部屋が　明るいから

4　部屋が　安いから

18 ばん

1　男の人は　好きです。

2　女の人は　好きです。

3　男の人も　女の人も　好きです。

4　男の人も　女の人も　好きでは　ありません。

19ばん

1　１６日

2　１７日

3　１８日

4　１９日

20ばん

1　車で　お迎えが　来るから

2　かさを　二つ　持って　いるから

3　女の人が　かわいそうだから

4　午後は　はれるから

3 もんだい３ 발화 표현

| 문제 유형&경향 분석 |

もんだい３은 발화 표현 문제로, 삽화를 보면서 상황 설명문을 듣고 적절한 발화를 선택할 수 있는지를 묻은 문제이다. 5문제가 출제된다.

문제의 흐름은 먼저, 삽화를 보면서 상황 설명문과 질문문「なんといいますか(무엇이라고 말합니까?)」가 나오는 것을 듣는다. 그리고 응답으로 3개의 음성이 제시된다. 삽화 속에 화살표로 가리키고 있는 인물이 이 다음에 무엇이라고 말하는지 가장 적절한 발화를 선택하면 된다.

문제 유형 예시

もんだい３

もんだい３では、えを　みながら　しつもんを　きいて　ください。

➡（やじるし）の　ひとは　なんと　いいますか。１から３の　なかから、いちばん　いい　ものを　ひとつ　えらんで　ください。

れい

실전 감각 익히기 | 발화 표현

♫ 듣기-01~02

れいだい　えを　みながら　しつもんを　きいて　ください。➡（やじるし）の　ひとは　なんと　いいますか。１から３の　なかから、いちばん　いい　ものを　ひとつ　えらんで　ください。

れい１

れい 2

해석 및 해설

스크립트 & 해석

(M : 男性, 男の子　F : 女性, 女の子)

れい 1

ゆうごはんを　食(た)べました。何(なん)と　言(い)いますか。

1　いただきます。
2　おいしいです。
3　ごちそうさま。

예 1

저녁을 먹었습니다. 뭐라고 말합니까?

1　잘 먹겠습니다.
2　맛있습니다.
3　잘 먹었습니다.

해설

여기에서는 식사 후에 하는 말을 찾아야 한다. 따라서 선택지 3번 '잘 먹었습니다(ごちそうさま)'가 정답이 된다. 선택지 1번은 식사 전에 하는 말이고, 선택지 2번은 맛에 대한 표현이므로 틀리다.

れい 2

バスの　中(なか)で　おばあさんに　席(せき)を　ゆずります。何(なん)と　言(い)いますか。

1　ここ、どうぞ。
2　こんにちは。
3　どうも。

예 2

버스 안에서 할머니에게 자리를 양보합니다. 뭐라고 말합니까?

1　여기, 앉으세요.
2　안녕하세요.
3　감사합니다.

해설

여기에서는 버스에서 할머니에게 자리를 양보하는 상황이다. 따라서 선택지 1번 '여기 앉으세요(ここ、どうぞ)'가 정답이 된다. 선택지 2번은 낮인사이고, 선택지 3번은 감사의 표현이므로 틀리다.

もんだい３

もんだい３では、えを　みながら　しつもんを　きいて　ください。➡（やじるし）の　ひとは　なんと　いいますか。１から３の　なかから、いちばん　いい　ものを　ひとつ　えらんで　ください。

１ばん

2ばん

3ばん

4ばん

5ばん

6ばん

7ばん

8ばん

9ばん

10ばん

11ばん

12ばん

13ばん

14ばん

15 ばん

16ばん

17 ばん

18 ばん

19 ばん

20ばん

4 もんだい 4 즉시 응답

| 문제 유형&경향 분석 |

もんだい 4는 즉시 응답 문제로, 질문 등의 짧은 문장을 듣고 적절한 응답을 찾는 문제이다. 문제지에는 선택지가 제시되지 않으며 6문제가 출제된다.
문제의 흐름은 질문 등의 짧은 문장이 나오고 그 문장에 대한 응답으로 3개의 음성이 제시된다.
처음 말한 사람에 대하여 어떤 말로 대답하는 것이 좋은지 가장 알맞은 응답을 찾으면 된다.
A와 B의 응답 형식으로, 내용은 부모와 자식, 부부, 직장 상사와 부하, 친구 등의 사이에서 주고받는 대화이다.
짧은 문장을 듣고 바로 대답을 찾는 문제이기 때문에, 정답을 생각할 시간이 부족하다. 따라서 정답이 애매한 경우에는 직감으로 정답을 선택해서 다음 문제에 집중할 수 있도록 한다. 그렇지 않으면 그 문제 때문에 다른 문제까지 놓칠 가능성이 많다.

문제 유형 예시

もんだい 4

もんだい 4は、えなどが　ありません。ぶんを　きいて、1から3の なかから、いちばん　いい　ものを　ひとつ　えらんで　ください。

― メモ ―

실전 감각 익히기 | 즉시 응답

듣기-01~02

れいだい　えなどが　ありません。ぶんを　きいて、１から３の　なかから、いちばん　いい　ものを　ひとつ　えらんで　ください。

－メモ－

해석 및 해설

스크립트 & 해석

(M : 男性, 男の子　F : 女性, 女の子)

れい 1 M: どんな　色(いろ)が　好(す)きですか。 F: 1 きいろい　花(はな)が　さいて います。 2 白(しろ)い　色(いろ)は　ありません。 3 赤(あか)い　色(いろ)が　好(す)きです。	**예 1** 남 : 어떤 색을 좋아합니까? 여 : 1 노란색 꽃이 피어 있습니다. 2 흰색은 없습니다. 3 빨간색을 좋아합니다.
れい 2 M: どれが　あなたの　かさですか。 F: 1 ここに　あります。 2 あそこに　ある　茶色(ちゃいろ)のです。 3 黒(くろ)い　かさは　みきちゃんのです。	**예 2** 남 : 어느 것이 당신 우산입니까? 여 : 1 여기에 있습니다. 2 저기에 있는 갈색 우산입니다. 3 검은색 우산은 미키의 우산입니다.

해설

〈예 1〉 남자는 여자에게 좋아하는 색이 무엇인지 묻고 있다. 따라서 정답은 선택지 3번 '빨간색을 좋아한다(赤い色が好きです)'가 된다. 선택지 1번은 어떤 꽃이 피었는지 물었을 때의 대답이고, 선택지 2번은 흰색 꽃이 있는지 없는지를 물었을 때의 대답이다.

〈예 2〉 남자가 여자에게 어떤 우산이 본인의 것인지를 묻고 있다. 따라서 정답은 선택지 2번 '저기에 있는 갈색 우산입니다(あそこにある茶色のです)'가 된다. 선택지 1번은 우산의 위치를 물었을 때의 대답이고, 선택지 3번은 검은색 우산이 누구의 우산인지를 물었을 때의 대답이다.

もんだい４

もんだい４は、えなどが　ありません。ぶんを　きいて、１から３の　なかから、いちばん　いい　ものを　ひとつ　えらんで　ください。

ーメモー

저자

이치우 (lcw7639@yahoo.co.jp)

인하대학교 문과대학 일어일문학과 졸업
일본 横浜国立大学 教育学部 研究生 수료
(전) 駐日 한국대사관 한국문화원 근무
(전) 일본 와세다대학 객원 연구원
(전) 한국디지털대학교 외래교수
(현) TAKARA 대표
(현) 일본어 교재 저술가

저서
『(4th EDITION) JLPT [문자 · 어휘 / 문법 / 한자] 콕콕 찍어주마 N1 / N2 / N3 / N4 · 5』 (다락원)
『2021 최신개정판 JLPT(일본어능력시험) 한권으로 끝내기 N1 / N2 / N3 / N4 / N5』 (다락원, 공저) 등

이한나

서울대학교 사범대학 교육학과 졸업
고려대학교 대학원 일어학과 수료
(현) 하루 유학원 원장

저서
『2021 최신개정판 JLPT(일본어능력시험) 한권으로 끝내기 N4 / N5』 (다락원, 공저) 등

JLPT 일본어능력시험 한권으로 끝내기 N5

지은이 이치우, 이한나
펴낸이 정규도
펴낸곳 (주)다락원

초판 1쇄 발행 2011년 11월 25일
개정2판 1쇄 발행 2015년 12월 28일
개정3판 1쇄 발행 2022년 9월 1일
개정3판 9쇄 발행 2025년 1월 4일

책임편집 송화록, 임혜련, 한누리, 손명숙, 이지현
디자인 장미연, 김희정
일러스트 오경진

다락원 경기도 파주시 문발로 211
내용문의: (02)736-2031 내선 460~465
구입문의: (02)736-2031 내선 250~252
Fax: (02)732-2037
출판등록 1977년 9월 16일 제406-2008-000007호

ISBN 978-89-277-1245-9 14730
978-89-277-1240-4(세트)

http://www.darakwon.co.kr

- 다락원 홈페이지를 방문하시면 상세한 출판 정보와 함께 동영상강좌, MP3 자료 등 다양한 어학 정보를 얻으실 수 있습니다.
- 다락원 홈페이지 또는 표지의 QR코드를 스캔하시면 MP3 파일 및 관련자료를 다운로드 하실 수 있습니다.

최신
개정판
2024년 7월·12월
기출문제
분석 및 반영

JLPT
일본어능력시험

한권으로 끝내기

이치우, 이한나 공저

QR코드를 스캔하시면
MP3 파일 및 관련자료를
다운로드 하실 수 있습니다

N5

해석 및 해설집

다락원

JLPT

일본어능력시험

한권으로 끝내기

이치우, 이한나 공저

해석 및 해설집

N5

다락원

1교시

제1장 문자·어휘 기출 공략편

문제1 한자읽기

문제 1 (　　) 의 단어는 히라가나로 어떻게 씁니까? 1·2·3·4 중에서 가장 적당한 것을 하나 고르세요.

1 기출어휘 확인문제 한자읽기 ▶ p.26

1 정원이 있는 집을 갖고 싶지만, 돈이 부족하다.
2 약은 밥을 먹은 뒤에 먹어 주세요.
3 역 앞의 찻집에서 만납시다.
4 나는 고기보다 생선 쪽을 좋아합니다.
5 전철 안에서 신문이나 잡지를 읽고 있는 사람이 많다.
6 좀 더 큰 목소리로 말해 주세요.
7 우리 집 근처에 큰 강이 있습니다.
8 아버지의 귀가는 대개 11시가 지나서로, 10시 전에 돌아오는 경우는 적다.
9 그것은 하나에 천 엔입니다.
10 앞을 보고 걸으세요.

2 기출어휘 확인문제 한자읽기 ▶ p.27

1 저희 회사는 토요일과 일요일이 휴일입니다.
2 나중에 목욕하겠습니다.
3 50의 반은 25입니다.
4 4월은 꽃이 예쁩니다.
5 이번 달 7일은 목요일입니다.
6 오늘 오후는 혼자서 책을 읽습니다.
7 친구가 외국에서 왔습니다.
8 오늘은 날씨가 좋아서 하늘이 예쁘다.
9 어제 친구와 함께 영화를 봤습니다.
10 이 흰 생선은 비쌉니다.

3 기출어휘 확인문제 한자읽기 ▶ p.28

1 오후부터 날씨가 좋아졌습니다
2 책상 위에 노트가 있습니다.
3 매일 친구와 수영장에서 헤엄칩니다.
4 아이에게 외국의 돈을 보여 주었습니다.
5 이 주변은 싼 가게가 적습니다.
6 그는 도서관에서 빌린 책을 읽고 있습니다.
7 남쪽 나라의 물은 파랗고 예쁩니다.
8 아버지는 힘차게 일하고 있습니다.
9 북쪽 마을에 전철로 나갔습니다.
10 그녀는 중학교에 들어가고 첫 친구입니다.

4 기출어휘 확인문제 한자읽기 ▶ p.29

1 앞에서 다나카 씨가 달려왔습니다
2 일요일 아침에 비가 많이 내렸습니다.
3 이 학교는 건물이 매우 오래되었습니다.
4 미안합니다, 다시 한 번 말해 주세요.
5 저 오래된 집에는 전화가 없습니다.
6 다음 토요일은 방 청소를 합니다.
7 돈이 필요 없다고 말하는 사람은 없습니다.
8 오후 2시에 친구와 만납니다.
9 이 물은 3병에 천 엔입니다.
10 다음 주의 날씨는 어떨까요?

5 기출어휘 확인문제 한자읽기 ▶ p.30

1 베트남도 일본도 아시아의 국가입니다
2 오늘 하늘은 구름이 하나도 없습니다.
3 비가 내려 추웠으므로, 뜨거운 커피를 마셨습니다.
4 매일 차로 회사에 갑니다.
5 학생은 손을 들어 질문합니다.
6 날씨가 좋아서 밖으로 나가 놀아라.
7 이번 주 화요일에 역에서 만납시다.
8 강에 물고기가 헤엄치고 있는 것이 보입니다.
9 내일 오후 6시에 항상 가던 찻집에서 만납시다.
10 오늘은 학교를 쉬고 병원에 갑니다.

6 기출어휘 확인문제 한자읽기 ▶ p.31

1 토끼 귀는 깁니다.
2 어머니는 감기에 걸려서 손이 뜨거웠습니다.
3 물이 적었기 때문에 걸어서 **강**을 건넜습니다.
4 다나카 **선생님**은 일요일에 옵니다.
5 **전철** 안에 우산을 잊고 오는 사람이 많습니다.
6 **날씨**가 좋으니까 수업이 끝난 후에 테니스를 칩시다.
7 편지를 아직 **절반**밖에 읽지 않았습니다.
8 **매일** 버스로 대학교에 갑니다.
9 이 백화점은 **목요일**이 쉽니다.
10 **문** 앞에 서 주세요.

7 기출어휘 확인문제 한자읽기 ▶ p.32

1 어제 **친구**에게 편지를 썼습니다.
2 책장 **오른쪽**에 작은 의자가 있습니다.
3 야마타 씨는 일주일간 **회사**를 쉬고 있습니다.
4 목욕을 하고 조금 **쉬고** 나서 다음에 공부합니다.
5 저 남자아이는 키가 **크고**, 다리가 깁니다.
6 학교 뒤에 **작은** 공원이 있습니다.
7 목욕을 **하고** 나서 저녁밥을 먹었습니다.
8 책상 위에 볼펜이 **세 자루** 있습니다
9 밥은 **조금**뿐이었기 때문에 3분 만에 전부 먹었습니다.
10 당신의 **아버지**는 굉장히 멋진 사람이었습니다.

8 기출어휘 확인문제 한자읽기 ▶ p.37

1 **절반**밖에 안 먹었는데도 배가 불렀다.
2 역 앞의 가게에서 꽃을 **백 송이** 샀습니다.
3 일본에 **와서** 몇 년이 되었습니까?
4 이 마을의 남성은 **90명**입니다.
5 지금 바쁘니 **나중**에 전화하겠습니다.
6 다나카 씨는 **4월**부터 매일 아침 우유를 마시고 있습니다.
7 남자아이가 2명 있으니까 다음은 **여자아이**를 갖고 싶다.
8 저는 **학교** 선생님이 되고 싶습니다.
9 다나카 씨의 **왼쪽**에 야마다 씨가 앉았습니다.
10 매주 **화요일**은 일본어 수업이 있습니다.

9 기출어휘 확인문제 한자읽기 ▶ p.38

1 **이번 달** 20일부터 겨울 방학에 들어갑니다.
2 후지산은 일본에서 가장 **높은** 산입니다.
3 언니(누나)는 대학을 나와 학교 **선생님**이 되었습니다.
4 아이들에게 굉장히 상냥한 **어머니**이었습니다..
5 그녀는 큰 **눈**으로 나를 보았습니다.
6 급행은 이 **역**에 서지 않습니다..
7 일본은 **산**이 많은 나라입니다.
8 다나카 씨는 **돈**이 없으므로 자동차를 살 수 없습니다.
9 오후 2시에 친구와 **만납니다**.
10 이 안에 무엇이 들어 있을지 **겉**에서는 알 수 없습니다.

10 기출어휘 확인문제 한자읽기 ▶ p.39

1 **시간**이 있을 때 천천히 이야기합시다.
2 세 번째 모퉁이를 **오른쪽**으로 돌아 가세요.
3 여기는 새로운 **식당**입니다.
4 형제는 **남자**뿐입니다.
5 우체국은 아침 **9시**에 엽니다.
6 이 **길**을 똑바로 가 주세요.
7 **흰** 꽃이 매우 예쁩니다.
8 굉장히 귀여운 **여자아이**네요.
9 수업 **후에** 영화를 보러 가지 않겠습니까?
10 밥을 **혼자**서 먹어도 맛있지 않습니다.

11 기출어휘 확인문제 한자읽기 ▶ p.40

1 **싼** 가게는 어디에 있습니까?
2 사진은 가방 **아래**에 있었습니다.
3 홋카이도는 일본에서 가장 **북쪽**에 있습니다.
4 파티가 있으니까 꽃을 **백 송이** 사겠습니다.
5 **쉬기** 전에 시험이 있습니다.
6 **왼쪽**에서 자전거가 달려왔습니다.
7 **7월**경부터 가끔씩 귀가 아픕니다.
8 저 **사람**은 매우 유명합니다.
9 상자 안에 **3만 엔** 짜리 시계가 있습니다.
10 일본에서 가장 **높은** 산은 후지산입니다.

12 기출어휘 확인문제 한자읽기 ▶ p.41

1 우리 집에는 **전화**가 3대 있습니다.
2 어제는 한자를 **200번**이나 썼습니다.
3 아직 CD를 절반밖에 **듣지** 못했습니다.
4 아버지의 구두를 닦는 것은 저의 **매일 아침** 일이었습니다.
5 **유명**해지고 싶다고는 생각하지 않지만, 멋진 일을 하고 싶다.
6 과자를 한 사람당 **1개**씩 줍니다.
7 **서쪽** 하늘이 빨갛게 되었습니다.
8 은행은 **역**을 나와서 바로 오른쪽에 있습니다.
9 일본에서 학교는 **4월**부터 시작한다.
10 이 공원은 나무가 **많**습니다.

13 기출어휘 확인문제 한자읽기 ▶ p.42

1 역은 집에서 걸어서 **3분** 걸립니다.
2 오늘 친구로부터 **편지**가 왔습니다.

3 귀여운 여자아이가 **태어났습니다**.
4 좀 더 큰 방이 갖고 싶다.
5 아버지는 감기 때문에 **일주일간** 회사를 쉬고 있습니다.
6 가게 **입구**는 어디입니까?
7 내일 오후는 옷을 사러 갑니다.
8 이 길을 **100미터** 가 주세요.
9 **나무** 위에 고양이가 있습니다..
10 빌린 책은 **7일**까지 돌려 주세요.

14 기출어휘 확인문제 **한자읽기** ▶p.43

1 그 여자아이는 외국에서 **태어났습니다**.
2 이 책을 **먼저** 읽고 나서 작문을 해 봅시다.
3 밥은 5분만에 전부 **먹었습니다**.
4 다음 주 **금요일**에 전화를 주세요.
5 그것은 2개에 **5만** 엔입니다.
6 제 언니(누나)는 올해부터 은행에서 일하고 있습니다.
7 **6시쯤** 대학교의 선생님께 전화를 걸었습니다.
8 8일부터 **10일**까지 어머니와 여행 갔습니다.
9 친구에게 가족 사진을 **보여 주었습니다**.
10 매일 저녁밥을 먹고 난 후에 **2시간 반** 정도 TV를 봅니다.

15 기출어휘 확인문제 **한자읽기** ▶p.44

1 다음 주 **월요일**에 전화를 주세요.
2 부엌에도 **전화**가 필요합니다.
3 그 사과는 **2개**에 300엔입니다.
4 의사는 흰 옷을 입고 있습니다.
5 그녀의 생일에 **백 송이**의 장미를 주었습니다.
6 **대학**에 들어갈 때는 백만엔 정도의 돈이 들었다.
7 7월 **8일**은 일요일입니다.
8 주머니 속에 있는 것을 꺼냈습니다.
9 제 여동생은 **은행**에서 일하고 있습니다.
10 **오전** 중부터 귀가 아픕니다.

16 기출어휘 확인문제 **한자읽기** ▶p.45

1 다음 주 **금요일**은 다나카 씨의 생일입니다.
2 지도는 보통 위가 **북쪽**입니다.
3 화요일에 저와 친구는 커피를 **마셨습니다**.
4 역에서 회사까지 걸어서 **15분** 걸립니다.
5 벌써 12월인가. 올해도 **이번 달**로 끝이다.
6 여기는 **새로운** 식당입니다.
7 이 부근은 싼 가게가 **적습니다**.
8 찻집에 **들어가서** 이야기를 합시다.
9 이 방은 낡아서 **쌉니다**.
10 **희고** 큰 건물이 있습니다.

17 기출어휘 확인문제 **한자읽기** ▶p.50

1 이 낡은 책은 **3,600엔**입니다.
2 이번 달 **5일**에 다나카 씨와 이야기를 했습니다.
3 **편지**에 우표를 붙이는 것을 잊고 보냈습니다.
4 야마다 씨는 **파란** 옷을 입고 있습니다.
5 9월 **20일**에 친구와 만납니다
6 기린의 목은 **깁니다**.
7 코끼리는 **남쪽** 나라의 동물입니다.
8 지갑 안에 **8만 엔** 들어 있었습니다
9 **100엔**짜리 사과를 5개 샀습니다.
10 백화점은 역의 **서쪽 출입구**를 나오면 오른쪽에 있습니다.

18 기출어휘 확인문제 **한자읽기** ▶p.51

1 비 오는 날은 밖에 나가지 않고 **집**에서 여유롭게 쉽니다.
2 **9월**이 되면 선선합니다.
3 전철이 왔기 때문에 **뒤**로 내려갔다.
4 학교는 7월 21일부터 8월 31일까지 **여름 방학**입니다.
5 은행은 이 길을 서쪽으로 **4킬로미터** 가면 왼쪽에 있습니다.
6 백화점에서 **3만 엔**짜리 가방을 샀습니다.
7 전 세계 여러 곳에 **사람**이 살고 있습니다.
8 아버지의 생신에 **책**을 보냈습니다..
9 다음 주 **금요일**은 즐거운 파티가 있습니다.
10 어려운 **이야기**는 저는 이해할 수 없습니다.

19 기출어휘 확인문제 **한자읽기** ▶p.52

1 어머니는 **전기**를 켜고 방에 들어갔습니다.
2 어제 백화점에서 스커트를 **샀습니다**.
3 당신의 나라에서는 어떤 **말**로 말합니까?
4 하루는 **24시간**입니다.
5 10일 아침 **7시**에 역에 와 주세요.
6 우리 집 **근처**에 우체국은 없습니까?
7 교실에는 학생이 **몇 명** 있습니까?
8 사과를 **5개** 사 와 주세요.
9 긴 휴일에 부모님과 **외국**으로 여행 가고 싶습니다
10 어머니는 **84세**가 되셨습니다만, 굉장히 건강합니다.

20 기출어휘 확인문제 **한자읽기** ▶p.53

1 겨울 방학에 **고향**에 갔다 왔습니다.
2 매일 아침 **6시**에 일어나 운동을 하고 있습니다.
3 상자에서 사과를 **5개** 꺼내 주세요.
4 토끼의 눈은 **빨갛습**니다.
5 그 공원에는 많은 사람이 **꽃구경**하러 옵니다.
6 야마다 씨는 **큰** 집에서 살고 있습니다.

7 여동생은 가방을 **6천 엔**에 샀습니다.
8 이번 달 **2일**에 작은 침대를 샀습니다.
9 어제 **4명**의 선생님께 전화를 걸었습니다.
10 저는 **6년간** 일본어를 가르치고 있습니다.

21 기출어휘 확인문제 **한자읽기** ▶p.54

1 저 **남자아이**의 신발은 어디서 팔고 있습니까?
2 선생님은 **어떤 언어**로 수업을 합니까?
3 이 대학에는 300명의 **외국인**이 공부하고 있습니다.
4 비행기는 먼 **하늘**로 사라져 갔다.
5 지갑에서 돈을 2만 엔 **꺼냈습니다**.
6 상자 안에 100엔짜리 사과가 **8개** 있습니다.
7 여름 방학에는 매일 아침 **7시**에 일어납니다.
8 저 파란 **상의**는 여자아이 것입니까?
9 일을 **먼저** 하고 나서 놀러 가거라.
10 오늘 아침 5시 **1분**에 여자아이가 태어났습니다

22 기출어휘 확인문제 **한자읽기** ▶p.55

1 **하루**는 24시간입니다.
2 차 안에 여자아이가 **몇 명** 있습니까?
3 엘리베이터는 꽃집 **왼쪽**에 있습니다.
4 저 공장에는 **800명**의 외국인이 일하고 있습니다.
5 **다음 달** 3일이 여동생의 생일입니다.
6 결혼 선물은 **무엇**을 갖고 싶습니까?
7 아버지는 **은행**에서 일하고 있습니다.
8 우체국에 가는 **길**을 알려 주시지 않겠습니까?
9 그녀는 스무 살에 남자아이의 **어머니**가 되었다.
10 일본인 **친구**가 생겼습니까?

문제2 **표기**

문제 2 (　　) 의 단어는 어떻게 씁니까? 1·2·3·4 중에서 가장 적당한 것을 하나 고르세요.

23 기출어휘 확인문제 **표기** ▶p.60

1 저 **산**은 3,000미터 이상입니다.
2 이 길은 자동차가 **많습**니다.
3 길은 **오른쪽**으로 꺾여 있습니다.
4 야마다 씨는 오늘 **학교**를 쉬었다.
5 집 앞에 작은 **강**이 있습니다.
6 7월 7일 **오후**에 만납시다.
7 이번 주 **날씨**가 좋았다.
8 야마다 씨는 오랜 시간 거기에 **서** 있었다.
9 여러분, 오른쪽 문으로 **나가** 주세요.
10 여기에 **이름**을 써 주세요.

24 기출어휘 확인문제 **표기** ▶p.61

1 그 책은 **위쪽** 선반에 있어.
2 매일 **새로운** 한자를 5개 외웁니다.
3 여름 방학에 외국 여행을 가는 사람이 **많아**지고 있다.
4 누군가가 교실 밖에 **서** 있습니다.
5 내일 **날씨**는 맑겠지요.
6 자신의 물건에는 **이름**을 써 주세요.
7 높은 **산** 위에서 학교가 보입니다.
8 그 마을에는 **학교**가 5개 있습니다.
9 2층에서 누군가가 라디오를 **듣고** 있습니다.
10 정원에 하얀 **꽃**이 피었습니다.

25 기출어휘 확인문제 **표기** ▶p.62

1 다카하시 씨는 **영어**를 잘합니다.
2 친구로부터 자전거를 **샀습니다**.
3 마을 북쪽에 긴 **강**이 있습니다.
4 내일 **날씨**는 흐리겠습니다.
5 케이크를 만드는 데 계란을 **9개** 썼습니다.
6 **산** 위에서 먼 마을이 보입니다.
7 이 **나이프**를 가지고 산에 갑니다.
8 현관을 들어와서 **오른쪽** 방이 응접실입니다.
9 오늘은 고기와 생선을 **먹었습니다**.
10 **아버지**는 여행사에서 일하고 있습니다.

26 기출어휘 확인문제 **표기** ▶p.63

1 방 앞에 **엘리베이터**가 있습니다.
2 좀 더 **큰** 목소리로 말해 주세요.
3 **오후** 11시에 마지막 TV 뉴스가 있습니다.
4 매일 아침 **신문**을 읽고 나서 회사에 갑니다.
5 좋은 **날씨**이니까 밖에서 먹읍시다.
6 **전철**로 학교에 다니고 있습니다.
7 딸은 **레스토랑**에서 일하고 있습니다.
8 남동생은 몸은 **작지**만, 매우 건강합니다.
9 항상 여기서 신문을 **삽니다**.
10 올해 **새롭게** 들어온 학생은 잘 공부한다.

27 기출어휘 확인문제 **표기** ▶p.64

1 저는 방에서 조용한 음악을 **듣습니다**.
2 아침은 빵과 샐러드를 **먹습니다**.
3 **왼쪽**에 큰 호텔이 있습니다.
4 이번 주 토요일은 집에서 **쉽니다**.
5 회사에 갈 때는 흰 **와이셔츠**를 입습니다.

6 매일 TV로 뉴스를 **봅니다**.
7 고향의 **어머니**로부터 편지가 왔습니다.
8 스즈키 씨와 **이야기하고** 나서 방에서 편지를 썼습니다.
9 어제는 일요일이었으니 내일은 **화요일**이다.
10 선생님의 이야기는 항상 **깁니다**.

28 기출어휘 확인문제 표기

▶ p.69

1 **비**가 들어오니까 문을 닫아 주세요.
2 테이블 위에 있던 케이크를 **절반** 먹었습니다.
3 그것은 좋은 **카메라**네요.
4 비행기가 구름 **위**를 날아 갑니다.
5 시간이 없었기 때문에 **자동차**를 타고 왔습니다.
6 **이번 주**는 많이 걸었기 때문에 다리가 아픕니다.
7 바빠서 책을 읽을 **시간**이 없다.
8 친구는 가게에서 **셔츠**를 샀습니다.
9 **택시**는 이용하지 말고 전철로 갑시다.
10 이것은 **무슨** 책입니까?

29 기출어휘 확인문제 표기

▶ p.70

1 일본에서는 음식이나 집이 **비쌉**니다.
2 어제 서점에서 새로운 **책**을 샀습니다.
3 토요일에 **남쪽** 산에 갑니다.
4 지난 달 빨간 **차**를 샀습니다.
5 이 책을 **읽어** 주세요.
6 그녀의 **다리**는 가늘고 예쁩니다.
7 이 마을 동쪽에는 **큰** 강이 있습니다.
8 예쁜 사진 **달력**이네요
9 조금 **입**을 벌려 주세요.
10 제 **아이**는 꽃을 좋아합니다.

30 기출어휘 확인문제 표기

▶ p.71

1 여름은 아침 4시쯤에 **하늘**이 밝아집니다.
2 일본은 미국보다 **작습**니다.
3 다음 **토요일**은 산에 갑니다.
4 가방 **안**에 무엇이 있습니까?
5 마을 **서쪽**에는 큰 공원이 있습니다.
6 **비**가 오기 때문에 택시로 왔습니다.
7 이것은 무슨 **파티**입니까?
8 다음 달 1일에 친구가 **옵니다**.
9 **6일**이나 담배를 피지 않았습니다.
10 **내년** 여름 방학은 바다에 갑시다.

31 기출어휘 확인문제 표기

▶ p.72

1 비가 내리고 있어서 **못 갑니다**.
2 제 **회사**는 저 빌딩 안에 있습니다.
3 내년 여름은 **외국**에 가고 싶습니다.
4 저는 베트남에서 **왔습니다**.
5 한가한 시간에 **라디오**를 듣습니다.
6 무거운 짐이 있었기 때문에 **택시**를 탔습니다.
7 점심 **시간**은 12시부터 1시까지입니다.
8 내년은 **긴** 휴가를 갖고 싶습니다.
9 월요일부터 **금요일**까지 일합니다.
10 금요일에 새로운 **여자** 선생님이 왔습니다.

32 기출어휘 확인문제 표기

▶ p.73

1 제 아버지는 영어 **선생님**입니다.
2 야마다 씨의 **어머니**는 백화점에서 가방을 샀습니다.
3 오늘은 월요일이니까 내일은 **화요일**이다.
4 차가운 물이 **마시고 싶습**니다.
5 **버스**와 택시 중 어느 쪽이 빠릅니까?
6 시계 밑에 **달력**이 붙어 있습니다.
7 **일본어** 단어를 8개 외웠습니다.
8 저와 형(오빠)은 **같은** 학교에 다닙니다.
9 어제는 자기 전에 **샤워**를 했습니다.
10 이 양말은 작아서 **발**이 들어가지 않는다.

33 기출어휘 확인문제 표기

▶ p.74

1 어제 백화점에서 **손수건**을 샀습니다.
2 저 가게 모퉁이를 **왼쪽**으로 돌아 가세요.
3 내일 **백화점**에 가서 시계를 삽니다.
4 마을 **남쪽**은 녹음이 짙습니다.
5 여기에 회사 이름을 **적어** 주세요.
6 내일 오후 1시에 찻집에서 **만납시다**.
7 내일 홋카이도에서 아버지와 어머니가 **옵니다**.
8 그 **남자**는 어제 여기에 왔습니다.
9 야마다 씨의 아버지는 바쁘셔서 일요일에도 **회사**에 갑니다.
10 제 강아지는 다리가 **하얗**습니다.

34 기출어휘 확인문제 표기

▶ p.75

1 오전 **9시 반**에 만납시다.
2 날씨가 나빠서 밖에서 **스포츠**를 할 수 없습니다.
3 **택시**는 버스보다 빠릅니다.
4 **동쪽** 하늘이 예쁩니다.
5 백화점에서 새 **카메라**를 샀습니다.

6 물을 소중히 사용합시다.
7 나는 **라디오**로 음악을 듣는다.
8 그 가게의 모퉁이를 오른쪽으로 돌아 가세요.
9 저기에 **남자**가 있습니다.
10 세계에서 가장 **높은** 산에 오르고 싶습니다.

35 기출어휘 확인문제 표기

▶p.79

1 10살 위의 사람과 **친구**가 되었습니다.
2 저 배는 미국으로 **갑니다**.
3 **수요일** 오후 1시부터 회의가 있습니다.
4 **매일** 술을 마시는 것은 몸에 나쁩니다.
5 회사를 그만두면 다시 **대학**에 가고 싶다.
6 저희 마을에 **전기**가 들어왔습니다.
7 오른쪽의 작은 시계는 **천 엔**입니다
8 레스토랑을 나와 **2시간** 정도 걸었습니다.
9 뒤를 걷지 말고 옆으로 와 주세요.
10 춥더라도 **호주머니**에서 손을 빼거라.

36 기출어휘 확인문제 표기

▶p.80

1 **남쪽** 방향으로 100미터 정도 가 주세요.
2 신문의 글씨가 **작아서** 읽을 수 없습니다.
3 차 뒤에 **아이**가 있습니다.
4 겨울은 **스커트**로는 춥겠지요.
5 **테이블**에는 음식이 놓여 있습니다.
6 이번 달에 친구와 **바다**에 갑니다.
7 긴 시간 동안 전철을 탔습니다.
8 주스를 따를 테니 컵을 **들어** 주세요.
9 더러워진 손수건을 빨았습니다.
10 연필로 **쓰지 말고** 볼펜을 사용해 주세요.

37 기출어휘 확인문제 표기

▶p.81

1 비 오는 날은 **아파트**의 방에서 음악을 듣습니다.
2 작년 동쪽 마을에서는 **비**가 자주 내렸습니다
3 일본은 중국의 **동쪽**에 있습니다.
4 다음 주 **화요일** 오후 3시에 만나는 약속입니다.
5 영어를 **라디오**로 공부합니다.
6 **이번 주** 수요일 신문이 있습니까?
7 그 그림은 **조금** 위에 거는 편이 잘 보입니다.
8 남동생은 몸은 **크지만**, 매우 약합니다.
9 그 **카메라**는 조금 비쌉니다.
10 제 여동생은 **도서관**에서 일하고 있습니다.

38 기출어휘 확인문제 표기

▶p.82

1 아버지의 생신에 **넥타이**를 드렸습니다.
2 토요일은 아이와 **수영장**에서 헤엄칩니다.
3 현관 **앞**에 짐이 놓여 있습니다.
4 학교가 끝나고 나서 영화를 **보러** 갑니다.
5 어제 오후 방에서 잡지를 **읽었습니다**.
6 야마다 씨의 차로 드라이브를 **가고 싶습**니다.
7 연필이나 노트를 가방에 **넣었습니까**?
8 동쪽 하늘이 **밝아졌**습니다.
9 어떤 대학을 갈지 선생님과 **이야기했다**.
10 저는 나가노에 있는 병원에서 **태어났습니다**.

39 기출어휘 확인문제 표기

▶p.83

1 수요일은 **학교**에서 도시락을 먹습니다.
2 역까지 택시로 **천 엔** 정도 듭니다.
3 미국의 **북쪽**은 캐나다입니다.
4 문 오른쪽에 전기 **스위치**가 있습니다.
5 **토요일** 하루 전의 금요일 밤이 가장 좋습니다.
6 돌아가신 **어머니**를 다시 한 번 만나고 싶습니다.
7 그와 그녀는 **매일** 만나고 있습니다.
8 다음 회의는 다음 달 **6일**입니다.
9 아들은 **내년** 4월, 대학에 들어갑니다.
10 **나가기** 전에 열쇠를 잠그는 것을 잊지 말아 주세요.

문제3 문맥규정

문제 3 (　　　) 에 무엇을 넣습니까? 1·2·3·4 중에서 가장 적당한 것을 하나 고르세요.

40 기출어휘 확인문제 문맥규정

▶p.88

1 회사까지 전철로 1시간 **걸립니다**.
2 작년 홋카이도를 **여행**했습니다.
3 다음 **모퉁이**를 오른쪽으로 돌아 주세요.
4 학교에서 친구와 사진을 **찍었습니다**.
5 오늘은 바람이 **셉**니다.
6 어젯밤 잡지를 **3권** 읽었습니다.
7 귀가 아파서 **병원**에 갑니다.
8 집에 시계를 **잊고 두고 와서** 시간을 모릅니다.
9 가게는 저녁 10시에 **닫습니다**.
10 방이 **어둡기** 때문에 전기를 켰습니다.

41 기출어휘 확인문제 문맥규정

▶p.89

1 어제 가족 **사진**을 찍었습니다.
2 왼쪽으로 **돌아** 주세요.

3 어제 열쇠 복사본을 만들었습니다.
4 저 아이는 빨간 신발을 신고 있습니다.
5 날씨가 좋아서 기분이 좋네요.
6 할아버지는 90살에 **가깝지**만, 매우 건강합니다.
7 이 편지, 서울로 붙이고 싶은데 얼마입니까?
8 친구로부터 사진을 2장 받았습니다.
9 산책한 후는 샤워를 합니다.
10 많이 걸었기 때문에 매우 **피곤했습니다**.

42 기출어휘 확인문제 문맥규정

▶ p.90

1 부엌 **청소**에 3시간 걸렸습니다.
2 **숙제**를 하고 나서 TV를 보세요.
3 밥을 먹고 나서 이를 **닦습니다**.
4 싸지만, **튼튼한** 책상입니다.
5 **호주머니** 안의 물건을 전부 꺼내 보였습니다.
6 여름 방학은 매일 수영장에서 **헤엄쳤습니다**.
7 무거운 가방을 들고 회사까지 걸었습니다.
8 겨울은 여름보다도 낮이 **짧습니다**.
9 어제는 많은 눈 때문에 전철도 버스도 움직이지 못했습니다.
10 그 여자는 모자를 **쓰고** 있습니다.

43 기출어휘 확인문제 문맥규정

▶ p.91

1 12월이 되면 **찬** 북쪽 바람이 불어 옵니다.
2 우리 집에 고양이가 5**마리** 있습니다.
3 매일 **비**가 내려서 싫어요.
4 남동생의 입학 축하 선물은 영어 **사전**으로 했습니다.
5 **매일 아침** 샤워를 하고 나서 식사를 합니다.
6 어제는 홍차를 2**잔** 마셨습니다.
7 무거운 가방은 싫습니다. 좀 더 **가벼운** 것은 없습니까?
8 이 길을 **곧장** 가세요.
9 오늘은 **춥네요**. 눈이 내리고 있어요.
10 매일 아침 30분, 집 주위를 **산책합니다**.

44 기출어휘 확인문제 문맥규정

▶ p.92

1 야마모토 씨는 **능숙한** 글씨를 쓰시네요.
2 엘리베이터를 사용하지 않고 **계단**을 오르는 편이 몸에 좋습니다.
3 이 쿠키는 **설탕**이 많이 들어가 있습니다.
4 2층 창문 앞에 **큰** 나무가 있어서 방해입니다.
5 식사 후에 반드시 **이**를 닦읍시다.
6 매일 아침 **신문**을 읽고 있습니다.
7 더우니까 문이랑 창문을 열어 주세요.
8 나는 도쿄에서 **태어났습니다**.
9 먼 곳까지 걸었기 때문에 발이 아픕니다.
10 이시하라 씨에게 일본어를 **배우**고 있습니다.

45 기출어휘 확인문제 문맥규정

▶ p.93

1 다나카 씨는 빨간 **모자**를 **쓰고** 있습니다.
2 이 나이프로 햄을 **잘라** 주세요.
3 집에 **시계**를 잊고 두고 와서 시간을 모릅니다.
4 학교는 역에서 걸어서 3분이라서 **편리**합니다.
5 여름 방학은 매일 대학교 **수영장**에서 헤엄쳤다.
6 모르는 말이 있다면 **질문**해 주세요.
7 더우니까 **창문**을 엽시다.
8 일본어 문자를 **외우는**데 1개월 걸렸습니다.
9 울고 있는 아이에게 **단** 과자를 주었습니다.
10 따뜻한 **바람**이 불고 있어요.

46 기출어휘 확인문제 문맥규정

▶ p.94

1 야마다 씨, 또 **언젠가** 만납시다.
2 우리 아파트에는 **엘리베이터**가 없습니다
3 **좀** 비싸니까 좀 싼 것을 주세요.
4 머리가 아파서 약을 **먹었습니다**.
5 화장실 옆에 세탁기를 **놓고 싶**습니다.
6 길을 몰라서 **곤란했습니다**.
7 일본의 여러 곳을 **여행**하고 싶습니다.
8 이 교실은 더우니까 **에어컨**을 켭시다.
9 작은 글씨를 보고 있어서 눈이 **피곤했습니다**.
10 리 씨는 매일 운동을 하고 있어서 몸이 **튼튼**합니다.

47 기출어휘 확인문제 문맥규정

▶ p.99

1 저 짧은 **스커트**를 입고 있는 사람은 누구입니까?
2 오늘은 바람이 매우 **세다**.
3 아침에 일어나서 얼굴을 **씻습니다**.
4 **어둡네요**. 전등을 켭시다.
5 A : 이 카메라는 **얼마**입니까?
B : 5만 엔입니다.
6 병원 **옆**에 찻집이 있습니다.
7 책상 위에 잡지가 2**권** 있습니다.
8 춥네요. 창문을 **닫아** 주세요.
9 2018년에 **결혼했습니다**. 지금 아이는 2명입니다.
10 야마시타 씨는 기타를 능숙하게 **칩니다**.

48 기출어휘 확인문제 문맥규정

▶ p.100

1 처음 뵙겠습니다. 아무쪼록 **잘 부탁합니다**.
2 여기부터 학교까지 2**킬로미터**입니다.
3 봉투에 우표를 **붙여** 주세요.
4 이 **야채**는 매우 맛있습니다.
5 여기부터 역까지 **가까우**니까 걸어서 갑시다.

6 영화 표가 2장 있는데, 함께 가지 않겠습니까?
7 교실은 10층이니까 **엘리베이터**로 가겠습니다.
8 의자를 둥글게 **늘어놓아** 주세요.
9 시간이 **점점** 지나갑니다.
10 어제는 300**미터** 헤엄쳤습니다.

49 기출어휘 확인문제 **문맥규정**

▶p.101

1 A : 여행은 어땠습니까?
B : 매우 **즐거웠**습니다.
2 치즈를 **잘라서** 접시에 늘어놓았습니다.
3 여기부터 역까지의 **지도**를 그려 주세요.
4 **사진**을 찍을 테니까 여러분, 늘어서 주세요.
5 야마다 씨는 빨간 모자를 **쓰고** 있습니다.
6 다나카 씨의 부인은 **젊고** 예쁩니다.
7 나는 몸이 **튼튼해**서 그다지 감기에 걸리지 않습니다.
8 현관 앞에 자전거가 **1대** 세워져 있습니다.
9 **위험**하니까 나무에 오르는 것은 그만두세요.
10 아침에 청소를 했기 때문에 방은 **깨끗합**니다.

50 기출어휘 확인문제 **문맥규정**

▶p.102

1 어머니가 만든 카레는 그다지 **맵지** 않다.
2 A : 저는 청소를 할까요?
B : 네. **부탁합니다.**
3 저녁때까지 남동생과 함께 공원에서 **놀았습니다.**
4 **어젯밤**은 친구 집에 있었습니다.
5 역에는 사람이 전철을 타거나 **내리거나** 하고 있습니다.
6 모르는 것은 바로 **질문**해 주세요.
7 대개는 걸어서 가지만, **가끔** 전철로 갑니다.
8 많이 먹었어. **그러나** 바로 내가 고파.
9 내 **아파트**는 방이 2개 있습니다.
10 여기는 **눈**이 오고 있습니다.

51 기출어휘 확인문제 **문맥규정**

▶p.103

1 밤에 이를 **닦고** 나서 잡니다.
2 수업이 끝난 후에 도서관에 책을 **반납했습니다.**
3 저녁식사에 고기를 **요리**하고 있습니다.
4 새가 많이 하늘을 **날고** 있습니다.
5 빵을 **나이프**로 작게 잘랐습니다.
6 좀 더 천천히 이야기해 주세요.
7 A : 형제는 있습니까?
B : 네, **형**이 1명 있습니다.
8 술은 많이 마셨습니다. 이제 **충분합니다.**
9 이 영어 사전은 두껍고 **무겁**습니다.
10 교실이 **춥기** 때문에 스토브를 켭시다.

52 기출어휘 확인문제 **문맥규정**

▶p.104

1 A : 파출소는 어디입니까?
B : 이 길을 **곧장** 가 주세요. 바로 거기예요.
2 설탕을 많이 넣었기 때문에 이 커피는 **달아**요.
3 오늘은 강한 바람이 **불고** 있습니다.
4 저는 새 카메라를 **갖고 싶습니다.**
5 오늘은 **백화점**이 붐비고 있습니다.
6 오늘은 잡지를 **10페이지**를 읽었습니다.
7 밥을 먹은 후는 “**잘 먹었습니다.**”라고 말합니다.
8 어제는 비가 왔습니다. 전철에 우산을 **잊고 와서** 곤란했습니다.
9 차에 주의해서 길을 **건넙시다.**
10 **감기**에 걸려서 머리가 아픕니다.

53 기출어휘 확인문제 **문맥규정**

▶p.105

1 나는 후지산에 **오르고** 싶습니다.
2 매일 아침 **공원**을 산책합니다.
3 그림은 좋아하지만, **능숙하지**는 않습니다.
4 차와 커피, **어느쪽**이 좋습니까?
5 **천천히** 신문을 읽을 시간을 갖고 싶습니다.
6 내일 **또** 함께 놉시다.
7 이것은 **중요한** 노트이기 때문에 잃어 버리지 마세요.
8 A : 어제는 대단히 고마웠습니다.
B : 아니요, **천만에요.**
9 나는 노래를 잘 못합니다. 그러나 노래는 **좋아합니다.**
10 스즈키 씨는 안경을 **쓰고** 있습니다.

54 기출어휘 확인문제 **문맥규정**

▶p.106

1 집을 나올 때는 전기를 **끕**니다.
2 다음 **모퉁이**를 돌아서 3번째가 저희 집입니다.
3 방 안에서 담배를 **피우지 말아** 주세요.
4 책상 위에 지우개가 **3개** 있습니다.
5 작년 오늘, 무엇을 했는지 **기억하고** 있습니까?
6 영어로 긴 **편지**를 썼습니다.
7 나는 항상 10시에 자서 6시에 **일어납니다.**
8 A : 내일 오후 1시에 어떻습니까?
B : 네, **괜찮**습니다.
9 젊을 때 **여러** 나라를 여행하는 것은 좋은 일이다.
10 햇빛이 강하니까 **모자**를 쓰고 있어 주세요.

55 기출어휘 확인문제 **문맥규정**

▶p.110

1 도서관에는 **조용히** 공부합시다.
2 저 **다리**를 건너 병원에 갑니다.
3 제가 좋아하는 스포츠는 **스키**입니다.

4 다나카 씨는 대개 목욕을 하고 **바로** 잡니다.
5 일본어는 처음은 쉽지만, **점점** 어려워집니다.
6 나는 어젯밤 친구에게 **편지**를 썼습니다.
7 나는 일본에 가서 일본어 공부를 **하고 싶**습니다.
8 짐은 여기에 **놓아** 주세요.

56 기출어휘 확인문제 **문맥규정**

▶ p.111

1 **넥타이**를 매고 회사에 갑니다.
2 제 방은 **2층**에 있습니다.
3 쉬는 날은 항상 집에서 **기타**를 칩니다.
4 자동차로 집에서 회사까지 20분 **걸립니다.**
5 **개**는 동물입니다.
6 역에서 전철을 **탑**니다.
7 나는 언제나 밤에 **일찍** 잡니다.
8 제가 좋아하는 음료는 **홍차**입니다.

57 기출어휘 확인문제 **문맥규정**

▶ p.112

1 **재작년** 여름도 작년 여름도 매우 더웠습니다.
2 야마다 씨는 키가 **큽**니다.
3 나는 어젯밤 친구에게 **전화**를 걸었습니다.
4 어제 가족 사진을 **찍었습니다.**
5 나는 항상 **라디오**를 들으면서 공부합니다.
6 나는 감기에 걸려서 약을 **먹었습니다.**
7 영화관 앞에 가게가 **많이** 늘어서 있습니다.
8 일주일간 **3번** 산책을 했습니다.

58 기출어휘 확인문제 **문맥규정**

▶ p.113

1 **더러운** 손으로 밥을 먹지 말아 주세요.
2 여름은 매일 **수영장**에 헤엄치러 갑니다.
3 목욕탕에 **들어가서** 몸을 씻었습니다.
4 책장에 책을 **진열해** 두었습니다.
5 A : 거기 소금을 **건네** 주세요
B : 네, 여기 있어요.
6 미안합니다. 저 접시를 **집어** 주세요.
7 야마다 씨는 공부를 해서 **훌륭한** 선생님이 되었습니다.
8 이렇게 큰 비행기를 타는 것은 **처음**입니다.

문제4 교체유의어

문제 4 ______의 문장과 거의 같은 의미의 문장이 있습니다. 1·2·3·4에서 가장 적당한 것을 하나 고르세요.

59 기출어휘 확인문제 **교체유의어**

▶ p.119

1 **이 책은 유명합니다.**
1 모두 이 책을 알고 있습니다.
2 모두 이 책을 모릅니다.
3 모두 이 책을 좋아합니다.
4 모두 이 책을 싫어합니다.

2 **이것은 냉장고입니다.**
1 여기에 우산을 넣습니다.
2 여기에 자동차를 넣습니다.
3 여기에 주스를 넣습니다.
4 여기에 양복을 넣습니다.

3 **나는 과일을 좋아합니다.**
1 개랑 고양이 등을 좋아합니다.
2 초밥이랑 튀김 등을 좋아합니다.
3 야구랑 축구 등을 좋아합니다.
4 사과랑 바나나 등을 좋아합니다.

4 **스미스 씨는 야마다 씨에게 영어를 가르쳤습니다.**
1 야마다 씨는 스미스 씨에게 영어를 보여줬습니다.
2 스미스 씨는 야마다 씨에게 영어를 보여줬습니다.
3 야마다 씨는 스미스 씨에게 영어를 배웠습니다.
4 스미스 씨는 야마다 씨에게 영어를 배웠습니다.

5 **일요일은 한가했습니다.**
1 일요일은 바쁘지 않았습니다.
2 일요일은 바빴습니다.
3 일요일은 시끄럽지 않았습니다
4 일요일은 시끄러웠습니다

60 기출어휘 확인문제 **교체유의어**

▶ p.120

1 **내일은 외출합니다.**
1 내일은 집에 있습니다.
2 내일은 집에 없습니다.
3 내일은 집에 돌아옵니다.
4 내일은 집에 돌아오지 않습니다.

2 **그 책은 시시합니다.**
1 그 책은 얇지 않습니다.
2 그 책은 가볍지 않습니다.
3 그 책은 재미있지 않습니다.
4 그 책은 어렵지 않습니다.

3 **저곳은 우체국입니다.**
1 저곳에서는 상의랑 바지를 팔고 있습니다.
2 저곳에서는 우표랑 엽서를 팔고 있습니다.
3 저곳에서는 책상이랑 의자를 팔고 있습니다.
4 저곳에서는 커피랑 케이크를 팔고 있습니다.

4 스즈키 씨는 아침에 과일을 먹습니다.
1 스즈키 씨는 아침에 빵을 먹습니다.
2 스즈키 씨는 아침에 사과를 먹습니다.
3 스즈키 씨는 아침에 밥을 먹습니다.
4 스즈키 씨는 아침에 케이크 먹습니다.

5 이 교실은 시끄럽네요.
1 이 교실은 조용하지 않네요.
2 이 교실은 조용하네요.
3 이 교실은 깨끗하지 않네요.
4 이 교실은 깨끗하네요.

61 기출어휘 확인문제 **교체유의어**

▶ p.121

1 화장실에 가고 싶습니다.
1 백화점에 가고 싶습니다.
2 파티에 가고 싶습니다.
3 화장실에 가고 싶습니다.
4 슈퍼마켓에 가고 싶습니다.

2 선배와 찻집에 갔습니다.
1 선배와 커피를 마시러 갔습니다.
2 선배와 우표를 사러 갔습니다.
3 선배와 테니스를 치러 갔습니다.
4 선배와 밥을 먹으러 갔습니다.

3 방은 더럽지 않습니다.
1 방은 조용합니다.
2 방은 밝습니다.
3 방은 어둡습니다.
4 방은 깨끗합니다.

4 오늘 아침 세탁을 했습니다.
1 오늘 아침 이를 닦았습니다.
2 오늘 아침 구두를 닦았습니다.
3 오늘 아침 차를 씻었습니다.
4 오늘 아침 옷을 빨았습니다.

5 아버지는 여기에서 일하고 있습니다.
1 아버지는 여기에서 기다리고 있습니다.
2 아버지는 여기에서 일을 하고 있습니다.
3 아버지는 여기에서 쉬고 있습니다.
4 아버지는 여기에서 밥을 먹고 있습니다.

62 기출어휘 확인문제 **교체유의어**

▶ p.122

1 가방은 가볍습니다.
1 가방은 싸지 않습니다.
2 가방은 더럽지 않습니다.
3 가방은 비싸지 않습니다.
4 가방은 무겁지 않습니다.

2 음료는 어디에 있습니까?
1 엽서랑 우표는 어디에 있습니까?
2 커피랑 우유는 어디에 있습니까?
3 신문이랑 잡지는 어디에 있습니까?
4 구두와 슬리퍼는 어디에 있습니까?

3 어젯밤은 1시간 산책을 했습니다.
1 어젯밤은 1시간 걸었습니다.
2 어젯밤은 1시간 잤습니다.
3 어젯밤은 1시간 일했습니다.
4 어젯밤은 1시간 쉬었습니다.

4 오늘은 4일입니다. 모레부터 학교는 휴일입니다.
1 휴일은 8일부터입니다.
2 휴일은 5일부터입니다.
3 휴일은 6일부터입니다.
4 휴일은 7일부터입니다.

5 리 씨는 동물을 좋아합니다.
1 리 씨는 고양이랑 개를 좋아합니다.
2 리 씨는 배랑 사과를 좋아합니다.
3 리 씨는 초밥이랑 튀김을 좋아합니다.
4 리 씨는 커피랑 홍차를 좋아합니다.

63 기출어휘 확인문제 **교체유의어**

▶ p.129

1 재작년 아이가 태어났습니다.
1 2년 전에 아이가 태어났습니다.
2 1년 전에 아이가 태어났습니다.
3 이틀 전에 아이가 태어났습니다.
4 하루 전에 아이가 태어났습니다.

2 나는 글씨를 잘 못 씁니다.
1 나는 글씨가 둥글지 않습니다.
2 나는 글씨가 크지 않습니다.
3 나는 글씨를 좋아하지 않습니다.
4 나는 글씨를 잘 쓰지 못합니다.

3 공원에 경찰관이 있었습니다.
1 공원에 의사가 있었습니다.
2 공원에 부인이 있었습니다.
3 공원에 형이 있었습니다.
4 공원에 순경이 있었습니다.

4 오늘은 9일입니다.
1 어제는 4일이었습니다.
2 어제는 8일이었습니다.
3 어제는 5일이었습니다.
4 어제는 20일이었습니다.

5 이치로 씨는 하나코 씨와 형제입니다.
1 이치로 씨는 하나코 씨의 아버지입니다.
2 이치로 씨는 하나코 씨의 아저씨입니다.
3 이치로 씨는 하나코 씨의 오빠입니다.
4 이치로 씨는 하나코 씨의 할아버지입니다.

64 기출어휘 확인문제 **교체유의어**

▶ p.130

1 어젯밤 다나카 씨에게 전화를 걸었습니다.
1 그저께 아침 다나카 씨에게 전화를 했습니다.
2 그저께 밤 다나카 씨에게 전화를 했습니다.
3 어제 아침 다나카 씨에게 전화를 했습니다.
4 어젯밤 다나카 씨에게 전화를 했습니다.

2 나는 도서관에 근무하고 있습니다.
1 나는 도서관에서 쉬고 있습니다.
2 나는 도서관에서 일하고 있습니다.
3 나는 도서관에서 기다리고 있습니다.
4 나는 도서관에서 공부하고 있습니다.

3 오늘은 5일입니다.
1 어제는 8일이었습니다.
2 어제는 4일이었습니다.
3 어제는 20일이었습니다.
4 어제는 9일이었습니다.

4 여기는 부엌입니다.
1 여기는 요리를 하는 곳입니다.
2 여기는 쇼핑을 하는 곳입니다.
3 여기는 자는 곳입니다.
4 여기는 헤엄치는 곳입니다.

5 나는 야마다 씨에게 복사를 부탁했습니다.
1 "야마다 씨, 이것을 복사하지 마세요."
2 "야마다 씨, 이것을 복사할까요?"
3 "야마다 씨, 이것을 복사했나요?"
4 "야마다 씨, 이것을 복사해 주세요."

65 기출어휘 확인문제 교체유의어

▶ p.131

1 일요일의 공원은 떠들썩합니다.
1 일요일의 공원은 깨끗합니다.
2 일요일의 공원은 조용합니다.
3 일요일의 공원은 사람이 적습니다.
4 일요일의 공원은 사람이 많이 있습니다.

2 삼촌은 65살입니다.
1 어머니의 오빠는 65살입니다.
2 어머니의 언니는 65살입니다.
3 어머니의 아버지는 65살입니다.
4 어머니의 어머니는 65살입니다.

3 야마다 씨는 글씨를 잘 씁니다.
1 야마다 씨는 글씨가 둥글지 않습니다.
2 야마다 씨는 글씨가 크지 않습니다.
3 야마다 씨는 글씨를 좋아하지 않습니다.
4 야마다 씨는 글씨가 서툴지 않습니다.

4 밤이 어둡군요. 밝게 해 주세요.
1 전기를 꺼 주세요.
2 전기를 켜 주세요.
3 전기를 끄지 마세요.
4 전기를 켜지 마세요.

5 우리 언니는 스즈키 씨와 결혼합니다.
1 언니는 스즈키 씨의 여동생이 됩니다.
2 언니는 스즈키 씨의 부인이 됩니다.
3 언니는 스즈키 씨의 아주머니가 됩니다.
4 언니는 야마다 씨의 남편이 됩니다.

66 기출어휘 확인문제 교체유의어

▶ p.132

1 여기는 출구입니다. 입구는 저쪽입니다.
1 저쪽으로 나가세요.
2 저쪽으로 내리세요.
3 저쪽으로 들어가세요.
4 저쪽으로 건너세요.

2 다음 버스는 정각 12시에 나갑니다.
1 다음 버스는 12시 전에 나갑니다.
2 다음 버스는 12시 반에 나갑니다.
3 다음 버스는 12시쯤 나갑니다.
4 다음 버스는 12시에 나갑니다.

3 지금 2021년입니다. 내후년에 외국에 갑니다.
1 2022년에 외국에 갑니다.
2 2023년에 외국에 갑니다.
3 2024년에 외국에 갑니다.
4 2025년에 외국에 갑니다.

4 재작년 집을 샀습니다.
1 2년 전에 집을 샀습니다.
2 1년 전에 집을 샀습니다.
3 이틀 전에 집을 샀습니다.
4 하루 전에 집을 샀습니다.

5 청소를 해 주세요.
1 손을 깨끗하게 해 주세요.
2 방을 깨끗하게 해 주세요.
3 옷을 깨끗하게 빨아 주세요.
4 몸을 깨끗하게 씻어 주세요.

67 기출어휘 확인문제 교체유의어

▶ p.137

1 어제 시험은 어렵지 않았습니다.
1 어제 시험은 쉽지 않았습니다.
2 어제 시험은 간단했습니다.
3 어제 시험은 짧지 않았습니다.
4 어제 시험은 소중했습니다.

2 이 그림은 싫습니다.
1 이 그림은 좋아합니다.
2 이 그림은 예쁩니다.
3 이 그림은 좋아하지 않습니다.
4 이 그림은 예쁘지 않습니다.

3 사전을 찾았습니다.
1 시간을 알았습니다.
2 출구를 알았습니다.
3 전화번호를 알았습니다.
4 말의 의미를 알았습니다.

4 친구는 현관에서 신발을 벗었습니다.
1 친구는 침대 옆에서 신발을 벗었습니다.
2 친구는 방 앞에서 신발을 벗었습니다.
3 친구는 집 입구에서 신발을 벗었습니다.
4 친구는 창문 밑에서 신발을 벗었습니다.

5 다나카 씨는 사토 씨에게 차를 빌렸습니다.
1 사토 씨는 다나카 씨에게 차를 주었습니다.
2 사토 씨는 다나카 씨에게 차를 돌려주었습니다.
3 사토 씨는 다나카 씨에게 차를 팔았습니다.
4 사토 씨는 다나카 씨에게 차를 빌려주었습니다.

68 기출어휘 확인문제 **교체유의어**

▶ p.138

1 가방에서 책과 사전을 꺼냈습니다.
1 가방은 가벼워졌습니다.
2 가방은 무거워졌습니다.
3 가방은 커졌습니다.
4 가방은 상냥해졌습니다.

2 여동생은 '안녕히 주무세요.'라고 말했습니다.
1 여동생은 지금부터 잡니다.
2 여동생은 지금부터 일어납니다.
3 여동생은 지금부터 집을 나섭니다.
4 여동생은 지금부터 밥을 먹습니다.

3 나는 오늘 차로 왔습니다.
1 나는 오늘 걸어서 왔습니다.
2 나는 오늘 전철로 왔습니다.
3 나는 오늘 자동차로 왔습니다.
4 나는 오늘 자전거로 왔습니다.

4 그 문은 열려 있습니다.
1 그 문은 닫혀 있지 않습니다.
2 그 문은 닫혀 있습니다.
3 그 문은 열리지 않습니다.
4 그 문은 열려 있지 않습니다.

5 이 커피는 맛없습니다.
1 이 커피는 싸지 않습니다.
2 이 커피는 맛있지 않습니다.
3 이 커피는 맵지 않습니다.
4 이 커피는 오래되지 않았습니다.

69 기출어휘 확인문제 **교체유의어**

▶ p.139

1 이것은 볼펜입니다.
1 이것으로 편지를 씁니다.
2 이것으로 밥을 먹습니다.
3 이것으로 종이를 자릅니다.
4 이것으로 음악을 듣습니다.

2 이것은 냉장고입니다.
1 여기에 구두나 슬리퍼를 넣습니다.
2 여기에 음식이나 음료를 넣습니다.
3 여기에 자동차나 자전거를 넣습니다
4 여기에 스커트나 바지를 넣습니다.

3 저곳에서는 야채랑 과일을 팔고 있습니다.
1 저곳은 야채 가게입니다.
2 저곳은 서점입니다.
3 저곳은 정육점입니다.
4 저곳은 꽃집입니다.

4 어젯밤 영화를 봤습니다.
1 그저께 아침 영화를 봤습니다.
2 그저께 저녁 영화를 봤습니다.
3 어제 아침 영화를 봤습니다.
4 어제 저녁 영화를 봤습니다.

5 야마다 씨는 대학에 근무하고 있습니다.
1 야마다 씨는 대학에 살고 있습니다.
2 야마다 씨는 대학에 들어가 있습니다.
3 야마다 씨는 대학에서 일하고 있습니다.
4 야마다 씨는 대학에서 공부하고 있습니다.

70 기출어휘 확인문제 **교체유의어**

▶ p.140

1 어머니는 지금 외출했습니다.
1 어머니는 지금 잡을 나갑니다.
2 어머니는 지금 집에 있습니다.
3 어머니는 지금 집에 없습니다.
4 어머니는 지금 집에 도착했습니다.

2 아사코 씨는 지로 씨와 결혼했습니다.
1 아사코 씨는 지로 씨의 자제분이 되었습니다.
2 아사코 씨는 지로 씨의 누나가 되었습니다.
3 아사코 씨는 지로 씨의 형이 되었습니다
4 아사코 씨는 지로 씨의 부인이 되었습니다.

3 내일은 날씨가 좋겠지요.
1 내일은 흐리겠지요.
2 내일은 맑겠지요.
3 내일은 눈이 내리겠지요.
4 내일은 비가 내리겠지요.

4 스즈키 씨는 아침에 과일을 먹습니다.
1 스즈키 씨는 아침에 빵을 먹습니다.
2 스즈키 씨는 아침에 사과를 먹습니다.
3 스즈키 씨는 아침에 밥을 먹습니다.
4 스즈키 씨는 아침에 케이크를 먹습니다.

5 어제는 오전 동안 한가했습니다.
1 어제는 아침부터 밤까지 한가했습니다.
2 어제는 아침부터 정오까지 한가했습니다.
3 어제는 정오부터 밤까지 한가했습니다.
4 어제는 정오부터 저녁때까지 한가했습니다.

제2장

문자·어휘 예상 공략편

문제1 한자읽기

문제 1 (　　　) 의 단어는 히라가나로 어떻게 씁니까? 1·2·3·4 중에서 가장 적당한 것을 하나 고르세요.

1 예상어휘 확인문제 한자읽기 ▶p.165

1 먼저 드세요.
2 올해 3월 대학을 나왔습니다.
3 나는 나중에 먹겠습니다.
4 도쿄 서쪽에 후지산이 보입니다.
5 이 책을 먼저 읽으세요.
6 레스토랑에서 천 엔짜리 생선요리를 먹었습니다.
7 물을 사서 갑니다.
8 세 번째 모퉁이를 오른쪽으로 돌아가세요.
9 어제 집에 친구가 왔습니다.
10 베란다에 있는 꽃을 잘라서 현관에 장식했습니다.

2 예상어휘 확인문제 한자읽기 ▶p.166

1 매일 한 번 어머니에게 전화합니다.
2 바람이 차가워서 귀가 아픕니다.
3 아래의 방에서 노랫소리가 들립니다.
4 차 안에 남자아이가 몇 명 있습니까?
5 상자 안에 무엇이 들어 있습니까?
6 나는 매일 산책을 합니다.
7 어제 선생님께 전화를 걸었습니다.
8 이것은 생일에 아버지로부터 받은 만년필입니다.
9 좀 더 천천히 말해 주세요.
10 봉투에 돈이 8만 엔 들어 있었습니다.

3 예상어휘 확인문제 한자읽기 ▶p.167

1 1분은 60초입니다.
2 오늘 밤 7시에 만납시다.
3 와이셔츠가 바지 밖에 나와 있습니다.
4 매일 2시간 정도 텔레비전을 봅니다.
5 오늘은 날씨가 좋습니다.
6 그 스커트 길지 않습니까?
7 케이크를 여동생과 절반씩 나눴습니다.
8 오른쪽에 큰 산이 보였습니다.
9 건강한 남자아이가 태어났습니다.
10 오늘 오후 1시 비행기로 일본에 갑니다.

4 예상어휘 확인문제 한자읽기 ▶p.168

1 산 위에 큰 건물이 있습니다.
2 도쿄 하늘은 밤에도 밝습니다.
3 창문에서 북쪽에 흰 산이 잘 보입니다.
4 나는 일본 도쿄에서 태어났습니다.
5 우리 집은 낡고 작습니다.
6 돈이 없어서 물밖에 안 마십니다.
7 저 파란 상의는 여자아이 것입니까?
8 저녁밥은 생선을 먹고 싶다.
9 비 오는 날은 밖으로 나가지 않고 집에서 느긋하게 쉽니다.
10 산에는 아직 눈이 남아 있습니다.

문제2 표기

문제 2 (　　　) 의 단어는 어떻게 씁니까? 1·2·3·4 중에서 가장 적당한 것을 하나 고르세요.

5 예상어휘 확인문제 표기 ▶p.169

1 보통 여자보다 남자 쪽이 키가 크다.
2 이번 달 어머니와 백화점에 갑니다.
3 역에서 9시에 만납시다.
4 전철 안에서 라디오를 들으며 회사에 갑니다.
5 교실 안에는 아무도 없었습니다.
6 남쪽으로 100미터 정도 가세요.
7 시간을 만들어 놀러 오세요.
8 점심시간이에요. 밥을 먹읍시다.
9 이 마을 동쪽에는 큰 강이 있습니다.
10 입을 크게 벌려 노래합시다.

6 예상어휘 확인문제 표기 ▶p.170

1 창문이 흐려져서 밖이 보이지 않습니다.
2 2년 전에 이 회사에 들어왔습니다.
3 여름은 4시에는 동쪽 하늘이 밝아진다.
4 테이블 위에 케이크가 있습니다.
5 이번 주는 많이 걸었습니다.
6 학교 뒤에 긴 강이 있습니다.
7 학교까지 어느 정도 걸립니까?
8 아이가 자기 때문에 라디오 소리를 작게 했습니다.
9 스즈키 씨는 학생 때부터의 소중한 친구입니다.
10 새 물을 가져 오세요.

7 예상어휘 확인문제 표기

▶ p.171

1 **아버지**는 내년에 60세가 됩니다.
2 호텔 레스토랑은 가격이 **비쌉**니다.
3 길의 동쪽에는 새싹이 **많**습니다.
4 아버지와 어머니께 편지를 **썼습니다**.
5 이번 주 **토요일**은 집에서 쉽니다.
6 일본어 테이프를 **들으면서** 공부했습니다.
7 고양이에게 **새끼**가 세 마리 태어났습니다.
8 오늘은 하루 종일 **비**가 내립니다.
9 이 **신문**은 아직 읽지 않았습니다.
10 **일본어**는 몇 살부터 공부했습니까?

8 예상어휘 확인문제 표기

▶ p.172

1 큰 역 앞에는 대개 **백화점**이 있다.
2 그 가게에서 **넥타이**를 샀습니다.
3 3층에서 **엘리베이터**를 내렸습니다.
4 시계 밑에 **달력**이 붙여져 있습니다.
5 고기를 300**그램** 주세요.
6 어떤 **운동**을 좋아합니까?
7 친구는 가게에서 **셔츠**를 샀습니다.
8 **스페인**에서 영어를 공부하고 있습니다.
9 **볼펜**으로 쓰세요.
10 **라디오** 소리가 매우 큽니다.

문제3 문맥규정

문제 3 (　　　) 에 무엇을 넣습니까? 1·2·3·4 중에서 가장 적당한 것을 하나 고르세요.

9 예상어휘 확인문제 문맥규정

▶ p.173

1 **내일** 영화를 보러 가지 않겠습니까?
2 A : 처음 뵙겠습니다. 잘 부탁합니다.
B : **저야말로**. 잘 부탁합니다.
3 바빠서 책을 읽을 **틈**이 없습니다.
4 자, **슬리퍼**를 신으세요.
5 오늘은 바람이 강하게 **불고** 있습니다.
6 이 길을 **걸어서** 학교에 갑니다.
7 야마다 씨의 생일 **파티**에서 노래를 불렀습니다.
8 매일 밤 얼굴을 **씻고** 나서 잡니다.

10 예상어휘 확인문제 문맥규정

▶ p.174

1 다나카 씨는 **피아노**를 치면서 노래를 부르고 있습니다.
2 지난주 **재미있는** 영화를 봤습니다.
3 시간은 있습니다. **하지만** 돈이 없습니다.
4 노트를 **3권** 샀습니다.
5 더울 때는 **차가운** 차가 맛있습니다.
6 A : **어젯밤**에는 몇 시에 잤습니까?
B : 10시 반에 잤습니다.
7 이 책은 도서관에서 **빌렸습니다**.
8 저 찻집의 **커피**는 매우 맛있습니다.

11 예상어휘 확인문제 문맥규정

▶ p.175

1 새가 하늘을 **날고** 있습니다.
2 이 길은 매우 **좁**습니다.
3 아버지는 지금 담배를 **사러** 가 있습니다(갔습니다).
4 A : 밥을 한 그릇 더 어떻습니까?
B : **괜찮**습니다(됐습니다).
5 추워서 모자를 **쓰고** 갔습니다.
6 어제 **처음으로** 일본 영화를 봤습니다.
7 나는 홍차에 설탕을 **넣어서** 마십니다.
8 지금 **정각** 12시입니다.

12 예상어휘 확인문제 문맥규정

▶ p.176

1 **어두운** 길을 혼자서 걷는 것은 위험합니다.
2 나갈 때는 불을 **끕**시다.
3 우리 형은 대사관에 **근무하고** 있습니다.
4 이제 봄이군요. 앞으로 **점점** 따뜻해지겠군요.
5 우리 집은 역에서 **멉**니다.
6 다음 **모퉁이**를 돌아가세요.
7 A : 어제는 매우 고마웠습니다.
B : 아니요, **천만에요**.
8 '슬슬 **실례하겠습니다**.'라고 말하고 선생님의 방을 나왔습니다.

13 예상어휘 확인문제 문맥규정

▶ p.177

1 **한 번** 더 천천히 말해 주세요.
2 A : 달걀을 **몇 개** 먹었습니까?
B : 2개 먹었습니다.
3 야마시타 씨는 **아마** 파티에 오지 않겠죠.
4 나는 저 산에 **오르고** 싶습니다.
5 잘 모르겠습니다. 조금 더 **천천히** 이야기해 주세요.
6 **감기**에 걸려서 머리가 아픕니다.
7 조금 더 **쉽게** 이야기해 주세요.
8 어제는 아침부터 밤까지 청소와 세탁으로 **바빴**습니다.

14 예상어휘 확인문제 문맥규정

▶ p.178

1 찻집 앞에 자동차가 **세워져** 있습니다.
2 **홍차**를 마시고 싶습니다.
3 남동생은 작년에 **태어났습니다**. 올해 1살이 됩니다.
4 오늘은 매우 지쳤습니다. 집에 돌아가서 **바로** 잘 겁니다.
5 이것은 제 **소중한** 책입니다.
6 여기에서는 **다양한** 나라의 사람이 일하고 있습니다.
7 어른의 책은 아이에게는 **시시**합니다.
8 A : 이 과자는 얼마입니까?
B : 그것은 **80엔**입니다.

15 예상어휘 확인문제 **문맥규정** ▶p.179

1 이 가방은 낡았지만 매우 **튼튼**합니다.
2 나는 자전거를 **2대** 갖고 있습니다.
3 새가 예쁜 목소리로 울고 있습니다.
4 다나카 씨의 자전거는 **새것이고** 예쁩니다.
5 오늘 날씨는 **흐립니다**.

16 예상어휘 확인문제 **문맥규정** ▶p.180

1 방에는 사람이 **많이** 있어서 덥습니다.
2 모르는 사람은 저에게 **질문해** 주세요.
3 감기에 걸려서 밥이 **맛없**습니다.
4 우리 학교는 역에서 걸어서 3분이기 때문에 **편리**합니다.
5 의자 위에 **고양이**가 있습니다.

17 예상어휘 확인문제 **문맥규정** ▶p.181

1 매일 아침 5시에 **일어나서** 산책을 합니다.
2 새 단어를 **외웁니다**.
3 **미지근한** 커피는 맛없어서 마실 수 없습니다.
4 달걀은 **2개** 필요합니다.
5 강은 학교의 **남쪽**에 있습니다.

18 예상어휘 확인문제 **문맥규정** ▶p.182

1 우리 집에 고양이가 **두 마리** 있습니다.
2 바다는 많은 사람이 와서 **시끌벅적했**습니다.
3 이 방은 스토브가 켜져 있어서 **따뜻**합니다.
4 학생들은 교실에서 스미스 선생님에게 영어를 **배우고** 있습니다.
5 침대 옆에 개가 **2마리** 있습니다.

19 예상어휘 확인문제 **문맥규정** ▶p.183

1 많이 먹어서 배가 **아파졌**습니다.
2 봉투에 우표를 **붙입니다**.
3 저 큰 다리를 건너서 왼쪽으로 돌아가세요.
4 물고기가 많이 **헤엄치고** 있어요.
5 하늘에 **둥근** 달이 나와 있습니다.

20 예상어휘 확인문제 **문맥규정** ▶p.184

1 "아, **위험해!** 차가 와요."
2 테니스는 처음은 서툴렀지만, 연습해서 **잘하**게 되었습니다.
3 책을 읽을 때는 **안경**을 씁니다.
4 9시가 되었습니다. **그럼** 시험을 시작하겠습니다.
5 A : 책상 위에 상자가 몇 개 있습니까?
B : **3개** 있습니다.

문제4 **교체유의어**

문제 4 ＿＿＿의 문장과 거의 같은 의미의 문장이 있습니다. 1·2·3·4에서 가장 적당한 것을 하나 고르세요.

20 예상어휘 확인문제 **교체유의어** ▶p.185

1 6월부터 8월까지 여름입니다.
1 **7월은 여름입니다.**
2 5월은 여름입니다.
3 9월은 여름입니다.
4 3월은 여름입니다.

2 현관에 누군가 있어요.
1 창문 근처에 사람이 있습니다.
2 학교 복도에 사람이 있습니다.
3 빌딩 위에 사람이 있습니다.
4 **집 입구에 사람이 있습니다.**

3 내일은 (날씨가) 갭니다.
1 내일은 하늘이 어두워집니다.
2 내일은 하늘이 검어집니다.
3 내일은 날씨가 나빠집니다.
4 **내일은 날씨가 좋아집니다.**

4 오늘 아침 공원을 산책했습니다.
1 오늘 아침 공원을 달렸습니다.
2 **오늘 아침 공원을 걸었습니다.**
3 오늘 아침 공원을 날았습니다.
4 오늘 아침 공원을 돌았습니다.

5 이 노래는 유명합니다.
1 모두 이 노래를 잊어버렸습니다.
2 모두 이 노래를 듣지 않습니다.
3 **모두 이 노래를 알고 있습니다.**
4 모두 이 노래를 모릅니다.

22 예상어휘 확인문제 **교체유의어** ▶p.186

1 저기는 우체국입니다.
1 저기에서는 의자랑 책장을 팔고 있습니다.
2 **저기에서는 우표랑 엽서를 팔고 있습니다.**
3 저기에서는 차랑 과자를 팔고 있습니다.
4 저기에서는 옷이랑 넥타이를 팔고 있습니다.

2 기무라 씨의 삼촌은 저 사람입니다.
1 기무라 씨의 어머니의 아버지는 저 사람입니다.
2 기무라 씨의 어머니의 어머니는 저 사람입니다.
3 **기무라 씨의 어머니의 남동생은 저 사람입니다.**
4 기무라 씨의 어머니의 여동생은 저 사람입니다.

3 은행은 9시에 열립니다.
1 은행은 9시에 끝납니다.
2 은행은 9시에 쉽니다.
3 은행은 9시에 닫습니다.
4 **은행은 9시에 시작됩니다.**

4 내일 일을 쉽니다.
1 내일 일을 하지 않습니다.
2 내일 일을 합니다.
3 내일 일이 끝납니다.
4 내일 일이 끝나지 않습니다.

5 내일은 외출합니다.
1 내일은 집에 돌아갑니다.
2 내일은 집에 돌아가지 않습니다.
3 내일은 집에 있습니다.
4 내일은 집에 없습니다.

23 예상어휘 확인문제 교체유의어

▶ p.187

1 이 접시는 깨끗합니까?
1 이 접시는 희지 않습니까?
2 이 접시는 더럽지 않습니까?
3 이 접시는 싸지 않습니까?
4 이 접시는 크지 않습니까?

2 아키라 씨는 키가 큽니다.
1 아키라 씨는 큽니다.
2 아키라 씨는 시끄럽습니다.
3 아키라 씨는 강합니다.
4 아키라 씨는 젊습니다.

3 어제 야마다 씨는 일을 쉬었군요. 왜죠?
1 야마다 씨는 어디에서 일을 쉬었습니까?
2 야마다 씨는 어떤 일을 쉬었습니까?
3 야마다 씨는 왜 일을 쉬었습니까?
4 야마다 씨는 어느 일을 쉬었습니까?

4 이것은 냉장고입니다.
1 여기에 자동차를 넣습니다.
2 여기에 엽서를 넣습니다.
3 여기에 옷을 넣습니다.
4 여기에 우유를 넣습니다.

5 이 노트를 빌려 주세요.
1 이 노트를 빌리고 싶습니다.
2 이 노트를 사고 싶습니다.
3 이 노트를 팔고 싶습니다.
4 이 노트를 보여주고 싶습니다.

24 예상어휘 확인문제 교체유의어

▶ p.188

1 아키라 씨는 게이코 씨와 남매입니다.
1 아키라 씨는 게이코 씨의 이모입니다.
2 아키라 씨는 게이코 씨의 할머니입니다.
3 아키라 씨는 게이코 씨의 아버지입니다.
4 아키라 씨는 게이코 씨의 오빠입니다.

2 나는 선생님께 전화를 걸었습니다.
1 선생님이 제게 전화를 걸었습니다.
2 선생님이 어머니께 전화를 걸었습니다.
3 나는 선생님과 전화로 이야기했습니다.
4 어머니는 선생님과 전화로 이야기했습니다.

3 저 건물은 은행입니다.
1 저기에서 차를 마십니다.
2 저기에서 돈을 찾습니다.
3 저기에서 표를 삽니다.
4 저기에서 샤워를 합니다.

4 오늘은 6일입니다.
1 그저께는 5일이었습니다.
2 그저께는 7일이었습니다.
3 그저께는 4일이었습니다.
4 그저께는 8일이었습니다.

5 이 식당은 맛없습니다.
1 이곳의 요리는 맛있지 않습니다.
2 이곳의 요리는 싸지 않습니다.
3 이곳의 요리는 맛있습니다.
4 이곳의 요리는 쌉니다.

25 예상어휘 확인문제 교체유의어

▶ p.189

1 이 책은 시시합니다.
1 이 책은 비싸지 않습니다.
2 이 책은 싸지 않습니다.
3 이 책은 재미있지 않습니다.
4 이 책은 어렵지 않습니다.

2 그저께 도서관에 갔습니다.
1 전화를 걸었습니다.
2 책을 빌렸습니다.
3 꽃을 샀습니다.
4 밥을 먹었습니다.

3 외국에는 처음 갑니다.
1 외국에는 별로 안 갑니다.
2 외국에는 아직 가지 않았습니다.
3 외국에는 자주 갑니다.
4 외국에는 한 번 갔습니다.

4 테이블에 접시를 6장 늘어놓아 주세요.
1 접시를 6장 두세요.
2 접시를 6장 집어 주세요.
3 접시를 6장 사용해 주세요.
4 접시를 6장 건네 주세요.

5 매일 밤 가족과 전화합니다.
1 밤에는 대개 가족과 전화합니다.
2 밤에는 자주 가족과 전화합니다.
3 밤에는 가끔 가족과 전화합니다.
4 밤에는 항상 가족과 전화합니다.

제3장

문법 공략편

1 핵심문법 확인문제 001~021

▶ p.208

문제 1 (   )에 무엇을 넣습니까? 1·2·3·4 중에서 가장 적당한 것을 하나 고르세요.

1 일본의 오래된 영화를 봤습니다.
2 아침에 샤워를 했습니다.
3 돈이 없어서 아무것도 사지 않았습니다.
4 문이 열리지 않았습니다.
5 자전거로 쇼핑하러 갑니다.
6 어머니가 만드는 샌드위치는 맛있습니다.
7 어제 나는 아무데도 나가지 않았습니다.
8 어제 누구와 함께 돌아왔습니까?
9 그 책을 어디에서 샀는지 기억하고 있습니까?
10 비싼 케이크를 하나만 샀습니다.
11 언젠가 또 일본에 오고 싶습니다.
12 A : 오늘은 날씨가 좋으니까 어딘가에 갑시다.
B : 그래요. 바다로 갑시다.
13 역에서 친구를 1시간 정도 기다렸습니다.
14 나는 가족에게 편지를 받았습니다.
15 우체국은 레스토랑의 오른쪽입니까, 왼쪽입니까?
16 감기 때문에 학교를 쉬었습니다.

문제 2 ＿★＿에 들어가는 것은 어느 것입니까? 1·2·3·4 중에서 가장 적당한 것을 하나 고르세요.

17 이 대학에 유학생이 있습니까? (2413)
18 선생님이 언제 오는지 알고 있습니까? (3214)
19 지금까지는 배로 건넜지만, 다리가 생겨서 편리해졌다. (4132)
20 A : 숙제를 했습니까?
B : 아니요, 어제 학교에 책을 두고 가서 못했습니다. (3421)
21 A : 거기에 사전이 있습니까?
B : 아니요, 여기에는 잡지밖에 없습니다. (1423)

문제 3 22 에서 26 에 무엇을 넣습니까? 문장의 의미를 생각하여 1·2·3·4 중에서 가장 적당한 것을 하나 고르세요.

존 씨는 내일 자기소개를 합니다. 존 씨는 자기소개 문장을 썼습니다.

처음 뵙겠습니다. 존 스미스입니다. 미국에서 왔습니다. 저는 일본어학교 학생입니다. 저는 매일 아침 10시에 학교에 옵니다. 오전 중에는 학교에서 일본어를 공부합니다. 오후에는 학교 근처에 있는 레스토랑에서 아르바이트를 합니다. 제 아파트는 학교 옆에 있습니다. 낮에는 굉장히 시끌벅적합니다. 가족은 뉴욕 근처에 있습니다. 부모님과 남동생이 있습니다. 저는 앞으로 3년간 일본에 있을 것입니다. 여러분, 아무쪼록 잘 부탁 드립니다.

2 핵심문법 확인문제 001~021

▶ p.213

문제 1 (   )에 무엇을 넣습니까? 1·2·3·4 중에서 가장 적당한 것을 하나 고르세요.

1 작년에 일 때문에 외국에 갔습니다.
2 학교 옆에 우체국이 있습니다.
3 집에서 회사까지 30분입니다.
4 밥도 빵도 잘 먹습니다.
5 병원에 혼자서 갔습니다.
6 이 귀가 큰 동물은 무엇입니까?
7 형은 키가 큽니다.
8 여보세요, 죄송하지만, 야마시타 씨를 부탁합니다.
9 오늘이나 내일, 함께 밥을 먹지 않을래요?
10 이 근처는 여름은 시원하고 겨울은 따뜻합니다.
11 노트는 5권에 300엔입니다.
12 놀러 갑시다. 어디가 좋아요?
13 내일 비가 내릴지 내리지 않을지 모르겠습니다.
14 차 안에 열쇠를 두고 왔습니다.
15 A : 그 큰 가방은 누구 것입니까?
B : 야마다 씨의 것입니다.
16 오늘은 날씨가 좋으니 빨래합시다.

문제 2 ＿★＿에 들어가는 것은 어느 것입니까? 1·2·3·4 중에서 가장 적당한 것을 하나 고르세요.

17 A : 내일도 혼자서 옵니까?
B : 아니요, 내일은 친구와 옵니다. (2143)
18 도서관에서 3시간 공부했습니다. 하지만 집에서는 하지 않았습니다. (4132)
19 화장실 청소는 항상 제가 하겠습니다. (1234)
20 A : 전부 버렸습니까?
B : 아니요, 오래된 것만 버렸습니다. (4231)
21 A : 누가 야마다 씨입니까? (4132)
B : 저 남자입니다.

문제 3 22 에서 26 에 무엇을 넣습니까? 문장의 의미를 생각하여 1・2・3・4 중에서 가장 적당한 것을 하나 고르세요.

아래에 두 글이 있습니다.

(1)

나는 오늘 아침 일찍 일어나 산책을 하러 갔습니다. 그리고 30분 정도 걸어서 공원에 도착했습니다. 조용하고 깨끗한 공원이었습니다. 좁은 길이 작은 연못 앞까지 있습니다. 연못 옆에서는 여자아이가 혼자서 조용히 그림을 그리고 있었습니다.

(2)

오늘은 아침부터 비가 내리고 있습니다. 어제는 맑았습니다. 하루 종일 날씨가 좋았습니다. 그저께는 별로 날씨가 좋지 않았습니다. 아침부터 흐렸습니다.

3 핵심문법 확인문제 022~052

▶ p.232

문제 1 (　　) 에 무엇을 넣습니까? 1・2・3・4 중에서 가장 적당한 것을 하나 고르세요.

1 내 방은 깨끗하지 않습니다.
2 어제는 따뜻하지 않았습니다.
3 한자 시험은 힘들었다고 모두 말했습니다.
4 저 빌딩은 엘리베이터가 없어서 불편합니다.
5 볼펜으로 쓰지 않고 연필로 씁니다.
6 어제는 날씨가 좋았습니다.
7 이 마을에서 가장 번화한 것은 이 부근입니다.
8 이 신발은 튼튼해서 매우 좋습니다.
9 나는 더 작은 녹음기를 갖고 싶습니다.
10 아침은 바빠서 신문은 읽지 않는다.
11 열쇠는 튼튼한 것을 2개 샀습니다.
12 어젯밤은 6시에 돌아와서 밥을 만들었습니다.
13 거기 있는 책상에 볼펜이 놓여져 있습니다.
14 스포츠는 즐겁고 몸에 좋습니다.
15 A : 커피 한 잔 더 어떠세요?
B : 아뇨, 괜찮습니다. 아직 들어 있어서요.
16 A : 텔레비전을 자주 봅니까?
B : 글쎄요, 매일은 보지 않습니다.

문제 2 ＿★＿에 들어가는 것은 어느 것입니까? 1・2・3・4 중에서 가장 적당한 것을 하나 고르세요.

17 야마다 : 크리스 씨, 일본 요리 레스토랑은 처음입니까?
크리스 : 아뇨, 처음은 아닙니다. 이름은 잊어버렸지만 지난주에 갔습니다. (2413)
18 창문을 열지 마세요. 오늘은 바람이 강하기 때문이에요. (1342)
19 당신은 지금 돈을 갖고 있습니까? (4123)
20 큰 사전은 친구 것이고, 작은 사전은 제 것입니다. (1432)
21 A : 마리 씨의 우산은 어느 것입니까?
B : 저것입니다. 저 빨간 것입니다. (3124)

문제 3 22 에서 26 에 무엇을 넣습니까? 문장의 의미를 생각하여 1・2・3・4 중에서 가장 적당한 것을 하나 고르세요.

아래에 두 글이 있습니다.

(1)

저는 음악을 좋아합니다. 하지만 자신이 고른 곡이 아닌 것을 듣는 것은 싫습니다. 전철이나 버스 안, 찻집에서 좋아하지 않는 음악은 듣고 싶지 않습니다.

(2)

저는 학교에 갈 때, 항상 집에서 역까지 자전거로 갑니다. 지난주 월요일 저녁은 비가 내렸기 때문에 역에서 집까지 걸어서 돌아왔습니다. 다음 날은 맑았지만, 자전거가 역에 있어서 집에서 역까지 버스로 갔습니다.

4 핵심문법 확인문제 022~052

▶ p.237

문제 1 (　　) 에 무엇을 넣습니까? 1・2・3・4 중에서 가장 적당한 것을 하나 고르세요.

1 아이들이 노래를 능숙하게 부르고 있습니다.
2 창문이 전부 열려 있습니다.
3 어제는 날씨가 좋지 않았지요.
4 그저께는 비가 왔고, 어제는 눈이 왔습니다.
5 이 길은 어두워서 위험합니다.
6 호텔 방은 조용하지 않았습니다.
7 어제 시험은 잘 봤습니다.
8 저 케이크는 맛있지 않았어.
9 A : 어느 넥타이를 살 겁니까?
B : 그 빨간 것을 사겠습니다.
10 어제 교실의 불을 껐습니까?
11 어머니는 언니(누나)와 나에게 인형을 주셨습니다.
12 조용한 곳에 아파트를 빌리고 싶습니다.
13 이 요리는 별로 맵지 않아요.
14 어제는 아무도 오지 않았습니다.
15 공원의 꽃은 매우 예뻤다.
16 A : 우리 집으로 놀러 오지 않을래요?
B : 네, 갈게요.

문제 2 ＿★＿에 들어가는 것은 어느 것입니까? 1・2・3・4 중에서 가장 적당한 것을 하나 고르세요.

17 좀 더 싼 것을 보여주세요. (4123)
18 형의 새 카메라는 작고 가볍다. (3124)
19 옆에 높은 건물이 세워져서 내 방은 어두워졌습니다. (2413)
20 이 방은 어둡네요. 불이 하나밖에 켜져 있지 않아요. (1432)
21 조용했던 공원이 아이들의 목소리로 시끌벅적해졌다. (3241)

문제 3 [22] 에서 [26] 에 무엇을 넣습니까? 문장의 의미를 생각하여 1·2·3·4 중에서 가장 적당한 것을 하나 고르세요.

아래에 두 글이 있습니다.

(1)

저는 대학생입니다. 혼자서 아파트에 살고 있습니다. 매일 아르바이트를 하고 있습니다. 밥은 밖에서 먹지만, 차가운 것을 마시고 싶어지기 때문에 자주 편의점에 갑니다. 편의점이 근처에 있어서 방에는 냉장고가 없습니다. 공부에 쓰는 물건도 함께 삽니다.

(2)

저는 레스토랑에서 아르바이트를 하고 있습니다. 레스토랑은 넓고 깨끗합니다. 어제는 일요일이었기 때문에 많은 사람이 와서 매우 바빴습니다. 이 레스토랑의 카레는 매우 유명합니다. 레스토랑은 아침 7시부터 밤 12시까지인데, 제 아르바이트 시간은 오후 1시부터 5시까지입니다.

5 핵심문법 확인문제 053~080 ▶ p.249

문제 1 (　　) 에 무엇을 넣습니까? 1·2·3·4 중에서 가장 적당한 것을 하나 고르세요.

1 어제는 산책을 하거나 요리를 **만들거나** 했습니다.
2 어제 **만난** 사람의 이름을 모르겠습니다.
3 쇼핑하러 **갈** 때 버스를 탑니다.
4 비싸군요. 더 **싸게** 해 주세요.
5 많이 복사해서 종이가 **별로** 없습니다.
6 야마다 씨는 아마 노래를 **잘할** 겁니다.
7 자기 전에 이를 **닦으**세요.
8 올해 여름은 바다에서 **헤엄치**고 싶습니다.
9 여기가 당신**들**의 방입니다.
10 이 개는 이름이 뭐**라고** 합니까?
11 제 사전이 없습니다. 당신의 사전을 **빌려 주지 않겠습니까**?
12 하루 **종일** 일을 해서 지쳤습니다.
13 바나나를 반**으로** 해서(나눠서) 함께 먹읍시다.
14 어제는 청소를 한 **후에** 빨래를 했습니다.
15 12시**가** 되었습니다. 점심시간입니다.
16 A : 가타카나는 배웠습니까?
B : **아니요, 아직입니다.**
16 오늘은 **날씨가** 좋으니 빨래합시다.

문제 2 ___★___에 들어가는 것은 어느 것입니까? 1·2·3·4 중에서 가장 적당한 것을 하나 고르세요.

17 저에게**도 차가운 음료수를** 주세요. (4123)
18 내일 야마다 씨**가 만나는 사람은** 누구입니까? (3142)
19 가게나 은행이 **생겨서 시끌벅적해**졌습니다. (1234)
20 교실에 **사전을 가지고** 오세요. (3241)
21 A : 배가 고프네요.
B : 네. 저 **레스토랑에 들어가지 않을래요**? (3412)
A : 아, 일본 요리 레스토랑이군요. 좋아요. 들어갑시다.

문제 3 [22] 에서 [26] 에 무엇을 넣습니까? 문장의 의미를 생각하여 1·2·3·4 중에서 가장 적당한 것을 하나 고르세요.

아래에 두 글이 있습니다.

(1)

오늘은 하루 종일 비가 내렸지만, 내일은 개겠습니다. 내일부터 차츰 날씨가 좋아져 토요일은 화창한 날씨가 되겠습니다.

(2)

일요일 아침은 비가 내리지 않을 때는 대개 근처 공원에 산책하러 갑니다. 산책은 항상 아침식사 전에 갑니다. 아침식사 후에 청소나 빨래 등을 합니다. 오후는 가끔 신주쿠에 쇼핑하러 갑니다. 쇼핑하러 가지 않을 때는 텔레비전을 봅니다. 하지만 재미있는 영화가 있을 때는 영화를 보러 갑니다. 밤에는 월요일에 시험이 있을 때는 10시쯤까지 공부를 합니다. 시험이 없을 때는 친구 집에 놀러 갑니다.

6 핵심문법 확인문제 053~080 ▶ p.254

문제 1 (　　) 에 무엇을 넣습니까? 1·2·3·4 중에서 가장 적당한 것을 하나 고르세요.

1 CD를 **들으**면서 공부했습니다.
2 생선초밥을 **좋아하게** 되었습니다.
3 큰 목소리로 **이야기하지 마**세요.
4 가족이 **나간** 후에 방 청소를 합니다.
5 **추워**졌기 때문에 스웨터가 필요합니다.
6 여행을 **가기** 전에 가방을 샀습니다.
7 나는 옆 동네에서 여기까지 3시간이나 **걸어서** 왔습니다.
8 A : 토요일에 영화를 보러 가지 않겠습니까?
B : 좋아요. **갑시다.**
9 **모를** 때는 선생님에게 묻습니다.
10 오늘 아침은 9시**쯤** 집을 나왔습니다.
11 저기요, 바나나**를** 주세요.
12 시험을 치고 있으니 **조용히** 해 주세요.
13 학생 : 죄송합니다. 선생님의 책을 **빌려 주세요.**
선생님 : 네, 좋아요.
학생 : 고맙습니다. 내일 돌려드릴게요.
14 바빠서 밥을 **먹**을 시간이 없습니다.
15 A : 가게 아직 안 열렸네요.
B : 그러네요. 하지만 곧 **열리겠죠.**

16 A : 비는 아직 내리고 있습니까?
B : 아니요, **이제 내리지 않습니다.**

문제 2 ＿★＿에 들어가는 것은 어느 것입니까? 1・2・3・4 중에서 가장 적당한 것을 하나 고르세요.

17 오전 **중에는 집에** 있지만, 오후에는 나갑니다. (1432)

18 이것은 **제가 만든** 과자입니다. 어서 드세요. (2134)

19 회사**에 가기 전에** 은행에 갔습니다. (4231)

20 저 사람은 매일 아침 **공원을 깨끗하게** 합니다. (3412)

21 A : 지금 당장 스즈키 씨의 집으로 갑니까?
B : 아니요, **전화를 걸고 나서** 갑니다. (4123)

문제 3 [22] 에서 [26] 에 무엇을 넣습니까? 문장의 의미를 생각하여 1・2・3・4 중에서 가장 적당한 것을 하나 고르세요.

아래에 두 글이 있습니다.

(1)

리 씨는 버스 안에 책을 두고 내렸습니다. 그 책은 매우 중요한 책입니다. 리 씨는 그 책으로 매일 일본어를 공부합니다. 그래서 리 씨는 일본어를 잘합니다. 리 씨는 일본인과 일본어로 이야기했습니다.

(2)

다나카 씨는 전철 안에 가방을 두고 내렸습니다. 그 가방은 네모나고 검은 가방입니다. 역에 같은 가방이 있었습니다. 다나카 씨는 그 가방을 집에 가지고 왔습니다. 하지만 그것은 다나카 씨의 가방이 아니었습니다.

7 핵심문법 확인문제 081～100

▶ p.268

문제 1 (　　　) 에 무엇을 넣습니까? 1・2・3・4 중에서 가장 적당한 것을 하나 고르세요.

1 A : 여동생은 **몇 살**입니까?
B : 19살입니다.

2 **저기**에 여성이 있네요.

3 A : 어제는 **얼마나** 달렸습니까?
B : 5킬로(미터) 달렸습니다.

4 A : 일본의 밥은 **어떻**습니까?
B : 맛있어요.

5 파출소 오른쪽에 매표소가 있으니까 **거기**에 가서 표를 사세요.

6 A : **어떤** 곳으로 가고 싶습니까?
B : 바다 근처가 좋아요.

7 저기요, 화장실은 **어디**입니까?

8 A : 어제 본 영화는 재미있었어요.
B : **그** 영화는 무슨 영화입니까?

9 A : **무엇**을 먹고 싶습니까?
B : 일본 요리가 좋아요.

10 A : 스즈키 씨는 **누구**입니까?
B : 저 사람입니다.

11 A : 저 사람은 **누구**입니까?
B : 제 남동생입니다.

12 A : 그것은 **어느** 나라의 우표입니까?
B : 일본 것입니다.

13 A : 그것은 **무엇**입니까?
B : 이것은 일본 과자입니다.

14 A : 다나카 씨의 노트는 **어느 것**입니까?
B : 그 작은 것입니다.

15 A : **어째서** 일을 쉬었습니까?
B : 아팠기 때문입니다.

16 A : **언제** 이 사진을 찍었습니까?
B : 지난주에 찍었습니다.

문제 2 ＿★＿에 들어가는 것은 어느 것입니까? 1・2・3・4 중에서 가장 적당한 것을 하나 고르세요.

17 A : 어제 (본) 영화**는 어땠습니까**? (2341)
B : 재미있었어요.

18 A : 이 침대**는 얼마 정도입니**까? (2134)
B : 7만 엔 정도일 겁니다.

19 내가 갖고 싶은 지도는 어디**에도 없었습니다.** (2413)

20 A : **귤을 몇 개 먹었습니까**? (1324)
B : 3개 먹었습니다.

21 A : 저 분**은 누구십니까**? (4312)
B : 사토 씨입니다.

문제 3 [22] 에서 [26] 에 무엇을 넣습니까? 문장의 의미를 생각하여 1・2・3・4 중에서 가장 적당한 것을 하나 고르세요.

아래에 두 글이 있습니다.

(1)

학교 정원에 아이가 많이 있습니다. 남자아이도 여자아이도 있습니다. 아이들 옆에 개도 있습니다.

(2)

여기에 둥근 테이블이 있습니다. 갈색 테이블입니다. 테이블 위에 예쁜 꽃이 있습니다. 흰 꽃도 있습니다. 빨간 꽃도 있습니다. 꽃 옆에 파란 사과가 있습니다. 큰 사과도 작은 사과도 있습니다. 그 외에 컵과 접시와 칼이 있습니다.

저기에 책장이 있습니다. 책장에 책이 많이 있습니다. 두꺼운 책도 얇은 책도 있습니다.

8 핵심문법 확인문제 081~100

▶ p.273

문제 1 (   ) 에 무엇을 넣습니까? 1·2·3·4 중에서 가장 적당한 것을 하나 고르세요.

1 A : 어서 들어오세요.
B : 그럼, **실례하겠습니다.**

2 A : 처음 뵙겠습니다. 모쪼록 잘 부탁합니다.
B : **저야말로.**

3 A : 커피는 어떠십니까?
B : 네, **잘 마시겠습니다.**

4 A : 늦어서 **미안해요.**
B : 아니요, 괜찮아요.

5 A : 회의실은 4층이지요.
B : **아니요, 아닙니다.** 5층이에요.

6 A : 오늘은 즐거웠어.
B : 나도. 그럼, **안녕.**

7 A : 숙제는 이미 냈습니까?
B : 아니요. 어제 숙제가 있었습니까? 저는 **몰랐습니다.**

8 A : 어제는 지갑을 두고 와서 고생했습니다.
B : 그래요? **힘들었겠네요.**

9 **종이를 3장** 집어 주세요.

10 A : 당신은 외국 분입니까?
B : 네, **그렇습니다.**

11 야마다 : 다나카 씨, 텔레비전을 꺼 주세요.
다나카 : 네, **알겠습니다.**

12 A : 오늘은 화요일이지?
B : 아니야. 수요일이야.

13 A : 고마웠습니다.
B : **천만에.**

14 A : 잠깐 이것을 봐 주시지 않겠습니까?
B : 네, **좋아요.**

15 A : 죄송하지만, 그 소금을 집어 주세요.
B : 네, **여기요.**

16 A : 다음 영화는 **몇 시부터**입니까?
B : 1시입니다.

문제 2 ＿★＿에 들어가는 것은 어느 것입니까? 1·2·3·4 중에서 가장 적당한 것을 하나 고르세요.

17 더워. 차가운 주스를 마시고 싶어. (4123)

18 A : 우체국 전화번호를 알고 있습니까? (2314)
B : 아니요, 모릅니다.

19 책상 위에 책이 5권 있습니다. (3241)

20 A : 과자를 (주셔서) 고맙습니다. (4132)
B : 천만에요.

21 A : 오늘은 **이만 실례하겠습니다.** 감사했습니다. (2143)
B : 그래요? 그럼, 또 오세요.

문제 3 [22] 에서 [26] 에 무엇을 넣습니까? 문장의 의미를 생각하여 1·2·3·4 중에서 가장 적당한 것을 하나 고르세요.

마리아 씨는 신발가게에 있습니다. 가게 사람과 이야기하고 있습니다.

마리아　그 빨간 구두를 보여주세요.
가게 사람　네, 여기요.
마리아　가볍고 좋네요. 하지만 조금 작습니다. 더 큰 것은 있습니까?
가게 사람　죄송합니다. 큰 것은 이 파란 것뿐입니다. 빨간 것은 없습니다.
마리아　그래요? 아, 파란 것도 좋네요.
가게 사람　자, 신어 보세요.
마리아　아, 이건 딱 좋군요. 산에 올라갈 때 신고 싶은데요…….
가게 사람　그 신발은 매우 튼튼해서 괜찮습니다.
마리아　그럼, 이걸 주세요.
가게 사람　감사합니다.

제4장 독해 공략편

단문	1 ① 2 ① 3 ④ 4 ④ 5 ③ 6 ③ 7 ③ 8 ② 9 ② 10 ④ 11 ③ 12 ③ 13 ① 14 ① 15 ④
중문	1 ① 2 ④ 3 ② 4 ③ 5 ① 6 ② 7 ③ 8 ① 9 ③ 10 ② 11 ① 12 ③ 13 ③ 14 ④ 15 ③ 16 ② 17 ④ 18 ① 19 ④ 20 ① 21 ② 22 ④
정보 검색	1 ② 2 ③ 3 ④ 4 ② 5 ③ 6 ④ 7 ① 8 ③ 9 ④ 10 ③

문제4 내용 이해 - 단문

▶ p.285

문제 4　다음 글을 읽고 질문에 대답해 주세요. 대답은 1·2·3·4 중에서 가장 적당한 것을 하나 고르세요.

단문 1

해석

이것은 선생님으로부터 학생에게로의 공지입니다.

> 소풍에 대한 공지입니다. 12일의 소풍은 현재 다가오고 있는 태풍 13호 때문에, 14일로 변경되었습니다. 그 때문에 12일은 학교에서 수업을 합니다. 여러분 12일은 수업 준비를 해 오세요. 소풍에 가는 것은 14일이기 때문에 틀리지 않도록 하세요.

단어 **これ** 이것 | **先生**(せんせい) 선생님 | **～から** ～으로부터, ～이기 때문에 | **学生**(がくせい) 학생 | **～への** ～으로의 | **お知**(し)**らせ** 공지, 알림 | **えんそく** 소풍 | **現在**(げんざい) 현재 | **近**(ちか)**づく** 다가오다 | **～てくる** ～해 오다 | **～ている** ～하고 있다 | **台風**(たいふう) 태풍 | **～号**(ごう) ～호 | **～のため** ～때문에 | **変**(か)**わる** 바뀌다, 변경하다 | **そのため** 그 때문에 | **学校**(がっこう) 학교 | **授業**(じゅぎょう) 수업 | **行**(おこな)**う** 행하다, 실시하다 | **みなさん** 여러분 | **準備**(じゅんび) 준비 | **する** 하다 | **～てください** ～해 주세요 | **行**(い)**く** 가다 | **～の** ～것 | **～ので** ～이기 때문에 | **まちがえる** 틀리다, 잘못되다 | **～ないようにする** ～하지 않도록 하다 | **～ましょう** ～합시다, ～하세요 | **どうして** 왜, 어째서 | **中止**(ちゅうし)**になる** 중지가 되다

1　**12일 소풍은 왜 중지되었습니까?**

1 태풍이 오기 때문에
2 수업을 하기 때문에
3 소풍 준비를 하기 때문에
4 수업 준비를 하기 때문에

해설 12일의 소풍이 왜 중지가 되었는지를 묻고 있다. 공지에는 '12일 소풍이 현재 다가오고 있는 태풍 13호 때문에 14일로 변경되었다'고 했다. 따라서 정답은 1번이 된다.

단문 2

해석

나는 오늘 3개월 전부터 예약을 했던 새 스마트폰을 사러 갔습니다. 여동생은 나보다도 늦게 예약을 해서 함께 살 수 없었지만, 새 스마트폰을 보고 싶다고 해서 함께 사러 갔습니다. 판매점에는 스마트폰 외에도 새 컴퓨터도 있었습니다. 컴퓨터도 언젠가 사고 싶습니다.

단어 **きょう** 오늘 | **～か月前**(げつまえ) ~개월 전 | **～から** ~부터 | **予約**(よやく)**をする** 예약을 하다 | **新**(あたら)**しい** 새롭다 | **スマホ** 스마트폰(スマートホン의 줄임말) | **買**(か)**う** 사다 | **～に行**(い)**く** ~하러 가다 | **妹**(いもうと) 여동생 | **～よりも** ~보다도 | **遅**(おそ)**く** 늦게 | **一緒**(いっしょ)**に** 함께, 같이 | **買**(か)**える** 살 수 있다 | **見**(み)**る** 보다 | **～てみる** ~해 보다 | **～たい** ~하고 싶다 | **ストア** 스토어, 판매점 | **ほか** 외, 밖 | **パソコン** 퍼스널 컴퓨터 | **いつか** 언젠가

2 '나'는 오늘 무엇을 했습니까?

1 내 스마트폰을 사러 갔습니다.
2 여동생의 스마트폰을 사러 갔습니다.
3 내 컴퓨터를 사러 갔습니다.
4 여동생의 컴퓨터를 사러 갔습니다.

해설 오늘 내가 한 일을 묻고 있다. 첫 문장에서 '3개월 전부터 예약을 했던 새 스마트폰을 사러 갔습니다'라고 했다. 따라서 정답은 1번이 된다.

단문 3

해석

다나카 씨에게 메일이 왔습니다.

> 내일 회의말인데, 301 방에서 304 방으로 바뀌었습니다.
> 302나 303의 방에서도 다른 회의가 있기 때문에 틀리지 말아 주세요.

단어 **メール** 메일 | **くる** 오다 | **あした** 내일 | **会議**(かいぎ) 회의 | **～ですが** ~말인데 | **部屋**(へや) 방 | **～から** ~에서 | **～や** ~이나, ~이랑 | **～でも** ~에서도 | **別**(べつ)**の** 다른 | **ある** 있다 | **～ないでください** ~하지 말아 주세요 | **どの** 어느 | **～で** ~에서

3 회의는 어느 방에서 합니까?

1 301 방
2 302 방
3 303 방
4 304 방

해설 내일 회의를 하는 방이 어디인지를 묻고 있다. 메일에서는 '내일 회의가 301 방에서 304로 바뀌었다'고 했으므로, 정답은 4번이 된다.

단문 4

해석

선생님이 존 씨에게 보낸 메일입니다.

존 씨
이번 주는 일이 바쁩니다. 토요일도 일요일도 일을 합니다.
다음 주 화요일에 와 주세요.

단어 **先生**(せんせい) 선생님 | **送**(おく)**る** 보내다 | **メール** 메일, 문자 메일 | **今週**(こんしゅう) 이번 주 | **仕事**(しごと) 일, 업무 | **いそがしい** 바쁘다 | **土**(ど)**よう日**(び) 토요일 | **〜も** 〜도 | **日**(にち)**よう日**(び) 일요일 | **する** 하다 | **来週**(らいしゅう) 다음 주 | **火**(か)**よう日**(び) 화요일 | **来**(く)る 오다 | **〜てください** 〜해 주세요 | **いつ** 언제 | **時間**(じかん) 시간

1 선생님은 언제 시간이 있습니까?

1 이번 주
2 토요일
3 일요일
4 다음 주 화요일

해설 선생님은 언제 시간이 있는지 묻고 있다. 선생님은 이번 주 일이 바빠서 토요일도 일요일도 일을 한다고 했다. 그래서 다음 주 화요일에 오라고 말하고 있으므로, 정답은 선택지 4번 '다음 주 화요일'이 된다.

단문 5

해석

오늘은 9월 15일입니다. 어제는 안나 씨의 생일이었습니다.
우리들은 안나 씨의 맨션에서 밥을 먹고 나서 게임을 하고 놀았습니다. 매우 즐거웠습니다.

단어 **きょう** 오늘 | **きのう** 어제 | **たんじょうび** 생일 | **わたしたち** 우리들 | **アパート** 아파트, 맨션 | **ごはん** 밥 | **食**(た)**べる** 먹다 | **〜てから** 〜하고 나서 | **ゲーム** 게임 | **遊**(あそ)**ぶ** 놀다 | **とても** 매우, 상당히 | **たのしい** 즐겁다 | **あした** 내일 | **なんにち** 며칠

5 내일은 며칠입니까?

1 9월 14일
2 9월 15일
3 9월 16일
4 9월 17일

해설 내일이 며칠인지를 묻고 있다. 지문에서 오늘은 9월 15일이라고 했으므로, 내일은 선택지 3번 '9월 16일'이 정답이 된다.

단문 6

해석

이제 곧 4월입니다. 4월에는 고등학교 입학식이 있습니다.
중학교 때 친구들과 헤어져 조금 섭섭하지만, 새로운 친구도 생기기 때문에 기대가 됩니다.
친구가 생기면 함께 놀이동산에 놀러 가고 싶습니다.

단어 **もうすぐ** 이제 곧 | **高校**(こうこう) 고등학교 | **入学式**(にゅうがくしき) 입학식 | **中学校**(ちゅうがっこう) 중학교 | **友**(とも)**だち** 친구 | **わかれる** 헤어지다 | **少**(すこ)**し** 조금 | **さびしい** 섭섭하다, 쓸쓸하다, 외롭다 | **~が** ~지만 | **あたらしい** 새롭다 | **できる** 생기다 | **楽**(たの)**しみ** 기대, 즐거움 | **~たら** ~한다면 | **いっしょに** 함께 | **ゆうえんち** 놀이동산, 유원지 | **~に行**(い)**く** ~하러 가다 | **~たい** ~하고 싶다 | **ぶん** 글, 문장 | **~について** ~에 대하여 | **ただしい** 옳다, 맞다 | **どれ** 어느 것 | **卒業式**(そつぎょうしき) 졸업식

6 글에 대해서 맞는 것은 어느 것입니까?

1 친구와 함께 놀이동산에 놀러 갔습니다.
2 새로운 친구가 많이 생겼습니다.
3 4월에는 고등학교 입학식이 있습니다.
4 4월에 중학교 졸업식이 있었습니다.

해설 글 전체의 내용을 파악하는 문제이다. 선택지 1번은 '친구와 함께 놀이동산에 놀러 갔습니다'라고 했는데, 지문에서는 친구와 함께 가고 싶다고 했으므로 틀리다. 선택지 2번은 '새로운 친구가 많이 생겼습니다'라고 했는데, 아직 고등학교에 입학을 하지 않았으므로 틀리다. 선택지 3번은 '4월에는 고등학교 입학식이 있습니다'라고 했으므로 정답이 된다. 선택지 4번은 '4월에 중학교 졸업식이 있었습니다'라고 했는데, 지문에서 이제 곧 4월이라고 했으므로, 과거형으로 말할 수 없고, 중학교 졸업식에 대해서는 나오지 않았으므로 틀리다.

단문 7

해석

처음 뵙겠습니다, 다나카입니다.
저는 도쿄 대학 4학년입니다.
작년까지는 동아리 활동을 했지만, 올해부터는 구직 활동을 하고 있습니다. 가능하다면 은행에서 일하고 싶습니다.
열심히 하겠습니다.

단어 **はじめまして** 처음 뵙겠습니다 | **ぼく** 나(남성어) | **東京大学**(とうきょうだいがく) 도쿄 대학 | **4年生**(よねんせい) 4학년 | **きょねん** 작년 | **~まで** ~까지 | **サークル** 동아리, 서클 | **活動**(かつどう) 활동 | **今年**(ことし) 올해, 금년 | **~から** ~부터 | **しゅうしょく** 취업, 구직 | **できる** 가능하다, 할 수 있다 | **~ば** ~하면 | **銀行**(ぎんこう) 은행 | **働**(はたら)**く** 일하다 | **がんばる** 열심히 하다 | **卒業**(そつぎょう)**する** 졸업하다 | **今**(いま) 지금

7 글에 대해서 맞는 것은 어느 것입니까?

1 다나카 씨는 대학을 졸업했습니다.
2 다나카 씨는 지금 동아리 활동을 하고 있습니다.
3 다나카 씨는 지금 구직 활동을 하고 있습니다.
4 다나카 씨는 은행에서 일하고 있습니다.

해설 글 전체의 내용을 파악하는 문제이다. 선택지 1번은 '다나카 씨는 대학을 졸업했습니다'라고 했는데, 지문에서 현재 도쿄 대학 4학년이라고 했으므로 틀리다. 선택지 2번은 '다나카 씨는 지금 동아리 활동을 하고 있습니다'라고 했는데, 작년까지 동아리 활동을 하고 올해는 구직 활동를 하고 있다고 했으므로 틀리다. 선택지 3번은 '다나카 씨는 지금 구직 활동을 하고 있습니다'라고 했으므로 정답이 된다. 선택지 4번은 '다나카 씨는 은행에서 일하고 있습니다'라고 했는데, 가능하면 은행에서 일하고 싶다고 희망을 말했으므로 틀리다.

단문 8

해석

오늘 3월 3일은 '히나마쓰리'입니다.
히나마쓰리는 여자아이의 날입니다. 남자아이의 날도 있습니다. 5월 5일입니다.
히나마쓰리에는 히나인형이라는 인형을 장식하거나 맛있는 음식을 먹거나 합니다.

단어 **ひなまつり** 히나마쓰리(3월 3일 작은 인형을 제단에 장식하고 떡, 복숭아꽃 등을 차려 놓고 여자아이의 행복을 비는 행사) | **女**(おん**な**)**の子**(こ) 여자아이 | **日**(ひ) 날 | **男**(おとこ)**の子**(こ) 남자아이 | **ひなにんぎょう** 히나마쓰리 때 제단에 진열하는 인형 | **~という** ~라고 하다 | **にんぎょう** 인형 | **かざる** 장식하다, 꾸미다 | **~たり~たりする** ~하거나 ~하거나 하다 | **おいしい** 맛있다 | **食**(た)**べもの** 음식, 먹을 것 | **どんな** 어떤 | **~のため** ~을 위해 | **プレゼントする** 선물하다 | **作**(つく)**る** 만들다 | **かぞく** 가족 | **みんなで** 모두 함께

8 '히나마쓰리'는 어떤 날입니까?

1 남자아이를 위한 날입니다.
2 여자아이를 위한 날입니다.
3 히나인형이라는 인형을 여자아이에게 선물하는 날입니다.
4 맛있는 음식을 만들어 가족과 함께 놀러 가는 날입니다.

해설 히나마쓰리는 어떤 날인지 묻고 있다. 지문에서 3월 3일은 히나마쓰리로, 여자아이의 날이라고 했다. 따라서 선택지 2번 '여자아이를 위한 날입니다'가 정답이 된다.

단문 9

해석 다음 주에 반 친구들 모두와 우체국 견학을 하러 갑니다. 오후부터 가기 때문에 도시락은 필요 없었는데, 오전 10시로 시간이 바뀌어서 도시락을 준비하지 않으면 안 됩니다.

단어 **クラス** 반, 학급 | **みんな** 모두 | **郵便局**(ゆうびんきょく) 우체국 | **見学**(けんがく) 견학 | **午後**(ごご) 오후 | **~ので** ~이기 때문에 | **お弁当**(べんとう) 도시락 | **いる** 필요하다 | **~が** ~지만, ~는데 | **午前**(ごぜん) 오전 | **時間**(じかん) 시간 | **変**(か)**わる** 바뀌다 | **準備**(じゅんび)**する** 준비하다 | **~なければならない** ~하지 않으면 안 된다, ~해야 한다 | **一人**(ひとり)**で** 혼자서

9 글에 대해서 맞는 것은 어느 것입니까?

1 다음 주에 혼자서 우체국에 견학하러 갑니다.
2 반 친구들과 우체국 견학을 하는 것은 다음 주입니다.
3 내일 10시에 우체국 견학을 합니다.
4 오후부터 우체국을 견학하러 갑니다.

해설 글 전체의 내용을 파악하는 문제이다. 선택지 1번은 '다음 주에 혼자서 우체국에 견학하러 갑니다'라고 했는데, 지문에서 반 전체가 간다고 했으므로 틀리다. 선택지 2번은 '반 친구들과 우체국 견학을 하는 것은 다음 주입니다'라고 했으므로 정답이 된다. 선택지 3번은 '내일 10시에 우체국 견학을 합니다'라고 했는데, 우체국을 견학하는 것은 다음 주이므로 틀리다. 선택지 4번은 '오후부터 우체국을 견학하러 갑니다'라고 했는데, 지문에서 오전 10시로 변경되었다고 했으므로 틀리다.

단문 10

해석 (미즈무라 씨가 야마다 씨에게 보낸 메일입니다.)

야마다 씨. 전철이 늦어지고 있어서 약속한 9시 20분보다 10분 정도 늦습니다. 9시 30분에는 신주쿠역에 도착할 예정입니다. 미안하지만, 조금 더 기다려 주세요.

단어 **送**(おく)**る** 보내다 | **メール** 메일, 문자 메일 | **電車**(でんしゃ) 전철 | **遅**(おく)**れる** (정해진 날, 시각에) 늦다, 지각하다 | **~ため** ~때문에 | **約束**(やくそく) 약속 | **~より** ~보다 | **~ぐらい** ~정도 | **新宿駅**(しんじゅくえき) 신주쿠역 | **着**(つ)**く** 도착하다 | **予定**(よてい) 예정 | **すみません** 죄송합니다, 미안합니다 | **もう少**(すこ)**し** 조금 더 | **待**(ま)**つ** 기다리다 | **何時**(なんじ) 몇 시

10　**미즈무라 씨는 몇 시에 도착합니까?**

1　9시
2　9시 10분
3　9시 20분
4　9시 30분

해설 미즈무라 씨가 몇 시에 도착하는지를 묻고 있다. 미즈무라 씨는 다나카 씨에게 전철이 늦어지고 있어서, 약속한 9시 20분인데, 10분 정도 늦어서 9시 30분에는 신주쿠역에 도착한다고 메일을 보냈다. 따라서 선택지 4번 '9시 30분(9시 20분+10분)'이 정답이 된다.

단문 11

해석 내일부터 가족 모두와 함께 인도네시아로 놀러 갑니다. 비행기 티켓은 2개월 전에 예약했기 때문에 싸게 살 수 있었습니다. 1주일 동안 느긋하게 쉬고 오고 싶습니다.

단어 **あした** 내일 | **インドネシア** 인도네시아 | **遊(あそ)ぶ** 놀다 | **ひこうき** 비행기 | **チケット** 티켓 | **～か月(かげつ)** ～개월 | **～まえ** ～전 | **予約(よやく)する** 예약하다 | **安(やす)い** 싸다 | **買(か)う** 사다 | **～ことができる** ～할 수 있다, ～하는 것이 가능하다 | **1週間(いっしゅうかん)** 일주일간 | **ゆっくり** 푹, 느긋하게, 천천히 | **休(やす)む** 쉬다 | **いつ** 언제 | **戻(もど)る** 돌아가(오)다 | **～ご** ～후

11　**인도네시아에서 언제 돌아옵니까?**

1　내일
2　1주일 전
3　1주일 후
4　2개월 전

해설 인도네시아에 놀러 간 가족이 언제 돌아오는지를 묻고 있다. 예약은 2달 전에 했다고 했고, 내일부터 놀러 가서 일주일간 쉬었다가 돌아온다고 했으므로 선택지 3번 '1주일 후'가 정답이 된다.

단문 12

해석 저, 여러분. 오늘 연습은 이걸로 끝입니다. 내일 모레가 시합이니까 내일 연습은 오전만 하겠습니다. 시합이 끝난 날에는 모두 함께 밥을 먹으러 갈 예정입니다.

단어 **みなさん** 여러분 | **れんしゅう** 연습 | **これで** 이것으로 | **終(お)わり** 끝 | **あさって** 모레, 내일 모레 | **しあい** 시합 | **午前(ごぜん)** 오전 | **～だけ** ～만 | **終(お)わる** 끝나다 | **日(ひ)** 날, 일 | **ごはん** 밥 | **予定(よてい)** 예정 | **しあさって** 글피

12　**시합은 언제인가요?**

1　오늘
2　내일
3　모레
4　글피

해설 시합이 언제인지를 묻고 있다. 모레 시합이 있기 때문에 내일은 오전만 연습을 한다고 한다. 따라서 정답은 선택지 3번 '모레'가 된다.

단문 13

해석

다음 주 반 모두와 꽃놀이를 합니다. 모두 함께 초밥이랑 피자 등의 음식을 주문하기 때문에 도시락을 만들지 않아도 좋습니다. 음료수는 스스로 준비해 주세요.

단어 **来週**(らいしゅう) 다음 주 | **クラス** 반, 학급 | **みんな** 모두 | **～と** ～와, ～과 | **お花見**(はなみ) 꽃놀이, 꽃구경 | **みんなで** 모두 함께 | **おすし** 초밥 | **ピザ** 피자 | **など** 등 | **食**(た)**べもの** 음식, 먹을 것 | **注文**(ちゅうもん)**する** 주문하다 | **～ので** ～때문에 | **お弁当**(べんとう) 도시락 | **作**(つく)**る** 만들다 | **～なくてもいい** ～하지 않아도 좋다 | **飲**(の)**みもの** 음료수, 마실 것 | **自分**(じぶん)**で** 스스로 | **よういする** 준비하다 | **～てください** ～해 주세요 | **いる** 필요하다 | **～て行**(い)**く** ～해 가다 | **電話**(でんわ) 전화 | **～で** ～로(수단)

13 글에 대해서 맞는 것은 어느 것입니까?

1 도시락은 만들지 않습니다.
2 음료수는 필요없습니다.
3 초밥을 사서 갑니다.
4 오늘 전화로 피자를 주문합니다.

해설 글 전체의 내용을 파악하는 문제이다. 선택지 1번은 '도시락은 만들지 않습니다'라고 했는데, 지문에서 모두 함께 초밥이랑 피자 등의 음식을 주문하기 때문에 도시락을 만들지 않아도 좋다고 했으므로 정답이 된다. 선택지 2번은 '음료수는 필요없습니다'라고 했는데, 음료수는 스스로 준비하고 했으므로 틀리다. 선택지 3번은 '초밥을 사서 갑니다'라고 했는데, 모두 함께 주문한다고 했으므로 틀리다. 선택지 4번은 '오늘 전화로 피자를 주문합니다'라고 했는데, 꽃놀이는 다음 주이므로 틀리다.

단문 14

해석

제 이름은 에밀리입니다. 미국에서 왔습니다.
저는 지금 일본어 학교에서 일본어 공부를 하고 있습니다. 반 친구들과 사이가 좋습니다.
지난주에는 다 같이 오다이바에 다녀왔습니다.

단어 **名前**(なまえ) 이름 | **アメリカ** 미국 | **～から来**(く)**る** ～에서 오다 | **今**(いま) 지금 | **日本語学校**(にほんごがっこう) 일본어 학교 | **べんきょう** 공부 | **～ている** ～하고 있다 | **クラス** 반, 학급 | **なかがいい** 사이가 좋다, 친하다 | **先週**(せんしゅう) 지난주 | **お台場**(だいば) 오다이바(지명) | **行**(い)**って来**(く)**る** 갔다 오다, 다녀오다 | **どの** 어느 | **国**(くに) 나라, 국가 | **アフリカ** 아프리카

14 에밀리는 어느 나라에서 왔습니까?

1 미국
2 아프리카
3 일본
4 오다이바

해설 에밀리의 출신지를 묻고 있다. 지문의 첫 부분에 본인의 이름을 말하면서 미국에서 왔다고 했으므로, 정답은 선택지 1번 '미국'이 된다.

단문 15

해석

오야마 중학교는 저희 집 옆에 있습니다.
학교 건물은 작년에 새로워졌습니다. 전에는 건물이 작았지만 지금은 큽니다.

단어 **中学校**(ちゅうがっこう) 중학교 | **家**(いえ) 집 | **となり** 옆, 이웃 | **たてもの** 건물 | **新**(あたら)**しい** 새롭다 | **～くなる** ～해지다 | **前**(まえ) 전 | **ちいさい** 작다 | **大**(おお)**きい** 크다 | **ゆうびんきょく** 우체국 | **なくなる** 없어지다 | **そんなに** 그렇게, 그다지

15 오야마 중학교에 대해 맞는 것은 어느 것입니까?

1 오야마 중학교는 우체국 옆에 있습니다.
2 오야마 중학교는 작년에 없어졌습니다.
3 새 건물인데, 그다지 크지 않습니다.
4 새 건물인데, 그다지 작지 않습니다.

해설 글 전체의 내용을 파악하는 문제이다. 선택지 1번은 '오야마 중학교는 우체국 옆에 있습니다'라고 했는데, 지문에서는 자신의 집 옆에 있다고 했으므로 틀리다. 선택지 2번은 '오야마 중학교는 작년에 없어졌습니다'라고 했는데, 작년에 새로워졌다고 했으므로 틀리다. 선택지 3번은 '새 건물이지만 그다지 크지 않습니다'라고 했는데, 새롭게 지어 건물이 커졌다고 했으므로 틀리다. 따라서 선택지 4번 '새로운 건물이지만 그렇게 작지 않습니다'가 정답이 된다.

문제5 내용 이해 - 중문

▶ p.297

문제 5 다음 글을 읽고 질문에 대답해 주세요. 대답은 1·2·3·4 중에서 가장 적당한 것을 하나 고르세요.

중문 1

해석

일본에는 성인식이 있습니다. 성인식이란, 20세가 되는 사람들을 모아서, 어른이 된 것을 축하하는 이벤트입니다. 성인식에는 여성은 기모노를 입고, 남성은 양복이나 기모노를 입습니다. 일본에서는 이 성인의 날에 강연회나 파티를 열거나 선물을 보내거나 합니다. 또한 친구나 가족과 사진도 많이 찍습니다. 옛날은 매년 1월 15일에 성인식을 했었지만, 2000년부터는 매년 1월 둘째 주 월요일에 성인식을 합니다. 월요일입니다만, 일본에서는 성인식이 있는 성인의 날은 휴일입니다.

단어 **日本**(にほん) 일본 | **成人式**(せいじんしき) 성인식 | **ある** 있다 | **２０歳**(はたち) 20살, 20세 | **～になる** ~이 되다 | **人**(ひと)**たち** 사람들 | **集**(あつ)**める** 모으다 | **大人**(おとな) 어른, 성인 | **こと** 것 | **祝**(いわ)**う** 축하하다 | **イベント** 이벤트 | **女性**(じょせい) 여성, 여자 | **着物**(きもの) 기모노 | **着**(き)**る** 입다 | **男性**(だんせい) 남성, 남자 | **スーツ** 슈트, 양복 상하 한 벌 | **成人**(せいじん)**の日**(ひ) 성인의 날 | **講演会**(こうえんかい) 강연회 | **パーティー** 파티 | **開**(ひら)**く** 열다, 개최하다 | **～たり～たりする** ~하거나 ~하거나 하다 | **プレゼント** 선물 | **贈**(おく)**る** 보내다 | **また** 또, 또한 | **友**(とも)**だち** 친구 | **家族**(かぞく) 가족 | **写真**(しゃしん) 사진 | **たくさん** 많이 | **撮**(と)**る** 사진을 찍다 | **昔**(むかし) 옛날 | **毎年**(まいとし・まいねん) 매년 | **する** 하다 | **第２月曜日**(だいにげつようび) 제2월요일, 둘째 주 월요일 | **休日**(きゅうじつ) 휴일

1 성인의 날에 하지 않는 것은 무엇입니까?

1 박물관에 갑니다.
2 친구와 사진을 찍습니다.
3 기모노나 양복을 입습니다.
4 선물을 보냅니다.

2 성인식은 언제 합니까?

1 매년 1월 10일
2 매년 1월 15일
3 매년 1월 첫째 주 월요일
4 매년 1월 둘째 주 월요일

해설 〈질문 1〉은 성인의 날에 하지 않는 것을 묻고 있다. 두 번째 단락에서 성인의 날에는 기모노나 양복을 입고, 강연회나 파티를 열거나, 선물을 보내거나 한다고 했다. 그리고 친구나 가족과 사진을 찍는다고 했다. 선택지 1번 '박물관에 갑니다'는 나오지 않으므로 정답이 된다.

〈질문 2〉는 성인식이 언제 하는지를 묻고 있다. 마지막 단락에서 성인식은 옛날에는 매년 1월 15일에 했지만, 2000년부터는 매년 1월 둘째 주 월요일에 한다고 했으므로, 선택지 4번이 정답이 된다.

중문 2

해석

5월 9일 첫 스카이트리

오늘은 어머니와 남동생과 3명이서 스카이트리에 갔다 왔습니다. 아버지는 일로 함께 갈 수 없었습니다. 스카이트리 티켓은, 어제 홈페이지에서 샀습니다. 덕분에 스카이트리 안에 바로 들어갈 수 있었습니다. 하지만 스카이트리 안은 사람이 많이 있었습니다. 전망대의 티켓 매장에서는 여러 나라의 말을 들었습니다. 스카이트리에는 일본인 외에도 전 세계의 사람들이 모여드는 곳이라고 느꼈습니다. 엘리베이터를 타고 전망대에 갔습니다. 전망대에서 보는 낮의 도쿄는 정말 아름다웠습니다.

단어 **はじめて** 처음, 첫 번째 | **スカイツリー** 스카이트리 | **きょう** 오늘 | **母**(はは) 어머니 | **弟**(おとうと) 남동생 | **～人**(にん) ～인, ～명 | **行**(い)**ってくる** 갔다 오다 | **父**(ちち) 아버지 | **仕事**(しごと) 일, 업무 | **一緒**(いっしょ)**に** 함께, 같이 | **チケット** 티켓 | **きのう** 어제 | **ホームページ** 홈페이지 | **買**(か)**う** 사다 | **おかげで** 덕분에, 덕택에 | **中**(なか) 속, 안 | **すぐ** 곧, 바로 | **入**(はい)**る** 들어가다 | **～ことができる** ～하는 것이 가능하다, ～할 수 있다 | **でも** 그러나, 하지만 | **いる** 있다 | **展望**(てんぼう)**デッキ** 전망대 | **売**(う)**り場**(ば) 매장, 판매소 | **いろんな** 여러 | **国**(くに) 나라, 국가 | **言葉**(ことば) 말, 언어 | **聞**(き)**く** 듣다 | **日本人**(にほんじん) 일본인 | **ほか** 외, 밖 | **世界中**(せかいじゅう) 전 세계 | **集**(あつ)**まる** 모이다 | **～てくる** ～해 오다 | **ところ** 곳, 장소 | **感**(かん)**じる** 느끼다 | **エレベーター** 엘리베이터 | **～に乗**(の)**る** ～을 타다 | **見**(み)**る** 보다 | **昼**(ひる) 낮, 한낮 | **東京**(とうきょう) 도쿄 | **本当**(ほんとう)**に** 정말로 | **きれいだ** 예쁘다, 아름답다, 깨끗하다 | **何人家族**(なんにんかぞく) 몇 인 가족 | **～人家族**(にんかぞく) ～인 가족 | **夜**(よる) 밤 | **とても** 매우, 대단히 | **エスカレーター** 에스컬레이터 | **みんなで** 모두 함께

3 **이 사람은 몇 인 가족입니까?**

1 3인 가족
2 4인 가족
3 5인 가족
4 6인 가족

4 **글에 대해서 맞는 것은 어느 것입니까?**

1 밤의 스카이트리는 매우 아름다웠습니다.
2 에스컬레이터를 타고 전망대에 갔습니다.
3 5월 8일에 홈페이지에서 티켓을 샀습니다.
4 가족 모두 함께 스카이트리에 갔습니다.

해설 〈질문 3〉은 이 글을 쓴 사람의 가족이 몇 명인지를 묻고 있다. 두 번째 문장에서 어머니와 남동생, 본인 3명이서 스카이트리에 갔다 왔고, 아버지는 일 때문에 갈 수 없었다고 했으므로, 가족이 4명이라는 것을 예측할 수 있다. 따라서 정답은 2번이 된다.
〈질문 4〉는 글의 내용을 잘 파악하고 있는지를 묻고 있다. 선택지 1번은 밤의 스카이트리는 매우 아름다웠다고 했는데, 글에는 낮이 아름다웠다고 했고, 선택지 2번은 에스컬레이터를 타고 전망대에 갔다고 했는데, 엘리베이트를 타고 전망대에 갔다고 했으므로 틀리다. 선택지 3번은 5월 8일에 홈페이지에서 티켓을 샀다고 했는데, 글을 쓴 날짜가 5월 9일이고, 어제 홈페이지에서 티켓을 샀다고 했으므로 정답이 된다. 선택지 4번은 가족 모두 함께 스카이트리에 갔다고 했는데, 아버지는 일 때문에 갈 수 없었으므로 틀리다.

중문 3

해석

어제는 밤늦게까지 일을 했습니다. 일이 끝나고 집에 돌아갈 때, 갑자기 비가 내리기 시작했습니다. 나는 우산을 가지고 있지 않았기 때문에 곤란했습니다. 그러나 전철을 내린 역에서 우산을 빌릴 수 있었습니다. 우산을 빌리는 방법은 스마트폰에 '역 우산'이라는 애플리케이션을 다운로드하는 것뿐이어서 간단했습니다. 요금은 최초의 달만 무료여서 어제는 공짜였습니다. 다음 달부터는 하루에 90엔으로 빌릴 수가 있습니다. 우산을 돌려주지 않으면 864엔이 들기 때문에 오늘은 빌린 우산을 돌려주러 갑니다. 우산은 빌린 역이 아니라도 돌려줄 수 있어서 근처 역에 갔습니다.

단어 **夜**(よる)**おそく** 밤늦게 | **終**(お)**わる** 끝나다 | **家**(いえ) 집 | **帰**(かえ)**る** 돌아가다, 돌아오다 | **とき** 때 | **きゅうに** 갑자기 | **雨**(あめ) 비 | **ふる** (눈, 비 등이) 내리다 | **～てくる** ～해 오다, ～하기 시작하다 | **かさ** 우산 | **もつ** 지니다, 가지다 | **こまる** 곤란해지다, 어려워지다 | **でも** 그러나 | **電車**(でんしゃ) 전철 | **おりる** 내리다 | **駅**(えき) 역 | **借**(か)**りる** 빌리다 | **借**(か)**り方**(かた) 빌리는 방법 | **スマートフォン** 스마트폰 | **～という** ～라고 하다 | **アプリケーション** 애플리케이션 | **ダウンロードする** 다운로드하다 | **～だけ** ～만, ～뿐 | **簡単**(かんたん)**だ** 간단하다 | **料金**(りょうきん) 요금 | **最初**(さいしょ) 최초, 맨 처음 | **月**(げつ) 달, 월 | **むりょう** 무료 | **タダ** 공짜, 무료 | **来月**(らいげつ) 다음 달 | **一日**(いちにち) 1일, 하루 | **返**(かえ)**す** (제자리도) 갖다 놓다, 반납하다 | **～と** ～하면 | **かかる** (돈 등이) 들다 | **きょう** 오늘 | **～に行**(い)**く** ～하러 가다 | **～じゃなくても** ～이 아니라도 | **近**(ちか)**く** 근처 | **どうして** 어떻게, 왜 | **たくさん** 많이 | **帰**(かえ)**り** 돌아옴, 귀가 | **なくなる** 없어지다 | **お金**(かね) 돈 | **はらう** 지불하다

5 이 사람은 어제 왜 곤란했습니까?

1 우산을 갖고 있지 않아서
2 일이 많이 있어서
3 일이 끝나지 않아서
4 귀가하는 전철이 없어져 있어서

6 오늘은 무엇을 합니까?

1 우산을 빌린 역에 우산을 돌려주러 갑니다.
2 근처 역에 우산을 돌려주러 갑니다.
3 우산을 빌린 역에 돈을 지불하러 갑니다.
4 근처 역에 돈을 지불하러 갑니다.

해설 **〈질문 5〉**는 이 사람이 어제 곤란했던 이유를 묻고 있다. 위에서 두~세 번째 문장에서 갑자기 비가 내리기 시작했고, 우산을 갖고 있지 않아서 곤란했다고 했으므로, 정답은 1번 '우산을 갖고 있지 않아서'가 된다.
〈질문 6〉은 이 사람이 오늘 하는 일이 무엇인지 묻고 있다. 아래에서 두~세번 째 문장에서 '오늘은 빌린 우산을 돌려주러 가고, 우산을 빌린 역이 아니더라도 돌려줄 수 있어서 근처 역에 갑니다'라고 했으므로, 정답은 1번이 된다.

중문 4

해석

야마모토 선생님, 건강하신가요? 저는 잘 있습니다.
요전 중학교 친구와 예쁜 카페에 갔습니다. 가게 안은 많은 그림이 있었습니다. 그 중에서도 고흐의 '밤의 테라스'라는 그림이 가장 예뻤습니다. 고흐 외에도 밀레나 마네, 그리고 르누와르의 그림도 걸려 있었습니다. 카페가 아니라 마치 미술관에라도 간 듯한 기분이 들었습니다. 멋진 그림을 보면서 마신 커피도 굉장히 맛있었습니다. 다음 번에는 선생님과 함께 가고 싶습니다. 그럼 또 엽서를 보내겠습니다. 선생님, 건강하세요.

단어 **お元気(げんき)ですか** 건강하십니까?, 잘 있습니까? | **元気(げんき)だ** 건강하다 | **この前(まえ)** 요전 | **中学校(ちゅうがっこう)** 중학교 | **友(とも)だち** 친구 | **カフェ** 카페 | **お店(みせ)** 가게 | **たくさん** 많음, 많이 | **絵(え)** 그림 | **ゴッホ** 고흐(미술가) | **テラス** 테라스 | **~という** ~라고 하다 | **とても** 매우, 대단히 | **ほか** 외, 밖 | **ミレー** 밀레(미술가) | **マネ** 마네(미술가) | **それから** 그 다음에, 그리고 | **ルノワール** 르누와르(미술가) | **飾(かざ)る** 진열하다, 장식하다 | **~てある** ~해져 있다 | **~じゃなく** ~이 아니라 | **まるで~ような** 마치 ~인 듯한 | **美術館(びじゅつかん)** 미술관 | **気持(きも)ちになる** 기분이 들다 | **すてきだ** 멋지다 | **~ながら** ~하면서 | **飲(の)む** 마시다 | **コーヒー** 커피 | **すごく** 굉장히 | **おししい** 맛있다 | **今度(こんど)** 다음 번, 이번 | **~たい** ~하고 싶다 | **では** 그럼 | **また** 또, 다시 | **はがき** 엽서 | **誰(だれ)** 누구 | **どんな** 어떤 | **いろいろな** 여러 가지

7 '밤의 테라스'는 누구의 그림입니까?

1 밀레
2 르누와르
3 고흐
4 마네

8 이 사람이 간 카페는 어떤 카페입니까?

1 여러 가지 그림이 많이 있는 예쁜 카페
2 고흐의 그림만 걸려 있는 예쁜 카페
3 테라스에서 커피를 마실 수 있는 예쁜 카페
4 미술관 안에 있는 예쁜 카페

해설 **〈질문 7〉**은 '밤의 테라스'가 누구의 그림인지 묻고 있다. 3~4번째 줄에서 필자는 고흐의 '밤의 테라스'가 가장 예뻤다고 했으므로, 정답은 3번 '고흐'가 된다.
〈질문 8〉은 필자가 간 카페가 어떤 카페인지를 묻고 있다. 필자는 2~3번째 문장에서 요전 중학교 친구와 예쁜 카페에 갔는데, 그 가게 안은 많은 그림이 있었다고 했으므로, 정답은 1번 '여러 가지 그림이 많이 있는 예쁜 카페'가 된다.

중문 5

해석

드디어 내일은 프랑스 여행을 가는 날입니다.
프랑스에는 회사 친구들과 3명이서 갑니다. 지금 몹시 두근두근하여 잠을 잘 수가 없습니다.
우리는 프랑스에 도착하면 먼저 에펠탑에 갈 예정입니다. 그 다음 베르사유 궁전에도 갑니다. 그곳에서 사진도 많이 찍고 싶습니다. 그 후 여러 미술관에 가서 유명한 그림도 많이 보고 왔으면 합니다. 그 중에서도 오르세 미술관에는 반드시 가고 싶습니다.
또 프랑스에서 본고장의 프랑스 요리도 꼭 먹고 싶습니다. 유명한 빵집에도 갈 예정이어서 무척 기대가 됩니다.

단어 **とうとう** 드디어, 마침내 | **フランス** 프랑스 | **旅行**(りょこう) 여행 | **会社**(かいしゃ) 회사 | **ともだち** 친구 | **三人**(さんにん)**で** 3명이서 | **どきどきする** 두근두근하다 | **眠**(ねむ)**れる** 잠잘 수 있다 | **着**(つ)**く** 도착하다 | **まず** 먼저, 우선 | **エッフェルとう** 에펠탑 | **よてい** 예정 | **そのつぎに** 그 다음에 | **ベルサイユきゅうでん** 베르사유 궁전 | **写真**(しゃしん)**をとる** 사진을 찍다 | **あと** 나중, 다음 | **いろいろだ** 여러 가지이다 | **美術館**(びじゅつかん) 미술관 | **ゆうめいだ** 유명하다 | **オルセー美術館**(びじゅつかん) 오르세 미술관 | **絶対**(ぜったい)**に** 절대로, 반드시 | **それと** 그 다음에, 또한 | **本場**(ほんば) 본토, 본고장 | **料理**(りょうり) 요리 | **かならず** 반드시, 꼭 | **パン屋**(や)**さん** 빵집 | **楽**(たの)**しみ** 기대가 됨 | **調**(しら)**べる** 조사하다 | **~ないで** ~하지 않고

9 이 사람은 지금 무엇을 하고 있습니까?

1 오르세 미술관에 대해 조사하고 있습니다.
2 프랑스 에펠탑에 갈 예정입니다.
3 너무 두근두근하여 잠들지 못하고 있습니다.
4 프랑스 요리를 먹고 있습니다.

10 에펠탑에 간 다음에 무엇을 할 예정입니까?

1 오르세 미술관에 갈 예정입니다.
2 베르사유 궁전에 갈 예정입니다.
3 프랑스 요리를 먹으러 갈 예정입니다.
4 유명한 빵집에 갈 예정입니다.

해설 **〈질문 9〉**는 이 사람이 지금 무엇을 하고 있는지를 묻고 있다. 지문 두 번째 단락에 지금 너무 두근거려서 잠을 잘 수가 없다고 했으므로, 선택지 3번 '너무 두근두근하여 잠들지 못하고 있습니다'가 정답이 된다.

〈질문 10〉은 에펠탑에 간 다음에 무엇을 할 것인지 일정을 묻고 있다. 세 번째 단락에 에펠탑에 간 다음에 베르사유 궁전에 간다고 했으므로, 선택지 2번 '베르사유 궁전에 갈 예정입니다'가 정답이 된다.

중문 6

해석

다음 달 말에 마쓰모토 씨의 결혼식이 있습니다.

마쓰모토 씨는 일본인이지만, 상대는 영국인입니다. 국제결혼이기 때문에 결혼식을 일본과 영국에서 두 번 합니다. 저는 일본에서 하는 결혼식에 갈 예정입니다.

두 사람은 일본도 영국도 아닌 오스트레일리아에서 만났습니다. 마쓰모토 씨는 영어 공부를 하러 오스트레일리아에 갔고, 그 후 또 여행을 하기 위해 오스트레일리아에 갔습니다. 두 사람은 오스트레일리아에 우연히 만나 금방 연인이 되었습니다. 그리고 이렇게 결혼까지 합니다. 저는 두 사람이 무척 부럽습니다.

단어 **終**(お)**わり** 끝, 말 | **結婚式**(けっこんしき) 결혼식 | **相手**(あいて) 상대(방) | **イギリス人**(じん) 영국인 | **国際結婚**(こくさいけっこん) 국제결혼 | **二回**(にかい) 2번, 2회 | **方**(ほう) 쪽, 편 | **~でも~でもない** ~도 ~도 아니다 | **オーストラリア** 오스트레일리아 | **会**(あ)**う** 만나다 | **英語**(えいご) 영어 | **べんきょう** 공부 | **出会**(であ)**う** 우연히 만나다 | **すぐに** 바로, 금방 | **恋人**(こいびと) 연인 | **そして** 그리고 | **こうやって** 이렇게 | **うらやましい** 부럽다 | **どうして** 왜, 어째서 | **彼女**(かのじょ) 그녀 | **~目**(め) ~째 | **~でしか~ない** ~에서밖에 ~하지 않다

11 마쓰모토 씨는 왜 오스트레일리아에 갔습니까?

1 영어 공부를 하러 갔습니다
2 그녀와 여행을 하러 갔습니다.
3 국제결혼을 하러 갔습니다.
4 두 번째 결혼식을 하러 갔습니다.

12 글에 대해 맞는 것은 어느 것입니까?

1 마쓰모토 씨와 그녀는 영국에서 우연히 만나 오스트레일리아에서 결혼식을 합니다.
2 마쓰모토 씨는 다음 달 말에 그녀와 오스트레일리아에 갑니다.
3 이 남자는 일본에서 하는 마쓰모토 씨의 결혼식에 갑니다.
4 마쓰모토 씨는 결혼식을 영국에서밖에 하지 않기 때문에 이 남자는 결혼식에 갈 수 없습니다.

해설 **〈질문 11〉**은 마쓰모토 씨가 왜 호주에 갔는지를 묻고 있다. 세 번째 단락에서 마쓰모토 씨는 영어를 공부하러 오스트레일리아에 갔다고 했으므로 선택지 1번 '영어 공부를 하러 갔습니다'가 정답이 된다.

〈질문 12〉는 글의 내용을 잘 파악하고 있는지를 묻고 있다. 선택지 1번은 마쓰모토 씨와 그녀가 영국에서 만나 오스트레일리아에서 결혼식을 한다고 했는데, 두 사람은 오스트레일리아에서 만나 영국과 일본에서 결혼식을 한다고 했으므로 틀리다. 선택지 2번은 마쓰모토 씨가 다음 달 말에 그녀와 오스트레일리아에 간다고 했는데, 다음 달 말에는 결혼식이 있고 결혼식은 영국과 일본에서 한다고 했으므로 틀리다. 선택지 3번은 이 남자가 일본에서 열리는 마쓰모토 씨의 결혼식에 간다고 했는데, 세 번째 단락에서 이 남자는 영국과 일본 결혼식 중에서 일본 결혼식에 간다고 했으므로 정답이 된다. 선택지 4번은 마쓰모토 씨가 결혼식을 영국에서밖에 하지 않는다고 했는데, 결혼식을 영국과 일본에서 한다고 했으므로 틀리다.

중문 7

해석

2019년 10월 1일부터 일본의 우편 요금이 바뀌었습니다. 편지를 보낼 때 사용하는 82엔짜리 우표는 84엔이 되었습니다. 62엔이었던 엽서는 63엔이 되었습니다. 편지의 가격 인상은 2014년 4월부터 5년 반만입니다. 엽서는 2017년 6월에 52엔에서 62엔으로 가격 인상하고 나서 2년 4개월만입니다. 우표는 새롭게 바뀌었지만, 지금까지 사용하고 있던 82엔짜리 우표나 62엔짜리 우표는 우체국에서 팔고 있는 1엔짜리 우표랑 2엔짜리 우표를 함께 붙이는 것으로 지금까지대로 사용할 수 있습니다.

단어 **1日**(ついたち) 1일, 초하루 | **日本**(にほん) 일본 | **郵便料金**(ゆうびんりょうきん) 우편 요금 | **変**(か)**わる** 바뀌다 | **手紙**(てがみ) 편지 | **送**(おく)**る** 보내다 | **とき** 때 | **使**(つか)**う** 사용하다 | **~円**(えん) ~엔 | **切手**(きって) 우표 | **~になる** ~이 되다 | **はがき** 엽서 | **値上**(ねあ)**げ** (값 등의) 인상 | **~年半**(ねんはん) ~년 반 | **~ぶり** ~만 | **~てから** ~하고 나서 | **新**(あたら)**しい** 새롭다 | **郵便局**(ゆうびんきょく) 우체국 | **売**(う)**る** 팔다 | **一緒**(いっしょ)**に** 함께, 같이 | **貼**(は)**る** 붙이다 | **こと** 것 | **~どおりに** ~대로 | **使**(つか)**える** 사용할 수 있다 | **いくら** 얼마 | **~の** ~것 | **いつ** 언제

13 84엔 우표는 지금까지는 얼마였습니까?

1 80엔
2 81엔
3 82엔
4 83엔

14 엽서 요금이 62엔으로 바뀐 것은 언제입니까?

1 2014년
2 2015년
3 2016년
4 2017년

해설 〈질문 13〉은 84엔 우표가 지금까지는 얼마였는지를 묻고 있다. 위에서 두 번째 문장에서 편지를 보낼 때 사용하는 82엔 우표는 84엔이 되었다고 했으므로, 정답은 3번 '82엔'이 된다.

〈질문 14〉는 엽서 요금이 62엔으로 바뀐 것이 언제였는지를 묻고 있다. 위에서 네 번째 문장에서 엽서는 2017년 6월에 52엔에서 62엔으로 가격 인상되었다고 했으므로, 정답은 4번 '2017년'이 된다.

중문 8

해석

대학 시절 테니스부 친구가 그저께 다리를 다쳐 지금 중앙병원에 입원해 있습니다.

어제 대학 친구와 함께 꽃다발을 사서 병문안을 다녀왔습니다. 그는 다행히도 가벼운 부상이어서 앞으로 일주일 정도 지나면 퇴원할 수 있다고 했습니다.

그 친구와 저는 어제 한 달 만에 만났기에 함께 여러 가지 이야기를 하고 싶었지만, 병문안을 온 사람이 많아서 금방 헤어졌습니다. 그 대신 퇴원 후 또 만나기로 약속을 했습니다.

다음에 만날 때에는 다리도 나아서 건강한 모습으로 만나고 싶습니다.

단어 **大学時代**(だいがくじだい) 대학 시절 | **テニス部**(ぶ) 테니스부 | **おととい** 그저께 | **足**(あし) 다리 | **けが**(を)**する** 다치다 | **病院**(びょういん) 병원 | **入院**(にゅういん)**する** 입원하다 | **花束**(はなたば) 꽃다발 | **お見舞**(みま)**いに行**(い)**く** 병문안을 가다 | **さいわいにも** 다행히도 | **軽**(かる)**い** 가볍다 | **けが** 상처, 부상 | **あと** 앞으로 | **退院**(たいいん)**する** 퇴원하다 | **多**(おお)**い** 많다 | **別**(わか)**れる** 헤어지다 | **そのかわり** 그 대신 | **やくそく** 약속 | **時**(とき) 때 | **なおる** 낫다 | **元気**(げんき)**だ** 건강하다 | **すがた** 모습 | **思**(おも)**う** 생각하다 | **~よりも** ~보다도

15 이 사람은 언제 병문안을 갔습니까?

1 일주일 전
2 그저께
3 어제
4 오늘

16 이 사람은 왜 입원한 사람과 금방 헤어졌습니까?

1 입원한 사람이 퇴원하여 다리가 낫고 나서 만나고 싶었기 때문입니다.
2 입원한 사람의 병문안을 온 사람이 많았기 때문입니다.
3 입원한 사람 다리의 상처가 생각보다도 가벼웠기 때문입니다.
4 입원한 사람이 앞으로 일주일이면 퇴원하기 때문입니다.

해설 〈질문 15〉는 이 사람이 언제 병문안을 갔는지를 묻고 있다. 지문의 두 번째 단락에서 어제 대학교 친구와 같이 병문안을 갔다고 했으므로, 정답은 선택지 3번 '어제'가 된다.

〈질문 16〉은 이 사람이 입원한 사람과 금방 헤어진 이유를 묻고 있다. 세 번째 단락에서 입원한 친구와 한 달만에 만났기 때문에 여러 가지 이야기를 나누고 싶었지만, 병문안 온 사람이 많아서 바로 헤어졌다고 했으므로, 따라서 정답은 선택지 2번 '입원한 사람의 병문안을 온 사람이 많았기 때문입니다'가 된다.

중문 9

해석

안녕하세요. 와카바 백화점 신입 사원인 오쓰키 리나입니다.

올 3월부터 일하고 있습니다. 이 백화점에서 일을 시작해서 벌써 2주가 지났습니다. 조금씩이지만 업무도 회사도 겨우 익숙해졌습니다.

오늘은 저보다도 1년 빨리 이 백화점에서 일하기 시작한 다무라 선배에게 포인트 카드 만드는 방법을 배웠습니다. 포인트 카드를 만드는 방법은 생각보다 간단해서 저는 금방 익혔습니다.

백화점 업무에 대해 아직 모르는 점이 많이 있지만, 열심히 공부해서 조금이라도 빨리 제 몫을 할 수 있도록 열심히 하겠습니다.

단어 **こんにちは** 안녕하세요 | **デパート** 백화점 | **新入社員**(しんにゅうしゃいん) 신입 사원 | **今年**(ことし) 금년, 올해 | **仕事**(しごと) 일, 업무 | **はじめる** 시작하다 | **もう** 벌써, 이미 | **～週間**(しゅうかん) ～주간 | **過**(す)**ぎる** 지나다 | **少**(すこ)**し** 조금 | **～ずつ** ～씩 | **ようやく** 겨우 | **慣**(な)**れる** 익숙하다 | **～てくる** ～하기 시작하다 | **早**(はや)**く** 빨리, 일찍 | **～はじめる** ～하기 시작하다 | **せんぱい** 선배 | **ポイントカード** 포인트 카드 | **方法**(ほうほう) 방법 | **習**(なら)**う** 배우다 | **かんたんだ** 간단하다, 쉽다 | **おぼえる** 익히다, 기억하다 | **～について** ～에 대해 | **まだまだ** 아직 | **分**(わ)**かる** 알다, 이해하다 | **いっしょうけんめい** 열심히 | **一人前**(いちにんまえ)**になる** 제 몫을 할 수 있다, 제 구실을 할 수 있다 | **～ように** ～하도록 | **がんばる** 열심히 하다, 분발하다 | **どのくらい** 어느 정도 | **たつ** 지나다 | **むずかしい** 어렵다

17 이 사람은 일을 시작한지 어느 정도 지났습니까?

1 1개월 정도입니다.
2 3개월 정도입니다.
3 1주일 정도입니다.
4 2주일 정도입니다.

18 글에 대해 맞는 것은 어느 것입니까?

1 오쓰키 씨는 오늘 다무라 선배에게 포인트 카드 만드는 방법을 배웠습니다.
2 오쓰키 씨는 와카바 백화점 신입 사원으로 일을 시작한지 한 달이 지났습니다.
3 다무라 씨는 오쓰키 씨보다도 한 달 더 빨리 백화점에서 일하고 있는 선배입니다.
4 포인트 카드를 만드는 방법은 어려워서 내일 또 배워야 합니다.

해설 〈질문 17〉은 이 사람이 일을 시작한지 어느 정도 되었는지를 묻고 있다. 지문 두 번째 단락에서 백화점에서 올해 3월부터 일하고 있고, 일을 시작한지 벌써 2주가 지났다고 했으므로, 정답은 선택지 4번 '2주일 정도입니다'가 된다.

〈질문 18〉은 전체 문장을 잘 파악하고 있는지를 묻고 있다. 선택지 1번은 '오쓰키 씨는 오늘 다무라 선배에게 포인트 카드 만드는 방법을 배웠습니다'라고 했는데, 세 번째 단락에서 나보다 1년 선배인 다무라 선배에게 포인트 카드를 만드는 방법을 배웠다고 했으므로 정답이 된다. 선택지는 2번은 '오쓰키 씨가 와카바 백화점의 신입 사원이고 일을 시작한지 한 달이 지났다'고 했지만, 지문에서는 2주가 지났다고 했으므로 틀리다. 선택지 3번은 '다무라 씨는 오쓰키 씨보다도 한 달 더 빨리 백화점에서 일하고 있는 선배'라고 했는데, 지문에서는 1년 빨리 일을 시작했다고 했으므로 틀리다. 선택지 4번은 '포인트 카드를 만드는 방법은 어려워서 내일 또 배워야 한다'고 했는데, 지문에서는 포인트 카드 만드는 방법이 생각보다 간단해서 금방 배웠다고 했으므로 틀리다.

중문 10

해석

오늘 일본어 학교의 수업은 몹시 어려웠습니다.
오늘 배운 것은 일본어 읽고 쓰기입니다. 저는 일본어 회화는 잘하기 때문에 회화 수업은 즐겁지만, 읽고 쓰기 수업은 싫어합니다. 읽고 쓰기 중에서도 읽는 것은 아직 괜찮지만, 일본어 한자는 여러 가지가 있어서 쓰는 것이 정말 힘듭니다.
일본어에는 왜 히라가나·가타카나·한자, 세 가지나 있는 것인지 신경이 쓰입니다. 히라가나와 가타카나는 간단한데 한자는 정말로 어렵습니다. 어떻게 해야 좀 더 한자를 잘하게 될까요? 빨리 일본어 한자도 능숙해지고 싶습니다.

단어 **授業**(じゅぎょう) 수업 | **習**(なら)**う** 배우다 | **読**(よ)**み書**(か)**き** 읽고 쓰기 | **会話**(かいわ) 회화 | **とくいだ** 능숙하다, 잘하다 | **たのしい** 즐겁다 | **きらいだ** 싫어하다 | **読**(よ)**む** 읽다 | **大丈夫**(だいじょうぶ)**だ** 괜찮다 | **漢字**(かんじ) 한자 | **いろいろ** 여러 가지 | **書**(か)**く** 쓰다 | **ほんとうに** 정말(로) | **大変**(たいへん)**だ** 힘들다 | **なぜ** 왜 | **ひらがな** 히라가나 | **カタカナ** 가타카나 | **気**(き)**になる** 신경이 쓰이다 | **かんたんだ** 간단하다, 쉽다 | **どうしたら** 어떻게 하면 | **もっと** 더, 더욱

19 이 사람은 어떤 수업을 싫어합니까?

1 히라가나·가타카나 수업입니다.
2 가타카나·한자 수업입니다.
3 일본어 회화 수업입니다.
4 읽고 쓰는 수업입니다.

20 글에 대해 맞는 것은 어느 것입니까?

1 이 사람이 잘하는 것은 일본어 회화입니다.
2 일본어에는 히라가나와 가타카나와 한자가 있는데 한자는 간단합니다.
3 일본어 읽고 쓰기 수업이 매우 즐겁습니다.
4 어제는 일본어 읽고 쓰기를 배웠습니다.

해설 〈질문 19〉는 이 사람이 싫어하는 수업이 무엇인지를 묻고 있다. 지문 두 번째 단락에서 필자는 일본어 회화는 잘하기 때문에 회화 수업은 즐겁지만 읽고 쓰기 수업은 싫어한다고 했으므로, 정답은 선택지 4번 '읽고 쓰는 수업입니다'가 된다.
〈질문 20〉은 전체 문장을 잘 파악하고 있는지를 묻고 있다. 선택지 1번은 '이 사람이 잘하는 것은 일본어 회화입니다'라고 했는데, 필자는 두 번째 단락에서 일본어 회화는 잘해서 회화 수업이 즐겁다고 했으므로 정답이 된다. 선택지 2번은 '일본어에는 히라가나와 가타카나와 한자가 있는데 한자는 간단합니다'라고 했는데, 세 번째 단락에서 히라가나와 가타카나는 간단하지만, 한자는 정말로 어렵다고 했으므로 틀리다. 선택지 3번은 '일본어 읽고 쓰기 수업이 매우 즐겁습니다'라고 했는데, 필자는 읽고 쓰기 수업이 싫다고 했으므로 틀리다. 선택지 4번은 '어제는 일본어 읽고 쓰기를 배웠습니다'라고 했는데, 오늘 배운 것이 일본어 읽기 쓰기라고 했고, 어제는 무엇을 배웠는지 말하지 않았으므로 틀리다.

중문 11

해석

오늘은 근처 상점가에서 여름 마쓰리가 있다고 해서 고등학교 친구들과 함께 다녀왔습니다. 마쓰리라 하면 역시 노점상이 떠오릅니다. 우리들은 야키소바와 다코야키를 먹고 그리고 또 초콜릿 바나나도 먹었습니다.
배가 불렀을 때에 여자아이들이 다가왔습니다. 여자아이들은 우리들과 달리 모두 유카타를 입고 왔습니다. 다들 아주 귀여웠습니다. 모두 모였을 때 우리들은 마쓰리의 하이라이트인 불꽃놀이를 보러 갔습니다. 올해 여름 마쓰리도 좋은 추억이 되어 정말 좋았습니다.

단어 **近所**(きんじょ) 근처 | **しょうてんがい** 상점가 | **なつまつり** 여름 마쓰리, 여름 축제 | **高校**(こうこう) 고등학교 | **おまつり** 마쓰리, 축제 | **～といえば** ～라고 하면 | **やっぱり** 역시 | **屋台**(やたい) 노점상 | **思**(おも)**い浮**(う)**かぶ** 떠오르다 | **ぼくたち** 우리들 | **やきそば** 야키소바 | **たこやき** 다코야키 | **それから** 그리고 | **チョコバナナ** 초콜릿 바나나 | **おなかがいっぱいになる** 배가 부르다 | **やって来**(く)**る** 다가오다 | **ちがう** 다르다, 틀리다 | **みんな** 모두 | **ゆかた** 유카타 | **着**(き)**る** 입다 | **かわいい** 귀엽다 | **そろう** 모이다 | **ところ** 즈음 | **ハイライト** 하이라이트 | **花火**(はなび) 불꽃놀이 | **思**(おも)**い出**(で) 추억 | **いい** 좋다 | **～だけ** ～만 | **おこのみやき** 오코노미야키

21 **마쓰리에 누가 유카타를 입고 왔습니까?**

1 남자아이들만 유카타를 입고 왔습니다.

2 여자아이들만 유카타를 입고 왔습니다.

3 남자아이들도, 여자아이들도 유카타를 입고 왔습니다.

4 남자아이들도, 여자아이들도 유카타를 입고 오지 않았습니다.

22 **이 마쓰리에서 남자아이들이 먹지 않은 것은 무엇인가요?**

1 야키소바

2 초콜릿 바나나

3 다코야끼

4 오코노미야키

해설 〈질문 21〉은 마쓰리에 유카타를 입고 온 사람이 누구인지를 묻고 있다. 지문 두 번째 단락에서 여자아이들은 남자아이들과는 달리 모두 유카타를 입고 왔다고 했으므로, 정답은 선택지 2번 '여자아이들만 유카타를 입고 왔습니다'가 된다.

〈질문 22〉는 이 마쓰리에서 남자아이들이 먹지 않은 것이 무엇인지를 묻고 있다. 지문 첫 번째 단락에서 남자아이들은 야키소바와 다코야키를 먹고 나서 또 초콜릿 바나나를 먹었다고 했다. 지문에서 오코노미야키는 나오지 않았으므로, 정답은 선택지 4번 '오코노미야키'가 된다.

문제6 정보 검색

▶ p.312

정보 검색 1

문제 6 오른쪽 페이지를 보고 아래의 질문에 대답해 주세요. 대답은 1·2·3·4 중에서 가장 적당한 것을 하나 고르세요.

해석

키즈 스이밍 레슨 시간

코스	월	화	수	목	금	토	일	
A코스	10:00~10:45	11:00~11:45		10:00~10:45				3살·4살
B코스	15:00~16:00	15:00~16:00	15:00~16:00	15:00~16:00		15:00~16:00	15:00~16:00	3살~6살
C코스	16:00~17:00	16:00~17:00	16:00~17:00	16:00~17:00		15:00~16:00	15:00~16:00	4살~12살
D코스	17:00~18:00	17:00~18:00		17:00~18:00		16:00~17:00	16:00~17:00	5살~12살

단어 ~**歳**(さい) ~살, ~세 | **子**(こ)**ども** 아이 | **いる** 있다 | **平日**(へいじつ) 평일 | **午後**(ごご) 오후 | **~時**(じ) ~시 | **いっしょに** 함께, 같이 | **習**(なら)**う** 배우다 | **~たい** ~하고 싶다 | **どの** 어느 | **コース** 코스 | **~にする** ~로 하다 | **キッズ** 키즈, 아이들 | **スイミング** 스위밍, 수영 | **レッスン** 렛슨, 수업 | **時間**(じかん) 시간 | **月**(げつ) 월(요일) | **火**(か) 화(요일) | **水**(すい) 수(요일) | **木**(もく) 목(요일) | **土**(ど) 토(요일) | **日**(にち) 일(요일)

1 **4살과 6살 아이가 있습니다. 평일 오후 3시부터 함께 배우고 싶습니다. 어느 코스로 합니까?**

1 A코스
2 B코스
3 C코스
4 A코스

해설 질문은 4살과 6살 아이가 평일 3시부터 함께 배울 수 있는 코스가 어느 코스인지 묻고 있다. 평일(월~금요일)에 3시부터인 코스는 B코스이고, 3살부터 6살까지 배울 수 있으므로 정답은 선택지 2번이 된다.

정보 검색 2

문제 6 오른쪽 페이지를 보고 아래의 질문에 대답해 주세요. 대답은 1·2·3·4 중에서 가장 적당한 것을 하나 고르세요.

해석

☆10주년 기념☆

★ 누구라도 커트, 염색

커트	염색		각
3,000엔	3,500엔	➡	2,800엔
	커트+염색 6,500엔	➡	5,000엔

★ 처음 가게에 오신 분

커트	염색		각
3,000엔	3,500엔	➡	2,500엔
	커트+염색 6,500엔	➡	4,500엔

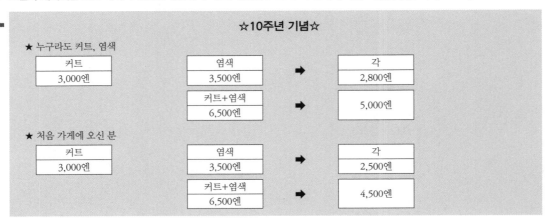

단어 **美容室**(びようしつ) 미용실 | **はじめて** 처음 | **行**(い)**く** 가다 | **カット** 커트 | **カラー** 컬러, 염색 | **いくら** 얼마 | **~周年**(しゅうねん) ~주년 | **記念**(きねん) 기념 | **だれでも** 누구라도 | **各**(かく) 각 | **ご来店**(らいてん) 내점, 가게에 옴 | **方**(かた) 분

1 **이 미용실에 처음 갑니다. 커트와 염색을 하고 싶습니다. 얼마입니까?**

1 2,500엔
2 2,800엔
3 4,500엔
4 5,000엔

해설 질문은 처음 가는 미용실에서 커트와 염색을 하고 싶은데 얼마인지 가격을 묻고 있다. 미용실은 10주년 기념 이벤트를 하는데, 처음 가게에 오신 분은 커트와 염색을 같이 할 때 4,500엔이라고 했으므로 정답은 선택지 3번이 된다.

정보 검색 3

문제 6 오른쪽 페이지를 보고 아래의 질문에 대답해 주세요. 대답은 1·2·3·4 중에서 가장 적당한 것을 하나 고르세요.

해석

다나카 클리닝
매일이 행운!! 꼭 이용해 주세요.

월요일	포인트 2배입니다!
화요일	드라이클리닝이 10% 싸집니다.
수요일	찬스데이예요!! 20% 싸집니다.
목요일	포인트 3배입니다!!
금요일	와이셔츠가 10엔 싸집니다.
토요일	2,000엔 이상 이용으로 스웨터 무료 쿠폰을 받을 수 있습니다.
일요일	2,000엔 이상 이용으로 와이셔츠 5장 무료 쿠폰을 받을 수 있습니다.

단어 **右**(みぎ) 오른쪽 | **ページ** 페이지 | **ポイント** 포인트 | **一番**(いちばん) 가장, 제일 | **多**(おお)**く** 많이 | **もらえる** 받을 수 있다 | **日**(ひ) 날, 일 | **~たい** ~하고 싶다 | **何曜日**(なんようび) 무슨 요일 | **~ば** ~하면 | **いい** 좋다, 괜찮다 | **月曜日**(げつようび) 월요일 | **火曜日**(かようび) 화요일 | **水曜日**(すいようび) 수요일 | **木曜日**(もくようび) 목요일 | **クリーニング** 클리닝, 세탁소 | **毎日**(まいにち) 매일 | **ラッキー** 럭키, 행운 | **ぜひ** 꼭, 제발 | **ご~ください** ~하세요 | **利用**(りよう) 이용 | **~倍**(ばい) ~배 | **ドライクリーニング** 드라이클리닝 | **安**(やす)**い** 싸다 | **~くなる** ~해지다 | **チャンス** 찬스 | **デー** 데이(day) | **ワイシャツ** 와이셔츠 | **土曜日**(どようび) 토요일 | **以上**(いじょう) 이상 | **セーター** 스웨터 | **無料**(むりょう) 무료 | **クーポン** 쿠폰 | **日曜日**(にちようび) 일요일 | **~枚**(まい) ~장

3 **포인트를 가장 많이 받을 수 있는 날에 가고 싶습니다. 무슨 요일에 가면 됩니까?**

1 월요일
2 화요일
3 수요일
4 목요일

해설 질문은 포인트를 가장 많이 받을 수 있는 날이 무슨 요일인지를 묻고 있다. 광고지를 보면 포인트와 관련이 있는 요일은 월요일과 목요일이고, 월요일은 포인트가 2배, 목요일은 포인트가 3배이므로, 정답은 4번 '목요일'이 된다.

정보 검색 4

문제 6 오른쪽 페이지를 보고 아래의 질문에 대답해 주세요. 대답은 1·2·3·4 중에서 가장 적당한 것을 하나 고르세요.

해석

버스의 어린이 요금 안내

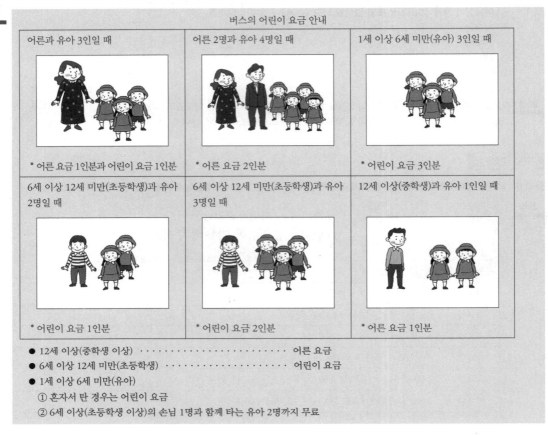

어른과 유아 3인일 때	어른 2명과 유아 4명일 때	1세 이상 6세 미만(유아) 3인일 때
 * 어른 요금 1인분과 어린이 요금 1인분	 * 어른 요금 2인분	 * 어린이 요금 3인분
6세 이상 12세 미만(초등학생)과 유아 2명일 때	6세 이상 12세 미만(초등학생)과 유아 3명일 때	12세 이상(중학생)과 유아 1인일 때
 * 어린이 요금 1인분	 * 어린이 요금 2인분	 * 어른 요금 1인분

- 12세 이상(중학생 이상) ························ 어른 요금
- 6세 이상 12세 미만(초등학생) ···················· 어린이 요금
- 1세 이상 6세 미만(유아)
  ① 혼자서 탄 경우는 어린이 요금
  ② 6세 이상(초등학생 이상)의 손님 1명과 함께 타는 유아 2명까지 무료

단어 ~歳(さい) ~살, ~세 | **男**(おとこ)**の子**(こ) 남자아이 | **女**(おんな)**の子**(こ) 여자아이 | **2人**(ふたり) 2명 | **乗**(の)**る** 타다 | **いくら** 얼마 | **払**(はら)**う** 지불하다 | **子**(こ)**ども** 어린이, 아이 | **料金**(りょうきん) 요금 | **1人**(ひとり) 1명 | **~分**(ぶん) ~분, ~몫 | **大人**(おとな) 어른, 성인 | **バス** 버스 | **ご案内**(あんない) 안내 | **幼児**(ようじ) 유아 | **以上**(いじょう) 이상 | **未満**(みまん) 미만 | **小学生**(しょうがくせい) 초등학생 | **中学生**(ちゅうがくせい) 중학생 | **1人**(ひとり)**で** 혼자서 | **場合**(ばあい) 경우 | **お客**(きゃく)**さん** 손님 | **~名**(めい) ~명 | **一緒**(いっしょ)**に** 함께, 같이 | **~まで** ~까지 | **無料**(むりょう) 무료

4 12세 남자아이와 5세 여자아이 2명이 탔습니다. 얼마 지불합니까?

1 어린이 요금 1인분
2 어른 요금 1인분
3 어린이 요금 2인분
4 어른 요금 1인분과 어린이 요금 1인분

해설 질문은 버스에 12세 남자아이와 5세 여자아이 2명이 탔을 때 얼마를 지불해야 하는지를 묻고 있다. 버스의 어린이 요금 안내를 보면, 12세 남자아이는 어른 요금을 내야 한다는 것을 알 수 있고, 5세는 유아에 해당하는데, 6세 이상의 손님 1명과 같이 탈 경우, 유아 2명까지 무료라고 했으므로, 5세 여자아이 2명은 무료라는 것을 알 수 있다. 즉 12세 남자아이의 요금인 어른 요금 1인분만 지불하면 되므로, 정답은 2번이 된다.

정보 검색 5

문제 6 오른쪽 페이지를 보고 아래의 질문에 대답해 주세요. 대답은 1·2·3·4 중에서 가장 적당한 것을 하나 고르세요.

해석

요요기 공원의 꽃놀이 정보

장소	도쿄도 시부야구 요요기 가미조노초 2-1
볼 만한 시기	2016년 3월 말~2016년 4월 초
휴일	무휴
요금	입장료는 없습니다.
벚꽃 수	약 500종
벚꽃 종류	소메이요시노, 야마자쿠라 등
화장실	10개소
교통편	지하철 요요기 공원역에서 걸어서 3분
문의	03-3469-6081 요요기 공원 서비스 센터
URL	http://www.tokyo-park.or.jp/

단어 **よよぎ公園**(こうえん) 요요기 공원 | **お花見**(はなみ) 꽃놀이 | **情報**(じょうほう) 정보 | **アクセス** 액세스, 교통편 | **地下鉄**(ちかてつ) 지하철 | **問**(と)**い合**(あ)**わせ** 문의 | **電話番号**(でんわばんごう) 전화번호 | **東京**(とうきょう) 도쿄 | **桜**(さくら) 벚꽃 | **種類**(しゅるい) 종류 | **など** 등 | **見**(み)**ごろ** 볼 만한 시기 | **おわり** 끝, 말 | **はじめ** 시작, 초 | **休**(やす)**み** 휴일 | **無休**(むきゅう) 무휴 | **入園料**(にゅうえんりょう) 입원료, 입장료 | **数**(かず) 수 | **約**(やく) 약 | **~本**(ほん) ~그루 | **トイレ** 화장실 | **~か所**(かしょ) ~개소 | **サービスセンター** 서비스 센터

5 요요기 공원의 꽃놀이 정보 중에서 맞는 것은 어느 것입니까?

1 교통편은 지하철 요요기 공원역에서 걸어서 5분입니다.
2 문의 전화번호는 03-3469-6082입니다.
3 장소는 도쿄도 시부야구 요요기 가미조노초 2-1입니다.
4 벚꽃의 종류는 소메노요시노, 야마자쿠라 등이 있습니다.

해설 질문은 요요기 공원의 꽃놀이 정보 중에서 맞는 것을 묻고 있다. 선택지 1번은 '교통편은 지하철 요요기 공원역에서 걸어서 5분입니다'라고 했는데, 꽃놀이 정보에서는 요요기 공원에서부터 3분이라고 되어 있으므로 틀리다. 선택지 2번은 '문의 전화번호는 03-3469-6082입니다'라고 했는데, 전화번호 뒤가 6082가 아니라 6081이므로 틀리다. 선택지 3번은 '장소는 도쿄도 시부야구 요요기 가미조노초 2-1입니다'라고 했는데, 맞는 내용이므로 정답이 된다. 선택지 4번은 '벚꽃의 종류는 소메노요시노, 야마자쿠라 등이 있습니다'라고 했는데, 벚꽃의 종류는 소메노요시노가 아니라 소메이요시노이므로 틀리다.

정보 검색 6

문제 6 오른쪽 페이지는 '모두의 피아노 교실' 포스터입니다. 다음 글을 읽고 질문에 대답해 주세요. 대답은 1·2·3·4 중에서 가장 알맞은 것을 하나 골라 주세요.

해석

오늘은 이 다음 학교가 끝나고 나서 친구와 '모두의 피아노 교실'에 갑니다. 전부터 쭉 피아노를 배우고 싶었지만, 피아노는 처음이기 때문에 친구와 함께 배웁니다. '모두의 피아노 교실'은 장소도 미도리 역에서 가깝기 때문에 역에서 걸어서 8분 정도면 갈 수 있습니다.

모두의 피아노 교실

개인 레슨	그룹 레슨
AM 9:30 ~ AM 11:30	PM 4:00 ~ PM 6:00
· 선생님과 학생의 1:1 레슨. · 피아노가 처음인 분이라도 괜찮습니다.	· 모두 함께 즐겁게 피아노로 놀아요.

* 개인 레슨은 월·수·금에, 그룹 레슨은 화·목·금에 있습니다.

장소

* 역에서 걸어서 8분 정도입니다.

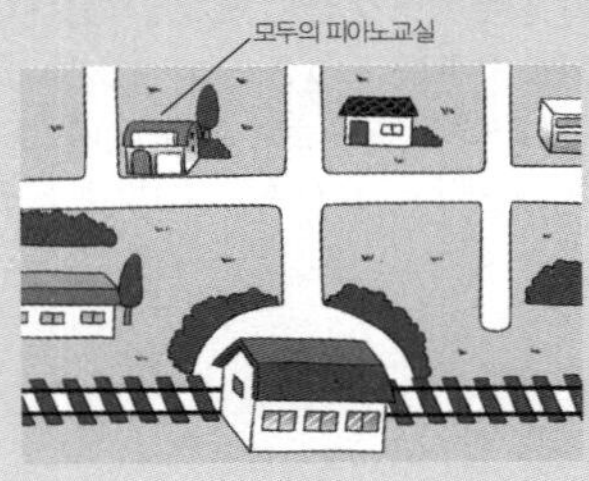

단어 **みんな** 모두 | **ピアノ** 피아노 | **教室**(きょうしつ) 교실 | **ポスター** 포스터 | **このあと** 이 다음 | **学校**(がっこう) 학교 | **終**(お)**わる** 끝나다 | **前**(まえ) 전, 이전 | **ずっと** 쭉, 계속 | **習**(なら)**う** 배우다 | **はじめて** 처음 | **場所**(ばしょ) 장소 | **駅**(えき) 역 | **近**(ちか)**い** 가깝다 | **歩**(ある)**く** 걷다 | **何**(なん)**ようび** 무슨 요일 | **何時**(なんじ) 몇 시 | **月**(げつ) 월(요일) | **水**(すい) 수(요일) | **金**(きん) 금(요일) | **午前**(ごぜん) 오전 | **午後**(ごご) 오후 | **火**(か) 화(요일) | **木**(もく) 목(요일) | **個人**(こじん) 개인 | **レッスン** 레슨 | **グループ** 그룹 | **生徒**(せいと) 학생 | **方**(かた) 분 | **大丈夫**(だいじょうぶ)**だ** 괜찮다 | **楽**(たの)**しく** 즐겁게 | **遊**(あそ)**ぶ** 놀다

6 이 사람은 무슨 요일 몇 시에 피아노를 배웁니까?

1 월·수·금 오전 9시 30분~오후 11시 30분
2 화·목·금 오전 9시 30분~오후 11시 30분
3 월·수·금 오후 4시~오후 6시
4 화·목·금 오후 4시~오후 6시

해설 질문은 필자가 무슨 요일, 몇 시에 피아노를 배우는지를 묻고 있다. 필자는 피아노를 친구랑 같이 배우기로 했으므로 개인 레슨이 아니라 그룹 레슨을 하게 된다. 그리고 그룹 레슨은 화·목·금요일에 하고, 시간은 오후 4시부터 6시까지이므로, 선택지 4번이 정답이 된다.

정보 검색 7

문제 6 오른쪽 페이지는 '전철 시간'과 '버스 시간'입니다. 다음 글을 읽고 질문에 대답해 주세요. 대답은 1·2·3·4 중에서 가장 알맞은 것을 하나 골라 주세요.

해석

내일은 기노코야마에 갑니다. 신주쿠역에서 히카리가오카역까지는 전철로 가고, 히카리가오카역에서 기노코야마까지는 버스를 타고 갑니다.

기노코야마에 오전 11시 반쯤 도착하고 싶습니다. 또한 전철은 싼 쪽이 좋습니다.

전철 시간

전철	신주쿠역 → 히카리가오카역	
국화 1	8:10	10:10
수국 1	9:20	10:20
국화 2	9:10	11:10
수국 2	10:20	11:20

(돈) 국화: 3,000엔 / 수국: 4,000엔

버스 시간

히카리가오카역 → 기노코야마	
10:30	11:00
11:00	11:30
11:30	12:00
12:00	12:30

(돈) 800엔

단어 **電車**(でんしゃ) 전철 | **バス** 버스 | **きのこ山**(やま) 기노코야마(지명) | **新宿駅**(しんじゅくえき) 신주쿠역 | **～から～まで** ～에서 ～까지 | **光**(ひかり)**が丘駅**(おかえき) 히카리가오카역 | **～にのる** ～을 타다 | **半**(はん) 반, 30분 | **～ごろ** ～경, ～무렵 | **着**(つ)**く** 도착하다 | **安**(やす)**い** 싸다 | **ほう** 쪽, 편 | **いい** 좋다 | **きく** 국화 | **あじさい** 수국 | **お金**(かね) 돈, 요금

7 전철은 어느 것을 탑니까?

1 국화 1
2 수국 1
3 국화 2
4 수국 2

해설 질문은 필자가 내일 기노코야마에 갈 때 어떤 전철에 타고 가면 되는지를 묻고 있다. 필자는 전철을 신주쿠역에서 히카리가오카역까지 타야 한다. 그리고 기노코야마에 11시 30분경에는 도착하고 싶다고 했다. 11시 30분까지 도착하려면 히카리가오카역에서 기노코야마로 출발하는 10시 30분이나 11시 버스를 타야 한다. 그렇게 하려면 신주쿠역에서 히카리가오카역에 10시 30분이나 11시 전에 도착하는 전철을 타야 하므로, 국화1이나 수국1을 타야 한다. 필자는 전철이 싼 쪽이 좋다고 했으므로, 국화가 수국보다 1,000엔이 싸기 때문에 국화1을 타면 된다. 따라서 정답은 선택지 1번이 된다.

정보 검색 8

문제 6 오른쪽 페이지는 '오조라 초등학교의 라디오 체조'의 공지입니다. 다음 글을 읽고 질문에 대답해 주세요. 대답은 1·2·3·4 중에서 가장 알맞은 것을 하나 골라 주세요.

해석

옆 집에 살고 있는 다나카 씨는 매년 7월이 되면 근처의 오조라 초등학교에서 하는 라디오 체조를 하러 갑니다. 라디오 체조는 매년 10일 정도 하고 있지만, 다나카 씨는 한 번도 쉰 적이 없습니다. 올해도 그저께 7월 18일부터 시작했습니다. 오늘은 나도 다나카 씨와 함께 갔다 왔습니다.

라디오 체조

- 일시 : 7월 18일 ~ 7월 28일
  (25일은 쉽니다.)
- 시간 : 아침 6시 15분부터 35분까지
- 장소 : 오조라 초등학교

* 비 오는 날은 중지합니다.
* 마지막 날에는 참가상을 줍니다.

-오조라 초등학교-

단어 **小学校**(しょうがっこう) 초등학교 | **ラジオ** 라디오 | **たいそう** 체조 | **お知**(し)**らせ** 알림, 공지 | **となり** 옆, 이웃 | **住**(す)**む** 살다 | **毎年**(まいとし·まいねん) 매년 | **近**(ちか)**く** 근처, 가까운 곳 | **１０日**(とおか) 10일 | **休**(やす)**む** 쉬다 | **～たことがない** ~한 적이 없다 | **今年**(ことし) 금년, 올해 | **おととい** 그저께 | **始**(はじ)**まる** 시작되다 | **何回**(なんかい) 몇 번 | **出**(で)**る** 나가다 | **にちじ** 일시 | **お休**(やす)**み** 쉼, 휴일 | **時間**(じかん) 시간 | **あさ** 아침 | **雨**(あめ)**の日**(ひ) 비 오는 날 | **中止**(ちゅうし)**する** 중지하다 | **最後**(さいご) 최후, 마지막 | **参加賞**(さんかしょう) 참가상 | **くばる** 나누어 주다

8　다나카 씨는 지금 올해 라디오 체조에 몇 번 나갔습니까?

1　1회
2　2회
3　3회
4　4회

해설 질문은 다나카 씨가 올해 지금까지 라디오 체조에 참가한 횟수를 묻고 있다. 라디오 체조는 올해도 7월 18일부터 시작했는데, 다나카 씨는 그저께부터 오늘까지 빠짐없이 참가했으므로, 3일 동안 참가를 했다. 따라서 선택지 3번이 정답이 된다.

정보 검색 9

문제 6　오른쪽 페이지는 '패밀리 레스토랑의 공지'입니다. 다음 글을 읽고 질문에 대답해 주세요. 대답은 1·2·3·4 중에서 가장 알맞은 것을 하나 골라 주세요.

해석

독일에 유학하고 있는 친구가 겨울 방학이라서 일본에 돌아왔습니다. 친구는 어제 돌아와서 5일 후 일요일 아침에 다시 독일에 갑니다. 나는 친구가 독일에 가기 전에 함께 레스토랑에 가고 싶습니다.

공지

연초는 1월 3일부터 영업합니다!

12월	29일(월)	10:00～19:00
	30일(화)	휴업
	31일(수)	휴업
1월	1일(목)	휴업
	2일(금)	휴업
	3일(토)	10:00～19:00
	4일(일)	10:00～19:00
	5일(월) 6일(화)	보통 영업 09:00～19:00

패밀리 레스토랑

단어 **ファミリーレストラン** 패밀리 레스토랑 | **ドイツ** 독일 | **留学**(りゅうがく)**する** 유학하다 | **冬休**(ふゆやす)**み** 겨울 방학 | **５日**(いつか) 5일 | **～後**(ご) ~후 | **日**(にち)**ようび** 일요일 | **前**(まえ) 전 | **一緒**(いっしょ)**に** 함께 | **年始**(ねんし) 연시, 연초 | **営業**(えいぎょう)**する** 영업하다 | **休業**(きゅうぎょう) 휴업 | **通常**(つうじょう) 통상, 보통

9　레스토랑은 언제 가면 됩니까?

1　12월 29일
2　12월 31일
3　1월 1일
4　1월 3일

해설 질문은 필자가 친구와 언제 레스토랑에 가면 되는지를 묻고 있다. 지문에는 어제 독일에서 친구가 왔는데, 5일 후인 일요일 아침에 독일로 떠난다고 했다. 레스토랑 안내지를 보면 12월 30일 화요일부터 1월 2일 금요일까지 휴무이므로 레스토랑은 토요일밖에 갈 수가 없다. 일요일은 아침에 친구가 떠나므로 갈 수 없다. 따라서 선택지 4번 '1월 3일'이 정답이 된다.

정보 검색 10

문제 6 오른쪽 페이지는 '나하 버스의 시각표'입니다. 다음 글을 읽고 질문에 대답해 주세요. 대답은 1·2·3·4 중에서 가장 알맞은 것을 하나 골라 주세요.

해석

우리들은 지금 오키나와에 놀러 왔습니다. 오늘은 오전 중에 '오키나와 월드'에 갔다 왔습니다. 이 다음 '유비도·데이고'에 가서 점심 식사를 하고 나서 1시 반에 '류큐 가라스무라'로 출발합니다.

나하 버스 시각표

*만원인 경우는 다음 편을 이용하세요.

나하 시내행	2편	4편	6편	8편	10편
오키나와 월드	11:30	12:30	13:30	14:30	15:30
유비도·데이고	11:48	12:48	13:48	14:48	15:48
류큐 가라스무라	11:51	12:51	13:51	14:51	15:51
사잔 비치 호텔	12:09	13:09	14:09	15:09	16:09
이토만미치노역	12:12	13:12	14:12	15:12	16:12
나하 공항	12:37	13:37	14:37	15:37	16:37
현 의회 앞	12:50	13:50	14:50	15:50	16:50

단어 なは 나하(지명) | **時刻表**(じこくひょう) 시각표 | **おきなわ** 오키나와(지명) | **午前中**(ごぜんちゅう) 오전 중 | **おきなわワールド** 오키나와 월드(지명) | **お昼**(ひる)**ごはん** 점심밥, 점심 식사 | **琉球**(りゅうきゅう)**ガラス村**(むら) 류큐 가라스무라(지명) | **出発**(しゅっぱつ)**する** 출발하다 | **~ため** ~하기 위해 | **何便**(なんびん) 몇 편 | **~にのる** ~을 타다 | **~便**(びん) ~편 | **満員**(まんいん) 만원 | **場合**(ばあい) 경우 | **次**(つぎ) 다음 | **ご~ください** ~하세요 | **利用**(りよう) 이용 | **市内**(しない) 시내 | **~向**(む)**け** ~용, ~행 | **ビーチ** 비치, 해변 | **ホテル** 호텔 | **空港**(くうこう) 공항 | **県議会**(けんぎかい) 현 의회

10 '류큐 가라스무라'에 가기 위해서는 몇 편을 타면 됩니까?

1 2편
2 4편
3 6편
4 8편

해설 질문은 류큐 가라스무라에 가려면 버스 몇 편을 타면 되는지를 묻고 있다. 필자는 오키나와에 놀러 왔고, 오늘 유비도·데이고에 가서 점심 식사를 하고 나서 1시 반에 류큐 가라스무라로 출발한다고 했다. 유비도·데이고에서 1시 반에 출발한다고 했으므로 1시 반 이후의 차편이 정답이 된다. 따라서 선택지 3번이 정답이 된다.

2교시

제5장 청해 공략편

문제 1	1 ③	2 ④	3 ①	4 ④	5 ②	6 ③	7 ①	8 ③	9 ①	10 ①
	11 ③	12 ④	13 ③	14 ①	15 ③	16 ①	17 ③	18 ③	19 ③	20 ①
문제 2	1 ④	2 ④	3 ③	4 ④	5 ②	6 ④	7 ①	8 ②	9 ①	10 ②
	11 ④	12 ④	13 ③	14 ②	15 ②	16 ②	17 ②	18 ②	19 ④	20 ①
문제 3	1 ②	2 ①	3 ①	4 ①	5 ③	6 ①	7 ①	8 ②	9 ①	10 ②
	11 ②	12 ①	13 ③	14 ③	15 ①	16 ②	17 ②	18 ①	19 ③	20 ②
문제 4	1 ①	2 ③	3 ①	4 ②	5 ②	6 ③	7 ③	8 ①	9 ①	10 ①
	11 ②	12 ③	13 ①	14 ③	15 ②	16 ①	17 ③	18 ③	19 ②	20 ①

문제1 과제 이해

▶ p.347

もんだい１では、はじめにしつもんをきいてください。それからはなしをきいて、もんだいようしの１から４のなかから、いちばんいいものをひとつえらんでください。

문제1에서는 처음에 질문을 들어 주세요. 그리고 이야기를 듣고, 문제용지의 1에서 4 중에서 가장 알맞은 것을 하나 골라 주세요.

１ばん

男の人と女の人が話しています。女の人は、何を持っていきますか。

M: キャンプに行くの、今週の金曜日ですね。
　あ、そうそう。お肉と野菜はぼくが持っていきます。
F : 私は何を持っていけばいいですか。
M: 飲み物をお願いします。
　あ、でも飲み物は重いから、やっぱりお菓子をお願いします。
F : はい、わかりました。果物も持っていきましょうか。
M: 果物は山本さんにお願いしたので、大丈夫です。

女の人は、何を持っていきますか。

1번

남자와 여자가 이야기하고 있습니다. 여자는 무엇을 가지고 갑니까?

남: 캠프에 가는 거, 이번 주 금요일이죠.
　아, 그래그래. 고기와 채소는 제가 가지고 가겠습니다.
여: 저는 무엇을 가지고 가면 좋을까요?
남: 음료를 부탁합니다.
　아, 하지만 음료는 무거우니까, 역시 과자를 부탁합니다.
여: 네, 알겠습니다. 과일도 가지고 갈까요?
남: 과일은 야마모토 씨에게 부탁했으니까 괜찮습니다.

여자는 무엇을 가지고 갑니까?

단어

男(おとこ)**の人**(ひと) 남자 | **女**(おんな)**の人**(ひと) 여자 | **話**(はな)**す** 이야기하다 | **何**(なに) 무엇 | **持**(も)**つ** 들다, 가지다 | **～ていく** ～하고 가다 | **キャンプ** 캠프 | **行**(い)**く** 가다 | **今週**(こんしゅう) 이번 주 | **金曜日**(きんようび) 금요일 | **そうそう** 그래그래, 맞아맞아 | **お肉**(にく) 고기 | **野菜**(やさい) 야채, 채소 | **ぼく** 나(남성어) | **～ばいい** ～하면 좋다 | **飲**(の)**み物**(もの) 음료(수) | **お願**(ねが)**いする** 부탁하다 | **でも** 하지만 | **重**(おも)**い** 무겁다 | **～から** ～이니까, ～때문에 | **やっぱり** 역시 | **お菓子**(かし) 과자 | **わかる** 알다, 이해하다 | **果物**(くだもの) 과일 | **～も** ～도 | **～ましょうか** ～할까요? | **～ので** ～이니까, ～때문에 | **大丈夫**(だいじょうぶ)**だ** 괜찮다

해설

여자가 캠프에 가지고 가야 하는 것이 무엇인지를 찾는 문제이다. 남자는 자신이 고기와 채소를 가지고 간다고 했고, 여자에게는 '음료는 무거우니까 역시 과자를 부탁합니다(飲み物は重いから、やっぱりお菓子をお願いします)'라고 말하고, 또한 '과일은 야마모토 씨에게 부탁했다(果物は山本さんにお願いしたので)'고 했기 때문에 정답은 3번이 된다.

정답 ③

2ばん

教室の中で、先生と学生が話しています。学生は、これから何をしますか。

M: 先生、３時から部活があるので、コピーは部活の水泳が終わってからでもいいですか。

F : コピーは急いでないので、あした、学校に来てからでもいいですよ。

M: そうですか。では、あしたの朝、します。

F : はい。もうすぐお昼休みが終わりますね。
席にもどって、授業の準備をしてくださいね。

M: はい、わかりました。

学生は、これから何をしますか。

2번

교실 안에서 선생님과 학생이 이야기하고 있습니다. 학생은 이제부터 무엇을 합니까?

남: 선생님, 3시부터 동아리활동이 있어서 복사는 수영 동아리활동이 끝나고 나서라도 괜찮을까요?

여: 복사는 급하지 않으니까, 내일 학교에 오고 나서라도 괜찮아요.

남: 그래요? 그럼, 내일 아침에 하겠습니다.

여: 네. 이제 곧 점심 시간이 끝나네요.
자리에 돌아가서 수업 준비를 해 주세요.

남: 네, 알겠습니다.

학생은 이제부터 무엇을 합니까?

단어

教室(きょうしつ) 교실 | **中**(なか) 안, 속 | **先生**(せんせい) 선생님 | **学生**(がくせい) 학생 | **これから** 이제부터, 앞으로 | **～時**(じ) ～시 | **～から** ～부터 | **部活**(ぶかつ) 동아리활동 | **コピー** 복사 | **水泳**(すいえい) 수영 | **終**(お)**わる** 끝나다 | **～てから** ～하고 나서 | **～でもいい** ～라도 좋다 | **急**(いそ)**ぐ** 서두르다, 급하다 | **あした** 내일 | **学校**(がっこう) 학교 | **来**(く)**る** 오다 | **そうですか** 그래요? | **では** 그럼 | **朝**(あさ) 아침 | **する** 하다 | **もうすぐ** 이제 곧 | **お昼休**(ひるやす)**み** 점심 시간 | **席**(せき) 자리, 좌석 | **もどる** 되돌아가다 | **授業**(じゅぎょう) 수업 | **準備**(じゅんび) 준비 | **～てください** ～해 주세요

해설

학생이 이제부터 해야 할 일이 무엇인지를 찾는 문제이다. 선생님이 학생에게 복사를 부탁했지만, '복사가 급하지 않으므로 내일 학교에 와서 해도 된다(コピーは急いでないので、あした、学校に来てからでもいいですよ)'고 했다. 그러면서 '자리로 돌아가 수업 준비를 하라(席にもどって、授業の準備をしてくださいね)'고 했다. 따라서 정답은 4번이 된다.

정답 ④

3ばん

男の人と女の人が話しています。赤ちゃんはどうして泣きますか。

M: ゆうちゃん、どうして泣いているんですか。

F : 眠くなったみたいです。

M: 眠くても泣くんですか。

F : そうですよ。おむつがよごれていたり、おなかがすいても泣きます。

3번

남자와 여자가 이야기하고 있습니다. 아기는 왜 웁니까?

남: 유짱, 왜 울고 있나요?

여: 졸린 것 같아요.

남: 졸려도 우나요?

여: 그래요. 기저귀가 더러워졌거나 배가 고파도 울어요.
차라도 마시면서 좀 기다려 주세요. 금방 돌아올게요.

남: 네, 알겠습니다.

お茶でも飲みながら、ちょっと待っててください。
すぐもどります。

M: はい、わかりました。

赤ちゃんはどうして泣きますか。

1 眠くなったから
2 おむつがよごれたから
3 おなかがすいたから
4 もっと寝たかったから

아기는 왜 웁니까?

1 졸렸기 때문에
2 기저귀가 더러워졌기 때문에
3 배가 고프기 때문에
4 좀 더 자고 싶었기 때문에

단어

赤(あか)ちゃん 아기 | **どうして** 왜, 어째서 | **泣(な)く** 울다 | **~ている** ~하고 있다 | **眠(ねむ)い** 졸리다 | **~みたいだ** ~인 것 같다, ~인 듯하다 | **~ても** ~하더라도, ~해도 | **そうですよ** 그래요 | **おむつ** 기저귀 | **よごれる** 더러워지다 | **~たり** ~하거나 | **おなかがすく** 배가 고프다 | **お茶(ちゃ)** (녹)차 | **飲(の)む** 마시다 | **~ながら** ~하면서 | **ちょっと** 잠시, 좀 | **待(ま)つ** 기다리다 | **すぐ** 바로, 곧

해설

남자는 여자에게 지금 아기가 우는 이유를 묻고 있다. 여자는 아기가 '졸린 것 같다(眠くなったみたいです)'고 했다. 마지막에 여자가 아기는 '기저귀가 더러워졌거나 배가 고파도 운다(おむつがよごれていたり、おなかがすいても泣きます)'고 한 것은 지금 아기가 우는 이유가 아니므로 주의해야 한다. 따라서 정답은 1번이 된다.

정답 ❶

4ばん

お父さんと娘が話しています。娘はいつから新学期が始まりますか。

F : お父さん。新学期がね、あしたからじゃなくてあさってからだったの。

M: ほお、そうなのか。

F : うん。それでね、きょうもひなちゃんの家に泊まりたいんだけど、いい？

M: きのうも泊まったじゃないか。
ひなちゃんのご両親がいいって言っているならいいけど。

F : お父さんが出張で家にいないから、きょうも来ていいって。

M: そうか。じゃあいってきなさい。

F : はーい。ありがとう。

娘はいつから新学期が始まりますか。

1 きのうから
2 きょうから
3 あしたから
4 あさってから

4번

아버지와 딸이 이야기하고 있습니다. 딸은 언제부터 신학기가 시작됩니까?

여: 아버지. 신학기가요, 내일부터가 아니라 모레부터였어요.

남: 호오, 그래?

여: 응. 그래서 말이죠, 오늘도 히나짱의 집에서 자고 싶은데, 괜찮아요?

남: 어제도 머물지 않았어?
히나짱 부모님이 좋다고 말하신다면 괜찮지만.

여: 아버지가 출장으로 집에 안 계시니까, 오늘도 와도 좋다고 해요.

남: 그래? 그럼, 다녀와.

여: 예~. 고마워요.

딸은 언제부터 신학기가 시작됩니까?

1 어제부터
2 오늘부터
3 내일부터
4 모레부터

단어

お父(とう)**さん** 아버지 | **娘**(むすめ) 딸 | **いつ** 언제 | **～から** ～부터 | **新学期**(しんがっき) 신학기 | **始**(はじ)**まる** 시작되다 | **あした** 내일 | **～じゃなくて** ～이 아니고 | **あさって** 모레 | **～だったの** ～였었어 | **そう** 그래 | **それで** 그래서 | **きょう** 오늘 | **家**(いえ) 집 | **泊**(と)**まる** 머물다, 숙박하다 | **～たい** ～하고 싶다 | **～けど** ～인데, ～이지만 | **きのう** 어제 | **～じゃないか** ～하지 않았어? | **ご両親**(りょうしん) 부모님 | **～って言**(い)**う** ～라고 하다 | **～なら** ～라면 | **出張**(しゅっちょう) 출장 | **～で** ～으로 | **いってきなさい** 다녀와

해설

딸의 신학기가 언제부터 시작되는지를 묻고 있다. 딸은 아버지에게 '신학기가 내일부터가 아니라 모레부터였다(新学期がね、あしたからじゃなくてあさってからだったの)'고 했다. 따라서 정답은 4번이 된다. 정답 ❹

5 ばん

教室で先生が学生に話しています。学生は、机の上に何を置きますか。

M: では、今からテストを行います。
辞書を使う問題がありますから、机の上には辞書とえんぴつと消しゴムだけ出してください。ノートと教科書はかばんにいれてください。

学生は、机の上に何を置きますか。

5번

교실에서 선생님이 학생에게 이야기하고 있습니다. 학생은 책상 위에 무엇을 놓습니까?

남: 그럼, 지금부터 테스트를 실시합니다.
사전을 사용하는 문제가 있으니까, 책상 위에는 사전과 연필과 지우개만 꺼내 주세요. 노트와 교과서는 가방에 넣어 주세요.

학생은 책상 위에 무엇을 놓습니까?

단어

教室(きょうしつ) 교실 | **机**(つくえ) 책상 | **上**(うえ) 위 | **何**(なに) 무엇 | **置**(お)**く** 놓다, 두다 | **では** 그럼 | **今**(いま)**から** 지금부터 | **テスト** 테스트, 시험 | **行**(おこな)**う** 실시하다, 행하다 | **辞書**(じしょ) 사전 | **使**(つか)**う** 사용하다 | **問題**(もんだい) 문제 | **ある** 있다 | **～と** ～와, ～과 | **えんぴつ** 연필 | **消**(け)**しゴム** 지우개 | **～だけ** ～만 | **出**(だ)**す** 내다, 꺼내다 | **～てください** ～해 주세요 | **ノート** 노트 | **教科書**(きょうかしょ) 교과서 | **かばん** 가방 | **いれる** 넣다

해설

학생이 책상 위에 올려놓는 것을 찾는 문제이다. 선생님이 '책상 위에는 사전과 연필과 지우개만 꺼내 주세요(机の上には辞書とえんぴつと消しゴムだけ出してください)'라고 말하고 있으므로 정답은 2번이 된다. 정답 ❷

6 ばん

女の人と男の人が話しています。男の人はどのかばんを買いますか。

M: このかばんが、ぼくがほしかったかばんなんだ。
F : これのことだったの。大きくていいわね。
M: うん。黒いのがよかったんだけど、ないから白いのを買おうかな。
F : そうね。これもいいと思うわ。

男の人はどのかばんを買いますか。

6번

여자와 남자가 이야기하고 있습니다. 남자는 어느 가방을 삽니까?

남: 이 가방이 내가 갖고 싶어 했던 가방이야.
여: 이것을 말한 거였어요? 크고 좋은데요.
남: 응. 검은 가방이 좋았는데, 없으니까 흰 가방을 살까?
여: 그래요. 이것도 좋은 것 같아요.

남자는 어느 가방을 삽니까?

단어

どの 어느 | **かばん** 가방 | **買**(か)**う** 사다 | **この** 이 | **ぼく** 나(남성어) | **ほしい** 원하다, 갖고 싶다 | **～なんだ** ～인 것이다 | **これ** 이것 | **～のこと** ～에 관한 것 | **大**(おお)**きい** 크다 | **いい** 좋다 | **うん** 응(긍정) | **黒**(くろ)**い** 검다 | **ない** 없다 | **～から** ～하기 때문에 | **白**(しろ)**い** 희다, 하얗다 | **～かな** ～할까(가벼운 의문) | **～と思**(おも)**う** ～라고 생각하다

해설

남자가 어느 가방을 사는지를 묻고 있다. 남자는 원래 검은색의 큰 가방을 갖고 싶어 했지만, '없으니까 흰색 가방을 살까?(ないから白いのを買おうかな)'라고 말하고 있고 여자도 동의를 했으므로, 남자가 흰색 큰 가방을 산다는 것을 알 수 있다. 따라서 정답은 3번이 된다. 정답 ③

7ばん

男の人が女の人に道を聞いています。中央図書館はどこですか。

M: あの、すみません。
　中央図書館に行きたいんですが、ここからどう行けばいいですか。

F：えーと、ここからだとこの道をまっすぐに行って左に曲がってください。そして少し歩くとすぐ右側に中央図書館があります。

M: あ、はい。ありがとうございます。

中央図書館はどこですか。

7번

남자가 여자에게 길을 묻고 있습니다. 중앙도서관은 어디에 있습니까?

남: 저, 실례합니다.
　중앙도서관에 가고 싶은데, 여기에서 어떻게 가면 될까요?

여: 저, 여기에서라면 이 길을 곧장 가서 왼쪽으로 돌아 주세요.
　그리고 조금 걸으면 바로 오른쪽에 중앙도서관이 있습니다.

남: 아, 네. 고맙습니다.

중앙도서관은 어디에 있습니까?

단어

道(みち) 길 | **聞**(き)**く** 묻다, 듣다 | **中央図書館**(ちゅうおうとしょかん) 중앙도서관 | **どこ** 어디 | **あの** 저 | **すみません** 실례합니다 | **～たい** ～하고 싶다 | **～ばいい** ～하면 되다, ～하면 좋다 | **まっすぐに** 곧장 | **左**(ひだり) 왼쪽 | **曲**(ま)**がる** 돌다 | **そして** 그리고 | **少**(すこ)**し** 조금 | **歩**(ある)**く** 걷다 | **すぐ** 바로, 곧 | **右側**(みぎがわ) 오른쪽, 우측 | **ありがとうございます** 고맙습니다

해설

남자가 여자에게 중앙도서관의 위치를 묻고 있다. 여자가 '이 길로 곧장 가서 왼쪽으로 돌아서(この道をまっすぐに行って左に曲がって)', '조금만 걸으면 곧 오른쪽(少し歩くとすぐ右側)'에 중앙도서관이 있다고 말하고 있으므로 정답은 1번이 된다. 정답 ①

8ばん

男の人と女の人が話しています。２人はいつ映画を見に行きますか。

M: 今週の金よう日に映画を見に行こうよ。

F：あ、金よう日は約束があるの。土よう日は？

M: うーん、土ようびはぼくも･･･。

F：じゃあ来週は？

M: そうだね。金よう日でどう？

F：ええ。

２人はいつ映画を見に行きますか。

8번

남자와 여자가 이야기하고 있습니다. 두 사람은 언제 영화를 보러 갑니까?

남: 이번 주 금요일에 영화를 보러 가자.

여: 아, 금요일은 약속이 있어. 토요일은?

남: 으음, 토요일은 나도…….

여: 그럼, 다음 주는?

남: 그래. 금요일은 어때?

여: 좋아.

두 사람은 언제 영화를 보러 갑니까?

단어

２人(ふたり) 두 사람 | **いつ** 언제 | **映画**(えいが) 영화 | **見**(み)**る** 보다 | **～に行**(い)**く** ～하러 가다 | **今週**(こんしゅう) 금주, 이번 주 | **金**(きん)**よう日**(び) 금요일 | **約束**(やくそく) 약속 | **土**(ど)**よう日**(び) 토요일 | **じゃあ** 그럼 | **来週**(らいしゅう) 다음 주 | **そうだ** 그렇다 | **どう** 어떻게 | **ええ** 예, 네

해설

두 사람이 영화 보러 가는 날짜를 찾는 문제이다. 남자가 이번 주 금요일에 영화 보러 가자고 하자 여자는 약속이 있다고 했고, 토요일은 남자가 약속이 있다고 했다. 그러자 여자가 '그럼 다음 주는?(じゃあ来週は？)'이라고 묻자, 남자가 '그래. 금요일은 어때?(そうだね。金よう日でどう？)'라고 말하고 여자도 좋다고 했으므로 정답은 3번이 된다.
정답 ③

9ばん

先生が話しています。学生たちは、あした何を持ってきますか。

F：みなさん、あしたは映画館に行って映画を見ます。映画を見てから、みなさんが感じたことをノートに書きます。なのでノートとえんぴつを持ってきてください。それから、カメラは持ってこないでください。

学生たちは、あした何を持ってきますか。

9번

선생님이 이야기하고 있습니다. 학생들은 내일 무엇을 가지고 옵니까?

여: 여러분, 내일은 영화관에 가서 영화를 봅니다. 영화를 보고 나서 여러분이 느낀 점을 노트에 적습니다. 따라서 노트와 연필을 가지고 와 주세요. 그리고 카메라는 가지고 오지 마세요.

학생들은 내일 무엇을 가지고 옵니까?

단어

~たち ~들 | **あした** 내일 | **持(も)つ** 가지다 | **~てくる** ~하고 오다 | **みなさん** 여러분 | **映画館(えいがかん)** 영화관 | **~てから** ~하고 나서 | **感(かん)じる** 느끼다 | **こと** 것, 점 | **ノート** 노트 | **書(か)く** 쓰다 | **なので** 따라서 | **えんぴつ** 연필 | **それから** 그리고 | **カメラ** 카메라 | **~ないでください** ~하지 말아 주세요

해설

학생들이 내일 가져와야 하는 것이 무엇인지를 찾는 문제이다. 선생님은 내일 영화 보러 가니까 '노트와 연필을 가지고 오고(ノートとえんぴつを持ってきてください), 카메라는 가지고 오지 말아 달라(カメラは持ってこないでください)' 했으므로, 노트와 연필이 그려진 선택지 1번이 정답이 된다.

정답 ❶

10ばん

男の人と女の人が話しています。山田さんはどの人ですか。

F：こんにちは。

M：こんにちは。さあ、あちらに行きましょう。

F：はい。山田さんはもう来ていますか。

M：はい、あそこで新聞を読んでいますよ。

F：あ、今日はめがねをかけていませんね。

M：そうですね。

山田さんはどの人ですか。

10번

남자와 여자가 이야기하고 있습니다. 야마다 씨는 누구입니까?

여: 안녕하세요?

남: 안녕하세요? 자, 저쪽으로 갑시다.

여: 예. 야마다 씨는 이미 와 있나요?

남: 예, 저곳에서 신문을 읽고 있습니다.

여: 아, 오늘은 안경을 쓰고 있지 않네요.

남: 그렇네요.

야마다 씨는 누구입니까?

단어

どの 어느, 어떤 | **人(ひと)** 사람 | **こんにちは** 안녕하세요(낮인사) | **さあ** 자(상대방에게 어떤 행동을 재촉할 때 내는 소리) | **あちら** 저쪽 | **もう** 이미, 벌써 | **あそこ** 저곳 | **新聞(しんぶん)** 신문 | **読(よ)む** 읽다 | **今日(きょう)** 오늘 | **めがねをかける** 안경을 쓰다 | **そうですね** 그렇네요

해설

야마다 씨를 찾는 문제이다. 야마다 씨가 이미 와 있냐는 여자의 질문에 남자는 '신문을 읽고 있다(新聞を読んでいますよ)'고 말하고, 여자는 야마다 씨를 보고 '안경을 쓰고 있지 않네요(めがねをかけていませんね)'라고 말하고 있다. 따라서 정답은 안경을 쓰지 않고 신문을 읽고 있는 1번이 된다.

정답 ❶

11ばん

男の人と女の人が話しています。女の人の一番仲のいいともだちはどの人ですか。

F：この写真、高校の時のなの。

M：へえ～。あ、昔はかみが長かったんだね。

F：そうなの。私のとなりにいるともだちがまゆこで、一番仲がいいの。

ほら、同じリボンをしているでしょ。

M：本当だ。へえ～。みんなかわいいね。特に一番左の子。

F：その子はさきで、クラスで一番人気あったわ。

女の人の一番仲のいいともだちはどの人ですか。

11번

남자와 여자가 이야기하고 있습니다. 여자의 가장 사이가 좋은 친구는 누구입니까?

여: 이 사진, 고등학교 때야.

남: 이야~. 아 옛날에는 머리가 길었었네.

여: 그랬어. 내 옆에 있는 친구가 마유코로 가장 사이가 좋아.

봐, 같은 리본을 하고 있지.

남: 정말이네. 이야~. 모두 귀엽네. 특히 가장 왼쪽에 있는 아이.

여: 그 아이는 사키로, 반에서 가장 인기가 있었어.

여자의 가장 사이가 좋은 친구는 누구입니까?

단어

一番(いちばん) 가장, 제일 | **仲(なか)がいい** 사이가 좋다 | **ともだち** 친구 | **写真(しゃしん)** 사진 | **高校(こうこう)** 고등학교 | **時(とき)** 때 | **昔(むかし)** 옛날 | **かみ** 머리카락 | **長(なが)い** 길다 | **私(わたし)** 나 | **となり** 옆, 이웃 | **～で** ~이고 | **ほら** 자, 봐 | **同(おな)じだ** 같다 | **リボン** 리본 | **本当(ほんとう)だ** 정말이다 | **みんな** 모두 | **かわいい** 귀엽다 | **特(とく)に** 특히 | **子(こ)** 아이, 어린이 | **クラス** 반, 학급 | **人気(にんき)がある** 인기가 있다

해설

사진을 보면서 여자의 가장 친한 친구를 찾고 있다. 남자는 여자의 고등학교 때 사진을 보면서 '머리가 길었다(かみが長かった)'고 말하고, 여자는 자신의 옆에 있는 마유코와 가장 사이가 좋다고 했다. 그러면서 '같은 리본을 하고 있다(同じリボンをしている)'라고 말하고 있다. 따라서 머리가 긴 여자의 옆에 같은 리본을 한 여자를 찾으면 정답은 3번이 된다. 정답 ❸

12ばん

女の人が本を買っています。本は全部でいくらですか。

F：すみません。これ全部お願いします。

M：はい。全部で三冊ですね。

こちらの大きいのが４,６００円で、こちらが２,６００円、そしてこちらが２,８００円になります。

え～、全部で１０,０００円になります。

F：はい。

M：どうもありがとうございました。

本は全部でいくらですか。

1 ４,６００円

2 ７,２００円

3 ５,４００円

4 １０,０００円

12번

여자가 책을 사고 있습니다. 책은 전부 해서 얼마입니까?

여: 실례합니다. 이거 전부 부탁합니다.

남: 예. 전부 해서 3권이군요.

이쪽의 큰 것이 4,600엔이고 이쪽이 2,600엔, 그리고 이쪽이 2,800엔이 됩니다.

음~, 전부 해서 10,000엔이 됩니다.

여: 예.

남: 대단히 고맙습니다.

책은 전부 해서 얼마입니까?

1 4,600엔

2 7,200엔

3 5,400엔

4 10,000엔

단어

本(ほん) 책 | **買(か)う** 사다 | **全部(ぜんぶ)で** 전부 해서 | **いくら** 얼마 | **お願(ねが)いします** 부탁합니다 | **～冊(さつ)** ~권 | **こちら** 이쪽 | **大(おお)きい** 크다 | **～の** ~것 | **～円(えん)** ~엔 | **そして** 그리고 | **～になる** ~이 되다 | **１０,０００円(いちまんえん)** 10,000엔 | **どうも** 대단히, 매우 | **ありがとうございました** 고맙습니다

해설

구입한 모든 책의 가격을 묻고 있다. 여자는 책을 3권을 구입했는데, 남자 직원이 각 책의 가격을 말하면서 '전부 해서 10,000엔이 됩니다(全部で１０,０００円になります)'라고 했다. 따라서 정답은 선택지 4번이 된다. 정답 ❹

13ばん

男の人と女の人が話しています。写真はどうなりましたか。

M: この写真をまんなかにして、3枚を横に並べるのはどう？

F : そうね～。
でも花の写真が大きいから上にして、残りの小さな海の写真と空の写真を下に並べましょう。

M: うん、そうしよう。

写真はどうなりましたか。

13번

남자와 여자가 이야기하고 있습니다. 사진은 어떻게 되었습니까?

남: 이 사진을 한가운데로 해서, 3장을 옆으로 늘어놓는 것은 어때?

여: 글쎄~.
하지만 꽃 사진이 크니까 위로 하고, 나머지 작은 바다 사진과 하늘 사진을 아래로 늘어놓죠.

남: 응, 그렇게 하자.

사진은 어떻게 되었습니까?

단어

写真(しゃしん) 사진 | **どうなる** 어떻게 되다 | **まんなか** 한가운데 | **～にする** ~로 하다 | **～枚**(まい) ~장 | **横**(よこ) 옆, 가로 | **並**(なら)**べる** 늘어놓다 | **そうね** 글쎄 | **でも** 그래도, 하지만 | **花**(はな) 꽃 | **上**(うえ) 위 | **残**(のこ)**り** 나머지 | **小**(ちい)**さな** 작은 | **海**(うみ) 바다 | **空**(そら) 하늘 | **下**(した) 아래, 밑 | **うん** 응, 그래(긍정)

해설

올바른 사진의 배열을 찾는 문제이다. 여자는 '꽃 사진은 크니까 위로 하고(花の写真が大きいから上にして), 나머지 작은 바다 사진과 하늘 사진을 아래로 늘어놓자(残りの小さな海の写真と空の写真を下に並べましょう)'라고 말하고 있다. 이에 남자도 '그렇게 하자(うん、そうしよう)'고 했으므로, 정답은 꽃 사진이 위에 있고, 바다와 하늘 사진이 아래에 있는 선택지 3번이 된다. 정답 ❸

14ばん

男の人と女の人が話しています。絵はどうなりますか。

F : 木村さん。家族の絵のことだけど。

M: うん、どうしたの？

F : お父さんをまんなかにしないで、一番右にすることにしたでしょ。

M: うん。

F : やっぱりはじめの方がいいと思うんだけど、どう？

M: そうだね。じゃ、そうしよう。

絵はどうなりますか。

14번

남자와 여자가 이야기하고 있습니다. 그림은 어떻게 됩니까?

여: 기무라 씨. 가족 그림에 대한 건데요.

남: 응, 어떻게 되었어?

여: 아버지를 한가운데로 하지 않고, 가장 오른쪽으로 하기로 했죠?

남: 응.

여: 역시 처음 하기로 한 쪽이 좋을 것 같은데, 어때요?

남: 그러네. 그럼, 그렇게 하자.

그림은 어떻게 됩니까?

단어

絵(え) 그림 | **どう** 어떻게 | **なる** 되다 | **家族**(かぞく) 가족 | **～のこと** ~에 관한 것 | **お父**(とう)**さん** 아버지 | **～ないで** ~하지 않고 | **一番**(いちばん) 가장, 제일 | **右**(みぎ) 오른쪽 | **やっぱり** 역시 | **はじめ** 처음 | **方**(ほう) 쪽, 편 | **いい** 좋다 | **～と思**(おも)**う** ~라고 생각하다

해설

가족의 위치가 제대로 들어간 그림을 찾는 문제이다. 여자는 가족 그림에 대해서 '아버지를 한가운데로 하지 않고, 가장 오른쪽으로 하기로 한 것(お父さんをまんなかにしないで、一番右にすること)'에 대해서 반대의 입장을 취하면서, '역시 처음 하기로 한 쪽이 좋다(やっぱりはじめの方がいいと思うんだけど)'고 했고, 남자도 동의했다. 여기서 처음 하기로 한 쪽은 아버지를 한가운데로 한 것임을 알 수 있다. 따라서 정답은 선택지 1번이 된다. 정답 ❶

15ばん

男の人と女の人が話しています。男の人はいつ沖縄に行きますか。

M: 鈴木さん、沖縄に行ったことがありますか。
F : はい、３回あります。海もきれいで、食べものもおいしかったですよ。
M: この夏、行こうと思ってるんです。
F : 夏はやめたほうがいいですよ。
飛行機の料金も高いし、東京よりもあついからです。
M: そうですか。じゃあ、おすすめはいつですか。
F : ９月から１０月ごろです。
気温もちょうどよくて価格も夏に比べて安くなります。
M: 冬や春はどうですか。
F : 冬や春は海のスポーツができなくなります。
M: そうですか。じゃあ、秋にします。
ありがとうございます。

男の人はいつ沖縄に行きますか。

1 春
2 夏
3 秋
4 冬

15번

남자와 여자가 이야기하고 있습니다. 남자는 언제 오키나와에 갑니까?

남: 스즈키 씨, 오키나와에 간 적이 있습니까?
여: 네, 3번 있어요. 바다도 예뻤고, 음식도 맛있었어요.
남: 이번 여름, 가려고 생각하고 있어요.
여: 여름은 그만두는 편이 좋아요.
비행기 요금도 비싸고, 도쿄보다도 덥기 때문이에요.
남: 그렇습니까? 그럼, 추천은 언제입니까?
여: 9월부터 10월 경이에요.
기온도 딱 좋고, 가격도 여름에 비해서 싸져요.
남: 겨울이랑 봄은 어떤가요?
여: 겨울이랑 봄은 바다 스포츠를 할 수 없게 됩니다.
남: 그렇습니까? 그럼, 가을로 할게요.
고마워요.

남자는 언제 오키나와에 갑니까?

1 봄
2 여름
3 가을
4 겨울

단어

いつ 언제 | **沖縄**(おきなわ) 오키나와 | **~たことがある** ~한 적이 있다 | **３回**(さんかい) 3번 | **きれいだ** 예쁘다, 깨끗하다 | **食**(た)**べもの** 음식, 먹을 것 | **おいしい** 맛있다 | **夏**(なつ) 여름 | **~(よ)うと思**(おも)**う** ~하려고 생각하다 | **やめる** 그만두다 | **~たほうがいい** ~하는 편이 좋다 | **飛行機**(ひこうき) 비행기 | **料金**(りょうきん) 요금 | **高**(たか)**い** (가격이) 비싸다 | **~し** ~하고, ~해서 | **東京**(とうきょう) 도쿄 | **~よりも** ~보다도 | **あつい** 덥다 | **おすすめ** 추천 | **~ごろ** ~경, ~무렵 | **気温**(きおん) 기온 | **ちょうど** 알맞게, 딱 | **価格**(かかく) 가격 | **比**(くら)**べる** 비교하다 | **安**(やす)**い** 싸다 | **~くなる** ~해지다 | **冬**(ふゆ) 겨울 | **春**(はる) 봄 | **海**(うみ) 바다 | **スポーツ** 스포츠 | **できる** 할 수 있다 | **秋**(あき) 가을 | **~にする** ~로 하다

해설

남자가 언제 오키나와로 가는지를 묻는 문제이다. 남자는 여자에게 이번 여름에 오키나와에 가려고 하는데, 언제 가는 것이 좋은지를 묻고 있다. 마지막에 남자는 '그럼, 가을로 할게요(じゃあ、秋にします)'라고 말하고 있으므로 정답은 3번이 된다. 정답 ❸

16ばん

男の人と女の人が話しています。田中さんのしゅみは何ですか。

F : 課長、このおかし、よかったら一緒に食べませんか。
M: 手作りクッキーだね。君が作ったの？
F : 私じゃなくて、田中さんです。
田中さんのしゅみはクッキングなんです。
M: へぇ～。おいしいね。
F : いいしゅみですよね。私のしゅみは読書なんですが、課長は？
M: ぼくはゴルフかな。

田中さんのしゅみは何ですか。

16번

남자와 여자가 이야기하고 있습니다. 다나카 씨의 취미는 무엇입니까?

여: 과장님, 이 과자 괜찮으시면 함께 먹지 않겠습니까?
남: 손수 만든 쿠키네. 자네가 만들었어?
여: 제가 아니라 다나카 씨입니다.
다나카 씨의 취미는 요리예요.
남: 이야~. 맛있네.
여: 좋은 취미 같아요. 제 취미는 독서인데, 과장님은요?
남: 나는 골프랄까.

다나카 씨의 취미는 무엇입니까?

단어

しゅみ 취미 | **課長**(かちょう) 과장 | **おかし** 과자 | **よかったら** 괜찮다면 | **一緒**(いっしょ)**に** 함께 | **〜ませんか** 〜하지 않겠습니까? | **手作**(てづく)**り** 손수 만듦 | **クッキー** 쿠키 | **君**(きみ) 그대, 자네 | **作**(つく)**る** 만들다 | **私**(わたし) 나 | **〜じゃなくて** 〜이 아니고 | **クッキング** 요리 | **読書**(どくしょ) 독서 | **〜が** 〜인데 | **ゴルフ** 골프 | **〜かな** 〜일까, 〜랄까

해설

다나카 씨의 취미를 찾는 문제이다. 여자는 과장에게 다나카 씨가 손수 만든 쿠키를 같이 먹자고 하면서, '다나카 씨의 취미가 요리(田中さんのしゅみはクッキングなんです)'라고 말하고 있다. 따라서 정답은 1번이 된다.

정답 ❶

17ばん

男の人と女の人が話しています。男の人はどの切手を買いますか。

F：山下さん。あの、すみませんが、わたしの切手も買ってきてください。

M：ええ、いいですよ。

F：ありがとうございます。
じゃあ、５０円の切手を６枚と８０円の切手を２枚お願いします。

M：はい、分かりました。

男の人はどの切手を買いますか。

17번

남자와 여자가 이야기하고 있습니다. 남자는 어느 우표를 삽니까?

여: 야마시타 씨. 저, 미안합니다만, 제 우표도 사다 주세요.

남: 예, 좋아요.

여: 고맙습니다.
그럼, 50엔짜리 우표 6장과 80엔짜리 우표 2장을 부탁합니다.

남: 예, 알겠습니다.

남자는 어느 우표를 삽니까?

단어

どの 어느, 어떤 | **切手**(きって) 우표 | **買**(か)**う** 사다 | **あの** 저 | **すみませんが** 미안하지만 | **〜てくる** 〜해 오다 | **〜てください** 〜해 주세요 | **いい** 좋다, 괜찮다 | **じゃあ** 그럼 | **〜枚**(まい) 〜장 | **〜と** 〜와, 〜과 | **お願**(ねが)**いする** 부탁하다 | **分**(わ)**かる** 알다, 이해하다

해설

남자가 사야 하는 우표를 찾는 문제이다. 여자는 남자에게 우표를 사 달라고 부탁하면서 '50엔 우표 6장과 80엔 우표 2장(50円の切手を6枚と80円の切手を２枚)'을 말하고 있다. 따라서 정답은 3번이 된다.

정답 ❸

18ばん

男の人と女の人が話しています。二人は何時にまた会いますか。

M：田中さんが出るミスコンテストは、何時からですか。

F：ミスコンテストは午後１時からです。
私は午前１０時から芸能人を招いたトークショーに行ってきます。中山さんはどこに行きますか。

M：ぼくは１１時からのお笑いライブに行ってきます。

F：じゃあ、１２時にまたここで会いましょうか。

M：そうですね。そうしましょう。

二人は何時にまた会いますか。

18번

남자와 여자가 이야기하고 있습니다. 두 사람은 몇 시에 또 만납니까?

남: 다나카 씨는 나오는 미스콘테스트는 몇 시부터입니까?

여: 미스콘테스트는 오후 1시부터입니다.
저는 10시부터 예능인을 초대한 토크쇼에 갔다 오겠습니다.
나카야마 씨는 어디에 갑니까?

남: 나는 11시부터 만담라이브에 갔다 오겠습니다.

여: 그럼, 12시에 다시 여기서 만날까요?

남: 그래요. 그렇게 합시다.

두 사람은 몇 시에 또 만납니까?

단어

二人(ふたり) 두 사람 | **何時**(なんじ) 몇 시 | **また** 또, 다시 | **会**(あ)**う** 만나다 | **出**(で)**る** 나오다 | **ミスコンテスト** 미스콘테스트 | **～から** ～부터 | **午後**(ごご) 오후 | **午前**(ごぜん) 오전 | **～時**(じ) | **芸能人**(げいのうじん) 예능인 | **招**(まね)**く** 초대하다 | **トークショー** 토크쇼 | **行**(い)**ってくる** 갔다 오다 | **どこ** 어디 | **ぼく** 나(남성어) | **お笑**(わら)**いライブ** 만담라이브 | **そうですね** 그래요 | **そうする** 그렇게 하다

해설

두 사람이 다시 만나는 시간을 묻고 있다. 마지막에 여자가 '12시에 다시 여기서 만날까요?(１２時にまたここで会いましょうか)'라고 말하자 남자가 '그렇게 합시다(そうしましょう)'라고 했으므로, 정답은 3번 '12시'가 된다. **정답 ❸**

１９ばん

男の人と女の人が話しています。女の人に電話する時には、何番を押しますか。

M: 鈴木さんの部屋の番号は何番ですか。

F : ９７４です。

M: ９７４ですね。分かりました。

F : 何か困った時は電話してください。電話番号は、部屋の番号の前に１をたして、１９７４です。

M: はい。では１時間後に行きますね。

女の人に電話する時には、何番を押しますか。

1 ９７４
2 ９４７
3 １９７４
4 １９４７

19번

남자와 여자가 이야기하고 있습니다. 여자에게 전화할 때에는 몇 번을 누릅니까?

남: 스즈키 씨 방 번호는 몇 번입니까?

여: 974입니다.

남: 974군요. 알겠습니다.

여: 뭔가 곤란할 때는 전화해 주세요.
전화번호는 방 번호 앞에 1을 더해서 1974입니다.

남: 예. 그럼 1시간 후에 가겠습니다.

여자에게 전화할 때에는 몇 번을 누릅니까?

1 974
2 947
3 1974
4 1947

단어

電話(でんわ)**する** 전화하다 | **時**(とき) 때 | **何番**(なんばん) 몇 번 | **押**(お)**す** 누르다 | **部屋**(へや) 방 | **番号**(ばんごう) 번호 | **何**(なに)**か** 뭔가 | **困**(こま)**る** 곤란하다 | **前**(まえ) 앞, 전 | **たす** 더하다, 보태다 | **では** 그럼 | **～時間**(じかん) ～시간 | **～後**(ご) ～후 | **行**(い)**く** 가다

해설

여자의 전화번호를 묻고 있다. 여자는 '방 번호 앞에 1을 더하면(部屋の番号の前に１をたして)' 자신의 전화번호가 된다고 했다. 방 번호가 974라고 했으므로, 여기에 1을 더하면 1974가 된다. 따라서 정답은 선택지는 3번이 된다. **정답 ❸**

２０ばん

男の人と女の人が話しています。男の人は今、何をはいていますか。

F : あれ。

M: え、どうしたんですか。

F : 石川さん、くつしたが違いますよ。

M: えっ、本当だ！

F : 朝、忙しかったんですか。

M: あー、はい。時間がなくて急いではいたので、気がつきませんでした。

F : そうだったんですか。

M: はい。

F : それ、新しいくつですか。いいですね。

男の人は今、何をはいていますか。

20번

남자와 여자가 이야기하고 있습니다. 남자는 지금, 무엇을 신고 있습니까?

여: 어?

남: 어, 무슨 일 있나요?

여: 이시카와 씨, 양말이 달라요.

남: 엣, 정말이다!

여: 아침에 바빴나요?

남: 아~, 예. 시간이 없어서 급하게 신어서 몰랐어요.

여: 그랬군요.

남: 예.

여: 그거 새 구두인가요? 좋으네요.

남자는 지금, 무엇을 신고 있습니까?

단어

今(いま) 지금 | **はく** 신다 | **あれ** 어, 아니 | **どうしたんですか** 무슨 일 있습니까? | **くつした** 양말 | **違**(ちが)**う** 다르다, 틀리다 | **本当**(ほんとう)**だ** 정말이다 | **朝**(あさ) 아침 | **忙**(いそが)**しい** 바쁘다 | **時間**(じかん) 시간 | **ない** 없다 | **急**(いそ)**ぐ** 서두르다 | **～ので** ～하기 때문에 | **気**(き)**がつく** 깨닫다, 주의가 미치다 | **新**(あたら)**しい** 새롭다 | **くつ** 구두, 신발

해설

남자가 지금 어떤 것을 신고 있는지를 찾는 문제이다. 여자는 남자에게 '양말이 다르다(くつしたが違いますよ)'고 했고, 마지막에 '새 구두가 좋다(新しいくつですか。いいですね)'고 했으므로, 서로 다른 양말과 새 구두를 신은 선택지 1번이 정답이 된다.

정답 ❶

문제2 포인트 이해

▶p.363

もんだい２では、はじめにしつもんをきいてください。それからはなしをきいて、もんだいようしの１から４のなかから、いちばんいいものをひとつえらんでください。

문제2에서는 처음에 질문을 들어 주세요. 그리고 이야기를 듣고, 문제용지의 1에서 4 중에서 가장 알맞은 것을 하나 골라 주세요.

１ばん

男の人と女の人が話しています。男の人は大学生のときに、何を習いましたか。

F：すごい楽器の数ですね！

M：小さいころからいろいろな楽器を習ってきたので、ちょっと多いです。

F：最初に習った楽器は何ですか。

M：ピアノです。
ピアノの次にバイオリン、高校生のときにトランペットを習いました。それから、大学に入ってドラムを習いました。

F：すごいですね！いつか私も、バイオリンを習いたいです。

男の人は大学生のときに、何を習いましたか。

1 ピアノ
2 バイオリン
3 トランペット
4 ドラム

1번

남자와 여자가 이야기하고 있습니다. 남자는 대학생 때 무엇을 배웠습니까?

여: 악기 수가 굉장하네요!

남: 어렸을 때부터 여러 가지 악기를 배워 와서 좀 많습니다.

여: 맨 처음 배운 악기는 무엇인가요?

남: 피아노입니다.
피아노 다음에 바이올린, 고등학생 때 트럼펫을 배웠습니다.
그러고 나서 대학에 들어와서 드럼을 배웠습니다.

여: 굉장하네요! 언젠가 저도 바이올린을 배우고 싶어요.

남자는 대학생 때 무엇을 배웠습니까?

1 피아노
2 바이올린
3 트럼펫
4 드럼

단어

大学生(だいがくせい) 대학생 | **とき** 때 | **習**(なら)**う** 배우다 | **すごい** 굉장하다, 대단하다 | **楽器**(がっき) 악기 | **数**(かず) 수, 숫자 | **小**(ちい)**さい** 작다, 어리다 | **ころ** 무렵, 때 | **～から** ～부터 | **いろいろだ** 여러 가지이다 | **～てくる** ～해 오다 | **～ので** ～이기 때문에 | **ちょっと** 좀, 조금 | **多**(おお)**い** 많다 | **最初**(さいしょ) 최초, 맨 처음 | **ピアノ** 피아노 | **次**(つぎ) 다음 | **バイオリン** 바이올린 | **高校生**(こうこうせい) 고등학생 | **トランペット** 트럼펫 | **それから** 그러고 나서 | **大学**(だいがく) 대학 | **入**(はい)**る** 들어오다 | **ドラム** 드럼 | **いつか** 언젠가 | **～たい** ～하고 싶다

해설

남자가 대학생 때 배운 것이 무엇인지 묻고 있다. 여자는 남자가 많은 악기를 가지고 있는 것에 놀라면서 맨 처음 배운 악기가 무엇인지 묻자, 남자는 피아노라고 하면서 마지막에 '대학에 들어와서는 드럼을 배웠다(大学に入ってドラムを習いました)'고 했다. 따라서 정답은 4번이 된다.

정답 ❹

2ばん

男の人と女の人が話しています。女の人は、いつ引っ越しますか。

M：田中さん。新しいお部屋はどうですか。

F：え？山本さん。私、引っ越してませんよ。

M：あれ？先週、引っ越すって言ってたから･･･。

F：ああ、両親の家です。今週、両親が引っ越しました。
私は今年まで今の家に住んで、来年引っ越そうと思っています。

女の人は、いつ引っ越しますか。

1 先週
2 今週
3 今年
4 来年

2번

남자와 여자가 이야기하고 있습니다. 여자는 언제 이사합니까?

남: 다나카 씨. 새 방은 어떻습니까?

여: 에? 야마모토 씨. 저, 이사하지 않았어요.

남: 어? 지난주, 이사한다고 말해서…….

여: 아아, 부모님 집이에요. 이번 주, 부모님이 이사했어요.
저는 올해까지 지금의 집에 살고, 내년 이사하려고 생각하고 있어요.

여자는 언제 이사합니까?

1 지난주
2 이번 주
3 올해
4 내년

단어

いつ 언제 | **引(ひ)っ越(こ)す** 이사하다 | **新(あたら)しい** 새롭다 | **お部屋(へや)** 방 | **どう** 어떻게 | **先週(せんしゅう)** 지난주 | **〜って言(い)う** 〜라고 말하다 | **〜から** 〜이기 때문에 | **両親(りょうしん)** 부모님 | **家(いえ)** 집 | **今週(こんしゅう)** 이번 주 | **今年(ことし)** 금년, 올해 | **〜まで** 〜까지 | **今(いま)** 지금 | **住(す)む** 살다 | **来年(らいねん)** 내년, 다음 해 | **〜(よ)うと思(おも)う** 〜하려고 생각하다

해설

여자가 언제 이사하는지를 묻고 있다. 남자가 새 방에 대해서 묻자, 여자는 이번 주 이사한 것은 부모님이고, 자신은 '올해까지 지금의 집에 살고, 내년에 이사하려고 생각한다(今年まで今の家に住んで、来年引っ越そうと思っています)'고 했다. 따라서 정답은 4번이 된다. 정답 ❹

3ばん

会社で男の人と女の人が話しています。男の人は何時に会議がありますか。

F：木村さん。4時に会議があるんでしたよね？

M：そうだったんですけど、3時に変わりました。
それで、今から会議室に行きます。

F：まだ1時ですよ？

M：会議の前にちょっと準備をしたいんです。

F：そうですか。じゃあ、頑張ってください。

男の人は何時に会議がありますか。

1 1時
2 2時
3 3時
4 4時

3번

회사에서 남자와 여자가 이야기하고 있습니다. 남자는 몇 시에 회의가 있습니까?

여: 기무라 씨. 4시에 회의가 있었잖아요?

남: 그랬었는데, 3시로 바뀌었어요.
그래서, 지금부터 회의실에 갑니다.

여: 아직 1시인데요?

남: 회의 전에 좀 준비를 하고 싶습니다.

여: 그래요? 그럼, 열심히 해 주세요.

남자는 몇 시에 회의가 있습니까?

1 1시
2 2시
3 3시
4 4시

단어

会社(かいしゃ) 회사 | **何時(なんじ)** 몇 시 | **会議(かいぎ)** 회의 | **ある** 있다 | **〜時(じ)** 〜시 | **〜んでしたよね** 〜었잖아요? | **〜んですけど** 〜었지만, 〜었는데 | **変(か)わる** 바뀌다 | **それで** 그래서 | **会議室(かいぎしつ)** 회의실 | **行(い)く** 가다 | **まだ** 아직 | **前(まえ)** 전, 앞 | **ちょっと** 좀, 잠시 | **準備(じゅんび)** 준비 | **じゃあ** 그럼 | **頑張(がんば)る** 열심히 하다, 분발하다 | **〜てください** 〜해 주세요

해설

남자의 회의가 몇 시에 있는지 묻고 있다. 여자가 남자에게 회의가 4시에 있었지 않냐고 묻자, 남자는 '그랬는데, 3시로 바뀌었다(そうだったんですけど、 3時に変わりました)'고 했다. 따라서 정답은 3번이 된다. 정답 ❸

4ばん

レストランで、女の人と店の人が話しています。女の人は何を注文しますか。

F：あのー、このAセットは飲み物もセットですか。
M：はい。コーヒーか紅茶の中から選ぶことができます。
　Aセットはサラダはつきませんが、Bセットはサラダもセットになっております。
F：じゃあ、Bセットにします。
M：はい、かしこまりました。

女の人は何を注文しますか。

1 コーヒー
2 サラダ
3 Aセット
4 Bセット

4번

레스토랑에서 여자와 점원이 이야기하고 있습니다. 여자는 무엇을 주문합니까?

여: 저, 이 A세트는 음료도 세트인가요?
남: 예. 커피나 홍차 중에서 고를 수 있습니다.
　A세트는 샐러드는 같이 나오지 않지만, B세트는 샐러드도 세트가 됩니다.
여: 그럼, B세트로 하겠습니다.
남: 예, 알겠습니다.

여자는 무엇을 주문합니까?

1 커피
2 샐러드
3 A세트
4 B세트

단어

レストラン 레스토랑 | **店(みせ)の人(ひと)** 점원 | **注文(ちゅうもん)する** 주문하다 | **あのー** 저~ | **セット** 세트 | **飲(の)み物(もの)** 음료(수) | **コーヒー** 커피 | **~か~の中(なか)で** ~나 ~중에서 | **選(えら)ぶ** 고르다, 선택하다 | **~ことができる** ~할 수 있다, ~하는 것이 가능하다 | **サラダ** 샐러드 | **つく** 붙다, 딸리다 | **~になる** ~이 되다 | **~ておる** ~해 있다 | **~にする** ~으로 하다 | **かしこまりました** 알겠습니다

해설

여자가 레스토랑에서 점원에게 무엇을 주문했는지 묻고 있다. 여자는 A세트에 음료도 포함되었는지 물었고, 점원은 '커피나 홍차 중에서 고를 수 있다(コーヒーか紅茶の中から選ぶことができます)'고 했다. 하지만, 'B세트는 샐러드도 세트에 포함된다(Bセットはサラダもセットになっております)'고 하자, 'B세트를 주문했다(Bセットにします)'. 따라서 정답은 4번이 된다. 정답 ❹

5ばん

男の人と女の人が話しています。女の人はデパートで何を買いますか。

F：山田さんはやおやに行って、くだものを買ってきてください。
M：はい、分かりました。木村さんは？
F：私はデパートに行って、ケーキととり肉を買ってきます。
M：あ、飲み物はどうしますか。
F：山田さん、たのめますか。
　やおやさんの近くにスーパーがあるので…。
M：ええ、いいですよ。じゃあ行ってきます。

女の人はデパートで何を買いますか。

5번

남자와 여자가 이야기하고 있습니다. 여자는 백화점에서 무엇을 삽니까?

여: 야마다 씨는 야채가게에 가서 과일을 사 와 주세요.
남: 예, 알겠습니다. 기무라 씨는?
여: 저는 백화점에 가서 케이크와 닭고기를 사 오겠습니다.
남: 아, 음료는 어떻게 하나요?
여: 야마다 씨, 부탁할 수 있을까요?
　야채가게 근처에 슈퍼가 있어서…….
남: 예, 좋아요. 그럼 다녀오겠습니다.

여자는 백화점에서 무엇을 삽니까?

단어

デパート 백화점 | **買(か)う** 사다 | **やおや(さん)** 야채가게 | **くだもの** 과일 | **~てくる** ~하고 오다 | **分(わ)かる** 알다, 이해하다 | **ケーキ** 케이크 | **とり肉(にく)** 닭고기 | **たのめる** 부탁할 수 있다 | **近(ちか)く** 근처, 가까운 곳 | **スーパー** 슈퍼 마켓 | **いい** 좋다, 괜찮다 | **じゃあ** 그럼

해설

여자가 백화점에서 무엇을 사는지 묻고 있다. 여자는 남자에게 야채가게에 가서 과일을 사 와 달라고 부탁하고, 자신은 '백화점에 가서 케이크와 닭고기를 사 오겠다(デパートに行って、ケーキととり肉を買ってきます)'고 했다. 따라서 정답은 2번이 된다. 정답 ❷

6ばん

先生と生徒が話しています。テストはいつですか。

F：え～、いよいよあさっての金よう日からテストですね。

M：えっ。木よう日からじゃないんですか。

F：今日が水よう日ですよ。

M：あ、今日が水よう日ですね。

F：はい。みなさん、しっかり勉強しましょうね。

テストはいつですか。

1 あしたの木よう日です。
2 あしたの金よう日です。
3 あさっての木よう日です。
4 あさっての金よう日です。

6번

선생님과 학생이 이야기하고 있습니다. 시험은 언제입니까?

여: 음~, 드디어 모레 금요일부터 시험이네요.

남: 어? 목요일부터 아니었나요?

여: 오늘이 수요일이에요.

남: 아, 오늘이 수요일이군요.

여: 예. 여러분, 확실히 공부합시다.

시험은 언제입니까?

1 내일 목요일입니다.
2 내일 금요일입니다.
3 모레 목요일입니다.
4 모레 금요일입니다.

단어

生徒(せいと) 학생 | **テスト** 테스트, 시험 | **いよいよ** 드디어, 결국 | **あさって** 모레, 내일 모레 | **金**(きん)**よう日**(び) 금요일 | **木**(もく)**よう日**(び) 목요일 | **水**(すい)**よう日**(び) 수요일 | **みなさん** 여러분 | **しっかり** 확실히, 단단히 | **勉強**(べんきょう)**する** 공부하다 | **あした** 내일

해설

시험이 언제인지를 묻고 있다. 선생님은 '시험이 모레 금요일부터(あさっての金ようびからテストですね)'이고, 오늘은 수요일이라고 했다. 학생은 시험이 목요일부터라고 잘못 알고 있었다. 따라서 정답은 4번이 된다. 정답 ❹

7ばん

会社で男の人と女の人が話しています。森田さんはどんな人ですか。

F：あの、先輩、ちょっといいですか。

M：うん、どうした？

F：パソコンで作業中にデータが消えてしまったんです…。どうすればいいかわかりません。

M：あー、それはまずいね…。
あ、営業部の森田さん知ってる？

F：森田さんって、髪の毛が長くてまるいめがねをかけた女の人ですよね？

M：うん、そう。
森田さんならパソコンに詳しいから、どうにかしてくれると思うよ。

F：そうですか。わかりました！先輩ありがとうございます！ ちょっと森田さんのところに行ってきます。

森田さんはどんな人ですか。

7번

회사에서 남자와 여자가 이야기하고 있습니다. 모리타 씨는 어떤 사람입니까?

여: 저, 선배 잠시 괜찮나요?

남: 응, 무슨 일 있어?

여: 컴퓨터에서 작업 중에 데이터가 사라져 버렸어요…….
어떻게 하면 좋을지 모르겠어요.

남: 아~, 그거 난처하네…….
아, 영업부 모리타 씨 알고 있어?

여: 모리타 씨는, 머리카락이 길고 둥근 안경을 쓴 여자 말이죠?

남: 응, 그래.
모리타 씨라면 컴퓨터를 잘 알고 있어서, 어떻게든 해 줄거라 생각해.

여: 그래요? 알겠습니다! 선배 고마워요!
잠시 모리타 씨가 있는 곳에 갔다 올게요.

모리타 씨는 어떤 사람입니까?

단어

会社(かいしゃ) 회사 | **どんな** 어떤 | **あの** 저, 저어 | **先輩**(せんぱい) 선배 | **ちょっと** 잠시, 잠깐 | **いい** 좋다, 괜찮다 | **どうした？** 무슨 일 있어? | **パソコン** 퍼스널 컴퓨터 | **〜で** 〜로 | **作業中**(さぎょうちゅう) 작업 중 | **データ** 데이터 | **消**(き)**える** 지워지다, 사라지다 | **〜てしまう** 〜해 버리다 | **どう** 어떻게 | **する** 하다 | **〜ば** 〜하면 | **〜か** 〜인지 | **わかる** 알고, 이해하다 | **まずい** 상태가 좋지 않다, 난처하다 | **営業部**(えいぎょうぶ) 영업부 | **知**(し)**る** 알고 | **〜って** 〜라는, 〜라고 하는 | **髪**(かみ)**の毛**(け) 머리카락 | **長**(なが)**い** 길다 | **まるい** 둥글다 | **めがねをかける** 안경을 쓰다 | **〜よね** 〜여요 | **そう** 그래 | **〜なら** 〜라면 | **詳**(くわ)**しい** 정통하다, 잘 알고 있다 | **どうにか** 어떻게든 | **〜てくれる** (남이 나에게) 〜해 주다 | **〜と思**(おも)**う** 〜라고 생각하다 | **ところ** 곳 | **行**(い)**ってくる** 갔다 오다

해설

모리타를 찾는 문제이다. 여자는 모리타 씨를 '머리카락이 길고 둥근 안경을 쓴 여자(髪の毛が長くてまるいめがねをかけた女の人)'가 아니냐고 했고, 남자는 '그렇다(うん、そう)'고 했으므로, 정답은 선택지 1번이 된다.

정답 ❶

8ばん

デパートで女(おんな)の人(ひと)とお店(みせ)の人(ひと)が話(はな)しています。女(おんな)の人(ひと)は支払(しはら)いをどうしますか。

M: ぜんぶで１１万３千円(じゅういちまんさんぜんえん)になります。
　現金(げんきん)、クレジットカード、また商品券(しょうひんけん)も使(つか)うことができます。
F : カードでお願(ねが)いします。
M: １回払(いっかいばら)いでよろしいですか。
F : えっと、１回(いっかい)…じゃなくて、やっぱり３回(さんかい)でお願(ねが)いします。
M: かしこまりました。少々(しょうしょう)お待(ま)ちください。

女(おんな)の人(ひと)は支払(しはら)いをどうしますか。

1 カード１回払(いっかいばら)い
2 カード３回払(さんかいばら)い
3 現金(げんきん)
4 商品券(しょうひんけん)

8번

백화점에서 여자와 점원이 이야기하고 있습니다. 여자는 지불을 어떻게 합니까?

남: 전부 해서 11만 3천 엔이 됩니다.
　현금, 신용카드, 또한 상품권도 사용할 수 있습니다.
여: 카드로 부탁합니다.
남: 일시불로 괜찮으신가요?
여: 저, 1회……가 아니라 역시 3회로 부탁합니다.
남: 알겠습니다. 잠시 기다려 주세요.

여자는 지불을 어떻게 합니까?

1 카드 일시불
2 카드 3회 지불
3 현금
4 상품권

단어

デパート 백화점 | **お店**(みせ)**の人**(ひと) 점원 | **支払**(しはら)**い** 지불 | **ぜんぶで** 전부 해서 | **〜になる** 〜이 되다 | **現金**(げんきん) 현금 | **クレジットカード** 신용카드 | **また** 또, 또한 | **商品券**(しょうひんけん) 상품권 | **使**(つか)**う** 사용하다 | **〜ことができる** 〜할 수 있다, 〜하는 것도 가능하다 | **カード** 카드 | **〜で** 〜로(수단) | **お願**(ねが)**いする** 부탁하다 | **1回払**(いっかいばら)**い** 1회 지불, 일시불 | **〜回払**(かいばら)**い** 〜회 지불 | **よろしい** 좋다, 괜찮다 | **えっと** 저 | **〜じゃなくて** 〜이 아니고 | **やっぱり** 역시 | **かしこまりました** 알겠습니다 | **少々**(しょうしょう) 잠시 | **お待**(ま)**ちください** 기다려 주세요

해설

백화점에서 여자가 어떻게 지불하는지를 묻고 있다. 남자 직원은 현금, 신용카드, 상품권을 사용할 수 있다고 했고, 여자는 '신용카드로 부탁한다(カードでお願いします)'고 했고, '1회가 아니라 3회로 부탁한다(１回…じゃなくて、やっぱり３回でお願いします)'고 했다. 따라서 정답은 선택지 2번이 된다.

정답 ❷

9ばん

男の人と女の人が話しています。きのう、２人は一緒に何をしましたか。

M: きのうのボーリング、楽しかったですね。

F : ええ、でも短かったのでざんねんです。

M: ぼくはあのあと、みんなでお酒も飲んで、カラオケにも行きました。

F : カラオケにも行ったんですか。元気ですね。
私は家に戻ってから、テレビを見ました。

きのう、２人は一緒に何をしましたか。

9번

남자와 여자가 이야기하고 있습니다. 어제 두 사람은 함께 무엇을 했습니까?

남: 어제 볼링 즐거웠어요.

여: 예, 하지만 짧아서 아쉬웠어요.

남: 저는 그 후 모두 함께 술도 마시고 노래방에도 갔습니다.

여: 노래방에도 갔나요? 활기차네요.
저는 집에 돌아가서 텔레비전을 봤습니다.

어제 두 사람은 함께 무엇을 했습니까?

단어

きのう 어제 | **一緒(いっしょ)に** 함께 | **ボーリング** 볼링 | **楽(たの)しい** 즐겁다 | **でも** 그러나, 하지만 | **短(みじか)い** 짧다 | **ざんねんだ** 유감이다, 아쉽다 | **あのあと** 그 뒤, 그 후 | **みんなで** 모두 함께 | **お酒(さけ)** 술 | **飲(の)む** 마시다 | **カラオケ** 가라오케, 노래방 | **元気(げんき)だ** 건강하다, 활기차다 | **戻(もど)る** 되돌아가(오)다 | **～てから** ~하고 나서 | **テレビ** 텔레비전, TV

해설

남자와 여자가 어제 같이 무엇을 했는지를 묻고 있다. 남자는 '어제 볼링이 즐거웠다(きのうのボーリング、楽しかったですね)'고 했고, 여자도 '동의(ええ)'했으므로 같이 볼링을 쳤다는 것을 알 수 있다. 따라서 정답은 1번이 된다. 정답 ❶

10ばん

女の子が話しています。女の子は、どんなともだちがほしいですか。

F : こんにちは。ゆきと言います。高校１年生で１６歳です。私は東京に住んでいます。しゅみはアメリカのドラマを見ることです。一緒に買い物をしたり、ごはんを食べに行ったりできる女のともだちを探しています。男の子はごめんなさい。よろしくお願いします。

女の子は、どんなともだちがほしいですか。

1 買い物が好きな男の子です。
2 買い物が好きな女の子です。
3 アメリカのドラマが好きな男の子です。
4 アメリカのドラマが好きな女の子です。

10번

여자아이가 이야기하고 있습니다. 여자아이는 어떤 친구를 갖고 싶어 합니까?

여: 안녕하세요. 유키라고 합니다. 고등학교 1학년이고 16살입니다. 저는 도쿄에 살고 있습니다. 취미는 미국 드라마를 보는 것입니다. 함께 쇼핑을 하거나 밥을 먹으러 가거나 할 수 있는 여자 친구를 찾고 있습니다. 남자아이는 죄송합니다. 잘 부탁합니다.

여자아이는 어떤 친구를 갖고 싶어 합니까?

1 쇼핑을 좋아하는 남자아이입니다.
2 쇼핑을 좋아하는 여자아이입니다.
3 미국 드라마를 좋아하는 남자아이입니다.
4 미국 드라마를 좋아하는 여자아이입니다.

단어

女(おんな)の子(こ) 여자아이 | **どんな** 어떤 | **ともだち** 친구 | **ほしい** 원하다, 갖고 싶다 | **～と言(い)う** ~라고 하다 | **高校(こうこう)** 고등학교 | **～年生(ねんせい)** ~학년 | **～歳(さい)** ~살, ~세 | **東京(とうきょう)** 도쿄 | **住(す)む** 살다 | **しゅみ** 취미 | **アメリカ** 미국 | **ドラマ** 드라마 | **こと** 것 | **買(か)い物(もの)** 쇼핑 | **～たり～たりする** ~하거나 ~하거나 하다 | **ごはん** 밥 | **できる** 할 수 있다 | **女(おんな)** 여자, 여성 | **探(さが)す** 찾다 | **男(おとこ)の子(こ)** 남자아이 | **ごめんなさい** 미안합니다 | **好(す)きだ** 좋아하다

해설

여자아이가 어떤 친구를 사귀고 싶어 하는지를 묻고 있다. 여자아이는 '함께 쇼핑을 하거나 밥을 먹으러 갈 수 있는 여자 친구를 찾고 있다(一緒に買い物をしたり、ごはんを食べに行ったりできる女のともだちを探しています)'고 했다. 따라서 정답은 선택지 2번 '쇼핑을 좋아하는 여자아이입니다'가 된다. 미국 드라마는 여자아이의 취미이지, 미국 드라마를 좋아하는 친구를 원한다고는 하지 않았다. 정답 ❷

11ばん

テレビで、あしたの天気について話しています。あしたの午前の天気は、どうなると言っていますか。

F：きょうは朝から雨が降っています。きょうの午後も雨はずっと降るでしょう。あしたからはもっと寒くなります。あしたは一日中、雪が降るでしょう。外に出かけるときは、あたたかい服を着てください。雪はあさっての午前まで降りますが、午後からは晴れるでしょう。

あしたの午前の天気は、どうなると言っていますか。

11번

텔레비전에서 내일의 날씨에 대해서 이야기하고 있습니다. 내일 오전 날씨는 어떻게 된다고 말하고 있습니까?

여: 오늘은 아침부터 비가 내리고 있습니다. 오늘 오후도 비는 계속 내리겠습니다. 내일부터는 훨씬 추워지겠습니다. 내일은 하루 종일 눈이 내리겠습니다. 밖에 나갈 때는 따뜻한 옷을 입어 주세요. 눈은 모레 오전까지 내리지만, 오후부터는 갤 겁니다.

내일 오전 날씨는 어떻게 된다고 말하고 있습니까?

단어

あした 내일 | **天気(てんき)** 날씨 | **～について** ～에 대해서 | **午前(ごぜん)** 오전 | **雨(あめ)** 비 | **降(ふ)る** (눈, 비 등이) 내리다 | **午後(ごご)** 오후 | **ずっと** 쭉, 계속 | **もっと** 좀 더, 훨씬 | **寒(さむ)い** 춥다 | **一日中(いちにちじゅう)** 하루 종일 | **雪(ゆき)** 눈 | **外(そと)** 밖 | **出(で)かける** 나가다, 외출하다 | **あたたかい** 따뜻하다 | **服(ふく)** 옷 | **着(き)る** 입다 | **あさって** 모레, 내일 모레 | **晴(は)れる** (하늘이) 개다

해설

텔레비전에서 내일 오전 날씨가 어떻게 된다고 했는지를 묻고 있다. 여자가 내일부터는 훨씬 추워지겠다고 하면서 '내일은 하루 종일 눈이 내릴 것(あしたは一日中、雪が降るでしょう)'이라고 했다. 따라서 정답은 선택지 4번이 된다. 정답 ❹

12ばん

男の人と女の人が電話で話しています。あした、２人はどこで会いますか。

F：あした、どこで会いましょうか。
M：３時に駅の出口で会いませんか。
F：まだちょっと寒いですから、駅の中はどうですか。
M：でしたら、駅の中は人が多いので、駅前にあるきっさてんの中で会いましょう。
F：そうですね。では、そうしましょう。

あした、２人はどこで会いますか。

1 駅の出口で会います。
2 駅の中で会います。
3 きっさてんの前で会います。
4 きっさてんの中で会います。

12번

남자와 여자가 전화로 이야기하고 있습니다. 내일 두 사람은 어디에서 만납니까?

여: 내일 어디에서 만날까요?
남: 3시에 역 출구에서 만나지 않겠습니까?
여: 아직 좀 추우니까 역 안은 어떻습니까?
남: 그렇다면 역 안은 사람이 많으니까, 역 앞에 있는 커피숍 안에서 만납시다.
여: 그래요. 그럼, 그렇게 하죠.

내일 두 사람은 어디에서 만납니까?

1 역 출구에서 만납니다.
2 역 안에서 만납니다.
3 커피숍 앞에서 만납니다.
4 커피숍 안에서 만납니다.

단어

電話(でんわ) 전화 | **～で** ～로(수단), ～에서(장소) | **会(あ)う** 만나다 | **～ましょうか** ～할까요? | **駅(えき)** 역 | **出口(でぐち)** 출구 | **～ませんか** ～하지 않겠습니까? | **まだ** 아직 | **ちょっと** 좀, 조금 | **中(なか)** 안, 속 | **でしたら** 그렇다면 | **多(おお)い** 많다 | **駅前(えきまえ)** 역 앞 | **きっさてん** 찻집, 커피숍 | **そう** 그렇게, 그리 | **～ましょう** ～합시다

해설

여자와 남자가 어디에서 만나는지를 묻고 있다. 남자가 여자에게 3시에 역 출구에서 만나자고 제안했지만, 여자는 아직 조금 추우니까 역 안에서 만나자고 했다. 그러자 남자가 '역 안에는 사람이 많으니 역 앞에 있는 커피숍 안에서 만나자(駅の中は人が多いので、駅前にある喫茶店の中で会いましょう)'고 다시 제안하고 여자는 받아들인다. 따라서 정답은 선택지 4번이 된다. 정답 ❹

13ばん

男の人と女の人が話しています。女の人は何人かぞくですか。

F：ジョンさんは、何人かぞくですか。

M：うちは両親と姉とぼくの４人かぞくです。
山下さんは？

F：私は両親と兄が１人、それから妹が２人います。

M：妹さんが２人も！うらやましいです。

F：そうですか。言うこと聞かないので、たいへんですよ。

女の人は何人かぞくですか。

13번

남자와 여자가 이야기하고 있습니다. 여자는 가족이 몇 명입니까?

여: 존 씨는 가족이 몇 명입니까?

남: 우리 집은 부모님과 누나와 나 4인 가족입니다.
야마시타 씨는?

여: 저는 부모님과 오빠가 1명, 그리고 여동생이 2명 있습니다.

남: 여동생이 두 명이나! 부럽네요.

여: 그렇습니까? 말하는 것을 듣지 않아서 힘들어요.

여자는 가족이 몇 명입니까?

단어

何人(なんにん) 몇 명, 몇 인 | **かぞく** 가족 | **うち** 우리 집 | **両親**(りょうしん) 부모님 | **～と** ～와, ～과 | **姉**(あね) 언니, 누나 | **～人**(にん)**かぞく** ～인 가족 | **兄**(あに) 형, 오빠 | **１人**(ひとり) 한 명 | **妹**(いもうと) 여동생 | **妹**(いもうと)**さん** 남의 여동생 | **２人**(ふたり) 두 명 | **～も** ～이나 | **うらやましい** 부럽다 | **言**(い)**う** 말하다 | **聞**(き)**く** 듣다, 묻다 | **たいへんだ** 힘들다, 큰일이다

해설

여자의 가족이 몇 명인지를 묻고 있다. 남자는 가족이 부모님과 누나와 자신 이렇게 4인 가족이라고 하면서, 여자는 가족이 몇 명인지를 물었다. 여자는 '부모님과 오빠 1명, 그리고 여동생이 2명 있다(両親と兄が１人、それから妹が２人います)'고 했으므로 가족이 6명이다. 따라서 정답은 선택지 3번이 된다.

정답 ❸

14ばん

男の人と女の人が話しています。男の人はこのあと、どうしますか。

M：田中さん、仕事は終わりましたか。

F：いいえ、あとちょっとで終わります。

M：あの、よかったら、仕事が終わってから一緒に映画を見に行きませんか。

F：すみません。今日は約束があって･･･。
あしたはどうですか。

M：はい。あしたの分、今日仕事しますので、あした見に行きましょう。

男の人はこのあと、どうしますか。

1 家に帰ります。
2 仕事をします。
3 女の人と映画を見に行きます。
4 一人で映画を見に行きます。

14번

남자와 여자가 이야기하고 있습니다. 남자는 이 다음에 어떻게 합니까?

남: 다나카 씨, 일은 끝났습니까?

여: 아니요, 조금 후에 끝납니다.

남: 저 괜찮다면, 일이 끝나고 나서 함께 영화를 보러 가지 않겠습니까?

여: 미안합니다. 오늘은 약속이 있어서…….
내일은 어떻습니까?

남: 예. 내일 일할 분량 오늘 일을 해서 내일 보러 가죠.

남자는 이 다음에 어떻게 합니까?

1 집에 돌아갑니다.
2 일을 합니다.
3 여자와 영화를 보러 갑니다.
4 혼자서 영화를 보러 갑니다.

단어

このあと 이후, 이 다음 | **仕事**(しごと) 일, 업무 | **終**(お)**わる** 끝나다 | **あと** 후, 다음 | **ちょっと** 조금 | **よかったら** 괜찮다면 | **～てから** ～하고 나서 | **映画**(えいが) 영화 | **～に行**(い)**く** ～하러 가다 | **約束**(やくそく) 약속 | **分**(ぶん) 분, 분량 | **家**(いえ) 집 | **帰**(かえ)**る** 돌아가(오)다 | **一人**(ひとり)**で** 혼자서

해설

남자가 여자와 이야기한 다음에 어떤 행동을 하는지를 묻고 있다. 남자는 여자에게 일이 끝나고 나서 함께 영화 보러 가자고 제안하지만, 여자는 오늘 약속이 있다고 했다. 그리고 내일은 어떤지 물었다. 그러자 마지막에 남자는 '내일 할 분량을 오늘 할 테니까 내일 영화 보러 가자(あしたの分、今日仕事しますので、あした見に行きましょう)'고 했으므로 정답은 선택지 2번이 된다.

정답 ❷

15ばん

男の人と女の人が話しています。女の人が今、持っているのは何ですか。

M: すみません。ボールペンはありますか。

F : はい、ありますよ。えーと、かばんの中に…あれ？

M: ありませんか。えんぴつでもいいんですが。

F : すみません、えんぴつはないんです。
　あ、ありました。はい、ボールペンです。

M: ありがとうございます。

女の人が今、持っているのは何ですか。

15번

남자와 여자가 이야기하고 있습니다. 여자가 지금 가지고 있는 것은 무엇입니까?

남: 미안합니다, 볼펜은 있습니까?

여: 예, 있어요. 저어, 가방 안에……어?

남: 없습니까? 연필이라도 괜찮습니다만.

여: 미안합니다, 연필은 없습니다.
　아, 있었어요. 자, 볼펜입니다.

남: 고맙습니다.

여자가 지금 가지고 있는 것은 무엇입니까?

단어

持(も)つ 가지다, 들다 | **ボールペン** 볼펜 | **かばん** 가방 | **あれ** 어 | **えんぴつ** 연필 | **～でも** ~라도 | **はい** 자(주의를 촉구하는 소리)

해설

여자가 지금 가지고 있는 것이 무엇인지를 묻고 있다. 남자가 여자에게 볼펜이 있는지 묻자, 여자는 '있다(はい、ありますよ)'고 대답하고 남자에게 볼펜을 주려고 하지만 쉽게 찾지 못한다. 남자는 연필이라도 괜찮다고 했지만, 여자는 가방에서 볼펜을 찾아서 남자에게 준다. 따라서 정답은 선택지 2번이 된다.

정답 ❷

16ばん

男の人と女の人が話しています。セーターは誰のですか。

F : そのセーター、いいですね。

M: はい。とてもあたたかくて、気に入っています。
　でもこれ、ぼくのじゃないんです。

F : あ、お兄さんのですか。それともお父さんの？

M: 実は弟のなんです。

F : へえ、意外ですね。

セーターは誰のですか。

1 男の人
2 男の人の弟さん
3 男の人のお兄さん
4 男の人のお父さん

16번

남자와 여자가 이야기를 하고 있습니다. 스웨터는 누구 겁니까?

여: 그 스웨터, 좋네요.

남: 예. 매우 따뜻해서 마음에 들어요.
　하지만, 이거 제 것이 아닙니다.

여: 아, 형 겁니까? 그렇지 않으면 아버지 거?

남: 실은 남동생 겁니다.

여: 네에, 의외네요.

스웨터는 누구 겁니까?

1 남자
2 남자의 남동생
3 남자의 형
4 남자의 아버지

단어

セーター 스웨터 | **誰(だれ)** 누구 | **～の** ~의 것 | **いい** 좋다 | **とても** 대단히, 몹시 | **あたたかい** 따뜻하다 | **気(き)に入(い)る** 마음에 들다 | **ぼく** 나 | **お兄(にい)さん** 형, 오빠 | **それとも** 그렇지 않으면 | **お父(とう)さん** 아버지 | **実(じつ)は** 실은, 사실은 | **弟(おとうと)** 남동생 | **意外(いがい)だ** 의외이다

해설

스웨터가 누구의 것인지를 묻고 있다. 여자가 남자의 스웨터를 보고 형님의 것인지 아버지의 것인지를 묻자, 남자는 '실은 남동생 것(実は弟のなんです)'이라고 대답하고 있다. 따라서 정답은 선택지 2번이 된다.

정답 ❷

17ばん

男の人が女の人に部屋を見せています。女の人はどうしてこの部屋が好きですか。

F：わあ、きれいな部屋！いいですね。

M：はい。駅からは遠いですが、新しい建物なので部屋がきれいです。

F：でもちょっと暗いですね。

M：電球を変えれば明るくなりますよ。

F：はい。あの、ほかの部屋も見せてください。

M：はい。今度の部屋は、駅から近いですよ。その代わり、ねだんが少し高いです。

女の人はどうしてこの部屋が好きですか。

1 駅から近いから
2 部屋がきれいだから
3 部屋が明るいから
4 部屋が安いから

17번

남자가 여자에게 방을 보여 주고 있습니다. 여자는 왜 이 방을 좋아합니까?

여: 와아, 깨끗한 방이네! 좋네요.

남: 예. 역에서는 멀지만, 새 건물이라서 방이 깨끗합니다.

여: 하지만 좀 어둡네요.

남: 전구를 바꾸면 밝아져요.

여: 예. 저 다른 방도 보여 주세요.

남: 예. 이번 방은 역에서 가깝습니다. 그 대신 가격이 조금 비쌉니다.

여자는 왜 이 방을 좋아합니까?

1 역에서 가깝기 때문에
2 방이 깨끗하기 때문에
3 방이 밝기 때문에
4 방이 가격이 싸기 때문에

단어

部屋(へや) 방 | **見**(み)**せる** 보이다 | **どうして** 왜, 어째서 | **好**(す)**きだ** 좋아하다 | **きれいだ** 깨끗하다, 예쁘다 | **駅**(えき) 역 | **遠**(とお)**い** 멀다 | **新**(あたら)**しい** 새롭다 | **建物**(たてもの) 건물 | **ちょっと** 좀, 조금 | **暗**(くら)**い** 어둡다 | **電球**(でんきゅう) 전구 | **変**(か)**える** 바꾸다 | **～ば** ～하면 | **明**(あか)**るい** 밝다 | **ほかの** 다른 | **今度**(こんど) 이번, 다음 번 | **近**(ちか)**い** 가깝다 | **その代**(か)**わり** 그 대신 | **ねだん** 가격, 값 | **少**(すこ)**し** 조금 | **高**(たか)**い** 비싸다 | **安**(やす)**い** 싸다

해설

여자가 이 방을 좋아하는 이유를 묻고 있다. 맨 처음 여자가 방을 보면서 '깨끗한 방이네! 좋네요(きれいな部屋！いいですね)'라고 말하고 있으므로, 정답은 선택지 2번 '방이 깨끗하기 때문에'가 된다. 정답 ❷

18ばん

男の人と女の人が音楽を聞いています。２人は今聞いている音楽が好きですか。

M：この音楽、ちょっとかなしい感じの音楽ですね。

F：そうですか。私はこういう音楽が好きですが。

M：ぼくはちょっと…。もっと楽しい音楽が好きです。

F：そうなんですか。じゃあクラシック音楽もきらいですか。

M：いいえ、クラシック音楽は好きです。

２人は今聞いている音楽が好きですか。

1 男の人は好きです。
2 女の人は好きです。
3 男の人も女の人も好きです。
4 男の人も女の人も好きではありません。

18번

남자와 여자가 음악을 듣고 있습니다. 두 사람은 지금 듣고 있는 음악을 좋아합니까?

남: 이 음악, 좀 슬픈 느낌의 음악이네요.

여: 그렇습니까? 저는 이런 음악을 좋아합니만.

남: 저는 좀…. 좀 더 즐거운 음악을 좋아합니다.

여: 그렇습니까? 그럼 클래식 음악도 싫어합니까?

남: 아니요, 클래식 음악은 좋아합니다.

두 사람은 지금 듣고 있는 음악을 좋아합니까?

1 남자는 좋아합니다.
2 여자는 좋아합니다.
3 남자도 여자도 좋아합니다.
4 남자도 여자도 좋아하지 않습니다.

단어

音楽(おんがく) 음악 | **聞**(き)**く** 듣다, 묻다 | **好**(す)**きだ** 좋아하다 | **かなしい** 슬프다 | **感**(かん)**じ** 느낌 | **こういう** 이런 | **もっと** 더, 좀 더 | **楽**(たの)**しい** 즐겁다 | **クラシック** 클래식 | **きらいだ** 싫어하다 | **～も～も** ～도 ～도

해설

두 사람이 지금 듣고 있는 음악에 대해서 어떻게 생각하는지를 묻고 있다. 남자가 지금 듣고 있는 음악이 조금 슬픈 음악이라고 말하자, 여자는 '이런 음악을 좋아합니다(私はこういう音楽が好きです)'라고 했고, 남자는 '저는 좀 (별로)…(ぼくはちょっと…)'라고 말하고 있다. 따라서 정답은 선택지 2번 '여자는 좋아합니다'가 된다.

정답 ❷

19ばん

クリーニング店で男の人と女の人が話しています。男の人はいつ取りに行きますか。

F：じゃあ、この３点ですね。
　きょうが１４日ですから、１８日以降に取りに来てください。
M：わかりました。１８日でもいいんですよね？
F：あ、待ってください。１８日水よう日は休みの日ですね。すみません。
M：じゃあ、その次の日に取りに来ます。
　よろしくお願いいたします。

男の人はいつ取りに行きますか。

1　１６日
2　１７日
3　１８日
4　１９日

19번

세탁소에서 남자와 여자가 이야기하고 있습니다. 남자는 언제 찾으러 옵니까?

여: 그럼, 이 3점이네요.
　오늘이 14일이니까, 18일 이후에 찾으러 와 주세요.
남: 알겠습니다. 18일이라도 괜찮은 거죠?
여: 아, 기다려 주세요. 18일 수요일은 쉬는 날이네요. 미안합니다.
남: 그럼, 그 다음 날 찾으러 오겠습니다.
　잘 부탁드립니다.

남자는 언제 찾으러 옵니까?

1　16일
2　17일
3　18일
4　19일

단어

クリーニング店(てん) 세탁소 | **いつ** 언제 | **とる** 잡다, 취하다, 찾다 | **～に行**(い)**く** ～하러 가다 | **～点**(てん) ～점 | **きょう** 오늘 | **以降**(いこう) 이후 | **来**(く)**る** 오다 | **～てください** ～해 주세요 | **わかる** 알다, 이해하다 | **～でもいい** ～라도 좋다, ～라도 괜찮다 | **～ですよね？** ～인 거죠? | **待**(ま)**つ** 기다리다 | **水**(すい)**よう日**(び) 수요일 | **休**(やす)**みの日**(ひ) 쉬는 날 | **すみません** 미안합니다, 죄송합니다 | **次**(つぎ)**の日**(ひ) 다음 날 | **よろしく** 잘 | **お願**(ねが)**いいたす** 부탁드리다

해설

남자가 세탁소에 언제 찾으러 가는지를 묻고 있다. 여자는 오늘이 14일이니까 18일 이후에 오라고 했다. 남자가 '18일이라도 괜찮은지 물으니까(１８日でもいいんですよね？)', 여자는 '18일 수요일은 쉬는 날(１８日水よう日は休みの日ですね)'이라고 했다. 그러자 남자 '그 다음 날 찾으러 오겠다(その次の日に取りに来ます)'고 했다. 따라서 정답은 18일 다음 날인 19일이 되므로 4번이 된다.

정답 ❹

20ばん

男の人と女の人が話しています。男の人はどうして女の人にかさを貸しますか。

F：ひどい雨ね。かさ持ってこなかったの。どうしよう。
M：じゃあ、このかさ、貸してあげる。
F：え、いいの？かさ二つ持ってるの？

20번

남자와 여자가 이야기하고 있습니다. 남자는 왜 여자에게 우산을 빌려 줍니까?

여: 지독한 비네. 우산 들고 오지 않았어. 어떻게 하지?
남: 그럼, 이 우산 빌려 줄게.
여: 어, 괜찮아? 우산 두 개 갖고 있어?

M: 一つしかないけど、持って行っていいよ。
きょうは車でお迎えが来るから、かさがなくてもこまらないんだ。
F : ありがとう。助かったわ。

男の人はどうして女の人にかさを貸しますか。

1 車でお迎えが来るから
2 かさを二つ持っているから
3 女の人がかわいそうだから
4 午後ははれるから

남: 하나밖에 없지만, 갖고 가도 좋아.
오늘은 차로 마중하러 오니까, 우산이 없어도 곤란하지 않아.
여: 고마워. 도움이 되었어.

남자는 왜 여자에게 우산을 빌려 줍니까?

1 차로 마중하러 오니까
2 우산을 두 개 갖고 있어서
3 여자가 불쌍해서
4 오후는 날이 개니까

단어

どうして 왜, 어째서 | **かさ** 우산 | **貸(か)す** 빌려 주다 | **ひどい** 지독하다, 심하다 | **雨(あめ)** 비 | **持(も)つ** 지니다, 들다 | **～てくる** ~하고 오다 | **どうしよう** 어떻게 하지? | **じゃあ** 그럼 | **～てあげる** (내가 남에게) ~해 주다 | **いい** 좋다, 괜찮다 | **二(ふた)つ** 둘, 두 개 | **～てる** ~하고 있다(**～ている**의 줄임말) | **一(ひと)つ** 하나, 한 개 | **～しかない** ~밖에 없다 | **～けど** ~이지만 | **～て行(い)く** ~하고 가다 | **車(くるま)** 자동차 | **お迎(むか)え** 마중함 | **ない** 없다 | **～ても** ~해도 | **こまる** 곤란하다 | **ありがとう** 고마워 | **助(たす)かる** 도움이 되다 | **かわいそうだ** 불쌍하다 | **午後(ごご)** 오후 | **はれる** (하늘이) 개다

해설

남자가 여자에게 우산을 빌려 준 이유를 묻고 있다. 비가 많이 내리는데, 우산이 없어 곤란해하는 여를 보고 남자는 자신의 우산을 빌려 주겠다고 했다. 여자는 우산을 두 개 갖고 있는지 물었는데, 남자는 우산은 하나밖에 없지만, 오늘은 '차로 마중을 오기 때문에 우산이 없어도 괜찮다(車でお迎えが来るから、かさがなくてもこまらないんだ)'고 했다. 따라서 정답은 선택지 1번이 된다. 정답 ❶

문제3 발화 표현

▶ p.377

もんだい３では、えをみながらしつもんをきいてください。➡（やじるし）のひとはなんといいますか。１から３のなかから、いちばんいいものをひとつえらんでください。

문제 3에서는 그림을 보면서 질문을 들어 주세요. ➡(화살표)한 사람은 뭐라고 말합니까? 1에서 3 중에서 가장 알맞은 것을 하나 골라 주세요.

1ばん

電話を切ります。何と言いますか。

1 おかげさまで。
2 失礼します。
3 すみません。

1번

전화를 끊습니다. 뭐라고 말합니까?

1 덕분에.
2 실례하겠습니다.
3 미안합니다.

단어

電話(でんわ) 전화 | **切**(き)**る** 끊다, 자르다 | **おかげさまで** 덕분에, 덕택에 | **失礼**(しつれい)**する** 실례하다 | **すみません** 미안합니다, 고맙습니다

해설

전화를 끊을 때 하는 말을 찾아야 한다. 따라서 선택지 2번 '실례하겠습니다(失礼します)'가 정답이 된다. 선택지 1번은 상대방의 친절 등에 대해서 감사의 뜻을 나타내는 말이고, 선택지 3번은 사과하거나 감사를 표현할 때 사용하는 말이므로 틀리다. 정답 ❷

2ばん

友(だち)だちの足(あし)を踏(ふ)みました。何(なん)と言(い)いますか。

1 ごめん。

2 さようなら。

3 痛(いた)い！

2번

친구 발을 밟았습니다. 뭐라고 말합니까?

1 미안해.
2 안녕히 가세요.
3 아파!

단어

友(とも)だち 친구 | **足**(あし) 발, 다리 | **踏**(ふ)**む** 밟다 | **ごめん** 미안해 | **さようなら** 안녕히 계십시오, 안녕히 가십시오 | **痛**(いた)**い** 아프다

해설

친구의 발을 밟았을 때 하는 말을 찾아야 한다. 따라서 선택비 1번 '미안해(ごめん)'가 정답이 된다. 선택지 2번은 헤어질 때 하는 말이고, 선택지 3번은 발을 밟힌 친구가 할 수 있는 말이므로 틀리다. 정답 ❶

3ばん

時計(とけい)を忘(わす)れました。今(いま)の時間(じかん)が知(し)りたいです。何(なん)と言(い)いますか。

1 今何時(いまなんじ)？

2 今(いま)から１１時(じゅういちじ)まで。

3 今(いま)ちょうど１１時(じゅういちじ)だよ。

3번

시계를 잊고 왔습니다. 지금 시간을 알고 싶습니다. 뭐하고 말합니까?

1 지금 몇 시?
2 지금부터 11시까지.
3 지금 꼭 11시야.

단어

時計(とけい) 시계 | **忘**(わす)**れる** 잊다, 잊고 오다 | **今**(いま) 지금 | **時間**(じかん) 시간 | **知**(し)**る** 알다 | **~たい** ~하고 싶다 | **何時**(なんじ) 몇 시 | **~から~まで** ~부터 ~까지 | **ちょうど** 꼭, 정확히

해설

시간을 알고 싶을 때 하는 말을 찾아야 한다. 따라서 선택지 1번 '지금 몇 시?(今何時？)'가 정답이 된다. 선택지 2번은 기간을 알려줄 때 하는 말이고, 선택지 3번은 시간을 알려줄 때 하는 말이므로 틀리다. 정답 ❶

4ばん

友(だち)だちにさとうを取(と)ってもらいたいです。何(なん)と言(い)いますか。

1 さとうを取(と)ってください。

2 さとうはいかがですか。

3 さとうのほうがいいですか。

4번

친구에게 설탕을 집어 받고 싶습니다. 뭐라고 말합니까?

1 설탕을 집어 주세요.
2 설탕은 어떻습니까?
3 설탕 쪽이 좋습니까?

단어

さとう 설탕 | **取**(と)**る** 집다, 들다 | **~てもらう** (남이 나에게) ~해 받다 | **~てください** ~해 주세요 | **いかがですか** 어떻습니까? | **~のほうがいい** ~하는 편이 좋다

해설

친구에게 설탕을 집어 달라고 할 때 하는 말을 찾아야 한다. 따라서 선택지 1번 '설탕을 집어 주세요(さとうを取ってください)'가 정답이 된다. 선택지 2번은 설탕에 대한 의사를 묻는 말이고, 선택지 3번은 설탕이 좋은지 상대방에게 묻는 말이므로 틀리다. 정답 ❶

5ばん

会社でお客さんにお茶を出します。何と言いますか。

1 お茶をください。
2 お茶をお願いします。
3 お茶を、どうぞ。

5번

회사에서 손님에게 녹차를 냅니다. 뭐라고 말합니까?

1 녹차를 주세요.
2 녹차를 부탁합니다.
3 녹차를 드세요.

단어

会社(かいしゃ) 회사 | **お客**(きゃく)**さん** 손님 | **お茶**(ちゃ) 녹차 | **出**(だ)**す** (음식 등을) 내다, 내놓다 | **ください** 주세요 | **お願**(ねが)**いする** 부탁하다 | **どうぞ** 드세요

해설

회사에서 손님에게 녹차를 대접할 때 하는 말을 찾아야 한다. 따라서 정답은 선택지 3번 '녹차를 드세요(おちゃを、どうぞ)'가 된다. 선택지 1번은 녹차를 요구할 때, 선택지 2번은 녹차를 주문할 때 사용하는 말이므로 틀리다. 정답 ❸

6ばん

天気が悪くなってきました。何と言いますか。

1 雨が降りそうですね。
2 晴れてきましたね。
3 雪が降っていますね。

6번

날씨가 나빠지기 시작했습니다. 뭐라고 말합니까?

1 비가 올 것 같네요.
2 날이 개기 시작했네요.
3 눈이 내리고 있네요.

단어

天気(てんき) 날씨 | **悪**(わる)**い** 나쁘다 | **～くなる** ~해지다 | **～てくる** ~해 오다, ~하기 시작하다 | **雨**(あめ) 비 | **降**(ふ)**る** (비, 눈 등이) 내리다 | **～そうだ** ~일 것 같다, ~인 듯하다 | **晴**(は)**れる** 날이 개다 | **雪**(ゆき) 눈 | **～ている** ~하고 있다

해설

하늘을 보고 날씨가 나빠질 것 같을 때 하는 말을 찾아야 한다. 따라서 선택지 1번 '비가 올 것 같네요(雨が降りそうですね)'가 정답이 된다. 선택지 2번은 날씨가 좋아질 것 같을 때 사용하는 말이고, 선택지 3번은 눈이 내리고 있는 것을 보고 하는 말이므로 틀리다. 정답 ❶

7ばん

近所の人と別れのあいさつをします。何と言いますか。

1 じゃ、また。
2 お元気ですか。
3 お久しぶりです。

7번

이웃 사람과 헤어질 때 하는 인사를 합니다. 뭐라고 말합니까?

1 그럼, 또 봐요.
2 건강하십니까?
3 오랜만입니다.

단어

近所(きんじょ) 근처, 이웃집 | **別**(わか)**れ** 헤어짐, 이별 | **あいさつ** 인사 | **じゃ、また** 그럼, 또 봐요 | **お元気**(げんき)**ですか** 안녕하세요, 건강하십니까? | **お久**(ひさ)**しぶり** 오래간만

해설

여기에서는 이웃 주민과 헤어질 때 하는 인사말을 찾아야 한다. 따라서 선택지 1번 '다음에 또 봐요(じゃ、また)'가 정답이 된다. 선택지 2번은 만났을 때 하는 말이고, 선택지 3번은 오랜만에 만났을 때 하는 인사이므로 틀리다. 정답 ❶

8ばん

郵便局で切手を買います。何と言いますか。

1 切符はありますか。

2 切手をください。

3 この手紙です。

8번

우체국에서 우표를 삽니다. 뭐라고 말합니까?

1 표는 있습니까?

2 우표를 주세요.

3 이 편지입니다.

단어

郵便局(ゆうびんきょく) 우체국 | **切手**(きって) 우표 | **買**(か)**う** 사다 | **切符**(きっぷ) 표 | **～をください** ～을 주세요 | **手紙**(てがみ) 편지

해설

여기에서는 우체국에서 우표를 살 때 하는 말을 찾아야 한다. 따라서 선택지 2번 '우표를 주세요(切手をください)'가 정답이 된다. 선택지 1번은 표가 있는지를 묻는 말이고, 선택지 3번은 편지를 말하고 있으므로 틀리다. 정답 ❷

9ばん

となりの人にえんぴつを借りたいです。何と言いますか。

1 すみません。えんぴつを貸してください。

2 すみません。えんぴつはありません。

3 すみません。えんぴつはいくらですか。

9번

옆 사람에게 연필을 빌리고 싶습니다. 뭐라고 말합니까?

1 미안합니다. 연필을 빌려 주세요.

2 미안합니다. 연필은 없습니다.

3 미안합니다. 연필은 얼마입니까?

단어

となり 옆, 이웃 | **えんぴつ** 연필 | **借**(か)**りる** 빌리다 | **～たい** ～하고 싶다 | **貸**(か)**す** 빌려 주다 | **いくら** 얼마

해설

여기에서는 옆 사람에게 연필을 빌릴 때 하는 말을 찾아야 한다. '빌려 주세요(貸してください)'가 빌릴 때 하는 말이므로, 선택지 1번 '미안합니다, 연필을 빌려 주세요(すみません。えんぴつを貸してください)'가 정답이 된다. 정답 ❶

10ばん

コーヒーショップでお店の人を呼びます。何と言いますか。

1 いらっしゃいませ。

2 すみません。

3 ありがとうございます。

10번

커피숍에서 점원을 부릅니다. 뭐라고 말합니까?

1 어서 오세요.

2 실례합니다.

3 고맙습니다.

단어

コーヒーショップ 커피숍 | **お店**(みせ)**の人**(ひと) 점원 | **呼**(よ)**ぶ** 부르다 | **いらっしゃいませ** 어서 오세요 | **すみません** 실례합니다, 미안합니다 | **ありがとうございます** 고맙습니다

해설

여기에서는 커피숍에서 종업원을 부를 때 하는 말을 찾아야 한다. 일본에서는 상대를 부를 때 '실례합니다(すみません)'로 상대방에게 예의를 표하므로 선택지 2번이 정답이 된다. 선택지 1번은 손님을 맞이할 때 하는 말이고, 선택지 3번은 감사의 표현이므로 틀리다. 정답 ❷

11ばん

ともだちの本を借りたいです。何と言いますか。

1 この本、ありがとう。

2 この本、借りてもいい？

3 この本、とてもおもしろかったよ。

11번

친구 책을 빌리고 싶습니다. 뭐라고 말합니까?

1 이 책 고마워.

2 이 책 빌려도 돼?

3 이 책 너무 재미있었어.

단어

ともだち 친구 | **本(ほん)** 책 | **ありがとう** 고마워 | **～てもいい？** ～해도 돼? | **とても** 매우, 상당히 | **おもしろい** 재미있다

해설

여기에서는 친구의 책을 빌릴 때 하는 말을 찾아야 한다. 따라서 선택지 2번 '이 책 빌려도 돼?(この本、借りてもいい？)'가 정답이 된다. 선택지 1번과 3번은 빌린 후 하는 말이므로 틀리다. 정답 ❷

12ばん

家の電話に出ます。何と言いますか。

1 はい、もしもし。

2 では、また。

3 どうも、すみません。

12번

집 전화를 받습니다. 뭐라고 말합니까?

1 예, 여보세요.

2 그럼, 또 봐요.

3 너무 미안합니다.

단어

家(いえ) 집 | **電話(でんわ)に出(で)る** 전화를 받다 | **もしもし** 여보세요 | **では、また** 그럼, 또 봐요 | **どうも** 너무 | **すみません** 미안합니다, 고맙습니다

해설

여기에서는 집에서 전화를 받을 때 하는 말을 찾아야 한다. '여보세요(もしもし)'는 전화를 받을 때 하는 말이므로 선택지 1번이 정답이 된다. 선택지 2번은 헤어질 때 하는 인사말이고, 선택지 3번은 사과할 때 하는 인사말이므로 틀리다. 정답 ❶

13ばん

寒いので窓を閉めたいです。何と言いますか。

1 とても寒いです。

2 窓を開けてもいいですか。

3 窓を閉めてもいいですか。

13번

추워서 창문을 닫고 싶습니다. 뭐라고 말합니까?

1 매우 춥습니다.

2 창문을 열어도 될까요?

3 창문을 닫아도 될까요?

단어

寒(さむ)い 춥다 | **窓(まど)** 창, 창문 | **閉(し)める** 닫다 | **～たい** ～하고 싶다 | **開(あ)ける** 열다 | **～てもいい** ～해도 좋다, ～해도 괜찮다

해설

추워서 창문을 닫고 싶을 때 주위의 사람들에게 양해를 구하는 말을 찾아야 한다. '閉める(닫다)'와 '～てもいいですか(～해도 될까요?)'를 찾는 것이 포인트다. 따라서 선택지 3번 '창문을 닫아도 될까요?(窓を閉めてもいいですか)'가 정답이 된다. 정답 ❸

14ばん

お水が飲みたいです。何と言いますか。

1 ジュースが飲みたいです。

2 お水はあそこにあります。

3 お水をください。

14번

물을 마시고 싶습니다. 뭐라고 말합니까?

1 주스를 마시고 싶습니다.

2 물은 저기에 있습니다.

3 물을 주세요.

단어

お水(みず) 물 | **飲(の)む** 마시다 | **ジュース** 주스 | **あそこ** 저기, 저곳 | **~をください** ~을 주세요

해설

식당에서 물을 마시고 싶을 때 하는 말을 찾아야 한다. 'ください(주세요)'는 상대방에게 요구할 때 쓰는 말이다. 따라서 선택지 3번 '물을 주세요(お水をください)'가 정답이 된다.

정답 ❸

15ばん

朝ごはんを食べます。何と言いますか。

1 いただきます。

2 ごちそうさま。

3 どういたしまして。

15번

아침밥을 먹습니다. 뭐라고 말합니까?

1 잘 먹겠습니다.

2 잘 먹었습니다.

3 천만에요.

단어

朝(あさ)ごはん 아침밥 | **食(た)べる** 먹다 | **いただきます** 잘 먹겠습니다 | **ごちそうさま** 잘 먹었습니다 | **どういたしまして** 천만에요

해설

아침 식사할 때의 인사말을 묻고 있다. 여기에서는 식사를 할 때와 식사를 끝마쳤을 때 어떤 말을 하는지를 알아야 한다. 지금은 식사를 할 때이므로 선택지 1번 '잘 먹겠습니다(いただきます)'가 정답이 된다. 선택지 2번은 식사 후에 하는 말이고, 선택지 3번은 감사 인사를 들었을 때 하는 말이므로 상황에 맞지 않는 표현이다.

정답 ❶

16ばん

図書館で本を返します。何と言いますか。

1 本を借りたいです。

2 本を返しに来ました。

3 この本をください。

16번

도서관에서 책을 반납합니다. 뭐라고 말합니까?

1 책을 빌리고 싶습니다.

2 책을 반납하러 왔습니다.

3 이 책을 주세요.

단어

図書館(としょかん) 도서관 | **本(ほん)** 책 | **借(か)りる** 빌리다 | **返(かえ)す** 돌려주다, 반납하다 | **~に来(く)る** ~하러 오다

해설

여기에서는 도서관에 책을 반납할 때 하는 말을 찾아야 한다. '返す'는 '돌려주다, 반납하다'의 의미이므로, 선택지 2번 '책을 반납하러 왔습니다(本を返しに来ました)'가 정답이 된다. 선택지 1번은 책을 빌리고 싶을 때 하는 말이다.

정답 ❷

17ばん

やおやでりんごをいつつ買います。何と言いますか。

1 りんごは、いくつありますか。

2 りんごをいつつ、お願いします。

3 りんごいつつで８００円です。

17번

야채가게에서 사과를 5개 삽니다. 뭐라고 말합니까?

1 사과는 몇 개 있습니까?

2 사과를 5개 부탁합니다.

3 사과 5개에 800엔입니다.

단어

やおや 야채가게 | **りんご** 사과 | **いつつ** 다섯 개, 5개 | **いくつ** 몇 개 | **お願(ねが)いします** 부탁합니다 | **~で** ~에(사정, 상황을 나타냄)

해설

여기에서는 야채가게에서 사과를 5개 살 때 하는 말을 찾아야 한다. 'お願いします(부탁합니다)'는 상대방에게 요구할 때 자주 쓰이는 말이다. 따라서 선택지 2번 '사과를 5개 부탁합니다(りんごをいつつ、お願いします)'가 정답이 된다. 정답 ❷

18ばん

ともだちが誕生日です。何と言いますか。

1 誕生日、おめでとう。

2 誕生日はいつですか。

3 今年で１６歳です。

18번

친구가 생일입니다. 뭐라고 말합니까?

1 생일, 축하해.

2 생일은 언제입니까?

3 올해로 16살입니다.

단어

ともだち 친구 | **誕生日**(たんじょうび) 생일 | **おめでとう** 축하해 | **いつ** 언제 | **今年**(ことし) 올해, 금년 | **~歳**(さい) ~살, ~세

해설

여기에서는 친구의 생일에 하는 축하 인사말을 찾아야 한다. 'おめでとう(축하해)'는 동급생에게 하는 축하인사 말이다. 따라서 선택지 1번이 정답이 된다. 정답 ❶

19ばん

おじさんが恋人たちの写真をとります。何と言いますか。

1 カメラをお願いします。

2 あのカメラです。

3 はい、チーズ。

19번

아저씨가 연인들의 사진을 찍습니다. 뭐라고 말합니까?

1 카메라를 부탁합니다.

2 저 카메라입니다.

3 자, 치즈.

단어

おじさん 아저씨 | **恋人**(こいびと) 연인 | **~たち** ~들 | **写真**(しゃしん)**をとる** 사진을 찍다 | **カメラ** 카메라 | **あの** 저 | **はい** 자(주의를 촉구하는 소리) | **チーズ** 치즈

해설

여기에서는 사진사가 연인들의 사진을 찍을 때 하는 말을 찾아야 한다. 따라서 선택지 3번 '자, 치즈(はい、チーズ)'가 정답이 된다. 선택지 1번과 2번은 사진 찍는 상황과 맞지 않으므로 틀리다. 정답 ❸

20ばん

友だちと別れて家へ帰ります。何と言いますか。

1 行ってきます。

2 じゃ、また。

3 ただいま。

20번

친구와 헤어져서 집으로 돌아갑니다. 뭐하고 말합니까?

1 다녀오겠습니다.

2 그럼, 또 봐.

3 다녀왔습니다.

단어

友(とも)だち 친구 | **~と** ~와, ~과 | **別(わか)れる** 헤어지다 | **家**(いえ) 집 | **帰(かえ)る** 돌아가다, 돌아오다 | **行(い)ってきます** 다녀오겠습니다 | **じゃ´また** 그럼, 또 봐 | **ただいま** 다녀왔습니다.

해설

친구와 헤어질 때 하는 말을 찾아야 한다. 따라서 선택지 2번 '그럼, 또 봐(じゃ、また)'가 정답이 된다. 선택지 1번은 집을 나갈 때의 인사말이고, 선택지 3번은 귀가했을 때의 인사말이므로 틀리다. 정답 ❷

문제4 즉시 응답

▶ p.391

もんだい４は、えなどがありません。ぶんをきいて、１から３のなかから、いちばんいいものをひとつえらんでください。

문제 4는 그림 등이 없습니다. 문장을 듣고, 1에서 3 중에서 가장 알맞은 것을 하나 골라 주세요.

1ばん

M: あしたは、何(なに)をしますか。

F : 1 友(とも)だちの家(いえ)で、遊(あそ)びます。

2 友(とも)だちと買(か)い物(もの)をしました。

3 友(とも)だちの誕生日(たんじょうび)です。

1번

남: 내일은 무엇을 합니까?

여: 1 친구 집에서 놉니다.

2 친구와 쇼핑을 했습니다.

3 친구 생일입니다.

단어

あした 내일 | **する** 하다 | **友(とも)だち** 친구 | **家(いえ)** 집 | **遊(あそ)ぶ** 놀다 | **買(か)い物(もの)** 쇼핑 | **誕生日(たんじょうぶ)** 생일

해설

남자가 여자에게 내일 무엇을 하는지를 묻고 있다. 따라서 '친구 집에서 논다(友だちの家で、遊びます)'고 한 선택지 1번이 정답이 된다. 선택지 2번는 과거에 대한 대답이고, 선택지 3번은 무슨 날인지에 대한 대답이므로 틀리다. 정답 ❶

2ばん

F : 朝(あさ)ごはんは、食(た)べてきましたか。

M: 1 いいえ。今(いま)から行(い)きます。

2 いいえ。まだしていません。

3 はい。たくさん食(た)べました。

2번

여: 아침밥은 먹고 오셨습니까?

남: 1 아니요. 지금부터 갑니다.

2 아니요. 아직 하지 않습니다.

3 예. 많이 먹었습니다.

단어

朝(あさ)ごはん 아침밥, 아침식사 | **食(た)べる** 먹다 | **〜てくる** 〜하고 오다 | **今(いま)** 지금 | **〜から** 〜부터 | **行(い)く** 가다 | **まだ** 아직 | **〜ている** 〜하고 있다 | **たくさん** 많이

해설

여자가 남자에게 아침밥을 먹고 왔는지 묻고 있다. '예. 많이 먹었습니다(はい。たくさん食べました)'고 한 선택지 3번이 정답이 된다. 선택지 1번은 어디에 갔다 왔는지에 대한 대답이고, 선택지 2번은 무엇을 했는지에 대한 대답이므로 틀리다. 정답 ❸

3ばん

M: 友(とも)だちとどこで会(あ)いますか。

F : 1 学校(がっこう)の前(まえ)で会(あ)う予定(よてい)です。

2 近(ちか)くの公園(こうえん)に行(い)きます。

3 家(いえ)の前(まえ)で会(あ)いました。

3번

남: 친구와 어디에서 만납니까?

여: 1 학교 앞에서 만날 예정입니다.

2 근처 공원에 갑니다.

3 집 앞에서 만났습니다.

단어

会(あ)う 만나다 | **学校(がっこう)** 학교 | **前(まえ)** 앞 | **予定(よてい)** 예정 | **近(ちか)く** 근처, 가까운 곳 | **公園(こうえん)** 공원

해설

남자가 여자에게 어디에서 친구를 만나는지 묻고 있다. '학교 앞에서 만날 예정(学校の前で会う予定です)'이라고 한 선택지 1번 정답이 된다. 선택지 2번은 가는 장소에 대한 대답이고, 선택지 3번은 과거에 대한 대답이므로 틀리다. 정답 ❶

4ばん

F：どの駅で電車をおりますか。

M：1　この駅は大きいです。

2　次の駅でおります。

3　その駅には人がたくさんいます。

4번

여: 어느 역에서 전철을 내립니까?

남: 1　이 역은 큽니다.

2　다음 역에서 내립니다.

3　그 역에는 사람이 많이 있습니다.

단어

どの 어느, 어떤 | **駅**(えき) 역 | **電車**(でんしゃ) 전철 | **おりる** 내리다 | **大**(おお)**きい** 크다 | **次**(つぎ) 다음 | **たくさん** 많이 | **いる** 있다

해설

여자가 남자에게 어느 역에서 내리는지를 묻고 있으므로, '다음 역에서 내린다(次の駅でおります)'고 한 선택지 2번이 정답이 된다. 선택지 1번과 선택지 3번은 역에 대한 대답이므로 틀리다. 정답 ❷

5ばん

M：いつ本を返しに行きますか。

F：1　あしたから旅行に行きます。

2　きょうの午後に行きます。

3　今から友だちに会いに行きます。

5번

남: 언제 책을 반납하러 갑니까?

여: 1　내일부터 여행을 갑니다.

2　오늘 오후에 갑니다.

3　지금부터 친구를 만나러 갑니다.

단어

いつ 언제 | **返**(かえ)**す** 돌려주다, 반납하다 | **～に行**(い)**く** ～하러 가다 | **あした** 내일 | **旅行**(りょこう) 여행 | **きょう** 오늘 | **午後**(ごご) 오후 | **今**(いま) 지금

해설

남자가 여자에게 책을 언제 반납하러 가는지를 묻고 있으므로, '오늘 오후에 간다(きょうの午後に行きます)'고 한 선택지 2번이 정답이 된다. 선택지 1번은 언제 여행 가는지에 대한 대답이고, 선택지 3번은 일정에 대한 대답이므로 틀리다. 정답 ❷

6ばん

F：学校は何時に終わりますか。

M：1　5時から宿題をします。

2　午前9時から始まります。

3　4時ぐらいに終わります。

6번

여: 학교는 몇 시에 끝납니까?

남: 1　5시부터 숙제를 합니다.

2　오전 9시부터 시작합니다.

3　4시 정도에 끝납니다.

단어

何時(なんじ) 몇 시 | **終**(お)**わる** 끝나다 | **宿題**(しゅくだい) 숙제 | **午前**(ごぜん) 오전 | **9時**(くじ) 9시 | **始**(はじ)**まる** 시작하다 | **4時**(よじ) 4시 | **～ぐらい** ～정도

해설

여자가 남자에게 학교는 몇 시에 끝나는지를 묻고 있으므로, '4시 정도에 끝난다(4時ぐらいに終わります)'고 한 선택지 3번이 정답이 된다. 선택지 1번은 숙제를 몇 시부터 하는지에 대한 대답이고, 선택지 2번은 몇 시부터 시작하는지에 대한 대답이므로 틀리다. 정답 ❸

7ばん

M：きのうは買い物をしましたか。

F：1　午後、買い物に行きます。

2　はい、学校に行ってきました。

3　いいえ、しませんでした。

7번

남: 어제는 쇼핑을 했습니까?

여: 1　오후 쇼핑하러 갑니다.

2　예, 학교에 갔다 왔습니다.

3　아니요, 하지 않았습니다.

단어

きのう 어제 | **買**(か)**い物**(もの) 쇼핑 | **午後**(ごご) 오후 | **行**(い)**ってくる** 갔다 오다, 다녀오다

해설

남자가 여자에게 어제 쇼핑을 했는지 묻고 있으므로, '하지 않았다(いいえ、しませんでした)'고 대답한 선택지 3번이 정답이 된다. 선택지 1번은 과거에 대한 질문에 현재로 대답하므로 틀리고, 선택지 2번은 쇼핑과 관련 없는 대답이므로 틀리다. 정답 ❸

8ばん

F：けさ、何時(なんじ)に起(お)きましたか。

M：1　７時半(しちじはん)に起(お)きました。
　2　８時(はちじ)にごはんを食(た)べました。
　3　きのうは８時(はちじ)に起(お)きました。

8번

여: 오늘 아침 몇 시에 일어났습니까?

남: 1　7시 반에 일어났습니다.
　2　8시에 밥을 먹었습니다.
　3　어제는 8시에 일어났습니다.

단어

けさ 오늘 아침 | **起**(お)**きる** 일어나다 | **半**(はん) 반, 30분 | **ごはん** 밥

해설

여자가 남자에게 오늘 아침 몇 시에 일어났는지를 묻고 있으므로, '7시 반에 일어났다(７時半に起きました)'고 한 선택지 1번이 정답이 된다. 선택지 2번은 식사 시간에 대한 대답이고, 선택지 3번은 어제를 말하고 있으므로 틀리다. 정답 ❶

9ばん

M：学校(がっこう)へは何(なに)で行(い)きますか。

F：1　いつもバスにのって行(い)きます。
　2　電車(でんしゃ)にのって海(うみ)へ行(い)きます。
　3　私(わたし)は電車(でんしゃ)が好(す)きです。

9번

남: 학교에는 어떻게 갑니까?

여: 1　항상 버스를 타고 갑니다.
　2　전철을 타고 바다에 갑니다.
　3　나는 전철을 좋아합니다.

단어

何(なに)**で** 어떻게(수단) | **いつも** 언제나, 항상 | **バス** 버스 | **～にのる** ~을 타다 | **電車**(でんしゃ) 전철 | **海**(うみ) 바다 | **好**(す)**きだ** 좋아하다

해설

남자가 여자에게 학교에 어떻게 가는지 묻고 있으므로, '항상 버스를 타고 간다(いつもバスにのって行きます)'고 한 선택지 1번이 정답이 된다. 선택지 2번은 바다에 가는 방법에 대한 대답이고, 선택지 3번은 좋아하는 교통 수단에 대한 대답이므로 틀리다. 정답 ❶

10ばん

M：いつフランスへ行(い)きますか。

F：1　あさって、出発(しゅっぱつ)します。
　2　来年(らいねん)はイギリスに行(い)きます。
　3　きょうは２０日(はつか)です。

10번

남: 언제 프랑스에 갑니까?

여: 1　모레 출발합니다.
　2　내년은 영국에 갑니다.
　3　오늘은 20일입니다.

단어

いつ 언제 | **フランス** 프랑스 | **あさって** 모레, 내일 모레 | **出発**(しゅっぱつ)**する** 출발하다 | **来年**(らいねん) 내년 | **イギリス** 영국 | **２０日**(はつか) 20일

해설

남자가 여자에게 언제 프랑스에 가는지를 묻고 있으므로, '모레 출발한다(あさって、出発します)'고 한 선택지 1번이 정답이 된다. 선택지 2번은 내년에 어디에 가는지에 대한 대답이고, 선택지 3번은 오늘 날짜에 대한 대답이므로 틀리다. 정답 ❶

11ばん

F：きょうは何日ですか。

M：1　２０日に行きます。
　　2　２１日です。
　　3　２２日が誕生日です。

11번

여: 오늘은 며칠입니까?

남: 1　20일에 갑니다.
　　2　21일입니다.
　　3　22일이 생일입니다.

단어

何日(なんにち) 며칠 | **21日**(にじゅういちにち) 21일 | **22日**(にじゅうににち) 22일 | **誕生日**(たんじょうび) 생일

해설

여자가 남자에게 오늘이 며칠인지를 묻고 있으므로, '21일입니다(21日です)'라고 한 선택지 2번이 정답이 된다. 선택지 1번은 언제 가는지에 대한 대답이고, 선택지 3번은 생일이 언제인지에 대한 대답이므로 틀리다. 정답 ❷

12ばん

F：図書室は何階ですか。

M：1　図書室に行きます。
　　2　３階が教室です。
　　3　３階にあります。

12번

여: 도서실은 몇 층입니까?

남: 1　도서실에 갑니다.
　　2　3층이 교실입니다.
　　3　3층에 있습니다.

단어

図書室(としょしつ) 도서실 | **何階**(なんがい・なんかい) 몇 층 | **3階**(さんがい・さんかい) 3층 | **教室**(きょうしつ) 교실 | **ある** 있다

해설

여자가 남자에게 도서실이 몇 층에 있는지를 묻고 있으므로 '3층에 있다(３階にあります)'고 한 선택지 3번이 정답이 된다. 선택지 1번은 어디로 가는지에 대한 대답이고, 선택지 2번은 교실 위치를 말하고 있으므로 틀리다. 정답 ❸

13ばん

M：荷物を持ちましょうか。

F：1　すみませんが、お願いします。
　　2　いいえ、どういたしまして。
　　3　こちらこそ、すみません。

13번

남: 짐을 들어 드릴까요?

여: 1　미안합지만, 부탁합니다.
　　2　아니요, 천만에요.
　　3　저야말로 미안합니다.

단어

荷物(にもつ) 짐 | **持**(も)**つ** 들다, 가지다 | **～ましょうか** ～할까요? | **どういたしまして** 천만에요 | **こちらこそ** 저야말로

해설

남자가 여자에게 '짐을 들어 드릴까요?'라고 묻고 있으므로 '미안하지만, 부탁합니다(すみませんが、お願いします)'라고 한 선택지 1번이 정답이 된다. 선택지 2번은 감사하다는 말 다음에 상대방에게 하는 말이고, 선택지 3번은 상황에 맞지 않는 대답이므로 틀리다. 정답 ❶

14ばん

F：ちょっと休みませんか。

M：1　どうも、お待たせしました。
　　2　どういたしまして。
　　3　はい、そうしましょう。

14번

여: 잠깐 쉬지 않겠습니까?

남: 1　기다리게 해서 미안합니다.
　　2　천만에요.
　　3　예, 그렇게 합시다.

단어

ちょっと 잠시, 잠깐 | **休(やす)む** 쉬다 | **~ませんか** ~하지 않겠습니까? | **どうも** 정말 미안합니다 | **お待(ま)たせしました** 기다리게 했습니다 | **そうしましょう** 그렇게 합시다

해설

여자가 남자에게 '잠깐 쉬지 않겠냐'고 제안하고 있으므로, 제안을 받아들인 선택지 3번 '예, 그렇게 합시다(はい、そうしましょう)'가 정답이 된다. 선택지 1번과 2번은 상황에 맞지 않는 대답이므로 틀리다. 정답 ❸

15ばん

M: 何(なん)の本(ほん)ですか。
F : 1 姉(あね)の本(ほん)です。
2 英語(えいご)の教科書(きょうかしょ)です。
3 この本(ほん)はおもしろいです。

15번

남: 무슨 책입니까?
여: 1 언니의 책입니다.
2 영어 교과서입니다.
3 이 책은 재미있습니다.

단어

何(なん)の 무슨 | **姉(あね)** 언니, 누나 | **英語(えいご)** 영어 | **教科書(きょうかしょ)** 교과서 | **おもしろい** 재미있다

해설

남자가 여자에게 책의 종류를 묻고 있으므로, '영어 교과서(英語の教科書です)'라고 한 선택지 2번이 정답이 된다. 선택지 1번은 누구 것인지에 대한 대답이고, 선택지 3번은 책 내용에 대한 대답이므로 틀리다. 정답 ❷

16ばん

M: どの国(くに)から来(き)ましたか。
F : 1 中国(ちゅうごく)です。
2 あちらです。
3 ふたつです。

16번

남: 어느 나라에서 왔습니까?
여: 1 중국입니다.
2 저쪽입니다.
3 둘입니다.

단어

どの 어느, 어떤 | **国(くに)** 나라, 고향 | **中国(ちゅうごく)** 중국 | **あちら** 저쪽 | **ふたつ** 두 개, 2개

해설

남자가 여자에게 어느 나라에서 왔는지 국적을 묻고 있으므로, '중국(中国です)'이라고 한 선택지 1번이 정답이 된다. 선택지 2번은 방향에 대한 대답이고, 선택지 3번은 개수에 대한 대답이므로 상황에 맞지 않다. 정답 ❶

17ばん

F : おかし、どうぞ。
M: 1 こちらこそ。
2 どういたしまして。
3 どうも。

17번

여: 과자, 드세요.
남: 1 저야말로.
2 천만에요.
3 고맙습니다.

단어

おかし 과자 | **どうぞ** 드세요 | **こちらこそ** 저야말로 | **どういたしまして** 천만에요 | **どうも** 고맙습니다

해설

여자가 남자에게 과자를 권하고 있으므로, '고맙습니다(どうも)'라고 한 선택지 3번이 정답이 된다. 'どうぞ'는 상대편에게 무엇을 허락하거나 권할 때 쓰는 말이고, 'どうも'는 가벼운 감사 정도로 생각하는 것이 좋다. 정답 ❸

18ばん

F：誰(だれ)の車(くるま)ですか。

M：1 ドライブに行(い)きます。

2 車(くるま)はありません。

3 鈴木(すずき)さんのです。

18번

여: 누구의 차입니까?

남: 1 드라이브하러 갑니다.

2 차는 없습니다.

3 스즈키 씨 겁니다.

단어

誰(だれ) 누구 | **車**(くるま) 차, 자동차 | **ドライブ** 드라이브 | **～に行**(い)**く** ~하러 가다 | **～の** ~의 것

해설

여자가 남자에게 누구의 차인지를 묻고 있으므로, 소유주를 말한 선택지 3번 '스즈키 씨 겁니다(鈴木さんのです)'가 정답이 된다. 선택지 1번은 뭐 하러 가는지에 대한 대답이고, 선택지 2번은 차를 가지고 있는지 없는지에 대한 대답이므로 상황에 맞지 않다. 정답 ❸

19ばん

F：教室(きょうしつ)のお掃除(そうじ)、終(お)わった？

M：1 うん、いいよ。

2 いや、まだ。

3 ううん、好(す)きじゃない。

19번

여: 교실 청소, 끝났어?

남: 1 응, 좋아..

2 아니, 아직.

3 아니, 좋아하지 않아.

단어

教室(きょうしつ) 교실 | **お掃除**(そうじ) 청소 | **終**(お)**わる** 끝나다 | **うん** 응 | **いい** 좋다 | **いや** 아니, 아냐 | **まだ** 아직 | **ううん** 아니 | **好**(す)**きだ** 좋아하다

해설

여자가 남자에게 교실 청소가 끝났는지 묻고 있으므로, 선택지 2번 '아니, 아직(いや、まだ)'가 정답이 된다. 선택지 1번은 어떤 것을 할지에 대한 긍정 대답이고, 선택지 3번은 어떤 것을 좋아하는지에 대한 부정 대답이므로 틀리다. 정답 ❷

20ばん

F：あの絵(え)の写真(しゃしん)をとってもいいですか。

M：1 はい、大丈夫(だいじょうぶ)です。

2 いいえ、けっこうです。

3 いいえ、あれは日本(にほん)でとった写真(しゃしん)です。

20번

여: 저 그림의 사진을 찍어도 됩니까?

남: 1 네, 괜찮습니다.

2 아니요, 괜찮습니다.

3 아니요, 저것은 일본에서 찍은 사진입니다.

단어

あの 저 | **絵**(え) 그림 | **写真**(しゃしん) 사진 | **とる** (사진을) 찍다 | **～てもいい** ~해도 좋다 | **大丈夫**(だいじょうぶ)**だ** 괜찮다 | **けっこうだ** 이제 되었다, 충분하다 | **日本**(にほん) 일본

해설

여자가 남자에게 그림의 사진을 찍어도 되는지 묻고 있다. 정답은 선택지 1번 '네, 괜찮습니다(はい、大丈夫です)'가 된다. 선택지 2번은 사양할 때 하는 말이고, 선택지 3번은 사진을 어디에서 찍었는지에 대한 말이므로 틀리다. 정답 ❶

にほんごのうりょくしけん　かいとうようし

N5 실전모의테스트 2회

ちょうかい

じゅけんばんごう Examinee Registration Number	

なまえ Name	

〈ちゅうい Notes〉
1. くろい えんぴつ（HB、No.2）で かいて ください。（ペンや ボールペンでは かかないで ください。）
Use a black medium soft (HB or No.2) pencil.
(Do not use any kind of pen.)
2. かきなおす ときは、けしゴムで きれいに けして ください。
Erase any unintended marks completely.
3. きたなく したり、おったり しないで ください。
Do not soil or bend this sheet.
4. マークれい Marking examples

よい れい Correct Example	わるい れい Incorrect Examples
●	⊘ ◯ ◯ ◯ ◯ ◯ ◯

もんだい 1

れい	①	②	●	④
1	①	②	③	④
2	①	②	③	④
3	①	②	③	④
4	①	②	③	④
5	①	②	③	④
6	①	②	③	④
7	①	②	③	④

もんだい 2

れい	①	②	●	④
1	①	②	③	④
2	①	②	③	④
3	①	②	③	④
4	①	②	③	④
5	①	②	③	④
6	①	②	③	④

もんだい 3

れい	①	②	●
1	①	②	③
2	①	②	③
3	①	②	③
4	①	②	③
5	①	②	③

もんだい 4

れい	①	●	③
1	①	②	③
2	①	②	③
3	①	②	③
4	①	②	③
5	①	②	③
6	①	②	③

にほんごのうりょくしけん　かいとうようし

N5 실전모의테스트 2회

げんごちしき（ぶんぽう）・どっかい

じゅけんばんごう Examinee Registration Number	

なまえ Name	

〈ちゅうい Notes〉

1. くろい えんぴつ (HB、No2) で かいて ください。（ペンや ボールペンでは かかないで ください。）Use a black medium soft (HB or No.2) pencil. (Do not use any kind of pen.)
2. かきなおす ときは、けしゴムで きれいに けして ください。Erase any unintended marks completely.
3. きたなく したり、おったり しないで ください。Do not soil or bend this sheet.
4. マークれい Marking examples

よい れい Correct Example	わるい れい Incorrect Examples
●	⊘ ◯ ◯ ◯ ⊜ ◑ ◉

もんだい 1				
1	①	②	③	④
2	①	②	③	④
3	①	②	③	④
4	①	②	③	④
5	①	②	③	④
6	①	②	③	④
7	①	②	③	④
8	①	②	③	④
9	①	②	③	④
もんだい 2				
10	①	②	③	④
11	①	②	③	④
12	①	②	③	④
13	①	②	③	④

もんだい 3				
14	①	②	③	④
15	①	②	③	④
16	①	②	③	④
17	①	②	③	④
もんだい 4				
18	①	②	③	④
19	①	②	③	④
もんだい 5				
20	①	②	③	④
21	①	②	③	④
もんだい 6				
22	①	②	③	④

최신
개정판
2024년 7월·12월
기출문제
분석 및 반영

JLPT 일본어능력시험

한권으로 끝내기

이치우, 이한나 공저

QR코드를 스캔하시면
MP3 파일 및 관련자료를
다운로드 하실 수 있습니다

N5

실전모의테스트 문제집

다락원

JLPT

일본어능력시험

한권으로 끝내기

이치우, 이한나 공저

실전모의테스트 문제집

N5

다락원

목차

* '정답 및 해석' 뒤에 실린 실전모의테스트 해답용지를 잘라서 활용하세요.

JLPT
실전모의테스트

N5

제1회

제1회 실전모의테스트 채점표

자신의 실력이 어느 정도인지 확인할 수 있도록 임의적으로 만든 채점표입니다.
실제 시험은 상대 평가 방식이므로 약간의 오차가 발생할 수 있습니다.

언어지식 (문자 · 어휘 · 문법) · 독해

		배점	만점	제1회	
				정답 문항 수	점수
문자 · 어휘	문제 1	1점×7문항	7		
	문제 2	1점×5문항	5		
	문제 3	1점×6문항	6		
	문제 4	1점×3문항	3		
문법	문제 1	1점×9문항	9		
	문제 2	1점×4문항	4		
	문제 3	1점×4문항	4		
독해	문제 4	8점×2문항	16		
	문제 5	8점×2문항	16		
	문제 6	9점×1문항	9		
합계			79점		

* 점수 계산법 : 언어지식 · 독해 [ ]점÷79×120 = [ ]점

청해

		배점	만점	제1회	
				정답 문항 수	점수
청해	문제 1	2점×7문항	14		
	문제 2	2점×6문항	12		
	문제 3	2점×5문항	10		
	문제 4	3점×6문항	18		
합계			54점		

* 점수 계산법 : 청해 [ ]점÷54×60 = [ ]점

N5

げんごちしき（もじ・ごい）

（20ぷん）

ちゅうい
Notes

1 しけんが　はじまるまで、この　もんだいようしを　あけないで　ください。
Do not open this question booklet until the test begins.

2 この　もんだいようしを　もって　かえる　ことは　できません。
Do not take this question booklet with you after the test.

3 じゅけんばんごうと　なまえを　したの　らんに、じゅけんひょうと　おなじように　かいて　ください。
Write your examinee registration number and name clearly in each box below as written on your test voucher.

4 この　もんだいようしは　ぜんぶで　8ページ　あります。
This question booklet has 8 pages.

5 もんだいには　かいとうばんごうの 1、2、3 …が　あります。かいとうは、かいとうようしに　ある　おなじ　ばんごうの　ところに　マークして　ください。
One of the row numbers 1, 2, 3 … is given for each question. Mark your answer in the same row of the answer sheet.

じゅけんばんごう　Examinee Registration Number	

なまえ　Name	

もんだい１　＿＿＿＿の　ことばは　ひらがなで　どう　かきますか。
１・２・３・４から　いちばん　いい　ものを　ひとつ　えらんで　ください。

（れい）しゃしんは　かばんの　下に　ありました。

1 ちだ　　2 しだ　　3 ちた　　4 した

（かいとうようし）

（れい）	① ② ③ ●

1　およいで　川を　わたりました。

1 はし　　2 かわ　　3 そら　　4 みち

2　バスで　やまださんに　会いました。

1 おいました　　2 かいました　　3 といました　　4 あいました

3　電気を　けして　ください。

1 でんぎ　　2 てんぎ　　3 でんき　　4 てんき

4　しごとは　九時から　はじまります。

1 ぐじ　　2 ぐし　　3 くじ　　4 くし

5 お<u>先</u>に　しつれいします。

1 さぎ　　2 さき　　3 さけ　　4 さげ

6 <u>外国</u>に　いきたいですね。

1 かいがい　　2 かいこく　　3 がいがい　　4 がいこく

7 いまは　<u>毎日</u>が　たのしいです。

1 まえにち　　2 まいじつ　　3 まえりち　　4 まいにち

もんだい２ ＿＿＿＿の　ことばは　どう　かきますか。１・２・３・４から
いちばん　いい　ものを　ひとつ　えらんで　ください。

（れい）　わたしの　こどもは　はなが　すきです。

1 了ども　　2 子ども　　3 干ども　　4 予ども

（かいとうようし）

(れい)	① ● ③ ④

8　この　しゃしんを　みて　ください。

1 目て　　2 貝て　　3 見て　　4 買て

9　がっこうは　らいしゅうの　月(げつ)よう日(び)から　はじまります。

1 宇枚　　2 宇校　　3 学枚　　4 学校

10　ほてるに　つきました。

1 ホラル　　2 ホテル　　3 ホラハ　　4 ホテハ

11 その　ことは　だれにも　<u>いわないで</u>　ください。

1 言わないで　　2 食わないで

3 行わないで　　4 立わないで

12 <u>らいげつ</u>　スキーを　しに　いきます。

1 今週　　2 来週　　3 今月　　4 来月

もんだい３　（　　　）に　なにが　はいりますか。１・２・３・４から　いちばん　いい　ものを　ひとつ　えらんで　ください。

（れい）あそこで　バスに　（　　　）。

１ のりました　　２ あがりました

３ つきました　　４ はいりました

（かいとうようし）

（れい）	● ② ③ ④

13　だいがくまで　バスで　２０ぷん　（　　　）。

１ かかります　２ あびます　３ はいります　４ あそびます

14　しごとが　たくさん　あって　（　　　）です。

１ いたい　２ いそがしい　３ ひま　４ にぎやか

15　わたしは　まいにち　コーヒーを　（　　　）　のみます。

１ さんまい　２ さんだい　３ さんぷん　４ さんばい

16　さむいから　マフラーを　（　　　）　行きなさい。

１ つけて　２ はいて　３ きて　４ さして

17 かぜが　（　　　）ですから、まどを　しめて　ください。

1 おもい　　2 つよい　　3 ひま　　4 いそがしい

18 あたまが　いたかったので、くすりを　（　　　）。

1 のみました　　2 とりました　　3 たべました　　4 つくりました

もんだい４　＿＿＿の　ぶんと　だいたい　おなじ　いみの　ぶんが　あります。
１・２・３・４から　いちばん　いい　ものを　ひとつ　えらんで
ください。

（れい）ゆうべ　しゅくだいを　しました。

1 おとといの　あさ　しゅくだいを　しました。
2 おとといの　よる　しゅくだいを　しました。
3 きのうの　あさ　しゅくだいを　しました。
4 きのうの　よる　しゅくだいを　しました。

（かいとうようし）

（例）(れい)	① ② ③ ●

19 のみものは　どこに　ありますか。

1 ほんや　ざっしは　どこに　ありますか。
2 ボールペンや　ノートは　どこに　ありますか。
3 きってや　はがきは　どこに　ありますか。
4 ぎゅうにゅうや　ジュースは　どこに　ありますか。

20 テーブルの　うえが　きたないです。

1 テーブルの　うえが　きらいです。
2 テーブルの　うえが　きらいじゃ　ありません。
3 テーブルの　うえが　きれいです。
4 テーブルの　うえが　きれいじゃ　ありません。

21 さとうを　ちょっと　いれて　ください。

1 さとうを　すこし　いれて　ください。

2 さとうを　すぐに　いれて　ください。

3 さとうを　たくさん　いれて　ください。

4 さとうを　もう　いっぱい　いれて　ください。

N5

言語知識（文法）・読解

（40ぷん）

注意
Notes

1 試験が始まるまで、この問題用紙をあけないでください。
Do not open this question booklet until the test begins.

2 この問題用紙を持ってかえることはできません。
Do not take this question booklet with you after the test.

3 受験番号となまえをしたの欄に、受験票とおなじようにかいてください。
Write your examinee registration number and name clearly in each box below as written on your test voucher.

4 この問題用紙は、全部で１２ページあります。
This question booklet has 12 pages.

5 問題には解答番号の 1 、 2 、 3 …があります。
解答は、解答用紙にあるおなじ番号のところにマークしてください。
One of the row numbers 1, 2, 3 … is given for each question. Mark your answer in the same row of the answer sheet.

受験番号 Examinee Registration Number	

なまえ Name	

もんだい1　（　　）に　何（なに）を　入（い）れますか。1・2・3・4から　いちばん　いい　ものを　一（ひと）つ　えらんで　ください。

（れい）これ（　　）えんぴつです。

1 に　　2 を　　3 は　　4 や

（かいとうようし）

（れい）	①　②　●　④

1　この　電車（でんしゃ）は　新宿駅（しんじゅくえき）に　9時（じ）（　　）着（つ）きます。

1 に　　2 で　　3 へ　　4 と

2　名前（なまえ）は　くろい　ボールペン（　　）書（か）いて　ください。

1 に　　2 が　　3 を　　4 で

3　つぎの　しんごう（　　）右（みぎ）に　まがって　ください。

1 を　　2 が　　3 と　　4 は

4　とても　あつかったので、おふろ（　　）はいれませんでした。

1 で　　2 に　　3 から　　4 を

5 つかれたから　もう　（　　　）。

1 あるきます　　2 あるきたく　ありません

3 あるきたいです　　4 あるいて　います

6 学生（がくせい）の　ときは　テニスを　して　いましたが、いまは　（　　　）しません。

1 せんぶ　　2 すこし　　3 ぜんぜん　　4 みんなで

7 すみませんが、しおを　（　　　）　ください。

1 おとって　　2 とり　　3 とって　　4 とる

8 日本（にほん）の　食（た）べものは　おいしいです。いちばん　（　　　）のは　おでんです。

1 すきな　　2 すきに　　3 すきで　　4 すき

9 A「きょうは　さむいですね。」

B「そうですね。なにか　あたたかい　ものが　（　　　）ね。」

1 のんだからです　　2 のみましょう

3 のみました　　4 のみたいです

もんだい２　＿★＿　に　入る　ものは　どれですか。１・２・３・４から
いちばん　いい　ものを　一つ　えらんで　ください。

（もんだいれい）

つくえの　＿＿＿　＿＿＿　＿★＿　＿＿＿　あります。

1 が　　2 に　　3 上　　4 ペン

（こたえかた）

1 たたしい　文を　つくります。

つくえの　＿＿＿　＿＿＿　＿★＿　＿＿＿　あります。

1 が　　2 に　　3 上　　4 ペン

2 ＿★＿に　入る　ばんごうを　くろく　ぬります。

（かいとうようし）

（例）	①　②　③　●

10　まいにち　わたしは　＿＿＿　＿＿＿　＿★＿　＿＿＿　はを　みがきます。

1 あさごはん　　2 まえ　　3 に　　4 の

11　もり「キムさんは　＿＿＿　＿＿＿　＿★＿　＿＿＿　どうしますか。」
キム「じしょで　しらべます。」

1 わからない　　2 ことば　　3 とき　　4 が

12 (お店(みせ)で)

石原(いしはら)「この　くつは　ちょっと　大きいです。＿＿＿ ＿★＿ ＿＿＿ ＿＿＿ ありませんか。」

店(みせ)の人(ひと)「では、こちらは　いかがでしょうか。」

1 小(ちい)さい　　2 は　　3 もうすこし　　4 の

13 A「あの ＿＿＿ ＿★＿ ＿＿＿ ＿＿＿ 人(ひと)は　どなたですか。」

B「ああ、あの　赤(あか)い　シャツを　着(き)た　人(ひと)ですね。あれは　リーさんですよ。」

1 サングラス　　2 かけて　　3 いる　　4 を

もんだい３　［14］から［17］に　何(なに)を　入(い)れますか。ぶんしょうの　いみを　かんがえて、　１・２・３・４から　いちばん　いい　ものを　一(ひと)つ　えらんで　ください。

日本(にほん)へ　けんしゅうせいで　来(き)た　ベトナム人(じん)の　ぶんしょうです。

わたしは　ベトナム［14］　来(き)ました。けんしゅうせいです。わたしの　へやは　３０１です。３がいに　あります。ちいさいですが、きれいな　へやです。 　１かいに　しょくどうが　あります。［15］　りょうりが　あります。わたしは　まいにち　１かいの　［16］　ごはんを　食(た)べます。とても　おいしいです。 　わたしの　へやから　駅(えき)まで　［17］　１２分(ふん)ぐらいです。駅(えき)の　近(ちか)くに　デパートや　スーパー　などが　あります。

［14］

1　でも　　　　2　まで

3　では　　　　4　から

［15］

1　いろいろな　　　　2　げんきな

3　だいじょうぶな　　　　4　たいせつな

16

1 しょくどうに　　2 しょくどうは

3 しょくどうで　　4 しょくどうへ

17

1 あるき　　2 あるいて

3 あるく　　4 あるいた

もんだい４　つぎの　（1）から　（2）の　ぶんしょうを　読んで、しつもんに こたえて　ください。こたえは、１・２・３・４から、いちばん いい　ものを　一つ　えらんで　ください。

（1）

林さんの　机の　上に、この　メモと　資料が　あります。

> 林さん
>
> 会議の　前に　この　資料を　１０部　コピーして　ください。
> コピーした　ものは　１部ずつ　ホッチキスで　とめて　ください。
> 会議室に　持って　いく　前に　もどりますので、わたしの　机の　上に
> おいて　ください。
>
> 山田

18　林さんは　コピーを　した　あとで、どう　しますか。

1 ホッチキスを　とめる　前に　山田さんに　渡します。
2 会議室に　持って　いきます。
3 自分の　机の　上に　おきます。
4 山田さんの　机の　上に　おきます。

（2）

わたしは　5人　家族です。父と　母と　兄と　妹と　わたしです。父は　時計の　会社で　はたらいて　います。兄は　今、イギリスの　大学で　べんきょうして　います。わたしと　妹は　同じ　高校に　かよって　います。きのう、父の　弟が　うちに　遊びに　来て、昔の　話を　たくさん　して　くれました。たのしかったです。兄も　もうすぐ　日本に　もどって　きます。早く　会いたいです。

19　この　人は　今　何人で　すんで　いますか。

1　3人
2　4人
3　5人
4　6人

もんだい５　つぎの　ぶんしょうを　読んで、しつもんに　こたえて　ください。
こたえは、１・２・３・４から　いちばん　いい　ものを　一つ
えらんで　ください。

先週　１歳に　なった　子どもの　写真を　とりに　フォトスタジオに　行きました。夏休みに　家族で　おきなわに　旅行したいので　パスポートを　作る　写真が　必要だったからです。おきなわに　行く　ひこうきの　チケットは　今まで　ためた　マイルを　使って　予約を　しました。大人　ひとり　15,000マイルでした。子どもも　大人と　同じ　マイルが　必要ですが、３歳以下は　ひこうきの　料金が　無料なので　大人　ふたりと　５歳の　子ども　ひとりを　予約しました。東京までの　帰りの　ひこうきは　大人　ひとり　20,000円で　子どもは　15,000円でした。

20　どうして　子どもの　写真を　とりましたか。

1 フォトスタジオが　新しく　できたから
2 子どもの　たんじょう日だったから
3 子どもの　パスポートを　作りたかったから
4 ３歳以下は　ひこうきの　料金が　無料だから

21 この　家族(かぞく)は　何(なん)マイルで　おきなわに　行(い)く　ひこうきを　予約(よやく)しましたか。

1 １５,０００マイル

2 ３０,０００マイル

3 ４５,０００マイル

4 ６０,０００マイル

もんだい６　右の　　ページを　見て、下の　しつもんに　こたえて　ください。
こたえは　１・２・３・４から　いちばん　いい　ものを　一つ
えらんで　ください。

22　李さんは　みどり病院に　行きたいです。中野駅か　東中野駅から　乗ります。家から　病院まで　かかる　お金は　２００円までで、時間は　みじかいほうが　いいです。李さんは　どの　行き方で　行きますか。

1 ①

2 ②

3 ③

4 ④

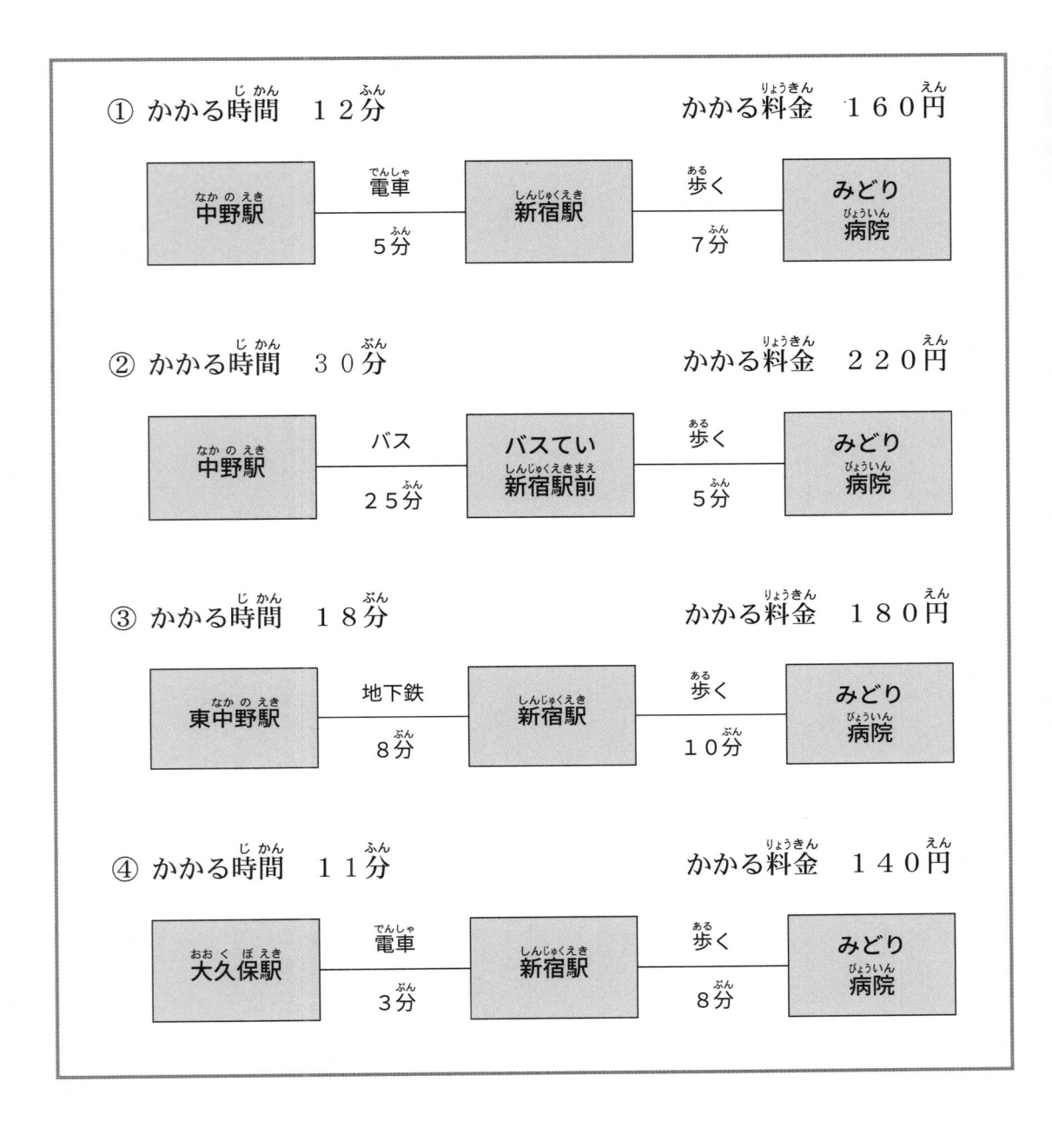

① かかる時間　１２分　　かかる料金　１６０円

中野駅 ―電車 ５分― 新宿駅 ―歩く ７分― みどり病院

② かかる時間　３０分　　かかる料金　２２０円

中野駅 ―バス ２５分― バスてい 新宿駅前 ―歩く ５分― みどり病院

③ かかる時間　１８分　　かかる料金　１８０円

東中野駅 ―地下鉄 ８分― 新宿駅 ―歩く １０分― みどり病院

④ かかる時間　１１分　　かかる料金　１４０円

大久保駅 ―電車 ３分― 新宿駅 ―歩く ８分― みどり病院

N5

聴解

(30ぷん)

注　意
Notes

1 試験が始まるまで、この問題用紙を開けないでください。
Do not open this question booklet until the test begins.

2 この問題用紙を持って帰ることはできません。
Do not take this question booklet with you after the test.

3 受験番号と名前を下の欄に、受験票と同じように書いてください。
Write your examinee registration number and name clearly in each box below as written on your test voucher.

4 この問題用紙は、全部で１４ページあります。
This question booklet has 14 pages.

5 この問題用紙にメモをとってもいいです。
You may make notes in this question booklet.

受験番号 Examinee Registration Number	
なまえ Name	

もんだい１

もんだい１では、はじめに　しつもんを　きいて　ください。それから　はなしを　きいて、もんだいようしの　１から４の　なかから、いちばん　いい　ものを　ひとつ　えらんで　ください。

れい

1

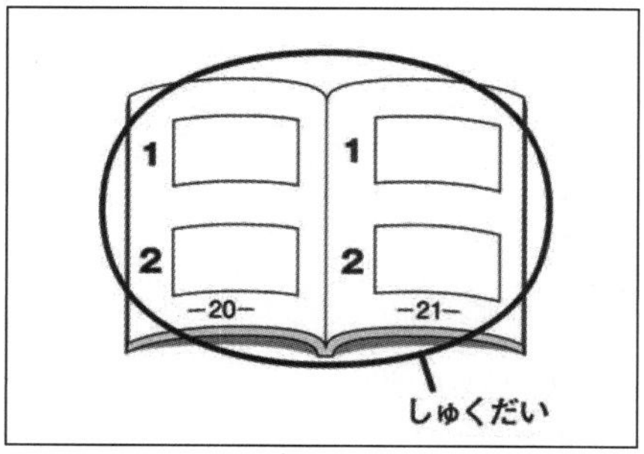

2

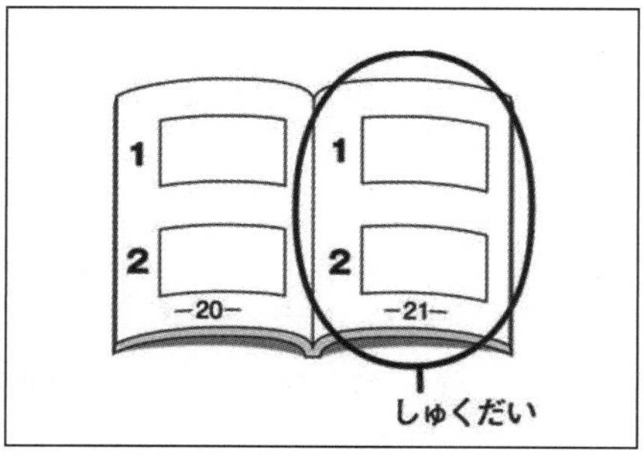

3

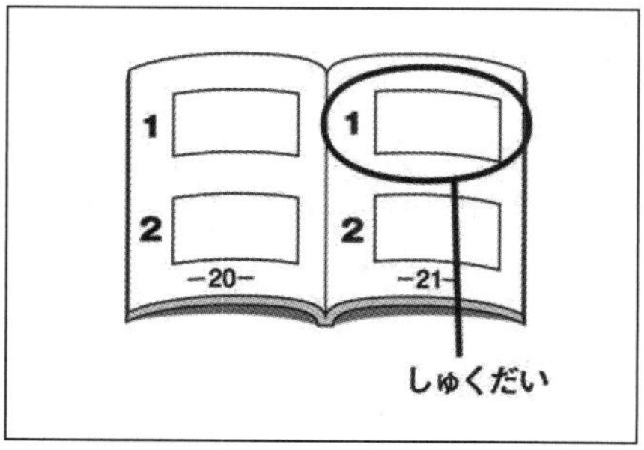

4

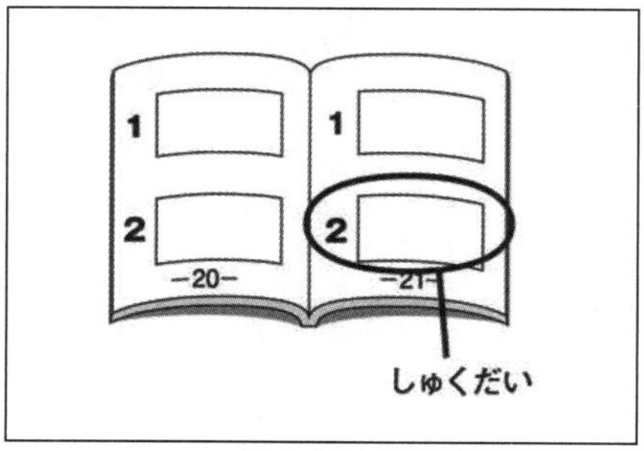

1ばん

1
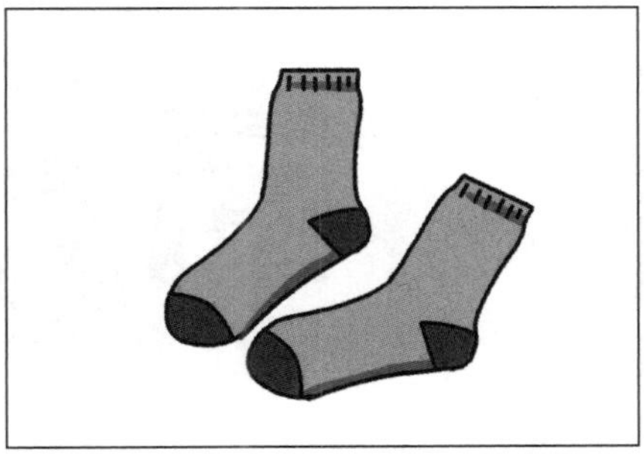

2
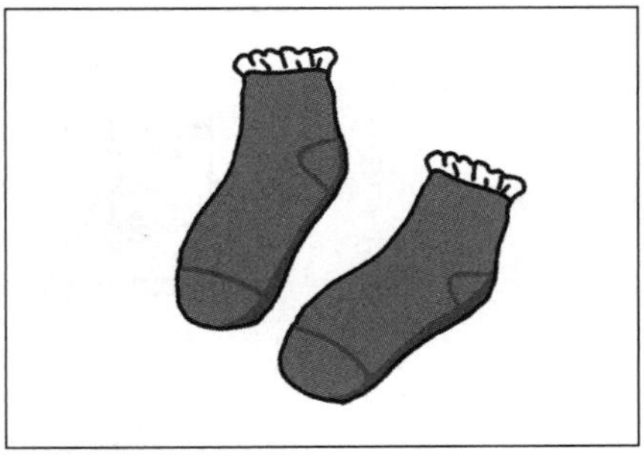

3
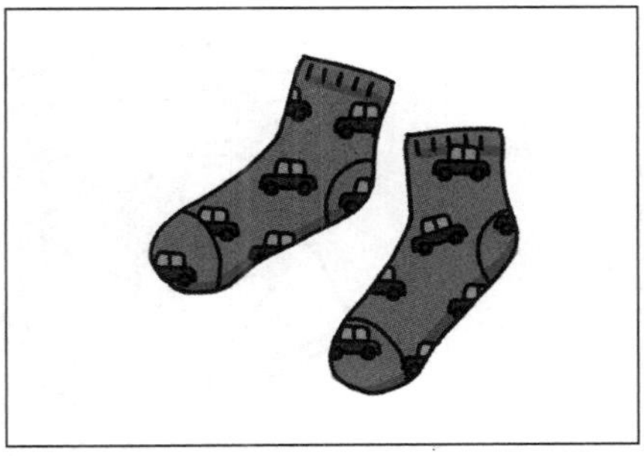

4
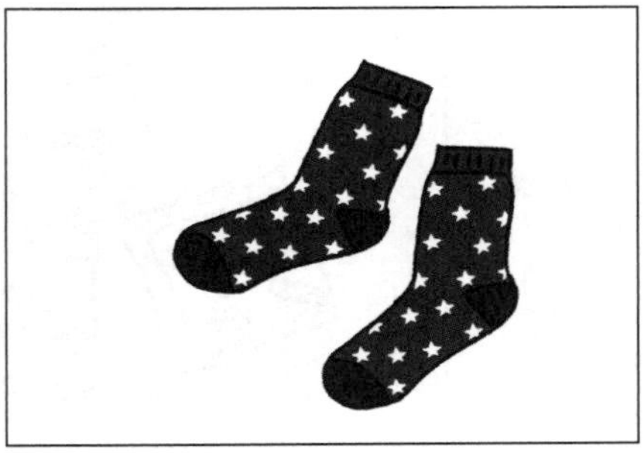

2ばん

1　1ばん

2　2ばん

3　3ばん

4　4ばん

3ばん

1

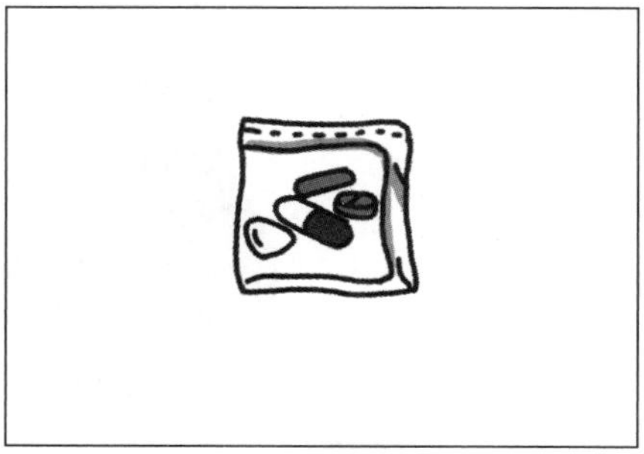

2

3

4

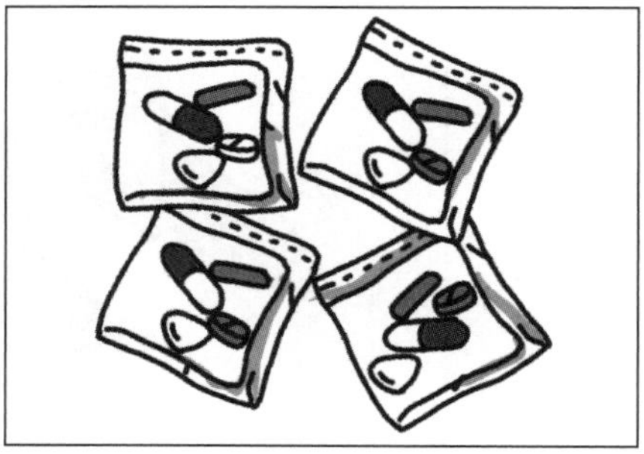

4ばん

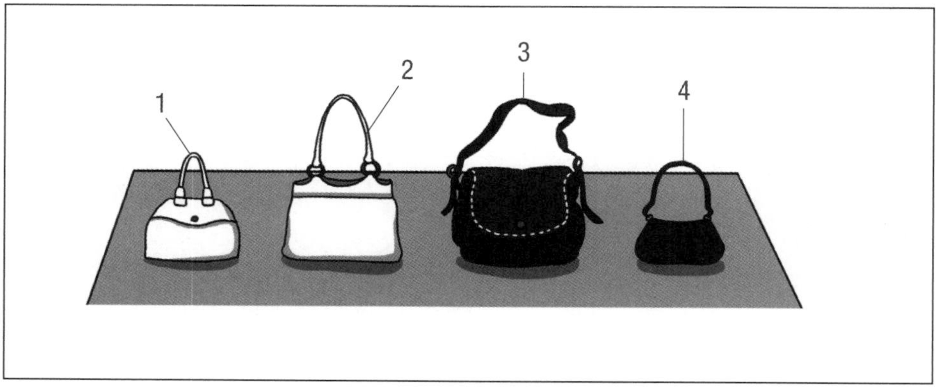

5 ばん

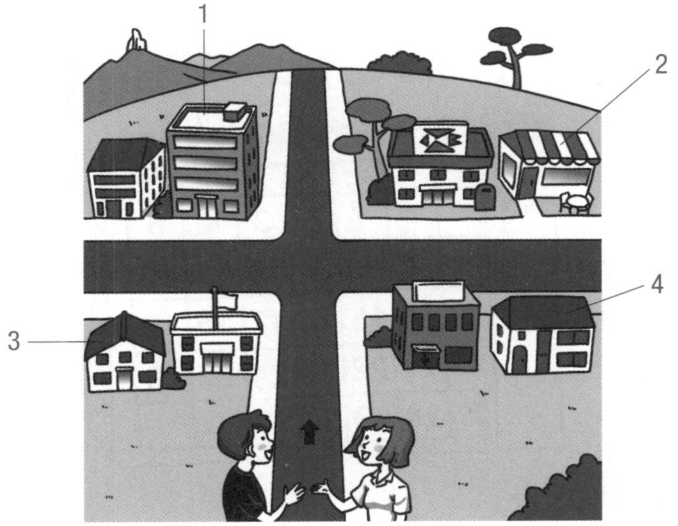

6 ばん

7ばん

1
2
3
4
5
日 月 火 水 木 金 土
1 2 3 4 5
6 7 8 9 10 11 12
13 14 15 16 17 18 19
20 21 22 23 24 25 26
27 28 29 30

もんだい２

もんだい２では、はじめに　しつもんを　きいて　ください。それから はなしを　きいて、もんだいようしの　１から４の　なかから、いちばん いい　ものを　ひとつ　えらんでください。

れい

1　としょかん

2　えき

3　デパート

4　レストラン

1ばん

1　くろい　えんぴつ

2　あかい　えんぴつ

3　くろい　ボールペン

4　あかい　ボールペン

2ばん

1

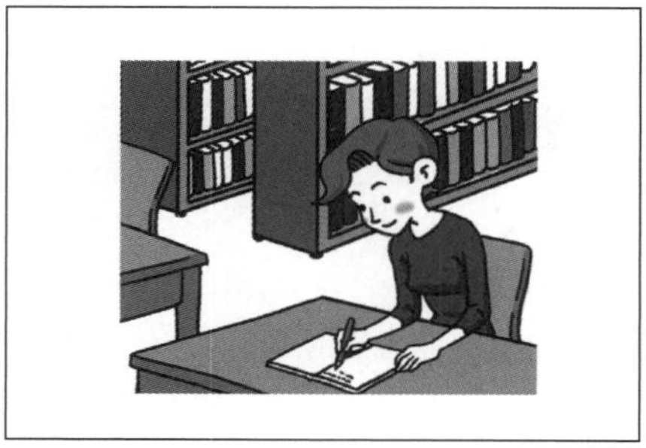

2

3

4

3ばん

1　1時間(じかん)

2　2時間(じかん)

3　3時間(じかん)

4　4時間(じかん)

4ばん

1
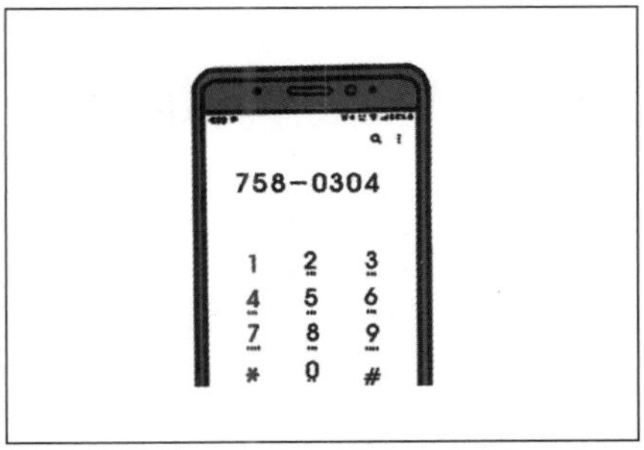

2
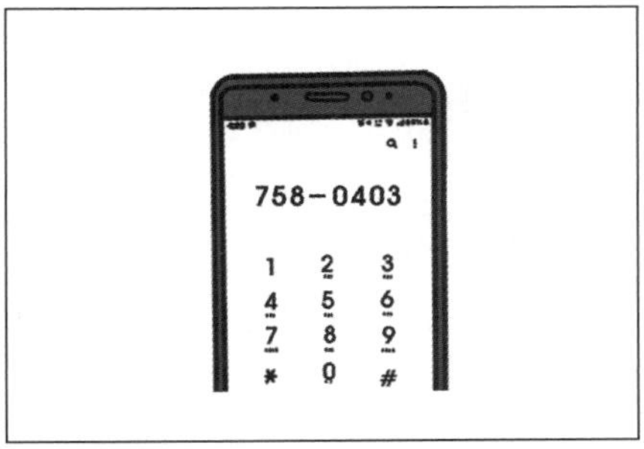

3
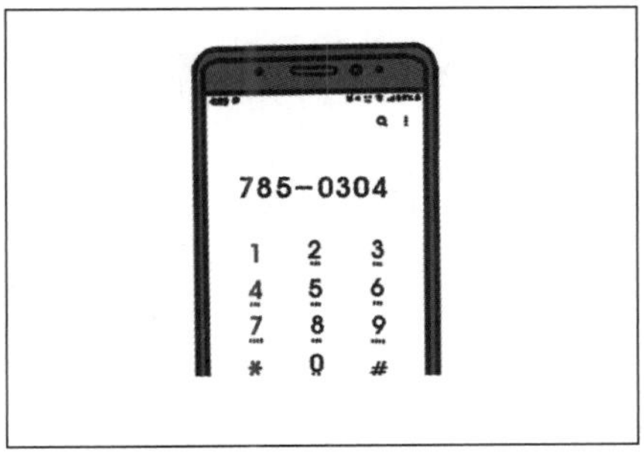

4
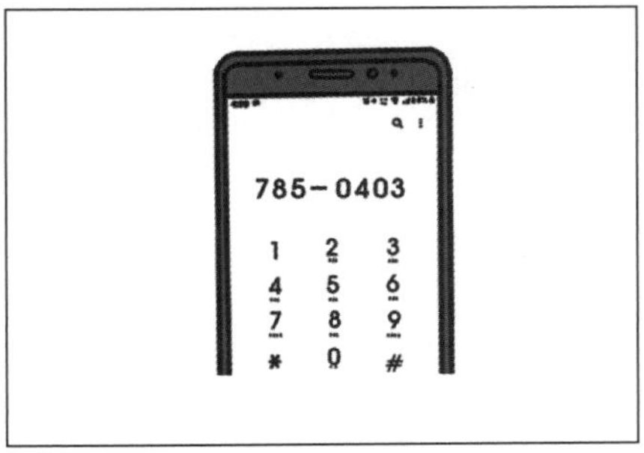

5 ばん

1 がっこう

2 しんじゅく

3 デパート

4 うみ

6 ばん

1 いもうと

2 母（はは）

3 父（ちち）

4 友（とも）だち

もんだい 3

もんだい３では、えを　みながら　しつもんを　きいて　ください。
➡（やじるし）の　ひとは　なんと　いいますか。１から３の　なかから、いちばん　いい　ものを　ひとつ　えらんで　ください。

れい

1ばん

2ばん

3 ばん

4 ばん

5ばん

もんだい４

もんだい４は、えなどが　ありません。ぶんを　きいて　ください。１から３の なかから、いちばん　いい　ものを　ひとつ　えらんで　ください。。

ーメモー

JLPT
실전모의테스트

N5

제2회

제2회 실전모의테스트 채점표

자신의 실력이 어느 정도인지 확인할 수 있도록 임의적으로 만든 채점표입니다.
실제 시험은 상대 평가 방식이므로 약간의 오차가 발생할 수 있습니다.

언어지식 (문자·어휘·문법)·독해

		배점	만점	제1회	
				정답 문항 수	점수
문자·어휘	문제 1	1점×7문항	7		
	문제 2	1점×5문항	5		
	문제 3	1점×6문항	6		
	문제 4	1점×3문항	3		
문법	문제 1	1점×9문항	9		
	문제 2	1점×4문항	4		
	문제 3	1점×4문항	4		
독해	문제 4	8점×2문항	16		
	문제 5	8점×2문항	16		
	문제 6	9점×1문항	9		
합계			79점		

* 점수 계산법 : 언어지식·독해 [　　　　]점÷79×120 = [　　　　]점

청해

		배점	만점	제1회	
				정답 문항 수	점수
청해	문제 1	2점×7문항	14		
	문제 2	2점×6문항	12		
	문제 3	2점×5문항	10		
	문제 4	3점×6문항	18		
합계			54점		

* 점수 계산법 : 청해 [　　　　]점÷54×60 = [　　　　]점

N5

げんごちしき（もじ・ごい）

（20ぷん）

ちゅうい
Notes

1　しけんが　はじまるまで、この　もんだいようしを　あけないで　ください。
Do not open this question booklet until the test begins.

2　この　もんだいようしを　もって　かえる　ことは　できません。
Do not take this question booklet with you after the test.

3　じゅけんばんごうと　なまえを　したの　らんに、じゅけんひょうと　おなじように　かいて　ください。
Write your examinee registration number and name clearly in each box below as written on your test voucher.

4　この　もんだいようしは　ぜんぶで　8ページ　あります。
This question booklet has 8 pages.

5　もんだいには　かいとうばんごうの [1]、[2]、[3] …が　あります。かいとうは、かいとうようしに　ある　おなじ　ばんごうの　ところに　マークして　ください。
One of the row numbers [1], [2], [3] … is given for each question. Mark your answer in the same row of the answer sheet.

じゅけんばんごう　Examinee Registration Number	

なまえ　Name	

もんだい１　＿＿＿＿の　ことばは　ひらがなで　どう　かきますか。
１・２・３・４から　いちばん　いい　ものを　ひとつ　えらんで　ください。

（れい）しゃしんは　かばんの　下に　ありました。

1 ちだ　　2 しだ　　3 ちた　　4 した

（かいとうようし）

(れい)	① ② ③ ●

1　すずきさんは　にもつが　少ないですね。

1 すこない　　2 すごない　　3 すくない　　4 すぐない

2　そこに　いる　男の人は　たなかさんです。

1 おんなのかた　　2 おんなのひと

3 おとこのかた　　4 おとこのひと

3　きのう　新しい　くつを　かいました。

1 あらだしい　　2 あだらしい

3 あらたしい　　4 あたらしい

4　えきの　<u>南がわ</u>に　ホテルが　あります。

1 きたがわ　　2 にしがわ　　3 みなみがわ　　4 ひがしがわ

5　<u>十年</u>まえに　ここへ　きました。

1 じゅねん　　2 じゅうねん　　3 とおねん　　4 じゅっねん

6　わたしの　へやは　<u>明るい</u>です。

1 あっかるい　　2 あかるっい　　3 あかるい　　4 あがるい

7　５時から　６時の　<u>間</u>は　いつも　ここに　います。

1 あいだ　　2 どなり　　3 あいた　　4 となり

もんだい２　＿＿＿＿の　ことばは　どう　かきますか。１・２・３・４から
いちばん　いい　ものを　ひとつ　えらんで　ください。

（れい）わたしの　こどもは　はなが　すきです。

1 了ども　　2 子ども　　3 干ども　　4 予ども

（かいとうようし）

（れい）	① ● ③ ④

8　こどもたちが　かわで　あそんで　います。

1 川　　2 木　　3 山　　4 花

9　この　くるまは　たかいですね。

1 安い　　2 多い　　3 高い　　4 古い

10　たくしーを　よんで　ください。

1 タクシー　　2 タクソー　　3 クタシー　　4 クタンー

11 やまださんと　たんじょうびが　おなじです。

1 冋じ　　2 回じ　　3 同じ　　4 向じ

12 その　ほんは　まだ　はんぶんしか　よんで　いません。

1 半分　　2 半分　　3 羊分　　4 羊分

もんだい3　（　　　）に　なにが　はいりますか。1・2・3・4から　いちばん　いい　ものを　ひとつ　えらんで　ください。

（れい）あそこで　バスに　（　　　）。

1 のりました　　　2 あがりました

3 つきました　　　4 はいりました

（かいとうようし）

（れい）	● ② ③ ④

---

13 きょねん、にほんの　とうきょうを　（　　　）しました。

1 げんき　　2 こうばん　　3 りょこう　　4 ぐあい

14 ははは　きれいな　（　　　）を　かいました。

1 ハンカチ　　2 トイレ　　3 スピーチ　　4 プール

15 にもつが　（　　　）ので　もてません。

1 おもい　　2 かるい　　3 いそがしい　　4 やすい

16 きのう　ほんを　2（　　　）　よみました。

1 まい　　2 ほん　　3 だい　　4 さつ

17 シャワーを　（　　　）から　およぎます。

1 はいって　　2 あびて　　3 いれて　　4 とって

18 （　　　）　はなしだったので　わかりませんでした。

1 やさしい　　2 かんたんな　　3 むずかしい　　4 ながい

もんだい４　＿＿＿の　ぶんと　だいたい　おなじ　いみの　ぶんが　あります。
１・２・３・４から　いちばん　いい　ものを　ひとつ　えらんで
ください。

（れい）ゆうべ　しゅくだいを　しました。

1 おとといの　あさ　しゅくだいを　しました。
2 おとといの　よる　しゅくだいを　しました。
3 きのうの　あさ　しゅくだいを　しました。
4 きのうの　よる　しゅくだいを　しました。

（かいとうようし）

(例)（れい）	①　②　③　●

19　きのうは　３０ぷん　さんぽを　しました。

1 きのうは　３０ぷん　よろこびました。
2 きのうは　３０ぷん　わたりました。
3 きのうは　３０ぷん　あるきました。
4 きのうは　３０ぷん　のぼりました。

20　あまい　おかしは　きらいです。

1 あまい　おかしは　すきです。
2 あまい　おかしは　すきでは　ありません。
3 あまい　おかしは　きれいです。
4 あまい　おかしは　きれいでは　ありません。

21　せんたくしてから　でかけます。

1 かみを　あらった　あと　でかけます。

2 ふくを　あらった　あと　でかけます。

3 さらを　あらった　あと　でかけます。

4 かおを　あらった　あと　でかけます。

N5

言語知識（文法）・読解

（40ぷん）

注意
Notes

1. 試験が始まるまで、この問題用紙をあけないでください。
   Do not open this question booklet until the test begins.
2. この問題用紙を持ってかえることはできません。
   Do not take this question booklet with you after the test.
3. 受験番号となまえをしたの欄に、受験票とおなじようにかいてください。
   Write your examinee registration number and name clearly in each box below as written on your test voucher.
4. この問題用紙は、全部で１４ページあります。
   This question booklet has 14 pages.
5. 問題には解答番号の 1 、 2 、 3 …があります。
   解答は、解答用紙にあるおなじ番号のところにマークしてください。
   One of the row numbers 1, 2, 3 … is given for each question. Mark your answer in the same row of the answer sheet.

受験番号 Examinee Registration Number	

なまえ Name	

もんだい1　（　　）に　何(なに)を　入(い)れますか。1・2・3・4から　いちばん　いい　ものを　一(ひと)つ　えらんで　ください。

（れい）　これ（　　）　えんぴつです。

1 に　　2 を　　3 は　　4 や

（かいとうようし）　（れい）　①　②　●　④

1　きのう　せんたくや　へや（　　）　そうじを　しました。

1 を　　2 も　　3 と　　4 の

2　わたしの　兄(あに)は　大学生(だいがくせい)（　　）、東京(とうきょう)に　すんで　います。

1 に　　2 で　　3 が　　4 へ

3　みかんを　5つ（　　）　食(た)べて　しまいました。

1 しか　　2 の　　3 も　　4 に

4　たかはしさん、くらく　なって　きたから、早(はや)く　（　　）。

1 かえって　みます　　2 かえらないで　ください

3 かえるなら　いいです　　4 かえった　ほうが　いいです

5 やまださんは　2まいの　シャツを　着(き)て　みましたが、（　　　）買(か)いませんでした。

1 どちらも　　2 どちらか　　3 だれも　　4 だれか

6 きっさてんに　コーヒーを　（　　　）　行(い)きませんか。

1 飲(の)む　　2 飲(の)みたい　　3 飲(の)みに　　4 飲(の)みながら

7 パーティーで　うたを　（　　　）　おどったり　しました。

1 うたう　　2 うたったり　　3 うたいます　　4 うたって

8 この　ケーキは　あまり　（　　　）。

1 おいしいですか　　2 おいしかったです

3 おいしいでしょう　　4 おいしく　なかったです

9 A「きのうは　ばんから　ずっと　あめが　（　　　）ね。」

B「ええ。そとへ　出る　ことが　できませんね。」

1 ふります　　2 ふりましょう

3 ふって　います　　4 ふりませんでした

もんだい２　＿★＿　に　入る（はいる）　ものは　どれですか。１・２・３・４から　いちばん　いい　ものを　一つ（ひとつ）　えらんで　ください。

（もんだいれい）

つくえの　＿＿　＿＿　＿★＿　＿＿　あります。

1 が　　2 に　　3 上　　4 ペン

（こたえかた）

1 たたしい　文（ぶん）を　つくります。

つくえの　＿＿　＿＿　＿★＿　＿＿　あります。

1 が　　2 に　　3 上　　4 ペン

2 ＿★＿に　入る（はいる）　ばんごうを　くろく　ぬります。

（かいとうようし）

（例）（れい）	①　②　③　●

---

10 いけだ「これから、いしはらさん　＿＿　＿＿　＿★＿　＿＿　行き（い）ます。リーさんも　いっしょに　どうですか。」

リー　「えっ、いいですか。よろこんで　行き（い）ます。」

1 お店（みせ）へ　　2 と　　3 飲み（の）に　　4 近く（ちか）の

11 きょうは　りんごが　やすかったです。いつもは　ひとつ　＿＿　＿＿　＿★＿　＿＿　でした。

1 110円（えん）の　　2 220円（えん）　　3 みっつで　　4 りんごが

12　A「パーティーは　きょうですね。」

B「いいえ、＿＿＿ ＿★＿ ＿＿＿ ＿＿＿ ですよ。」

1 きょう　　2 あさって　　3 では　　4 なくて

13　A「スポーツ　＿＿＿ ＿★＿ ＿＿＿ ＿＿＿ が　いちばん　好（す）きですか。」

B「サッカーが　いちばん　好（す）きです。」

1 で　　2 の　　3 なか　　4 なに

もんだい3　[14]　から　[17]　に　何を　入れますか。ぶんしょうの　いみを　かんがえて、　1・2・3・4から　いちばん　いい　ものを　一つ　えらんで　ください。

日本で　べんきょうして　いる　学生が　「プレゼント」の　さくぶんを　書いて、みんなの　前で　読みました。

（1）キムさんの　さくぶん

わたしが　１１さいに　なった　とき、父　[14]　の　たんじょうびの　プレゼントは　１さつの　本でした。とても　おもしろい　本で、すぐに　ぜんぶ　読んで、それから　また　はじめから　読みました。わたしは　寝る　[15]　よく　その　本を　読みました。その　本は　今も　わたしの　部屋に　あります。

（2）リーさんの　さくぶん

わたしは　ことし　日本へ　来ました。きょねんの　たんじょうびに　母が　ネクタイを　[16]　。青い　ネクタイです。来月は　母の　たんじょうびが　あります。母の　たんじょうびに　わたしも　いい　プレゼントを　[17]　。

14

1 と　　　2 まで

3 へ　　　4 から

15

1 あいだ　　　2 から

3 あとで　　　4 まえに

16

1 くれました　　　2 やりました

3 もらいました　　　4 あげました

17

1 あげました　　　2 もらって　ください

3 あげたいです　　　4 もらいたいです

もんだい４　つぎの　（1）から　（2）の　ぶんしょうを　読(よ)んで、しつもんに　こたえて　ください。こたえは、１・２・３・４から、いちばん　いい　ものを　一(ひと)つ　えらんで　ください。

（1）

れいわ中学校(ちゅうがっこう)は　駅(えき)の　すぐ　近(ちか)くに　あります。
わたしの　家(いえ)からも　歩(ある)いて　５分(ふん)の　ところに　あります。
学校(がっこう)の　たてものは　今年(ことし)　新(あたら)しく　なりました。
体育館(たいいくかん)は　小(ちい)さく　なりましたが、校庭(こうてい)が　広(ひろ)く　なりました。

18　れいわ中学校(ちゅうがっこう)に　ついて　ただしいのは　どれですか。

1　れいわ中学校(ちゅうがっこう)は　わたしの　家(いえ)の　となりに　あります。
2　れいわ中学校(ちゅうがっこう)は　駅(えき)の　近(ちか)くに　あります。
3　学校(がっこう)の　体育館(たいいくかん)が　大(おお)きく　なりました。
4　学校(がっこう)の　校庭(こうてい)が　小(ちい)さく　なりました。

（2）

（会社で）

サラさんの　机の　上に、この　メモと　にもつが　あります。

> サラさん
>
> 　きょうの　午後　1時ごろ　ゆうびんきょくの　人が　来ますから、この　にもつを　わたして　ください。お金も　ゆうびんきょくの　人に　わたして　ください。ゆうびんきょくの　人に　わたす　お金は　午前　11時に　鈴木さんが　持って　きて　くれます。
>
> 　よろしく　お願いします。
>
> 村上
>
> 7月7日　10：00

19　この　メモを　読んで、サラさんは　はじめに　何を　しますか。

1 鈴木さんに　お金を　もらいます。

2 鈴木さんに　にもつと　お金を　わたします。

3 ゆうびんきょくの　人に　にもつを　わたします。

4 ゆうびんきょくの　人に　にもつと　お金を　わたします。

もんだい５　つぎの　ぶんしょうを　読んで、しつもんに　こたえて　ください。
こたえは、１・２・３・４から　いちばん　いい　ものを　一つ
えらんで　ください。

全国的に　インフルエンザが　はやって　いて、ぼくの　かよって　いる小学校も　あしたの　４月７日から　お休みに　なりました。
最初は　４月７日から　４月１４日までの　お休みでしたが、４月１７日までに　変わりました。
学校の　宿題は、国語、算数、音楽が　ありましたが、お休みが　長くなったので、宿題に　美術が　増えました。
担任の　先生からは　毎週　月よう日に　電話が　かかって　きて、体のようすや　宿題の　ようすを　話して　います。
きょうは　土よう日なので　あさって　また　電話が　くる　予定です。

20　この　人の　学校は、いつまで　お休みですか。

1　４月４日
2　４月７日
3　４月１４日
4　４月１７日

21 この 人(ひと)の 担任(たんにん)の 先生(せんせい)は、何(なん)よう日(び)に 電話(でんわ)しますか。

1 月(げつ)よう日(び)
2 火(か)よう日(び)
3 土(ど)よう日(び)
4 日(にち)よう日(び)

もんだい６　右の　ページを　見て、下の　しつもんに　こたえて　ください。
こたえは、１・２・３・４から　いちばん　いい　ものを　一つ　えらんで　ください。

22　なかのやで　ティッシュペーパーと　肉と　くだものを　同じ　日に　買いたいです。いつ　買えば　いいですか。

1　１０月１日（月）と　２日（火）
2　１０月３日（水）と　４日（木）
3　１０月５日（金）と　６日（土）
4　１０月７日（日）と　８日（月）

＊なかのや＊

朝 9:00 ～ **夜** 10:00

電話　012－345－6789

安い！

１０月１日（月）～４日（木）
たまご１３８円、ティッシュペーパー ３２０円

おすすめ！

１０月５日（金）～８日（月）
しょうゆ ２８０円、トイレットペーパー ４８０円

毎週 安い！

月・火　くだもの、やさい、ジュース
水・木　牛乳、肉、くだもの
金・土　やさい、魚、パン

N5

聴解（ちょうかい）

(30ぷん)

注意（ちゅうい）
Notes

1 試験（しけん）が始（はじ）まるまで、この問題用紙（もんだいようし）を開（あ）けないでください。
Do not open this question booklet until the test begins.

2 この問題用紙（もんだいようし）を持（も）って帰（かえ）ることはできません。
Do not take this question booklet with you after the test.

3 受験番号（じゅけんばんごう）と名前（なまえ）を下（した）の欄（らん）に、受験票（じゅけんひょう）と同（おな）じように書（か）いてください。
Write your examinee registration number and name clearly in each box below as written on your test voucher.

4 この問題用紙（もんだいようし）は、全部（ぜんぶ）で１４ページあります。
This question booklet has 14 pages.

5 この問題用紙（もんだいようし）にメモをとってもいいです。
You may make notes in this question booklet.

受験番号（じゅけんばんごう） Examinee Registration Number	

なまえ Name	

もんだい１

　もんだい１では、はじめに　しつもんを　きいて　ください。それから　はなしを　きいて、もんだいようしの　１から４の　なかから、いちばん　いい　ものを　ひとつ　えらんで　ください。

れい

1

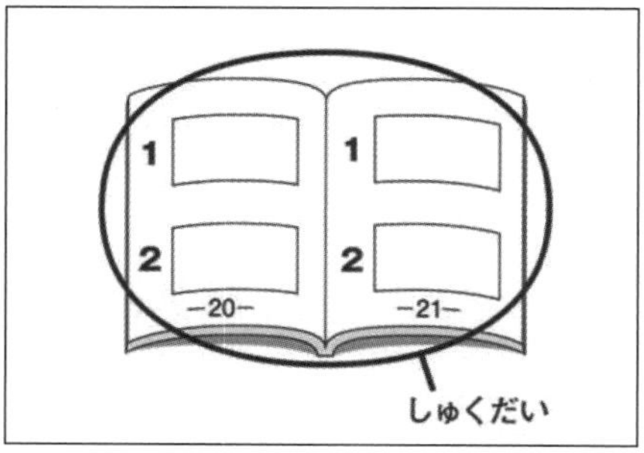

2

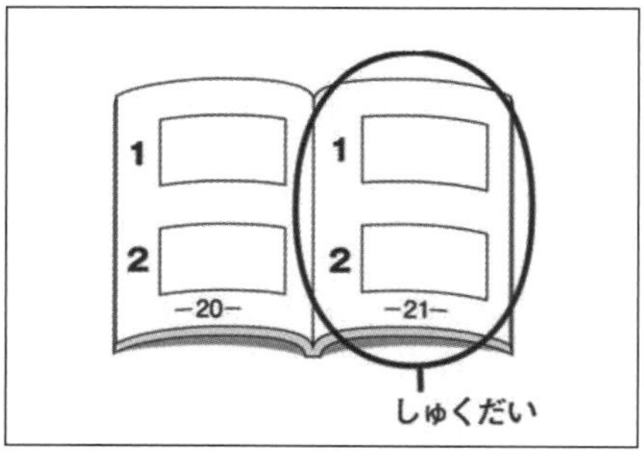

3

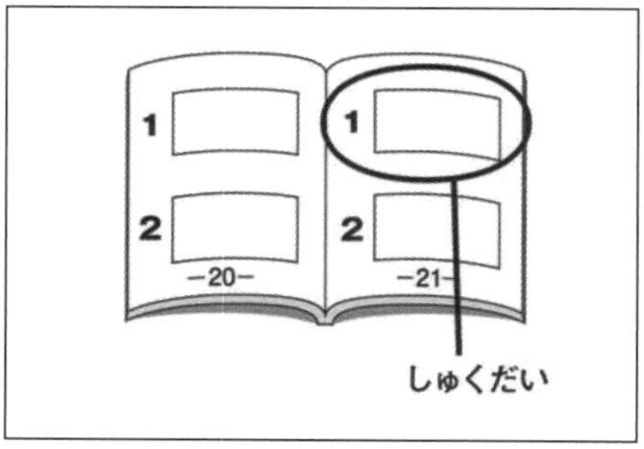

4

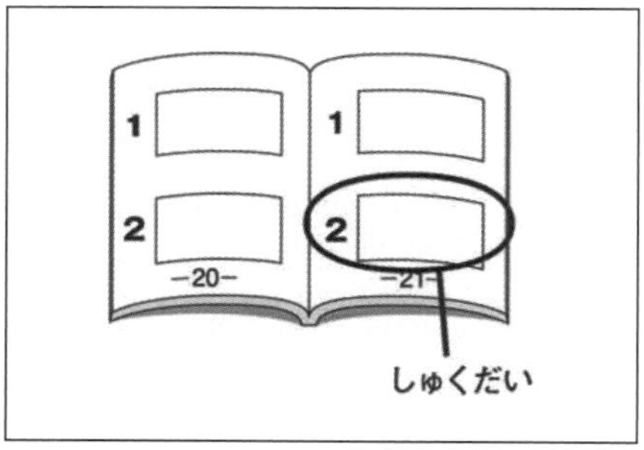

1ばん

1

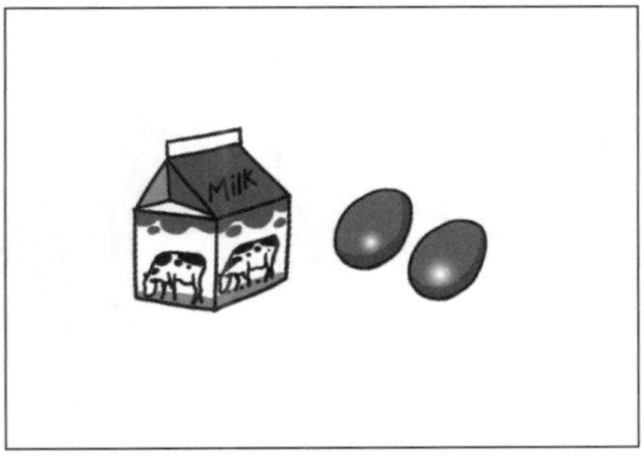

2

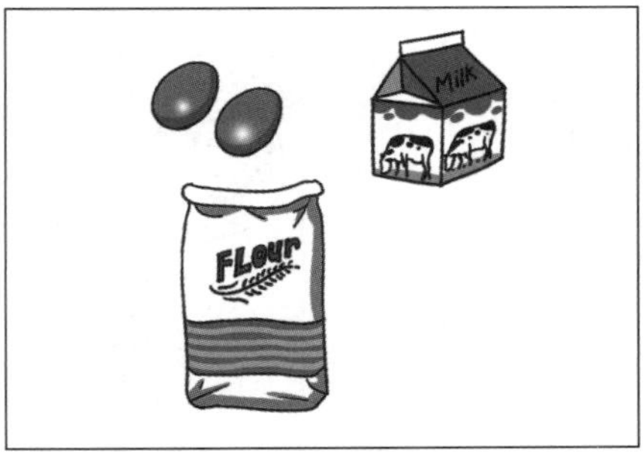

3

4

2ばん

1　1階(かい)の　3番(ばん)

2　1階(かい)の　4番(ばん)

3　2階(かい)の　3番(ばん)

4　2階(かい)の　4番(ばん)

3ばん

1

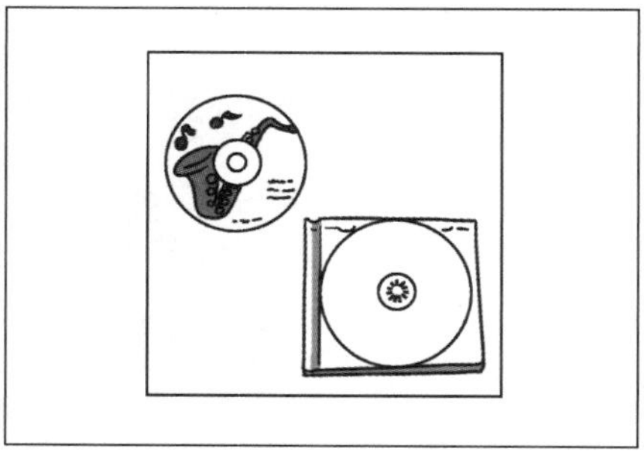

2

3

4

4ばん

1

2

3

4

5 ばん

6 ばん

1　ＳＦ

2　ホラー

3　ラブコメ

4　アニメ

7ばん

6
4
1
2
3
日 月 火 水 木 金 土
1 2 3 4
5 6 7 8 9 10 11
12 13 14 15 16 17 18
19 20 21 22 23 24 25
26 27 28 29 30

もんだい 2

もんだい２では、はじめに　しつもんを　きいて　ください。それから　はなしを　きいて、もんだいようしの　１から４の　なかから、いちばん　いい　ものを　ひとつ　えらんでください。

れい

1　としょかん

2　えき

3　デパート

4　レストラン

1ばん

1　今週（こんしゅう）

2　来週（らいしゅう）

3　今年（ことし）

4　来年（らいねん）の春（はる）

2ばん

1

2

3

4

3 ばん

1　にぎやかな　まち

2　山（やま）

3　川（かわ）

4　海（うみ）

4 ばん

1

2

3

4

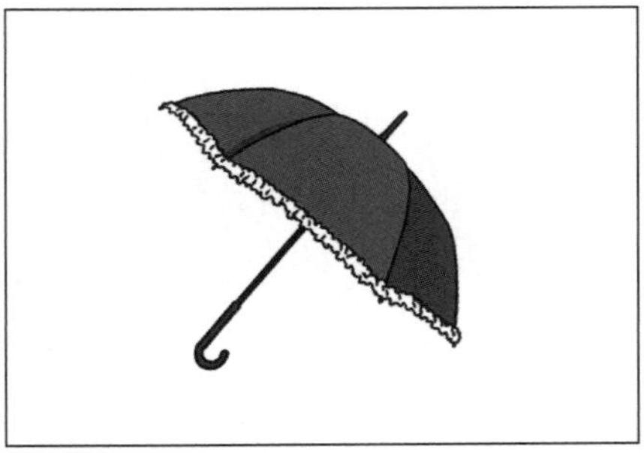

5ばん

1　空港

2　観光(かんこう)バス

3　友(とも)だちの　家(いえ)

4　ホテル

6ばん

1　テーブルの　上(うえ)

2　いすの　上(うえ)

3　ポケットの　中(なか)

4　かばんの　中(なか)

もんだい３

もんだい３では、えを　みながら　しつもんを　きいて　ください。
➡（やじるし）の　ひとは　なんと　いいますか。１から３の　なかから、
いちばん　いい　ものを　ひとつ　えらんで　ください。

れい

1ばん

2ばん

3 ばん

4 ばん

5ばん

もんだい４

もんだい４は、えなどが　ありません。ぶんを　きいて　ください。１から３の なかから、いちばん　いい　ものを　ひとつ　えらんで　ください。

ーメモー

JLPT N5
제1회 실전모의테스트 | 정답 및 해석 |

1교시 언어지식(문자・어휘)

문제 1　1 ②　2 ④　3 ③　4 ③　5 ②　6 ④　7 ④
문제 2　8 ③　9 ④　10 ②　11 ①　12 ④
문제 3　13 ①　14 ②　15 ④　16 ①　17 ②　18 ①
문제 4　19 ④　20 ④　21 ①

1교시 언어지식(문법)・독해

문제 1　1 ①　2 ④　3 ①　4 ②　5 ②　6 ③　7 ③　8 ①　9 ④
문제 2　10 ② (1423)　11 ① (2413)　10 ① (3142)　13 ④ (1423)
문제 3　14 ④　15 ①　16 ③　17 ②
문제 4　18 ④　19 ②
문제 5　20 ③　21 ③
문제 6　22 ①

2교시 청해

문제 1　1 ④　2 ③　3 ①　4 ③　5 ②　6 ③　7 ①
문제 2　1 ③　2 ①　3 ④　4 ①　5 ③　6 ①
문제 3　1 ①　2 ②　3 ③　4 ①　5 ②
문제 4　1 ②　2 ①　3 ②　4 ③　5 ①　6 ②

1교시 언어지식(문자・어휘)

문제 1 ______의 단어는 히라가나로 어떻게 씁니까? 1・2・3・4 중에서 가장 적당한 것을 하나 고르세요.

1 헤엄쳐서 강을 건넜습니다.
2 버스에서 야마다 씨를 만났습니다.
3 전기를 꺼 주세요.
4 일은 9시부터 시작합니다.
5 먼저 실례하겠습니다.
6 외국에 가고 싶네요.
7 지금은 매일이 즐겁습니다.

문제 2 ______의 단어는 어떻게 씁니까? 1・2・3・4 중에서 가장 적당한 것을 하나 고르세요.

8 이 사진을 봐 주세요.
9 학교는 다음 주 월요일부터 시작합니다.
10 호텔에 도착했습니다.
11 그 일은 누구에게도 말하지 말아 주세요.
12 다음 달 스키를 타러 갑니다.

문제 3 (　　) 에 무엇이 들어갑니까? 1・2・3・4 중에서 가장 적당한 것을 하나 고르세요.

13 대학까지 버스로 20분 걸립니다.
14 일이 많이 있어서 바빴습니다.
15 나는 매일 커피를 세 잔 마십니다.
16 추우니까 목도리를 걸치고 가세요.
17 바람이 강하기 때문에 창문을 닫아 주세요.
18 머리가 아팠기 때문에 약을 먹었습니다.

문제 4 ______의 문장과 거의 같은 의미의 문장이 있습니다. 1・2・3・4 중에서 가장 적당한 것을 하나 고르세요.

19 음료수는 어디에 있습니까?
1 책이랑 잡지는 어디에 있습니까?
2 볼펜이랑 노트는 어디에 있습니까?
3 우표랑 엽서는 어디에 있습니까?
4 우유랑 주스는 어디에 있습니까?

20 테이블 위가 더럽습니다.
1 테이블 위가 싫습니다.
2 테이블 위가 싫지 않습니다.
3 테이블 위가 깨끗합니다.
4 테이블 위가 깨끗하지 않습니다.

21 설탕을 조금 넣어 주세요.
1 설탕을 조금 넣어 주세요.
2 설탕을 금방 넣어 주세요.
3 설탕을 많이 넣어 주세요.
4 설탕을 한 번 더 가득 넣어 주세요.

1교시 언어지식(문법)・독해

문제 1 (　　) 에 무엇을 넣습니까? 1・2・3・4 중에서 가장 적당한 것을 하나 고르세요.

1 이 전철은 신주쿠역에 9시에 도착합니다.
2 이름은 검은 볼펜으로 써 주세요.
3 다음 신호(등)을 오른쪽으로 돌아 주세요.
4 너무 뜨거웠기 때문에 목욕탕에 들어갈 수 없었습니다.
5 피곤했기 때문에 이제 걷고 싶지 않습니다.
6 학생 때는 테니스를 쳤지만, 지금은 전혀 치지 않습니다.
7 미안하지만, 소금을 집어 주세요.
8 일본의 음식은 맛있습니다. 가장 좋아하는 것은 오뎅입니다.
9 A "오늘은 춥네요"
B "그래요. 뭔가 따뜻한 것을 마시고 싶네요."

문제 2 ___★___에 들어가는 것은 어느 것입니까? 1・2・3・4 중에서 가장 적당한 것을 하나 고르세요.

10 매일 나는 아침밥을 먹기 전에 이를 닦습니다. (1423)
11 모리 "김 씨는 단어를 모를 때 어떻게 합니까?"
김 "사전에서 찾아봅니다" (2413)
12 (가게에서)
이시하라 "이 구두는 좀 큽니다. 좀 더 작은 것은 없습니까?"
가게 점원 "그럼, 이쪽은 어떠신가요?" (3142)
13 A "저 선글라스를 쓰고 있는 사람은 누구입니까?"
B "아아, 저 빨간 셔츠를 입은 사람이네요. 저 사람은 리 씨예요." (1423)

문제 3 [14] 부터 [17] 에 무엇을 넣습니까? 글의 의미를 생각하여 1・2・3・4 중에서 가장 적당한 것을 하나 고르세요.

일본에 연수생으로 온 베트남인의 글입니다.

저는 베트남에서 왔습니다. 연수생입니다. 제 방은 301입니다. 3층에 있습니다. 작지만 깨끗한 방입니다.

1층에 식당이 있습니다. 여러 가지 요리가 있습니다. 저는 매일 1층의 식당에서 밥을 먹습니다. 매우 맛있습니다.

제 방에서 역까지 걸어서 12분 정도입니다. 역 근처에 백화점이랑 슈퍼 등이 있습니다.

문제 4　다음 (1)부터 (2)까지 글을 읽고 질문에 답하세요. 답은 1·2·3·4 중에서 가장 적당한 것을 하나 고르세요.

해석

(1)
하야시 씨의 책상 위에 이 메모와 자료가 있습니다.

하야시 씨
회의 전에 이 자료를 10부 복사해 주세요.
복사한 것은 1부씩 호치키스로 철해 주세요.
회의실에 가져오기 전에 돌아오니까 제 책상 위에 놓아 주세요.
야마다

18　하야시 씨는 복사를 한 후에 어떻게 합니까?

1 호치키스로 철하기 전에 야마다 씨에게 건넵니다.
2 회의실에 가져갑니다.
3 자기 책상 위에 놓습니다.
4 야마다 씨의 책상 위에 놓습니다.

단어 **机**(つくえ) 책상 | **上**(うえ) 위 | **メモ** 메모 | **資料**(しりょう) 자료 | **ある** 있다 | **会議**(かいぎ) 회의 | **前**(まえ) 전, 앞 | **~部**(ぶ) ~부 | **コピーする** 복사하다 | **~てください** ~해 주세요 | **もの** 것, 물건 | **~ずつ** ~씩 | **ホッチキス** 호치키스, 스테이플러 | **とめる** 찍다, 철하다 | **会議室**(かいぎしつ) 회의실 | **持**(も)**っていく** 가져오다 | **もどる** 돌아오다, 되돌아오다 | **おく** 놓다, 두다 | **~たあとで** ~한 뒤에 | **渡**(わた)**す** 건네다 | **自分**(じぶん) 자기, 자신

해설

하야시 씨가 복사를 한 뒤에 어떻게 하는지를 묻고 있다. 선택지 1번은 호치키스로 철하기 전에 야마다 씨에게 건넨다고 했는데, 복사한 것은 1부씩 호치키스로 철해 달라고 했으므로 틀리고, 선택지 2번은 회의실로 가져간다고 했는데, 회의실로 가져가기 전에 야마다 씨의 책상 위에 놓아 달라고 했으므로 틀리다. 선택지 3번 역시 야마다 씨의 책상에 놓지 않고 하야시 씨의 책상에 놓기 때문에 틀리다. 따라서 정답은 선택지 4번 '야마다 씨의 책상 위에 놓습니다'가 된다.

해석

(2) 저는 5인 가족입니다. 아버지와 어머니와 형과 여동생과 저입니다. 아버지는 시계 회사에서 일하고 있습니다. 형은 지금 영국의 대학에서 공부하고 있습니다. 저와 여동생은 같은 고등학교에 다니고 있습니다. 어제 아버지의 남동생이 우리 집에 놀러 와서, 옛날 이야기를 많이 해 주셨습니다. 즐거웠습니다. 형도 이제 곧 일본에 돌아옵니다. 빨리 만나고 싶습니다.

19　이 사람은 지금 몇 명이서 살고 있습니까?

1 3명
2 4명
3 5명
4 6명

단어 **5人家族**(ごにんかぞく) 5인 가족 | **父**(ちち) 아버지 | **母**(はは) 어머니 | **兄**(あに) 형, 오빠 | **妹**(いもうと) 여동생 | **時計**(とけい) 시계 | **会社**(かいしゃ) 회사 | **はたらく** 일하다 | **今**(いま) 지금 | **イギリス** 영국 | **大学**(だいがく) 대학 | **べんきょうする** 공부하다 | **同**(おな)**じだ** 같다 | **高校**(こうこう) 고등학교 | **かよう** 다니다 | **きのう** 어제 | **弟**(おとうと) 남동생 | **うち** (우리) 집 | **遊**(あそ)**ぶ** 놀다 | **~に来**(く)**る** ~하러 오다 | **昔**(むかし) 옛날 | **話**(はなし) 이야기 | **たくさん** 많이 | **する** 하다 | **~てくれる** (남이 나에게) ~해 주다 | **たのしい** 즐겁다 | **もうすぐ** 이제 곧 | **日本**(にほん) 일본 | **もどってくる** 돌아오다 | **早**(はや)**く** 빨리 | **会**(あ)**う** 만나다 | **~たい** ~하고 싶다 | **何人**(なんにん) 몇 명 | **すむ** 살다

해설

이 사람이 지금 몇 명과 살고 있는지를 묻고 있다. 이 사람은 5인 가족인데, 두 번째 문장에서 형은 지금 영국의 대학에서 공부하고 있다고 했다. 그리고 마지막 문장에서 형은 이제 곧 일본에 돌아온다고 하면서 빨리 만나고 싶다고 했으므로, 형과 같이 살고 있지 않다는 것을 의미한다. 따라서 정답은 선택지 2번 4명(5인 가족에서 형이 빠졌으므로)이 된다.

문제 5 **다음 글을 읽고 질문에 답하세요. 답은 1・2・3・4 중에서 가장 적당한 것을 하나 고르세요.**

해석

지난주 1살이 된 아이의 사진을 찍으러 포토스튜디오에 갔습니다. 여름휴가에 가족끼리 오키나와에 여행하고 싶어서 여권을 만들 사진이 필요했기 때문입니다.

오키나와에 갈 비행기 티켓은 지금까지 모은 마일리지를 사용해서 예약을 했습니다. 어른 1명 15,000마일리지였습니다. 아이도 어른과 같은 마일리지가 필요하지만, 3살 이하는 비행기 요금이 무료여서 어른 두 명과 다섯 살 아이 1명을 예약했습니다. 도쿄까지 돌아오는 비행기는 어른 1명 20,000엔이고 아이는 15,000엔이었습니다.

20 **왜 아이의 사진을 찍었습니까?**

1 포토스튜디오가 새롭게 생겼기 때문에
2 아이의 생일이었기 때문에
3 아이의 여권을 만들고 싶었기 때문에
4 3살 이하는 비행기의 요금이 무료이기 때문에

21 **이 가족은 몇 마일리지로 오키나와에 갈 비행기를 예약했습니까?**

1 15,000마일리지
2 30,000마일리지
3 45,000마일리지
4 60,000마일리지

단어 **先週**(せんしゅう) 지난주 | **～歳**(さい) ～살, ～세 | **～になる** ～이 되다 | **子**(こ)**ども** 아이 | **写真**(しゃしん) 사진 | **とる** (사진을) 찍다 | **フォトスタジオ** 포토스튜디오 | **夏休**(なつやす)**み** 여름휴가 | **家族**(かぞく) 가족 | **～で** ～끼리 | **おきなわ** 오키나와 | **旅行**(りょこう)**する** 여행하다 | **パスポート** 여권, 패스포트 | **作**(つく)**る** 만들다 | **必要**(ひつよう)**だ** 필요하다 | **ひこうき** 비행기 | **チケット** 티켓 | **ためる** 모으다 | **マイル** 마일리지 | **使**(つか)**う** 사용하다 | **予約**(よやく)**する** 예약하다 | **大人**(おとな) 어른, 성인 | **ひとり** 한 명 | **以下**(いか) 이하 | **料金**(りょうきん) 요금 | **無料**(むりょう) 무료 | **ふたり** 두 명 | **東京**(とうきょう) 도쿄 | **帰**(かえ)**り** 돌아옴 | **～円**(えん) ～엔 | **どうして** 왜 | **新**(あたら)**しい** 새롭다 | **できる** 생기다 | **たんじょうび** 생일 | **何**(なん)**～** 몇 ～

해설

(질문 20) 아이의 사진을 찍는 이유를 묻고 있다. 위에서 두 번째 문장에서 여름휴가 때 가족끼리 오키나와에 여행하고 싶어서 여권을 만들기 위한 사진이 필요했다고 했으므로, 정답은 선택지 3번 '아이의 여권을 만들고 싶었기 때문에'가 된다.
(질문 21) 이 가족이 오키나와에 갈 비행기를 몇 마일리지로 예약했는지를 묻고 있다. 두 번째 단락에서 어른 한 명이 15,000마일리지였고, 아이도 어른도 같은 마일리지가 필요하지만, 3살 이하는 무료라고 했다. 그래서 어른 두 명과 5세 아이 한 명을 예약했다고 했으므로, 정답은 선택지 3번 45,000마일리지(어른 두 명 30,000+5세 아이 15,000)가 된다.

문제 6 **오른쪽 페이지를 보고 아래의 질문에 답하세요. 답은 1・2・3・4 중에서 가장 적당한 것을 하나 고르세요.**

해석

① 걸리는 시간 12분 / 드는 요금 160엔

나카노역	전철 5분	신주쿠역	걷는다 7분	미도리 병원

② 걸리는 시간 30분 / 드는 요금 220엔

나카노역	버스 25분	버스 정류장 신주쿠에키마에	걷는다 5분	미도리 병원

③ 걸리는 시간 12분 / 드는 요금 180엔

히가시나카노역	지하철 8분	신주쿠역	걷는다 10분	미도리 병원

④ 걸리는 시간 11분 / 드는 요금 140엔

오쿠보역	전철 3분	신주쿠역	걷는다 8분	미도리 병원

28 이 씨는 미도리 병원에 가고 싶습니다. 나카노역이나 히가시나카노역에서 탑니다. 집에서 병원까지 드는 돈은 200엔까지로 시간은 짧은 편이 좋습니다. 이 씨는 어느 가는 방법으로 갑니까?

1 ①　2 ②　3 ③　4 ④

단어 病院(びょういん) 병원 | 中野駅(なかのえき) 나카노역(지명) | ～か ～이나 | 東中野駅(ひがしなかのえき) 히가시나카노역(지명) | 乗(の)る 타다 | 家(いえ) 집 | かかる (시간이) 걸리다, (비용 등이) 들다 | お金(かね) 돈 | 時間(じかん) 시간 | みじかい 짧다 | ほう 편, 쪽 | いい 좋다 | どの 어느 | 行(い)き方(かた) 가는 방법 | 料金(りょうきん) 요금 | 電車(でんしゃ) 전철 | 新宿駅(しんじゅくえき) 신주쿠역(지명) | 歩(ある)く 걷다 | バス 버스 | バスてい 버스 정류장 | 新宿駅前(しんじゅくえきまえ) 신주쿠에키마에(지명) | 地下鉄(ちかてつ) 지하철 | 大久保駅(おおくぼえき) 오쿠보역(지명)

해설

이 씨가 어떤 식으로 미도리 병원에 가는지를 묻고 있다. 이 씨는 나카노역이나 히가시나카노역에서 타는데, 교통비는 200엔까지 들고, 시간은 짧은 편이 좋다고 했다.
먼저, 나카노역이나 히가시나카노역에서 타기 때문에 선택지 4번은 틀리고, 교통비가 200엔까지 들었으면 좋겠다고 했으므로 선택지 2번도 틀리다. 마지막으로 시간은 짧은 편이 좋다고 했으므로, 선택지 1번이 선택지 3번보다 걸리는 시간이 짧으므로 정답이 된다.

2교시　청해

日本語能力試験　聴解　N５

これからN５の聴解(ちょうかいしけん)試験をはじめます。もんだいようしにメモをとってもいいです。もんだいようしをあけてください。もんだいようしのページがないときは手(て)をあげてください。もんだいがよく見(み)えないときも手(て)をあげてください。いつでもいいです。

일본어능력시험 청해 N5

이제부터 N5 청해 시험을 시작하겠습니다. 문제용지에 메모를 해도 됩니다. 문제용지를 펼쳐 주세요. 문제용지의 페이지가 없을 때는 손을 들어 주세요. 문제가 잘 보이지 않을 때도 손을 들어 주세요. 언제든지 괜찮습니다.

もんだい１

もんだい１では、はじめにしつもんをきいてください。それからはなしをきいて、もんだいようしの１から４のなかから、いちばんいいものをひとつえらんでください。
では、れんしゅうしましょう。

문제1

문제1에서는 먼저 질문을 들으세요. 그리고 이야기를 듣고, 문제용지의 1에서 4 중에서 가장 적당한 답을 하나 고르세요. 그럼 연습합시다.

れい

クラスで先生(せんせい)が話(はな)しています。学生(がくせい)は、今日(きょう)家(うち)で、どこを勉強(べんきょう)しますか。

F：では、今日(きょう)は２０(にじゅう)ページまで終(お)わりましたから、２１(にじゅういち)ページは宿題(しゅくだい)ですね。
M：全部(ぜんぶ)ですか。
F：いえ、２１(にじゅういち)ページの１番(いちばん)です。２番(にばん)は、クラスでします。

学生(がくせい)は、今日(きょう)家(うち)で、どこを勉強(べんきょう)しますか。

예

학급에서 선생님이 이야기하고 있습니다. 학생은 오늘 집에서 어디를 공부합니까?

여: 그럼, 오늘은 20페이지까지 끝났기 때문에 21페이지는 숙제네요.
남: 전부입니까?
여: 아니, 21페이지 1번입니다. 2번은 학급에서 하겠습니다.

학생은 오늘 집에서 어디를 공부합니까?

いちばんいいものは３ばんです。かいとうようしのもんだい１のれいのところをみてください。いちばんいいものは３ばんですから、こたえはこのように書きます。
では、はじめます。

가장 적당한 것은 3번입니다. 해답용지의 문제1의 예 부분을 보세요. 가장 적당한 것은 3번이므로 답은 이렇게 씁니다.
그럼 시작하겠습니다.

１ばん

デパートで、男の人とお店の人が話しています。男の人は、どのくつしたを選びますか。

M: 赤ちゃんのくつしたは、ありますか。
F : はい、こちらです。
女の子のはレースのくつしたが、男の子のは車の絵が入ったくつしたが人気です。
M: まだどっちなのかわからないんです。
F : では、こちらの星の絵が入ったくつしたは、いかがですか。
M: そうですね！それにします。

男の人は、どのくつしたを選びますか。

1번

백화점에서 남자와 점원이 이야기하고 있습니다. 남자는 어느 양말을 고릅니까?

남: 아기 양말은 있나요?
여: 네, 이쪽입니다.
여자아이 것은 레이스가 달린 양말이, 남자아이 것은 자동차 그림이 들어간 양말이 인기입니다.
남: 아직 어느 쪽인지 모릅니다.
여: 그렇다면 이쪽의 별 그림이 들어간 양말은 어떨까요?
남: 그렇군요! 그것으로 하겠습니다.

남자는 어느 양말을 고릅니까?

단어

デパート 백화점 | **どの** 어느 | **くつした** 양말 | **選(えら)ぶ** 고르다, 선택하다 | **赤(あか)ちゃん** 아기 | **こちら** 이쪽 | **女(おんな)の子(こ)** 여자아이 | **～の** ～의 것 | **レース** 레이스 | **男(おとこ)の子(こ)** 남자아이 | **車(くるま)** 자동차 | **絵(え)** 그림 | **入(はい)る** 들어가다 | **人気(にんき)** 인기 | **まだ** 아직 | **どっち** 어느 쪽 | **わかる** 알다, 이해하다 | **では** 그럼 | **星(ほし)** 별 | **いかが** 어떠함 | **～にする** ～로 하다

해설

남자가 아기 양말로 어떤 것을 고르는지 묻는 문제이다. 마지막에 점원이 별 그림이 들어간 양말을 추천(こちらの星の絵が入ったくつしたは' いかがですか)했고, 남자는 그것으로 하겠다(それにします)고 했으므로, 정답은 4번이 된다.

２ばん

バス停で、女の人とバスの運転手さんが話しています。女の人は、何番のバスに乗りますか。

F : すみません、２番のバスは中野駅に行きますか。
M: いいえ、中野駅に行くバスは１番と３番と５番です。
F : あ、はい、そうですか。
M: あ、でも、週末は５番のバスはありませんから、１番か３番のバスに乗ってください。
次でしたら３番のほうが早いですね。
F : わかりました。ありがとうございます。

2번

버스 정류장에서 여자와 버스 운전사가 이야기하고 있습니다. 여자는 몇 번 버스를 탑니까?

여: 저기요, 2번 버스는 나카노역에 가나요?
남: 아니요, 나카노역에 가는 버스는 1번과 3번과 5번입니다.
여: 아, 네, 그렇습니까?
남: 아, 하지만 주말은 5번 버스는 없으니까 1번이나 3번 버스를 타세요.
다음이라면 3번 쪽이 빠르겠네요.
여: 알겠습니다. 고맙습니다.

女の人は、何番のバスに乗りますか。

1　1ばん
2　2ばん
3　3ばん
4　4ばん

여자는 몇 번 버스를 탑니까?

1　1번
2　2번
3　3번
4　4번

단어

バス停(てい) 버스 정류장 | **運転手**(うんてんしゅ)**さん** 운전사 | **何番**(なんばん) 몇 번 | **乗**(の)**る** 타다 | **すみません** 미안합니다, 저기요 | **中野駅**(なかのえき) 나카노역(지명) | **行**(い)**く** 가다 | **～番**(ばん) ～번 | **でも** 하지만 | **週末**(しゅうまつ) 주말 | **～てください** ～해주세요 | **次**(つぎ) 다음 | **ほう** 쪽, 편 | **早**(はや)**い** 빠르다 | **まだ** 아직

해설

여자가 버스 운전사에게 나카노역에 가는 버스를 묻고 있다. 운전사는 나카노역에 가는 버스는 1번과 3번과 5번(中野駅に行くバスは１番と３番と５番です)이지만, 다음에 간다면 3번 쪽이 빠르다(次でしたら３番のほうが早いですね)고 했고 여자도 알겠다고 했으므로 정답은 3번이 된다.

3ばん

病院で、医者と女の人が話しています。女の人は、一日に何回薬を飲みますか。

M: この薬は、夜だけ飲む薬です。夜、寝る前に飲んでください。

F : 朝や昼は飲まなくてもいいんですか。

M: はい、新しい薬なので、朝や昼は飲まなくても大丈夫です。３日間飲んでくださいね。

F : わかりました。ありがとうございます。

女の人は、一日に何回薬を飲みますか。

3번

병원에서 의사와 여자가 이야기하고 있습니다. 여자는 하루에 몇 번 약을 먹습니까?

남: 이 약은 밤에만 먹는 약입니다. 밤에 자기 전에 드세요.

여: 아침이랑 낮에는 먹지 않아도 괜찮은가요?

남: 네, 신약이기 때문에 아침이나 낮에는 먹지 않아도 괜찮습니다. 3일간 드세요.

여: 알겠습니다. 고맙습니다.

여자는 하루에 몇 번 약을 먹습니까?

단어

病院(びょういん) 병원 | **医者**(いしゃ) 의사 | **一日**(いちにち) 하루, 1일 | **何回**(なんかい) 몇 번 | **薬**(くすり)**を飲**(の)**む** 약을 먹다 | **夜**(よる) 저녁, 밤 | **～だけ** ～만 | **寝**(ね)**る** 자다 | **前** 전 | **朝**(あさ) 아침 | **昼**(ひる) 낮, 점심 | **～なくてもいい** ～하지 않아도 좋다 | **新**(あたら)**しい** 새롭다 | **大丈夫**(だいじょうぶ)**だ** 괜찮다 | **３日間**(みっかかん) 3일간

해설

병원에서 여자가 의사와 이야기하고 있습니다. 여자가 하루에 몇 번 약을 먹는지를 묻는 문제이다. 의사는 여자에게 이 약은 밤에만 먹는 약이라고 자기 전에 먹어 달라(この薬は'夜だけ飲む薬です°夜'寝る前に飲んでください)고 말하고 있으므로 정답은 1번이 된다. 의사가 3일간 먹으라고 해서 3번을 선택하지 않도록 주의한다.

4ばん

デパートで、女の人とお店の人が話しています。女の人は、どのかばんを選びますか。

F : あの一、あの黒いかばんを見せてください。

M: この小さいのでしょうか。

F : いえ、そのとなりにある大きいのです。

M: こちらになります。

F : これ、いいですね。これにします。

女の人は、どのかばんを選びますか。

4번

백화점에서 여자와 점원이 이야기하고 있습니다. 여자는 어느 가방을 고릅니까?

여: 저, 저 검은색 가방을 보여 주세요.

남: 이 작은 것인가요?

여: 아니, 그 옆에 있는 큰 것이에요.

남: 이쪽입니다.

여: 이거 좋네요. 이것으로 하겠습니다.

여자는 어느 가방을 고릅니까?

단어

デパート 백화점 | **お店(みせ)の人(ひと)** 점원 | **どの** 어느 | **かばん** 가방 | **選(えら)ぶ** 고르다, 선택하다 | **あのー** 저 | **黒(くろ)い** 검다 | **見(み)せる** 보이다 | **〜てください** 〜해 주세요 | **小(ちい)さい** 작다 | **〜でしょうか** 〜인가요? | **いえ** 아니 | **となり** 옆, 이웃 | **大(おお)きい** 크다 | **こちら** 이쪽 | **〜になる** 〜이 되다, 〜이다 | **いい** 좋다 | **〜にする** 〜로 하다

해설

여자가 백화점에서 가방을 고르고 있다. 여자가 어느 가방을 고르는지 묻는 문제이다. 여자는 점원에게 검은색 가방을 집어 달라고 하자 점원이 작은 것을 말하는지 묻는다. 여자는 작은 것 옆에 있는 큰 가방(そのとなりにある大きいのです)이라고 하고, 가방이 좋아서 선택한다(これ' いいですね° これにします). 따라서 여자가 고른 가방은 큰 검은색 가방이므로 정답은 3번이 된다.

5ばん

男の人と女の人が話しています。男の人はどこに行きますか。

M: すみません。グッドモーニングカフェはどこですか。

F : グッドモーニングカフェですね。
あの交差点を右に曲がってください。
道の左側に郵便局があります。
グッドモーニングカフェは郵便局のとなりにありますよ。

M: わかりました。ありがとうございます。

男の人はどこに行きますか。

5번

남자와 여자가 이야기하고 있습니다. 남자는 어디에 갑니까?

남: 미안합니다. 굿모닝카페는 어디에 있습니까?

여: 굿모닝카페 말이군요.
저 교차로를 오른쪽으로 돌아 주세요.
길 왼쪽에 우체국이 있습니다.
굿모닝카페는 우체국 옆에 있어요.

남: 알겠습니다. 고맙습니다.

남자는 어디에 갑니까?

단어

どこ 어디 | **すみません** 미안합니다, 저기요 | **グッドモーニングカフェ** 굿모닝카페 | **あの** 저 | **交差点(こうさてん)** 교차로, 교차점 | **右(みぎ)** 오른쪽 | **曲(ま)がる** 돌다 | **道(みち)** 길 | **左側(ひだりがわ)** 왼쪽 방면 | **郵便局(ゆうびんきょく)** 우체국 | **となり** 옆, 이웃

해설

남자가 여자에게 굿모닝카페로 가는 길을 묻고 있다. 여자는 교차로를 오른쪽으로 돌면 밀 왼쪽 방면에 우체국이 있고, 굿모닝카페는 우체국 옆에 있다(グッドモーニングカフェは郵便局のとなりにありますよ)고 했다. 따라서 정답은 2번이 된다.

6ばん

会社で男の人と女の人が話しています。女の人はどの雑誌を男の人に渡しますか。

M: 太田さん、すみませんが、太田さんの後ろにある雑誌を取ってくれませんか。

F : どの雑誌ですか。時計の雑誌と車の雑誌がありますが。

M: 車の雑誌です。

F : ６月のと７月のがあります。どっちにしますか。

M: ６月のをお願いします。

女の人はどの雑誌を男の人に渡しますか。

6번

회사에서 남자와 여자가 이야기하고 있습니다. 여자는 어느 잡지를 남자에게 건넵니까?

남: 오타 씨, 미안하지만, 오타 씨의 뒤에 있는 잡지를 집어 주지 않겠어요?

여: 어느 잡지인가요? 시계 잡지와 자동차 잡지가 있습니다만.

남: 자동차 잡지입니다.

여: 6월과 7월 잡지가 있어요. 어느 쪽으로 할까요?

남: 6월 잡지를 부탁합니다.

여자는 어느 잡지를 남자에게 건넵니까?

단어

会社(かいしゃ) 회사 | **どの** 어느 | **かばん** 가방 | **雑誌**(ざっし) 잡지 | **渡**(わた)**す** 건네다 | **後**(うし)**ろ** 뒤 | **取**(と)**る** 집다, 들다 | **〜てくれませんか** 〜해 주시지 않겠습니까? | **時計**(とけい) 시계 | **車**(くるま) 자동차 | **〜の** 〜의 것 | **どっち** 어느 쪽 | **〜にする** 〜로 하다 | **お願**(ねが)**いする** 부탁하다

해설

남자가 여자에게 집어 달라고 하는 잡지가 어느 것인지를 묻는 문제이다. 남자는 여자에게 잡지를 집어 달라고 부탁한다. 여자는 시계 잡지와 자동차 잡지 중에 어느 잡지인지, 그리고 6월과 7월 중 어느 쪽인지를 묻자, 남자는 자동차 잡지(車の雑誌です)이고 6월 잡지를 부탁한다(６月のをお願いします)고 했으므로, 정답은 3번이 된다.

7ばん

学校で先生が学生に話しています。学生は何日に学校に来ますか。

F：みなさん、あしたからゴールデンウィークで、一週間お休みになりますね。次、来るのは５月７日になります。５月８日から５月１０日までテストですから、お休みの間、勉強もがんばってくださいね。

学生は何日に学校に来ますか。

7번

학교에서 선생님이 학생에게 이야기하고 있습니다. 학생은 며칠에 학교에 옵니까?

여: 여러분, 내일부터 골든 위크이고, 일주일 동안 쉬게 됩니다. 다음에 오는 것은 5월 7일이 됩니다. 5월 8일부터 5월 10일까지 시험이기 때문에, 쉬는 동안 공부도 열심히 해 주세요.

학생은 며칠에 학교에 옵니까?

단어

学校(がっこう) 학교 | **先生**(せんせい) 선생님 | **学生**(がくせい) 학생 | **何日**(なんにち) 며칠 | **来**(く)**る** 오다 | **みなさん** 여러분 | **あした** 내일 | **ゴールデンウィーク** 골든 위크, 황금연휴 | **一週間**(いっしゅうかん) 일주일간, 일주일 동안 | **お休**(やす)**み** 휴식, 휴일 | **次**(つぎ) 다음 | **７日**(なのか) 7일 | **８日**(ようか) 8일 | **〜から〜まで** 〜부터 〜까지 | **１０日**(とおか) 10일 | **テスト** 테스트, 시험 | **間**(あいだ) 사이, 동안 | **勉強**(べんきょう) 공부 | **がんばる** 열심히 하다, 분발하다

해설

학생이 며칠에 학교에 오는지를 묻는 문제이다. 선생님은 내일부터 골든 위크로 일주일 동안 휴일이고, 다음에 오는 날은 5월 7일(次' 来るのは５月７日になります)이라고 했으므로, 정답은 1번이 된다.

もんだい２

もんだい２では、はじめにしつもんをきいてください。それからはなしをきいて、もんだいようしの１から４のなかから、いちばんいいものをひとつえらんでください。
では、れんしゅうしましょう。

れい

男の人と女の人が話しています。男の人は昨日、どこへ行きましたか。男の人です。

M：山田さん、昨日どこかへ行きましたか。
F：図書館へ行きました。
M：駅のそばの図書館ですか。

문제2

문제2에서는 처음에 질문을 들어 주세요. 그리고 이야기를 듣고, 문제용지의 1에서 4 중에서 가장 알맞은 것을 하나 골라 주세요.
그럼, 연습합시다.

예

남자와 여자가 이야기하고 있습니다. 남자는 어제 어디에 갔습니까? 남자입니다.

남: 야마다 씨 어제 어딘가에 갔습니까?
여: 도서관에 갔습니다.
남: 역 옆의 도서관입니까?

F：はい。
M：僕は山川デパートへ行って、買い物をしました。
F：え、私も昨日の夜、山川デパートのレストランへ行きましたよ。
M：そうですか。

男の人は昨日、どこへ行きましたか。

1 としょかん
2 えき
3 デパート
4 レストラン

여: 네.
남: 나는 야마카와 백화점에 가서, 쇼핑을 했습니다.
여: 어머, 나도 어젯밤 야마카와 백화점의 레스토랑에 갔어요.
남: 그렇습니까?

남자는 어제 어디에 갔습니까?

1 도서관
2 역
3 **백화점**
4 레스토랑

**いちばんいいものは3ばんです。かいとうようしのもんだい2のれいのところを見てください。いちばんいいものは3ばんですから、こたえはこのように書きます。
では、はじめます。**

가장 적당한 것은 3번입니다. 해답용지의 문제2의 예 부분을 보세요. 가장 적당한 것은 3번이므로 답은 이렇게 씁니다.
그럼 시작하겠습니다.

1ばん

教室で、先生が学生に話しています。学生は何で名前を書きますか。

M：えー、来週のラーメン工場の見学に行きたい人は、この用紙に黒いボールペンで名前を書いてください。えんぴつや、赤いボールペンで書かないでくださいね。

学生は何で名前を書きますか。

1 くろい　えんぴつ
2 あかい　えんぴつ
3 くろい　ボールペン
4 あかい　ボールペン

1번

교실에서 선생님이 학생에게 이야기하고 있습니다. 학생은 무엇으로 이름을 씁니까?

남: 저, 다음 주 라면 공장 견학에 가고 싶은 사람은 이 용지에 검은색 볼펜으로 이름을 써 주세요. 연필이랑 빨간색 볼펜으로 쓰지 말아 주세요.

학생은 무엇으로 이름을 씁니까?

1 검은색 연필
2 빨간색 연필
3 **검은색 볼펜**
4 빨간색 볼펜

단어

教室(きょうしつ) 교실 | **先生**(せんせい) 선생님 | **学生**(がくせい) 학생 | **何**(なに)**で** 무엇으로 | **名前**(なまえ) 이름 | **書**(く) 쓰다, 적다 | **来週**(らいしゅう) 다음 주 | **ラーメン工場**(こうじょう) 라면 공장 | **見学**(けんがく) 견학 | **〜に行**(い)**く** 〜하러 가다 | **〜たい** 〜하고 싶다 | **用紙**(ようし) 용지 | **黒**(くろ)**い** 검다 | **ボールペン** 볼펜 | **えんぴつ** 연필 | **〜や** 〜이나, 〜이랑 | **赤**(あか)**い** 빨갛다, 붉다 | **〜ないでください** 〜하지 말아 주세요

해설

다음 주 라면 공장 견학을 가고 싶은 학생이 용지에 이름을 무엇으로 쓰는지를 묻고 있다. 선생님은 검은색 볼펜으로 이름을 쓰고(この用紙に黒いボールペンで名前を書いてください), 연필이나 빨간색 볼펜으로는 쓰지 말아 달라고 했으므로, 정답은 3번이 된다.

2ばん

男の人と女の人が話しています。女の人は、あしたの午後、何をしますか。

M: 木村さん。あした、学校の図書館で一緒に勉強しませんか。

F: あしたですか。えーっと…。

M: いそがしいですか。

F: 午前中はカフェのバイトなんです。うーん、午後1時からならいいですよ。

M: じゃあ、ぼくも家で洗濯したり掃除したりしてから1時までに行きますね。

F: はい、わかりました！

女の人は、あしたの午後、何をしますか。

2번

남자와 여자가 이야기하고 있습니다. 여자는 내일 오후 무엇을 합니까?

남: 기무라 씨, 내일 학교 도서관에서 함께 공부하지 않겠습니까?

여: 내일 말인가요? 저…….

남: 바쁜가요?

여: 오전 중은 카페의 아르바이트가 있어요. 음, 오후 1시부터라면 좋아요.

남: 그럼, 저도 집에서 빨래하거나 청소하거나 하고 나서 1시까지 가겠습니다.

여: 네, 알겠습니다!

여자는 내일 오후 무엇을 합니까?

단어

あした 내일 | **午後(ごご)** 오후 | **図書館(としょかん)** 도서관 | **一緒(いっしょ)に** 함께, 같이 | **勉強(べんきょう)する** 공부하다 | **～ませんか** ～하지 않겠습니까? | **いそがしい** 바쁘다 | **午前中(ごぜんちゅう)** 오전 중 | **カフェ** 카페 | **バイト** 아르바이트 | **～なら** ～라면 | **いい** 좋다 | **じゃあ** 그럼 | **家(いえ)** 집 | **洗濯(せんたく)する** 세탁하다, 빨래하다 | **～たり～たりする** ～하거나 ～하거나 하다 | **掃除(そうじ)する** 청소하다 | **～てから** ～하고 나서 | **～までに** ～까지는 | **わかる** 알다, 이해하다

해설

여자가 내일 오후에 무엇을 할 예정인지를 묻고 있다. 남자가 여자에게 내일 학교 도서관에서 같이 공부하자(あした、学校の図書館で一緒に勉強しませんか)고 했을 때, 여자는 오전 중에는 카페 아르바이트가 있는데, 오후 1시부터라면 괜찮다(午後１時からならいいですよ)고 했다. 따라서 정답 1번이 된다. 2번은 오전에 하는 일이고, 3번과 4번은 남자가 하는 일이다.

3ばん

学校の図書館で、男の学生と女の学生が話しています。男の学生は、きょう、何時間勉強しますか。

F: 山下さん、きょう何時間勉強しますか。

M: あしたテストがあるので、きょうは4時間ぐらい勉強します。

F: いつもそんなに長く勉強するんですか。

M: いつもは2時間ぐらいです。
新井さんはいつも何時間ぐらい勉強しますか。

F: 私はいつも1時間です。
でも、きょうは私も3時間ぐらいがんばってみます。

男の学生は、きょう、何時間勉強しますか。

1 1時間
2 2時間
3 3時間
4 4時間

3번

학교 도서관에서 남학생과 여학생이 이야기하고 있습니다. 남학생은 오늘 몇 시간 공부합니까?

여: 야마시타 씨, 오늘 몇 시간 공부하나요?

남: 내일 시험이 있어서 오늘은 4시간 정도 공부합니다.

여: 평소 그렇게 길게 공부하나요?

남: 평소는 2시간 정도입니다.
아라이 씨는 평소 몇 시간 정도 공부합니까?

여: 나는 평소 1시간이에요.
하지만, 오늘은 나도 3시간 정도 열심히 해 볼게요.

남학생은 오늘 몇 시간 공부합니까?

1 1시간
2 2시간
3 3시간
4 4시간

단어

学生(がくせい) 학생 | **きょう** 오늘 | **何時間**(なんじかん) 몇 시간 | **～時間**(じかん) ~시간 | **テスト** 테스트, 시험 | **～ので** ~때문에 | **4時間**(よんじかん) 4시간 | **～ぐらい** ~정도 | **いつも** 평소, 언제나, 항상 | **そんなに** 그렇게 | **長**(なが)**く** 길게 | **2時間**(にじかん) 2시간 | **私**(わたし) 나, 저 | **1時間**(いちじかん) 1시간 | **でも** 그러나, 하지만 | **3時間**(さんじかん) 3시간 | **がんばる** 열심히 하다, 분발하다 | **～てみる** ~해 보다

해설

오늘 남학생이 공부하는 시간을 묻고 있다. 여학생이 남학생에게 오늘 몇 시간 공부하는지를 묻자 남학생은 내일 시험이 있어서 오늘은 4시간 정도 공부한다(あしたテストがあるので' きょうは４時間ぐらい勉強します)고 했으므로, 정답은 4번이 된다.

4ばん

男の人と女の人が話しています。女の人の電話番号は何番ですか。

M: 加藤さん。加藤さんの電話番号を聞いてもいいですか。

F : ええ、いいですよ。７５８の０３０４です。

M: ありがとうございます。
えっと、７８５の０３０４っと…。

F : 違います。７５８です。

M: あっ、すみません。ありがとうございます。

女の人の電話番号は何番ですか。

4번

남자와 여자가 이야기하고 있습니다. 여자의 전화번호는 몇 번입니까?

남: 가토 씨. 가토 씨의 전화번호를 물어도 될까요?

여: 네, 좋아요. 758-0304예요.

남: 고마워요.
저, 785-0304라고…….

여: 틀렸어요. 758이에요.

남: 앗, 미안합니다. 고마워요.

여자의 전화번호는 몇 번입니까?

단어

電話番号(でんわばんごう) 전화번호 | **何番**(なんばん) 몇 번 | **聞**(き)**く** 묻다, 듣다 | **～てもいい** ~해도 좋다 | **違**(ちが)**う** 틀리다, 잘못되다

해설

여자의 전화번호를 묻고 있다. 여자는 758-0304(７５８の０３０４です)라고 말했는데, 남자가 785-0304라고 잘못 말하자 758이라고 다시 말하고 있다. 따라서 정답은 1번이 된다.

5ばん

学校で、男の人と女の人が話しています。男の人はきのう、どこへ行きましたか。

M: 中野さん、きのうは何をしましたか。

F : きのうは友だちと新宿で遊びました。田中さんは何をしましたか。

M: ぼくはデパートで買い物をしました。

F : いいですね。何を買ったんですか。

M: 海に行くときに使う帽子を買いました。

F : 海に行くんですか。

M: はい。来週の火よう日、海に行きます。

5번

학교에서 남자와 여자가 이야기하고 있습니다. 남자는 어제 어디에 갔습니까?

남: 나카노 씨, 어제는 무엇을 했습니까?

여: 어제는 친구와 신주쿠에서 놀았습니다. 다나카 씨는 무엇을 했나요?

남: 저는 백화점에서 쇼핑을 했습니다.

여: 좋네요. 무엇을 샀습니까?

남: 바다에 갈 때 사용하는 모자를 샀습니다.

여: 바다에 가나요?

남: 네. 다음 주 화요일, 바다에 갑니다.

男の人はきのう、どこへ行きましたか。

1 がっこう
2 しんじゅく
3 デパート
4 うみ

남자는 어제 어디에 갔습니까?

1 학교
2 신주쿠
3 백화점
4 바다

단어

学校(がっこう) 학교 | **きのう** 어제 | **どこ** 어디, 어느 곳 | **友**(とも)**だち** 친구 | **新宿**(しんじゅく) 신주쿠(지명) | **遊**(あそ)**ぶ** 놀다 | **ぼく** 나(남성어) | **デパート** 백화점 | **買**(か)**い物**(もの) 쇼핑 | **買**(か)**う** 사다 | **海**(うみ) 바다 | **とき** 때 | **使**(つか)**う** 사용하다 | **帽子**(ぼうし) 모자 | **来週**(らいしゅう) 다음 주 | **火**(か)**よう日**(び) 화요일

해설

남자가 어제 어디에 갔는지를 묻고 있다. 여자(나카노 씨)는 어제 친구와 신주쿠에서 놀았는데, 남자(다나카 씨)는 백화점에서 쇼핑을 했다고 했으므로, 정답은 3번이 된다. 1번은 두 사람이 이야기한 장소이고, 2번은 여자가 어제 간 곳이고, 4번은 남자가 앞으로 갈 곳이다.

6ばん

男の人と女の人が話しています。男の人はだれにマフラーをもらいましたか。

F：山田さん、すてきなマフラですね。
M：あ、これですか。妹が誕生日に作ってくれました。
F：手作りですか。上手ですね！
M：小さいときから、母が作るのを見ながら練習していましたから。
今では母や父のほかに友だちにも作ってあげています。
F：いや、ほんとすごいです。私も趣味で始めたくなります。
M：ぜひぜひ。

男の人はだれにマフラーをもらいましたか。

1 いもうと
2 母
3 父
4 友だち

6번

남자와 여자가 이야기하고 있습니다. 남자는 누구에게 목도리를 받았습니까?

여: 야마다 씨, 멋진 목도리네요.
남: 아, 이것 말인가요? 여동생이 생일에 만들어 주었어요.
여: 손수 만든 것인가요? 잘 만들었네요!
남: 어렸을 때부터 어머니가 만드는 것을 보면서 연습하고 있었기 때문에.
지금은 어머니나 아버지 외에 친구에게도 만들어 주고 있어요.
여: 이야, 정말 훌륭하네요. 저도 취미로 시작하고 싶어요.
남: 꼭꼭.

남자는 누구에게 목도리를 받았습니까?

1 여동생
2 어머니
3 아버지
4 친구

단어

だれに 누구에게 | **マフラー** 머플러, 목도리 | **もらう** (내가 남에게) 받다 | **すてきだ** 멋지다, 훌륭하다 | **妹**(いもうと) 여동생 | **誕生日**(たんじょうび) 생일 | **作**(つく)**る** 만들다 | **~てくれる** (남이 나에게) ~해 주다 | **手作**(てづく)**り** 손수 만듦, 수제 | **上手**(じょうず)**だ** 능숙하다, 잘하다 | **小**(ちい)**さい** 작다, 어리다 | **とき** 때 | **母**(はは) 어머니 | **見**(み)**る** 보다 | **~ながら** ~하면서 | **練習**(れんしゅう)**する** 연습하다 | **今**(いま) 지금 | **父**(ちち) 아버지 | **~のほかに** ~외에 | **友**(とも)**だち** 친구 | **いや** 야(놀라거나 감탄할 때 나오는 말) | **ほんと** 정말 | **すごい** 훌륭하다, 대단하다 | **趣味**(しゅみ) 취미 | **始**(はじ)**める** 시작하다 | **ぜひぜひ** 꼭(**ぜひ**를 강조한 말)

해설

남자가 누구에게 목도리를 받았는지를 묻고 있다. 남자는 여자가 목도리에 대해서 칭찬을 하자, 여동생이 생일에 목도리를 만들어 주었다(妹が誕生日に作ってくれました)고 말하고 있으므로, 정답은 선택지 1번이 된다.

もんだい３

もんだい３では、えをみながらしつもんをきいてください。➡（やじるし）のひとはなんといいますか。１から３のなかから、いちばんいいものをひとつえらんでください。
でな、れんしゅうしましょう。

문제3

문제3에서는 그림을 보면서 질문을 들어 주세요. ➡ (화살표) 한 사람은 뭐라고 말합니까? 1에서 3 중에서 가장 알맞은 것을 하나 골라 주세요.
그럼, 연습합시다.

れい

レストランでお店(みせ)の人(ひと)を呼(よ)びます。何(なん)と言(い)いますか。

F：1 いらっしゃいませ。
2 失礼(しつれい)しました。
3 すみません。

いちばんいいものは３ばんです。かいとうようしのもんだい３のれいのところをみてください。いちばんいいものは３ばんですから、こたえはこのようにかきます。
では、はじめます。

예

레스토랑에서 점원을 부릅니다. 뭐라고 말합니까?

여：1 어서 오세요.
2 실례했습니다.
3 여기요.

가장 적당한 것은 3번입니다. 해답용지의 문제3의 예 부분을 보세요. 가장 적당한 것은 3번이므로 답은 이렇게 씁니다.
그럼 시작하겠습니다.

1ばん

友(とも)だちは消(け)しゴムがありません。友(とも)だちに何(なん)と言(い)いますか。

F：1 消(け)しゴム、貸(か)そうか。
2 消(け)しゴム、貸(か)して。
3 消(け)しゴム、ありがとう。

1번

친구는 지우개가 없습니다. 친구에게 뭐라고 말합니까?

여：1 지우개, 빌려줄까?
2 지우개, 빌려줘.
3 지우개, 고마워.

단어

友(とも)だち 친구 | **消(け)しゴム** 지우개 | **貸(か)す** 빌려주다 | **～(よ)うか** ～할까? | **ありがとう** 고마워

해설

지우개가 없는 친구에게 하는 말을 찾는 문제로, 1번 '지우개 빌려줄까?'가 정답이 된다. 2번은 내가 지우개가 없을 때 친구에게 하는 말이고, 3번은 지우개를 받은 다음 고마움을 표시하는 말이다.

2ばん

タクシーにのりました。みなみ駅(えき)に行(い)きたいです。何(なん)と言(い)いますか。

F：1 すみません、みなみ駅(えき)はどこですか。
2 みなみ駅(えき)までお願(ねが)いします。
3 みなみ駅(えき)から出(で)てすぐです。

2번

택시를 탔습니다. 미나미역에 가고 싶습니다. 뭐라고 말합니까?

여：1 미안합니다, 미나미역은 어디입니까?
2 미나미역까지 부탁합니다.
3 미나미역에서 나와 바로입니다.

단어

タクシー 택시 | **乗(の)る** 타다 | **みなみ駅(えき)** 미나미역(지명) | **行(い)く** 가다 | **すみません** 미안합니다, 저기요 | **～まで** ～까지 | **お願(ねが)いする** 부탁합니다 | **～から** ～에서, ～으로부터 | **出(で)る** 나오다 | **すぐ** 곧, 바로

해설

택시 운전수에게 미나미역으로 가고 싶다고 할 때 하는 말을 찾는 문제로, 2번 '미나미역까지 부탁합니다'가 정답이 된다. 1번은 장소를 찾을 때 하는 말이고, 3번은 장소를 알려줄 때 하는 말이다.

3 ばん

映画のチケットを買いたいです。何と言いますか。

F：1 チケットはもう買いました。
2 チケットを買ってください。
3 チケットを２枚ください。

3번

영화 티켓을 사고 싶습니다. 뭐라고 말합니까?

여 : 1 티켓은 이미 샀습니다.
2 티켓을 사 주세요.
3 티켓을 2장 주세요.

단어

映画(えいが) 영화 | **チケット** 티켓 | **買**(か)**う** 사다 | **~たい** ~하고 싶다 | **もう** 이미, 벌써 | **~てください** ~해 주세요 | 2**枚**(にまい) 2장 | **ください** 주세요

해설

영화 티켓을 구매할 때 하는 말을 찾는 문제로, 3번 '티켓을 2장 주세요'가 정답이 된다. 1번은 장소를 찾을 때 하는 말이고, 3번은 장소를 알려줄 때 하는 말이다.

4 ばん

東京駅に行きたいです。どの電車に乗ればいいかわかりません。何と言いますか。

F：1 すいません、東京駅に行きたいんですが。
2 すいません、東京駅はとおいです。
3 すいません、東京駅はどこにありますか。

4번

도쿄역에 가고 싶습니다. 어느 전철을 타면 좋은지 모르겠습니다. 뭐라고 말합니까?

여 : 1 미안합니다, 도쿄역에 가고 싶습니다만.
2 미안합니다, 도쿄역은 멉니다.
3 미안합니다, 도쿄역은 어디에 있습니까?

단어

東京駅(とうきょうえき) 도쿄역(지명) | **どの** 어느 | **電車**(でんしゃ) 전철 | **乗**(の)**る** 타다 | **~ば** ~하면 | **いいか** 좋은지 | **わかる** 알다, 이해하다 | **すいません** 미안합니다, 저기요 | **~たいんですが** ~하고 싶습니다만 | **とおい** 멀다 | **どこ** 어디 | **ある** 있다

해설

전철역에서 도쿄역에 가고 싶은데, 어느 전철을 타면 좋을지 물을 때 하는 말을 찾는 문제로, 1번 '미안합니다, 도쿄역에 가고 싶습니다만'이 정답이 된다. 2번은 가고자 하는 장소에 대해 설명할 때 하는 말이고, 3번은 장소를 물을 때 하는 말이다.

5 ばん

友だちの本を借りたいです。何と言いますか。

F：1 その本、もらってください。
2 その本、貸してください。
3 その本、使ってください。

5번

친구의 책을 빌리고 싶습니다. 뭐라고 말합니까?

여 : 1 그 책, 받아 주세요.
2 그 책, 빌려주세요.
3 그 책, 사용해 주세요.

단어

友(とも)**だち** 친구 | **本**(ほん) 책 | **借**(か)**りる** 빌리다, 빌려 쓰다 | **~たい** ~하고 싶다 | **もらう** 받다 | **~てください** ~해 주세요 | **貸**(か)**す** 빌려주다 | **使**(つか)**う** 사용하다

해설

내가 친구의 책을 빌리고 싶을 때 하는 말을 찾는 문제이다. 정답은 2번 '그 책 빌려주세요'가 된다. 1번은 내가 친구에게 책을 줄 때, 3번은 친구에게 책을 사용해 달라고 할 때의 말이다.

もんだい４

もんだい４は、えなどがありません。ぶんをきいて、１から３のなかから、いちばんいいものをひとつえらんでください。
でな、れんしゅうしましょう。

문제 4

문제4는 그림 등이 없습니다. 문장을 듣고, 1에서 3 중에서 가장 알맞은 것을 하나 골라 주세요.
그럼 연습합시다.

れい

F：お国(くに)はどちらですか。

M：1 あちらです。

2 アメリカです。

3 部屋(へや)です。

いちばんいいものは2ばんです。かいとうようしのもんだい４のれいのところをみてください。いちばんいいものは２ばんですから、こたえはこのようにかきます。
では、はじめます。

예

여：고향은 어디십니까?

남：1 저쪽입니다.

2 미국입니다.

3 방입니다.

가장 적당한 것은 2번입니다. 해답용지의 문제4의 예 부분을 보세요. 가장 적당한 것은 2번이므로 답은 이렇게 씁니다.
그럼 시작하겠습니다.

１ばん

M：あした、うちに食事(しょくじ)に来(き)ませんか。

F：1 ごめん、忘(わす)れてた。

2 ごめん、あしたは予定(よてい)があるんだ。

3 ごめん、待(ま)った？

1번

남：내일, 우리 집에 식사하러 오지 않겠습니까?

여：1 미안, 잊고 있었어.

2 미안, 내일은 예정이 있어.

3 미안, 기다렸어?

단어

あした 내일 | **うち** 우리 집 | **食事**(しょくじ) 식사 | **～に来**(く)**る** ～하러 오다 | **～ませんか** ～하지 않겠습니까? | **ごめん** 미안 | **忘**(わす)**れる** 잊다, 잊어 버리다 | **予定**(よてい) 예정 | **待**(ま)**つ** 기다리다

해설

내일 우리 집에 식사하러 오라는 말을 들었을 때 응답하는 말을 찾는 문제로, 2번 '미안, 내일은 예정이 있어'가 정답이 된다. 1번은 약속을 잊어 버렸을 때 하는 말이고, 3번은 약속에 늦었을 때 하는 말이다.

２ばん

M：この会社(かいしゃ)に入(はい)って、何年(なんねん)ですか。

F：1 ちょうど５年(ごねん)です。

2 ５０人(ごじゅうにん)ぐらいです。

3 ２０１５年(にせんじゅうごねん)です。

2번

남：이 회사에 들어와서 몇 년입니까?(몇 년 되었습니까?)

여：1 꼭 5년입니다.

2 50명 정도입니다.

3 2015년입니다.

단어

会社(かいしゃ) 회사 | **入**(はい)**る** 들어가다, 들어오다 | **何年**(なんねん) 몇 년 | **ちょうど** 꼭, 딱, 정확히 | ５**年**(ごねん) 5년 | ５０**人**(ごじゅうにん) 50명 | **ぐらい** 정도 | ２０１５**年**(にせんじゅうごねん) 2015년

해설

입사하고 몇 년이 되었는지를 묻는 말에 응답하는 말을 찾는 문제이다. 정답은 1번 '꼭 5년입니다'가 된다. 2번은 몇 명인지를 묻는 말에 대한 응답이고, 3번은 몇 년에 들어왔는지에 대한 응답이다.

3ばん

M: 田中(たなか)さんの家(いえ)はこの近(ちか)くですか。

F : 1 うちから近(ちか)いです。

2 ここから１０分(じゅっぷん)ぐらいです。

3 大(おお)きい病院(びょういん)があります。

3번

남 : 다나카 씨의 집은 이 근처입니까?

여 : 1 우리 집에서 가깝습니다.

2 **여기부터 10분 정도입니다.**

3 큰 병원이 있습니다.

단어

家(いえ) 집 | **近**(ちか)**く** 근처 | **うち** 우리 집 | **近**(ちか)**い** 가깝다 | **ここ** 여기, 이곳 | **１０分**(じゅっぷん) 10분 | **大**(おお)**きい** 크다 | **病院**(びょういん) 병원

해설

다나카 씨의 집이 이 근처인지 묻는 말에 대한 응답이므로, 2번 '여기부터 10분 정도입니다'가 정답이 된다. 1번은 기준을 여기가 아니라 자신의 집으로 했기 때문에 틀리고, 3번은 주변에 무엇이 있는지에 대한 응답이다.

4ばん

M: あしたの会議(かいぎ)は、何時(なんじ)からですか。

F : 1 ３時(さんじ)までです。

2 ３時間(さんじかん)ぐらいです。

3 ３時(さんじ)に始(はじ)まります。

4번

남 : 내일 회의는 몇 시부터입니까?

여 : 1 3시까지입니다.

2 3시간 정도입니다.

3 **3시에 시작됩니다.**

단어

あした 내일 | **会議**(かいぎ) 회의 | **何時**(なんじ) 몇 시 | **～から** ～부터 | **３時**(さんじ) 3시 | **～まで** ～까지 | **３時間**(さんじかん) 3시간 | **始**(はじ)**まる** 시작되다

해설

내일 회의가 몇 시부터인지를 묻고 있으므로, 3번 '3시에 시작됩니다'가 정답이 된다. 1번은 몇 시까지 하는지에 대한 응답이고, 2번은 몇 시간하는 지에 대한 응답이다.

5ばん

M: リンさん、今(いま)の仕事(しごと)はどうですか。

F : 1 たいへんですが、おもしろいです。

2 母(はは)は英語(えいご)の先生(せんせい)です。

3 はい、わかりました。

5번

남 : 린 씨, 지금 하는 일은 어떻습니까?

여 : 1 **힘들지만, 재미있습니다.**

2 어머니는 영어 선생님입니다.

3 네, 알겠습니다.

단어

今(いま) 지금 | **仕事**(しごと) 일, 업무 | **どう** 어떻게 | **たいへんだ** 힘들다, 큰일이다 | **～が** ～이지만 | **おもしろい** 재미있다 | **母**(はは) 어머니 | **英語**(えいご) 영어 | **先生**(せんせい) 선생님 | **わかる** 알다, 이해하다

해설

지금 하고 있는 일에 대해서 묻고 있으므로, 1번 '힘들지만, 재미있습니다'가 정답이 된다. 2번은 어머니가 하는 일에 대한 응답이다.

6ばん

M: いつもどんな音楽(おんがく)を聴(き)いていますか。

F : 1 はい、好(す)きです。

2 いろいろです。

3 毎日(まいにち)聴(き)いています。

6번

남 : 평소 어떤 음악을 듣고 있습니까?

여 : 1 네, 좋아합니다.

2 여러 가지입니다.

3 매일 듣고 있습니다.

단어

いつも 평소, 언제나, 항상 | **どんな** 어떤 | **音楽**(おんがく) 음악 | **聴**(き)**く** 듣다 | **〜ている** 〜하고 있다 | **好**(す)**きだ** 좋아하다 | **いろいろだ** 여러 가지이다, 다양하다 | **毎日**(まいにち) 매일

해설

평소 어떤 음악을 듣고 있는지 묻는 말에 대한 응답으로, 정답은 2번 '여러 가지입니다'가 된다. 1번은 음악을 좋아하는지에 대한 응답이고, 3번은 얼마나 듣고 있는지에 대한 응답이다.

JLPT N5

제2회 실전모의테스트 | 정답 및 해석 |

1교시 언어지식(문자 · 어휘)

문제 1　1 ③　2 ④　3 ④　4 ③　5 ②　6 ③　7 ①

문제 2　8 ①　9 ③　10 ①　11 ③　12 ①

문제 3　13 ③　14 ①　15 ①　16 ④　17 ②　18 ③

문제 4　19 ③　20 ②　21 ②

1교시 언어지식(문법) · 독해

문제 1　1 ④　2 ②　3 ③　4 ④　5 ①　6 ③　7 ②　8 ④　9 ③

문제 2　10 ① (2413)　11 ③ (1432)　12 ③ (1342)　13 ③ (2314)

문제 3　14 ④　15 ④　16 ①　17 ③

문제 4　18 ②　19 ①

문제 5　20 ④　21 ①

문제 6　22 ②

2교시 청해

문제 1　1 ①　2 ③　3 ②　4 ④　5 ④　6 ②　7 ①

문제 2　1 ④　2 ④　3 ②　4 ①　5 ④　6 ④

문제 3　1 ①　2 ①　3 ①　4 ③　5 ②

문제 4　1 ②　2 ①　3 ③　4 ②　5 ②　6 ③

1교시 언어지식(문자·어휘)

문제 1 ＿＿의 단어는 히라가나로 어떻게 씁니까? 1·2·3·4 중에서 가장 적당한 것을 하나 고르세요.

1 스즈키 씨는 짐이 **적**네요.
2 그곳에 있는 **남자**는 다나카 씨입니다.
3 어제 **새** 구두를 샀습니다.
4 역의 **남쪽 방면**에 호텔이 있습니다.
5 **10년** 전에 여기에 왔습니다.
6 제 방은 **밝**습니다.
7 5시부터 6시 **사이**는 항상 여기에 있습니다.

문제 2 ＿＿의 단어는 어떻게 씁니까? 1·2·3·4 중에서 가장 적당한 것을 하나 고르세요.

8 아이들이 **강**에서 놀고 있습니다.
9 이 자동차는 **비싸**네요.
10 **택시**를 불러 주세요.
11 야마다 씨와 생일이 **같**습니다.
12 그 책은 아직 **절반**밖에 읽지 않았습니다.

문제 3 (　　) 에 무엇이 들어갑니까? 1·2·3·4 중에서 가장 적당한 것을 하나 고르세요.

13 작년에 일본의 도쿄를 **여행**했습니다.
14 어머니는 예쁜 **손수건**을 샀습니다.
15 짐이 **무겁기** 때문에 들 수 없습니다.
16 어제 책을 2**권** 읽었습니다.
17 샤워를 **하고** 나서 헤엄칩니다.
18 **어려운** 이야기였기 때문에 이해할 수 없었습니다.

문제 4 ＿＿의 문장과 거의 같은 의미의 문장이 있습니다. 1·2·3·4 중에서 가장 적당한 것을 하나 고르세요.

19 어제는 30분 산책을 했습니다.
 1 어제는 30분 즐거웠습니다.
 2 어제는 30분 건넜습니다.
 3 **어제는 30분 걸었습니다.**
 4 어제는 30분 올랐습니다.

20 단 과자는 싫습니다.
 1 단 과자는 좋아합니다.
 2 **단 과자는 좋아하지 않습니다.**
 3 단 과자는 예쁩니다.
 4 단 과자는 예쁘지 않습니다.

21 세탁하고 나서 나갑니다.
 1 머리를 씻고 나서 나갑니다.
 2 **옷을 빨고 나서 나갑니다.**
 3 접시를 씻고 나서 나갑니다.
 4 얼굴을 씻고 나서 나갑니다.

1교시 언어지식(문법)·독해

문제 1 (　　) 에 무엇을 넣습니까? 1·2·3·4 중에서 가장 적당한 것을 하나 고르세요.

1 어제 빨래와 방(**의**) 청소를 했습니다.
2 저희 형은 대학생**이고** 도쿄에 살고 있습니다.
3 귤을 5개**나** 먹어 버렸습니다.
4 다카하시 씨, 어두워지기 시작했기 때문에, 빨리 **돌아가는 편이 좋습니다.**
5 야마다 씨는 2장의 셔츠를 입어 봤지만, **어느 쪽도** 사지 않았습니다.
6 찻집에 커피를 **마시러** 가지 않겠습니까?
7 파티에서 노래를 **부르거나** 춤을 추거나 했습니다.
8 이 케이크는 그다지 **맛있지 않았습니다.**
9 A "어제는 밤부터 계속 비가 **내리고 있네요.**"
 B "네. 밖에 나갈 수가 없네요."

문제 2 ＿★＿에 들어가는 것은 어느 것입니까? 1·2·3·4 중에서 가장 적당한 것을 하나 고르세요.

10 이케다 "이제부터 이시하라 씨**와 근처의 가게로 마시러** 갑니다. 리 씨도 함께 어떻습니까?"
 리 "앗, 괜찮습니까? 기꺼이 가겠습니다." (2413)
11 오늘은 사과가 쌌습니다. 평소는 하나에 **110엔 하는 사과가 세 개에 220엔**이었습니다. (1432)
12 A "파티는 오늘이지요."
 B "아니요, **오늘이 아니고 모레**예요." (1342)
13 A "스포츠 **중에서 무엇**을 가장 좋아합니까?"
 B "축구를 가장 좋아합니다." (2314)

문제 3 [14] 부터 [17] 에 무엇을 넣습니까? 글의 의미를 생각하여 1·2·3·4에서 가장 적당한 것을 하나 고르세요.

일본에서 공부하고 있는 학생이 '선물'에 대한 작문을 써서 모두의 앞에서 읽었습니다.

(1) 김 씨의 작문
내가 11살이 되었을 때 아버지로부터의 생일 선물은 1권의 책이었습니다. 매우 재미있는 책이어서 바로 전부 읽고, 그러고 나서 다시 처음부터 읽었습니다. 나는 자기 전에 자주 그 책을 읽었습니다. 그 책은 지금도 제 방에 있습니다.

(2) 리 씨의 작문
나는 올해 일본에 왔습니다. 작년 생일에 어머니가 넥타이를 주셨습니다. 파란 넥타이입니다. 다음 달은 어머니의 생신이 있습니다. 어머니의 생신에 나도 좋은 선물을 드리고 싶습니다.

문제 4 **다음 (1)부터 (2)까지 글을 읽고 질문에 답하세요. 답은 1·2·3·4 중에서 가장 적당한 것을 하나 고르세요..**

해석

(1)

레이와 중학교는 역 바로 근처에 있습니다.
우리 집에서도 걸어서 5분인 곳에 있습니다.
학교의 건물은 올해 새로워졌습니다.
체육관은 작아졌지만, 교정이 넓어졌습니다.

18 **레이와 중학교에 대해서 맞는 것은 어느 것입니까?**

1 레이와 중학교는 우리 집의 옆에 있습니다.
2 레이와 중학교는 역 근처에 있습니다.
3 학교의 체육관이 커졌습니다.
4 학교의 교정이 작아졌습니다.

단어 **中学校**(ちゅうがっこう) 중학교 | **駅**(えき) 역 | **すぐ** 바로, 곧 | **近**(ちか)**く** 근처 | **ある** 있다 | **家**(いえ) 집 | **～からも** ～에서도 | **歩**(ある)**く** 걷다 | **ところ** 곳 | **学校**(がっこう) 학교 | **たてもの** 건물 | **今年**(ことし) 올해, 금년 | **新**(あたら)**しい** 새롭다 | **体育館**(たいいくかん) 체육관 | **小**(ちい)**さい** 작다 | **校庭**(こうてい) 교정 | **広**(ひろ)**い** 넓다 | **～について** ～에 대해서 | **ただしい** 맞다, 바르다 | **となり** 옆, 이웃

해설

레이와 중학교에 대하여 맞는 것을 고르는 문제이다. 선택지 1번은 레이와 중학교는 우리 집 옆에 있다고 했는데, 지문에는 우리 집에서 걸어서 5분인 곳에 있다고 했으므로 틀리다. 선택지 2번은 레이와 중학교는 역의 근처에 있다고 했는데, 지문의 첫 문장에 역 바로 근처에 있다고 했으므로 정답이 된다. 선택지 3번과 4번은 지문과 반대로 말하고 있다.

해석

(2)
(회사에서)
사라 씨의 책상 위에 이 메모와 짐이 있습니다.

사라 씨
오늘 오후 1시 무렵 우체국 사람이 오니까 이 짐을 건네 주세요. 돈도 우체국 사람에게 건네 주세요.
우체국 사람에게 건넬 돈은 오전 11시에 스즈키 씨가 가져와 줄 겁니다.
잘 부탁합니다.

무라카미
7월 7일 10:00

19 **이 메모를 읽고 사라 씨는 처음에 무엇을 합니까?**

1 스즈키 씨에게 돈을 받습니다.
2 스즈키 씨에게 짐과 돈을 받습니다.
3 우체국 사람에게 짐을 건넵니다.
4 우체국 사람에게 짐과 돈을 건넵니다.

단어 **会社**(かいしゃ) 회사 | **机**(つくえ) 책상 | **上**(うえ) 위 | **メモ** 메모 | **にもつ** 짐 | **きょう** 오늘 | **午後**(ごご) 오후 | **ごろ** 무렵, 경 | **ゆうびんきょく** 우체국 | **わたす** 건네다 | **～てください** ～해 주세요 | **お金**(かね) 돈 | **午前**(ごぜん) 오전 | **持**(も)**ってくる** 가져오다 | **～てくれる** ～해 주다 | **よろしく** 잘 | **お願**(ねが)**いする** 부탁하다 | **読**(よ)**む** 읽다 | **はじめに** 처음에 | **もらう** 받다

해설

사라 씨가 처음에 무엇을 하는지를 묻고 있다. 메모의 첫 부분은 오늘 오후 1시 무렵에 사라 씨가 해야 할 일을 적고 있는데, 오전 11시에 우체국 사람에 건낼 돈을 스즈키 씨가 가져와 준다고 했으므로, 정답은 선택지 1번 '스즈키 씨에게 돈을 받습니다'가 된다.

문제 5 **다음 글을 읽고 질문에 답하세요. 답은 1・2・3・4 중에서 가장 적당한 것을 하나 고르세요.**

해석

전국적으로 인플루엔자가 유행하고 있고, 내가 다니고 있는 초등학교도 내일 4월 7일부터 휴일이 되었습니다.
맨 처음은 4월 7일부터 4월 14일까지 휴일이었지만, 4월 17일까지로 바뀌었습니다.
학교의 숙제는 국어, 산수, 음악이 있었지만, 휴일이 길어졌기 때문에 숙제에 미술이 늘었습니다.
담임 선생님부터는 매주 월요일에 전화가 걸려 와서 몸의 상태나 숙제 상태를 이야기하고 있습니다.
오늘은 토요일이라서 모레 다시 전화가 올 예정입니다.

20 이 사람의 학교는 언제까지 휴일입니까?

1 4월 4일
2 4월 7일
3 4월 14일
4 4월 17일

21 이 사람의 담임 선생님은 무슨 요일에 전화합니까?

1 월요일
2 화요일
3 토요일
4 일요일

단어 **全国的**(ぜんこくてき)**に** 전국적으로 | **インフルエンザ** 인플루엔자, 유행성 감기 | **はやる** 유행하다 | **ぼく** 나(남성어) | **かよる** 다니다 | **小学校**(しょうがっこう) 초등학교 | **あした** 내일 | **お休**(やす)**み** 휴식, 휴일 | **最初**(さいしょ) 최초, 맨 처음 | **～までに** ～까지로 | **かわる** 바뀌다 | **宿題**(しゅくだい) 숙제 | **国語**(こくご) 국어 | **算数**(さんすう) 산수 | **音楽**(おんがく) 음악 | **長**(なが)**い** 길다 | **美術**(びじゅつ) 미술 | **増**(ふ)**える** 늘다 | **担任**(たんにん) 담임 | **先生**(せんせい) 선생님 | **毎週**(まいしゅう) 매주 | **月**(げつ)**よう日**(び) 월요일 | **電話**(でんわ) 전화 | **かかってくる** 걸려오다 | **体**(からだ) 몸 | **ようす** 상태, 상황 | **土**(ど)**よう日**(び) 토요일 | **あさって** 모레 | **また** 또, 다시 | **予定**(よてい) 예정 | **いつ** 언제 | **何**(なん)**よう日**(び) 무슨 요일 | **火**(か)**よう日**(び) 화요일 | **日**(にち)**よう日**(び) 일요일

해설

(질문 20) 이 사람의 학교가 언제까지 휴일인지를 묻고 있다. 두 번째 문장에서 '맨 처음은 4월 7일부터 4월 14일까지 휴일이었지만, 4월 17일까지로 바뀌었다'고 했으므로, 정답은 선택지 4번이 된다.
(질문 21) 이 사람의 담임 선생님이 무슨 요일에 전화하는지를 묻고 있다. 끝에서 두 번째 문장에서 '담임 선생님으로부터는 매주 월요일에 전화가 걸려와서 몸의 상태나 숙제 상태를 이야기하고 있다'고 했으므로, 정답은 선택지 1번이 된다.

문제 6 **오른쪽 페이지를 보고 아래의 질문에 답하세요. 답은 1・2・3・4 중에서 가장 적당한 것을 하나 고르세요..**

해석

＊나카노야＊

아침 9:00~밤 10:00
전화 012-345-6789

싸다!
10월 1일 (월) ~ 4일 (목)
달걀 138엔, 티슈페이퍼 320엔

추천!
10월 5일 (금) ~ 8일 (월)
간장 280엔, 토일릿페이퍼 480엔

매주 싸다!
월・화 과일, 야채, 주스
수・목 우유, 고기, 과일
금・토 야채, 생선, 빵

28 나카노야에서 티슈페이퍼와 고기와 과일을 같은 날에 사고 싶습니다. 언제 사면 좋을까요?

1 10월 1일 (월)과 2일 (화)
2 10월 3일 (수)과 4일 (목)
3 10월 5일 (금)과 6일 (토)
4 10월 7일 (일)과 8일 (월)

단어 ティッシュペーパー 티슈페이퍼, 화장지 | 肉(にく) (식용의) 고기 | くだもの 과일 | 同(おな)じだ 같다 | 日(ひ) 날, 일 | 買(か)う 사다 | ～たい ~하고 싶다 | ～ば ~하면 | いい 좋다 | 朝(あさ) 아침 | 夜(よる) 저녁, 밤 | 電話(でんわ) 전화 | たまご 달걀, 계란 | おすすめ 추천 | しょうゆ 간장 | トイレットペーパー 토일릿페이퍼, 화장지 | 毎週(まいしゅう) 매주 | やさい 야채 | ジュース 주스 | 牛乳(ぎゅうにゅう) 우유 | 魚(さかな) 생선 | パン 빵

해설

나카노야에서 티슈페이퍼와 고기와 과일을 같은 날에 사고 싶다고 하면서, 언제가 싼 날인지 묻고 있다. 먼저, 티슈페이퍼는 10월 1일(월)에서 4일(목)까지 팔고 있고, 고기는 수요일과 목요일, 과일은 월요일에서 목요일까지 팔고 있으므로, 다 같이 살 수 있는 날은 수요일과 목요일이 되므로, 정답은 선택지 2번이 된다.

2교시 청해

日本語能力試験　聴解　N５

これからＮ５の聴解試験(ちょうかいしけん)をはじめます。もんだいようしにメモをとってもいいです。もんだいようしをあけてください。もんだいようしのページがないときは手(て)をあげてください。もんだいがよく見(み)えないときも手(て)をあげてください。いつでもいいです。

일본어능력시험 청해 N5

이제부터 N5 청해 시험을 시작하겠습니다. 문제용지에 메모를 해도 됩니다. 문제용지를 펼쳐 주세요. 문제용지의 페이지가 없을 때는 손을 들어 주세요. 문제가 잘 보이지 않을 때도 손을 들어 주세요. 언제든지 괜찮습니다.

もんだい１

もんだい１では、はじめにしつもんをきいてください。それからはなしをきいて、もんだいようしの１から４のなかから、いちばんいいものをひとつえらんでください。
では、れんしゅうしましょう。

문제1

문제1에서는 먼저 질문을 들으세요. 그리고 이야기를 듣고, 문제용지의 1에서 4 중에서 가장 적당한 답을 하나 고르세요. 그럼 연습합시다.

れい

クラスで先生(せんせい)が話(はな)しています。学生(がくせい)は、今日(きょう)家(うち)で、どこを勉強(べんきょう)しますか。

F：では、今日(きょう)は２０(にじゅう)ページまで終(お)わりましたから、２１(にじゅういち)ページは宿題(しゅくだい)ですね。
M：全部(ぜんぶ)ですか。
F：いえ、２１(にじゅういち)ページの１番(いちばん)です。２番(にばん)は、クラスでします。

学生(がくせい)は、今日(きょう)家(うち)で、どこを勉強(べんきょう)しますか。

예

학급에서 선생님이 이야기하고 있습니다. 학생은 오늘 집에서 어디를 공부합니까?

여: 그럼, 오늘은 20페이지까지 끝났기 때문에 21페이지는 숙제네요.
남: 전부입니까?
여: 아니, 21페이지 1번입니다. 2번은 학급에서 하겠습니다.

학생은 오늘 집에서 어디를 공부합니까?

いちばんいいものは３ばんです。かいとうようしのもんだい１のれいのところをみてください。いちばんいいものは３ばんですから、こたえはこのように書きます。
では、はじめます。

가장 적당한 것은 3번입니다. 해답용지의 문제1의 예 부분을 보세요. 가장 적당한 것은 3번이므로 답은 이렇게 씁니다.
그럼 시작하겠습니다.

１ばん

うちで男の人と女の人が話しています。男の人は冷蔵庫から何を出しますか。

M: お腹すいたね。お昼はパンケーキ、どう？
F : いいね、そうしよう。
　じゃあ、冷蔵庫からたまご２つと牛乳出して。
　えっと、小麦粉は……と、ここにあった。
M: 砂糖は？
F : 砂糖もここにある！

男の人は冷蔵庫から何を出しますか。

1번

집에서 남자와 여자가 이야기하고 있습니다. 남자는 냉장고에서 무엇을 꺼냅니까?

남: 배고파. 점심은 팬케이크, 어때?
여: 좋아, 그렇게 하자.
　그럼, 냉장고에서 달걀 2개와 우유 꺼내.
　저어~, 밀가루와……, 여기에 있었다.
남: 설탕은?
여: 설탕도 여기에 있어!

남자는 냉장고에서 무엇을 꺼냅니까?

단어

うち (우리) 집 | **冷蔵庫**(れいぞうこ) 냉장고 | **出**(だ)**す** 내다, 꺼내다 | **お腹**(なか)**がすく** 배가 고프다 | **お昼**(ひる) 점심, 낮 | **パンケーキ** 팬케이크 | **どう** 어떻게 | **そうする** 그렇게 하다 | **じゃあ** 그럼 | **たまご** 달걀, 계란 | **2**(ふた)**つ** 두 개 | **牛乳**(ぎゅうにゅう) 우유 | **えっと** 저어 | **小麦粉**(こむぎこ) 밀가루 | **ここ** 여기, 이곳 | **砂糖**(さとう) 설탕 | **～も** ～도

해설

남자가 냉장고에서 무엇을 꺼내는지를 묻는 문제이다. 팬케이크를 만들기 위해 여자는 남자에게 냉장고에서 달걀 2개와 우유를 꺼내(冷蔵庫からたまご２つと牛乳出して)라고 한다. 그리고 밀가루와 설탕은 여기에 있다고 했으므로, 정답은 1번이 된다.

２ばん

日本語学校で先生が学生に話しています。学生はあしたの午前にどの教室に行きますか。

F : あしたの午前の授業は、クラスに日本人の学生が来ますから、２階にある広い教室で授業をします。ですから、あしたの午前は、２階の３番教室に来てください。午後はいつものように、１階の４番教室で授業をします。

学生はあしたの午前にどの教室に行きますか。

1　１階の３番
2　１階の４番
3　２階の３番
4　２階の４番

2번

일본어학교에서 선생님이 학생에게 이야기하고 있습니다. 학생은 내일 오전에 어느 교실에 갑니까?

여: 내일 오전 수업은 반에 일본인 학생이 오기 때문에, 2층에 있는 넓은 교실에서 수업을 합니다. 그래서 내일 오전은, 2층에 있는 3번 교실로 와 주세요. 오후는 평소와 같이 1층의 4번 교실에서 수업을 합니다.

학생은 내일 오전에 어느 교실에 갑니까?

1　1층의 3번
2　1층의 4번
3　2층의 3번
4　2층의 4번

단어

日本語学校(にほんごがっこう) 일본어학교 | **先生**(せんせい) 선생님 | **学生**(がくせい) 학생 | **あした** 내일 | **日本人**(にほんじん) 일본인 | **どの** 어느 | **教室**(きょうしつ) 교실 | **授業**(じゅぎょう) 수업 | **クラス** 반, 학급 | **2階**(にかい) 2층 | **広**(ひろ)**い** 넓다 | **ですから** 그러므로 | **3番**(さんばん) 3번 | **〜てください** 〜해 주세요 | **午後**(ごご) 오후 | **いつものように** 평소와 같이, 평소처럼 | **1階**(いっかい) 1층 | **4番**(よんばん) 4번

해설

내일 오전에 어디에서 수업을 하는지를 묻는 문제이다. 선생님은 내일 오전 수업에 일본인 학생이 오기 때문에 2층의 3번 교실로 와 달라(あしたの午前は' 2階の3番教室に来てください)고 말하고 있다. 따라서 정답은 3번이 된다.

3ばん

男の人と女の人が話しています。ジョンさんは日本の何が好きですか。

F：はじめまして。森優子です。よろしくお願いします。

M：はじめまして、ジョンです。ぼくはアメリカから来ました。よろしくお願いします。

F：ジョンさんは、日本の音楽やアニメは好きですか。

M：はい、ぼくは日本のアニメが大好きです。

F：アニメが好きなんですね。ジョンさんの好きなアニメは何ですか。

M：名探偵コナンです。

F：名探偵コナン、私も好きです。毎年、マンガや映画が出ています。
あ、4月に新しい映画が出るそうですよ。よかったら一緒に見に行きませんか。

M：ぜひ一緒に行きましょう。

ジョンさんは日本の何が好きですか。

3번

남자와 여자가 이야기하고 있습니다. 존 씨는 일본의 무엇을 좋아합니까?

여: 처음 뵙겠습니다. 모리 유코입니다. 잘 부탁합니다.

남: 처음 뵙겠습니다. 존입니다. 저는 미국에서 왔습니다. 잘 부탁합니다.

여: 존 씨는 일본 음악이나 애니메이션은 좋아합니까?

남: 네, 저는 일본 애니메이션을 매우 좋아합니다.

여: 애니메이션을 좋아하는 군요. 존 씨가 좋아하는 애니메이션은 무엇입니까?

남: 명탐정 코난입니다.

여: 명탐정 코난, 저도 좋아합니다. 매년 만화나 영화가 나오고 있어요.
아, 4월에 새 영화가 나온다고 해요. 괜찮다면 함께 보러 가지 않을래요?

남: 꼭 함께 가요.

존 씨는 일본의 무엇을 좋아합니까?

단어

日本(にほん) 일본 | **好**(す)**きだ** 좋아하다 | **はじめまして** 처음 뵙겠습니다 | **よろしく** 잘 | **お願**(ねが)**いする** 부탁하다 | **ぼく** 나(남성어) | **アメリカ** 미국 | **〜から来**(く)**る** 〜에서 오다 | **音楽**(おんがく) 음악 | **アニメ** 애니메이션 | **大好**(だいす)**きだ** 매우 좋아하다 | **名探偵**(めいたんてい)**コナン** 명탐정 코난 | **毎年**(まいねん・まいとし) 매년 | **マンガ** 만화 | **映画**(えいが) 영화 | **出**(で)**る** 나오다 | **4月**(しがつ) 4월 | **新**(あたら)**しい** 새롭다 | **〜そうだ** 〜라고 한다(전문) | **よかったら** 괜찮다면 | **一緒**(いっしょ)**に** 함께, 같이 | **見**(み)**る** 보다 | **〜に行**(い)**く** 〜하러 가다 | **〜ませんか** 〜하지 않겠습니까? | **ぜひ** 꼭 | **〜きましょう** 〜합시다

해설

존 씨가 일본의 어떤 것을 좋아하는지 묻는 문제이다. 여자가 존 씨에게 일본의 음악이나 애니메이션을 좋아하는지 묻자, 존 씨는 애니메이션을 매우 좋아한다고 했다. 따라서 정답은 2번이 된다.

4ばん

レストランで男の人と女の人が話しています。女の人は何を注文しましたか。

M: ご注文はお決まりでしょうか。
F : きょうのおすすめ料理は何ですか。
M: 本日のおすすめ料理は、サーモンクリームパスタとサーロインステーキになります。
F : あ、じゃあサーロインステーキでお願いします。
M: お飲み物はどうしますか。
F : ホットコーヒーをお願いします。
M: コーヒーですね。コーヒーにミルクとお砂糖はお付けしますか。
F : ミルクだけでけっこうです。
M: かしこまりました。

女の人は何を注文しましたか。

4번

레스토랑에서 남자와 여자가 이야기하고 있습니다. 여자는 무엇을 주문했습니까?

남: 주문은 결정하셨나요?
여: 오늘 추천 요리는 무엇인가요?
남: 오늘의 추천 요리는 연어크림파스타와 등심스테이크입니다.
여: 아, 그럼 등심스테이크로 부탁합니다.
남: 음료는 어떻게 합니까?
여: 뜨거운 커피를 부탁합니다.
남: 커피 말이군요. 커피에 밀크와 설탕은 같이 가져올까요?
여: 밀크만으로 충분합니다.
남: 알겠습니다.

여자는 무엇을 주문했습니까?

단어

レストラン 레스토랑 | **注文(ちゅうもん)する** 주문하다 | **決(き)まり** 정해짐 | **～でしょうか** ～인가요? | **おすすめ** 추천 | **料理(りょうり)** 요리 | **本日(ほんじつ)** 금일, 오늘 | **サーモンクリームパスタ** 연어크림파스타 | **サーロインステーキ** 등심스테이크 | **～になる** ～이 되다 | **お飲(の)み物(もの)** 음료수, 마실 것 | **ホットコーヒー** 핫커피, 뜨거운 커피 | **ミルク** 밀크, 우유 | **お砂糖(さとう)** 설탕 | **お付(つ)けする** 붙이다 | **～だけ** ～만 | **けっこうだ** 충분하다 | **かしこまりました** 잘 알겠습니다

해설

레스토랑에서 여자가 주문하는 것이 무엇인지를 묻는 문제이다. 여자는 금일 추천 요리 중에서 등심스테이크로 부탁하고(じゃあサーロインステーキでお願いします), 마실 것은 뜨거운 커피를 달라(ホットコーヒーをお願いします)고 했다. 남자가 밀크와 설탕을 붙일지 묻자 밀크만으로 충분하다(ミルクだけでけっこうです)고 했으므로, 정답은 4번이 된다.

5ばん

学校のコンサートホールで男の人と女の人が話しています。小川さんの友だちは、どの人ですか。

M: 人がたくさんいますね。小川さんの友だちは、どの人ですか。
F : あそこにいるめがねをかけている人です。
M: 髪の毛の長い女の人ですか。
F : いいえ、髪の毛の短い男の人です。
M: あの人ですか。
F : はい。後で紹介しますね。

小川さんの友だちは、どの人ですか。

5번

학교 콘서트홀에서 남자와 여자가 이야기하고 있습니다. 오가와 씨의 친구는 어느 분입니까?

남: 사람이 많이 있네요. 오가와 씨의 친구는 어느 분입니까?
여: 저기에 있는 안경을 쓴 사람입니다.
남: 머리카락이 긴 여자입니까?
여: 아니요, 머리카락이 짧은 남자입니다.
남: 저 사람(분)입니까?
여: 네. 나중에 소개할게요.

오가와 씨의 친구는 어느 분입니까?

단어

学校(がっこう) 학교 | **コンサートホール** 콘서트홀 | **友(とも)だち** 친구 | **どの** 어느 | **たくさん** 많이 | **あそこ** 저기, 저곳 | **めがねをかける** 안경을 쓰다 | **髪(かみ)の毛(け)** 머리카락 | **長(なが)い** 길다 | **短(みじか)い** 짧다 | **あの** 저 | **後(あと)で** 나중에 | **紹介(しょうかい)する** 소개하다

해설

학교 콘서트홀에서 오가와 씨의 친구를 찾는 문제이다. 남자가 오가와 씨의 친구가 어느 사람인지 묻자, 여자는 안경을 쓰고 있는 사람(めがねをかけている人です)이라고 했다. 남자가 머리카락이 긴 여자인지 묻자, 머리카락이 짧은 남자(髪の毛の短い男の人です)라고 했으므로, 정답은 4번이 된다.

6ばん

男の人と女の人が話しています。男の人はどんな本が好きではありませんか。

F：日曜日は何をしていますか。

M: だいたい家にいて、読書をしています。

F：どんな本が好きですか。

M: ＳＦが好きです。ホラーはあまり好きではありません。
それから、映画を見るのが好きです。

F：私も映画は大好きです。

M: どんな映画が好きですか。

F：ラブコメが好きです。昔はアニメもよく見ていました。

男の人はどんな本が好きではありませんか。

1 ＳＦ
2 ホラー
3 ラブコメ
4 アニメ

6번

남자와 여자가 이야기하고 있습니다. 남자는 어떤 책을 좋아하지 않습니까?

여: 일요일에는 무엇을 하나요?

남: 대개 집에 있고, 독서를 합니다.

여: 어떤 책을 좋아하나요?

남: 공상 과학 소설을 좋아합니다. 호러는 그다지 좋아하지 않습니다.
그리고, 영화 보는 것을 좋아합니다.

여: 저도 영화는 매우 좋아해요.

남: 어떤 영화를 좋아합니까?

여: 러브코미디를 좋아해요. 옛날에는 애니메이션도 자주 봤어요.

남자는 어떤 책을 좋아하지 않습니까?

1 SF(공상 과학 소설)
2 호러(공포물)
3 러브코미디
4 애니메이션

단어

どんな 어떤 | **本**(ほん) 책 | **好**(す)**きだ** 좋아하다 | **日曜日**(にちようび) 일요일 | **だいたい** 대개 | **家**(いえ) 집 | **読書**(どくしょ) 독서 | ＳＦ(**エスエフ**) SF, 공상 과학 소설 | **ホラー** 호러, 공포물 | **あまり～ない** 그다지 ~하지 않다 | **それから** 그리고 | **映画**(えいが) 영화 | **大好**(だいす)**きだ** 매우 좋아하다 | **ラブコメ** 러브코미디 | **昔**(むかし) 옛날 | **アニメ** 애니메이션 | **よく** 자주

해설

남자가 좋아하지 않는 책은 어떤 책인지 묻고 있다. 남자는 어떤 책을 좋아하냐는 여자의 질문에 공상 과학 소설은 좋아하지만, 호러는 그다지 좋아하지 않는다(ＳＦが好きです。ホラーはあまり好きではありません)고 했으므로, 정답은 2번이 된다.

7ばん

男の人と女の人が話しています。この二人はいつ買い物に行きますか。

M: この写真の人はだれですか。

F：私の姉です。

M: お姉さん、やさしそうな方ですね。

F：はい、姉はやさしいです。週末によく買い物に一緒に行きます。

M: いいですね。買い物は好きですか。

7번

남자와 여자가 이야기하고 있습니다. 이 두 사람은 언제 쇼핑을 하러 갑니까?

남: 이 사진 속의 사람은 누구입니까?

여: 저희 언니예요.

남: 언니 분 상냥할 것 같은 분이네요.

여: 네, 언니는 상냥해요. 주말에 자주 쇼핑 하러 같이 가요.

남: 좋네요. 쇼핑은 좋아합니까?

F：はい、好きです。
M：じゃあ、今度の金曜日に買い物に行きませんか。
F：金曜日は仕事があって……木曜日なら大丈夫です。
M：じゃあ、木曜日に！

この二人はいつ買い物に行きますか。

여: 네, 좋아해요.
남: 그럼, 이번 금요일에 쇼핑 하러 가지 않겠습니까?
여: 금요일은 일이 있어서……, 목요일이라면 괜찮아요.
남: 그럼, 목요일에!

이 두 사람은 언제 쇼핑을 하러 갑니까?

단어

二人(ふたり) 두 사람 | **いつ** 언제 | **買**(か)い**物**(もの) 쇼핑 | **～に行**(い)**く** ～하러 가다 | **写真**(しゃしん) 사진 | **だれ** 누구 | **姉**(あね) 언니, 누나 | **お姉**(ねえ)**さん** 언니, 누나 | **やさしい** 상냥하다, 부드럽다 | **～そうだ** ～인 듯하다, ～인 것 같다 | **方**(かた) 분 | **週末**(しゅうまつ) 주말 | **よく** 자주, 잘 | **一緒**(いっしょ)**に** 함께, 같이 | **じゃあ** 그럼 | **今度**(こんど) 이번 | **金曜日**(きんようび) 금요일 | **～ませんか** ～하지 않겠습니까? | **仕事**(しごと) 일, 업무 | **木曜日**(もくようび) 목요일 | **～なら** ～라면 | **大丈夫**(だいじょうぶ)**だ** 괜찮다

해설

두 사람이 언제 쇼핑 하러 가는지를 묻고 있다. 남자가 이번 금요일에 쇼핑 하러 가지 않겠냐고 하자, 여자는 금요일은 일이 있고, 목요일이라면 괜찮다(金曜日は仕事があって……木曜日なら大丈夫です)고 했다. 따라서 정답은 1번이 된다.

もんだい２

もんだい２では、はじめにしつもんをきいてください。それからはなしをきいて、もんだいようしの１から４のなかから、いちばんいいものをひとつえらんでください。
では、れんしゅうしましょう。

문제2

문제2에서는 처음에 질문을 들어 주세요. 그리고 이야기를 듣고, 문제용지의 1에서 4 중에서 가장 알맞은 것을 하나 골라 주세요.
그럼, 연습합시다.

れい

男男の人と女の人が話しています。男の人は昨日、どこへ行きましたか。男の人です。

M：山田さん、昨日どこかへ行きましたか。
F：図書館へ行きました。
M：駅のそばの図書館ですか。
F：はい。
M：僕は山川デパートへ行って、買い物をしました。
F：え、私も昨日の夜、山川デパートのレストランへ行きましたよ。
M：そうですか。

男の人は昨日、どこへ行きましたか。

1 としょかん
2 えき
3 デパート
4 レストラン

예

남자와 여자가 이야기하고 있습니다. 남자는 어제 어디에 갔습니까? 남자입니다.

남: 야마다 씨 어제 어딘가에 갔습니까?
여: 도서관에 갔습니다.
남: 역 옆의 도서관입니까?
여: 네.
남: 나는 야마카와 백화점에 가서, 쇼핑을 했습니다.
여: 어머, 나도 어젯밤 야마카와 백화점의 레스토랑에 갔었어요.
남: 그렇습니까?

남자는 어제 어디에 갔습니까?

1 도서관
2 역
3 백화점
4 레스토랑

いちばんいいものは３ばんです。かいとうようしのもんだい２のれいのところを見てください。いちばんいいものは３ばんですから、こたえはこのように書きます。
では、はじめます。

가장 적당한 것은 3번입니다. 해답용지의 문제2의 예 부분을 보세요. 가장 적당한 것은 3번이므로 답은 이렇게 씁니다.
그럼 시작하겠습니다.

１ばん

男の人と女の人が話しています。男の人は、いつ引っ越しますか。

F：田中さん。新しい家はどうですか。
M：え？ぼく引っ越していませんよ。
F：あれ？先週、来週引っ越しがあるって言ってたから…。
M：ああ、両親です。ちょうど今週引っ越しました。
ぼくもそろそろ引っ越しをしたいですけど。
今年は無理そうで、来年の春には引っ越したいです。

男の人は、いつ引っ越しますか。

1 今週
2 来週
3 今年
4 来年の春

1번

남자와 여자가 이야기하고 있습니다. 남자는 언제 이사합니까?

여: 다나카 씨. 새 집은 어때요?
남: 네? 저 이사하지 않았어요.
여: 어? 지난주, 다음 주 이사가 있다고 했었기 때문에…….
남: 아아, 부모님입니다. 마침 이번 주 이사했어요.
저도 이제 슬슬 이사를 하고 싶지만.
올해는 무리일 것 같고, 내년 봄에는 이사하고 싶어요.

남자는 언제 이사합니까?

1 이번 주
2 다음 주
3 올해
4 내년 봄

단어

いつ 언제 | **引(ひ)っ越(こ)す** 이사하다 | **新(あたら)しい** 새롭다 | **家(いえ)** 집 | **ぼく** 나(남성어) | **先週(せんしゅう)** 지난주 | **来週(らいしゅう)** 다음 주 | **引(ひ)っ越(こ)し** 이사 | **～って** ～라고 | **言(い)う** 말하다 | **～から** ～때문에 | **両親(りょうしん)** 부모님 | **ちょうど** 마침, 알맞게 | **今週(こんしゅう)** 이번 주 | **そろそろ** 이제 슬슬 | **～たい** ～하고 싶다 | **～けど** ～이지만 | **今年(ことし)** 금년, 올해 | **無理(むり)** 무리 | **～そうだ** ～인 듯하다, ～인 것 같다 | **来年(らいねん)** 내년 | **春(はる)** 봄

해설

남자가 언제 이사하는지를 묻고 있다. 마지막에 남자는 자기도 이제 슬슬 이사를 생각해야 한다고 하면서 올해는 무리일 것 같고, 내년 봄에는 이사하고 싶다(今年は無理そうで、来年の春には引っ越したいです)고 했다. 따라서 정답은 4번이 된다.

２ばん

男の人と女の人が話しています。女の人は大学生の時に、何を習いましたか。

M：すごい楽器の数ですね！
F：小さい時からいろいろな楽器を習ってきたので、ちょっと多いです。
M：最初に習ったのは何ですか。
F：ピアノです。
ピアノの次にバイオリン、高校生の時にトランペットを習いました。
それから、大学でギターを習いました。

2번

남자와 여자가 이야기하고 있습니다. 여자는 대학생일 때 무엇을 배웠습니까?

남: 악기의 수가 굉장하네요!
여: 어렸을 때부터 여러 가지 악기를 배워 왔기 때문에, 좀 많습니다.
남: 맨 처음에 배운 것은 무엇인가요?
여: 피아노입니다.
피아노 다음에 바이올린, 고등학생 때 트럼펫을 배웠어요.
그 다음에 대학에서 기타를 배웠어요.

M: すごいですね！ぼくも習いたくなりました。

남: 대단하네요! 저도 배우고 싶어졌어요.

女の人は大学生の時に、何を習いましたか。

여자는 대학생일 때 무엇을 배웠습니까?

단어

大学生(だいがくせい) 대학생 | **時**(とき) 때 | **習**(なら)**う** 배우다 | **すごい** 굉장하다, 대단하다 | **楽器**(がっき) 악기 | **数**(かず) 수, 숫자 | **小**(ちい)**さい** 작다, 어리다 | **いろいろな** 여러 가지 | **〜てくる** 〜해 오다 | **ちょっと** 좀 | **多**(おお)**い** 많다 | **最初**(さいしょ)**に** 최초에, 맨 처음에 | **ピアノ** 피아노 | **次**(つぎ) 다음 | **バイオリン** 바이올린 | **高校生**(こうこうせい) 고등학생 | **トランペット** 트럼펫 | **それから** 그 다음에, 그리고 | **ギター** 기타 | **ぼく** 나(남성어) | **〜たくなる** 〜하고 싶어지다

해설

여자가 대학생일 때 무엇을 배웠는지를 묻고 있다. 여자는 어렸을 때부터 여러 악기를 배워 왔다고 하면서 대학에서는 기타를 배웠다(大学でギターを習いました)고 했다. 따라서 정답은 4번이 된다.

3ばん

日本語学校で男の学生が話しています。男の学生は夏休みにどこに行きましたか。

M: ぼくはにぎやかなまちより、海や山のような自然がたくさんあるところが好きです。
この夏休みには学校の友だちと山へ遊びに行きました。
海や川も行きたかったですが、夏の海は人が多いですから、冬に行くことにしました。
バーベキューをしたり、花火をしたりしました。
とても楽しかったです。

男の学生は夏休みにどこに行きましたか。

1 にぎやかな　まち
2 山
3 川
4 海

3번

일본어학교에서 남학생이 이야기하고 있습니다. 남학생은 여름 방학에 어디에 갔습니까?

남: 나는 번화한 시내보다 바다나 산과 같은 자연이 많은 곳을 좋아합니다.
이번 여름 방학에는 학교 친구와 산에 놀러 갔습니다.
바다나 강도 가고 싶었지만, 여름 바다는 사람이 많아서 겨울에 가기로 했습니다.
바베큐를 하기도 하고 불꽃놀이를 하기도 했습니다. 아주 즐거웠습니다.

남학생은 여름 방학에 어디에 갔습니까?

1 번화한 시내
2 산
3 강
4 바다

단어

日本語学校(にほんごがっこう) 일본어학교 | **男**(おとこ) 남자 | **夏休**(なつやす)**み** 여름 방학 | **にぎやかだ** 번화하다, 떠들썩하다 | **まち** 시내, 거리 | **〜より** 〜보다 | **海**(うみ) 바다 | **山**(やま) 산 | **〜のような** 〜와 같은 | **自然**(しぜん) 자연 | **たくさん** 많이 | **ところ** 곳, 장소 | **好**(す)**きだ** 좋아하다 | **友**(とも)**だち** 친구 | **遊**(あそ)**ぶ** 놀다 | **〜に行**(い)**く** 〜하러 가다 | **川**(かわ) 강 | **夏**(なつ) 여름 | **多**(おお)**い** 많다 | **冬**(ふゆ) 겨울 | **〜ことにする** 〜하기로 하다 | **バーベキュー** 바베큐 | **〜たり〜たりする** 〜하기도 하고 〜하기도 하다 | **花火**(はなび) 불꽃놀이 | **とても** 아주, 대단히 | **楽**(たの)**しい** 즐겁다

해설

남학생이 여름 방학에 간 곳을 묻는 문제이다. 이번 여름 방학에는 학교 친구와 산에 놀러 갔다(この夏休みには学校の友だちと山へ遊びに行きました)고 했다. 따라서 정답은 2번이 된다.

4ばん

電話で女の人とお店の人が話しています。女の人はお店に何を忘れましたか。

F：もしもし？あの、先ほどカフェに行ったんですが、帽子を置いてきたみたいで。
すみませんが、カフェにあるか確認できますか。

M：わかりました。少々お待ちください。
確認してきました。
きょうは手袋とサングラスとかさの忘れ物はありますが、帽子はありません。

F：そうですか。もし見つかったらお電話もらえますか。

M：はい、わかりました。見つかったらお電話します。

F：よろしくお願いします。

女の人はお店に何を忘れましたか。

4번

전화로 여자와 점원이 이야기하고 있습니다. 여자는 가게에 무엇을 잊고 왔습니까?

여: 여보세요? 저, 조금 전 카페에 갔었는데, 모자를 두고 온 것 같아서.
미안하지만, 카페에 있는지 확인할 수 있습니까?

남: 알겠습니다. 잠시 기다려 주세요.
확인하고 왔습니다.
오늘은 장갑과 선글라스와 우산의 분실물은 있지만, 모자는 없습니다.

여: 그렇습니까? 만약 발견되면 전화 받을 수 있을까요?

남: 네, 알겠습니다. 발견되면 전화하겠습니다.

여: 잘 부탁합니다.

여자는 가게에 무엇을 잊고 왔습니까?

단어

電話(でんわ) 전화 | **お店**(みせ)**の人**(ひと) 점원 | **忘**(わす)**れる** 잊다, 잊고 오다 | **もしもし** 여보세요 | **あの** 저 | **先**(さき)**ほど** 조금 전 | **カフェ** 카페 | **帽子**(ぼうし) 모자 | **置**(お)**く** 놓다, 두다 | **～てくる** ~하고 오다 | **～みたいだ** ~같다 | **すみませんが** 미안하지만 | **確認**(かくにん) 확인 | **できる** 할 수 있다, 가능하다 | **少々**(しょうしょう) 잠깐 | **お待**(ま)**ちください** 기다려 주세요 | **きょう** 오늘 | **手袋**(てぶくろ) 장갑 | **サングラス** 선글라스 | **かさ** 우산 | **忘**(わす)**れ物**(もの) 분실물 | **もし** 만약 | **見**(み)**つかる** 발견되다 | **～たら** ~하면 | **もらえる** 받을 수 있다 | **よろしく** 잘 | **お願**(ねが)**いする** 부탁하다

해설

여자가 가게에 잊고 두고 온 것이 무엇인지를 묻는 문제이다. 여자는 조금 전 카페에 갔는데, 모자를 두고 온 것 같다(先ほどカフェに行ったんですが、帽子を置いてきたみたいで)고 하면서 카페에 있는지 확인을 요청하고 있다. 따라서 정답은 1번이 된다.

5ばん

空港で男の人と女の人が話しています。男の人はどこにとまりますか。

F：パスポートを見せてください。

M：どうぞ。

F：日本には仕事で来ましたか。それとも遊びで来ましたか。

M：観光です。友だちに会いに来ました。

F：何回この国に来たことがありますか。

M：３回目です。

F：いつまでとまる予定ですか。

M：６日間です。

F：どこにとまりますか。

M：ホテルです。

5번

공항에서 남자와 여자가 이야기하고 있습니다. 남자는 어디에 머무릅니까?

여: 여권을 보여 주세요.

남: 여기요.

여: 일본에는 업무차 왔습니까? 아니면 놀러 왔습니까?

남: 관광입니다. 친구를 만나러 왔습니다.

여: 몇 번 이 나라에 온 적이 있습니까?

남: 3번째입니다.

여: 언제까지 머무를 예정입니까?

남: 6일간입니다.

여: 어디에 머무릅니까?

남: 호텔입니다.

男の人はどこにとまりますか。

1 空港
2 観光バス
3 友だちの家
4 ホテル

남자는 어디에 머무릅니까?

1 공항
2 관광 버스
3 친구 집
4 호텔

단어

空港(くうこう) 공항 | **とまる** 머무르다 | **パスポート** 여권, 패스포트 | **見**(み)**せる** 보이다 | **～てください** ～해 주세요 | **どうぞ** 여기요 | **仕事**(しごと) 일, 업무 | **～で** ～으로(이유) | **それとも** 아니면, 혹은 | **観光**(かんこう) 관광 | **会**(う) 만나다 | **～に来**(く)**る** ～하러 오다 | **何回**(なんかい) 몇 번 | **国**(くに) 나라, 국가 | **～たことがある** ～한 적이 있다 | **～回目**(かいめ) ～번째 | **予定**(よてい) 예정 | **6日間**(むいかかん) 6일간 | **ホテル** 호텔 | **バス** 버스 | **家**(いえ) 집

해설

일본에 온 남자가 어디에 머무르는지를 묻는 문제이다. 여자는 남자가 일본에 온 목적과 방문 횟수, 머무르는 기간을 질문하면서 마지막에 어디에 머무르는지(どこにとまりますか)를 묻고 있다. 남자는 호텔(ホテルです)이라고 했으므로 정답은 4번이 된다.

6ばん

男の人と女の人が話しています。男の人のスマホはどこにありますか。

M: テーブルの上にあるぼくのスマホ、取ってくれない？
F : テーブルの上？ないわよ。
M: え？じゃあ、いすに置いたっけ？
F : いすにもない。ポケットの中じゃない？
M: このズボン、ポケットないよ。
F : じゃあ、どこなんだろう？ちょっと電話してみるね。
M: あ、かばんの中からだ！
F : もう！しっかりしてよね。

男の人のスマホはどこにありますか。

1 テーブルの上
2 いすの上
3 ポケットの中
4 かばんの中

6번

남자와 여자가 이야기하고 있습니다. 남자의 스마트폰은 어디에 있습니까?

남: 테이블 위에 있는 내 스마트폰, 집어 주지 않을래?
여: 테이블 위? 없어.
남: 어? 그럼, 의자에 놓았던가?
여: 의자에도 없어. 호주머니 안 아니야?
남: 이 바지 호주머니 없어.
여: 그럼, 어디란 말일까? 잠시 전화해 볼게.
남: 아, 가방 안에서야!
여: 정말! 정신 차려.

남자의 스마트폰은 어디에 있습니까?

1 테이블 위
2 의자 위
3 호주머니 속
4 가방 속

단어

スマホ 스마트폰 | **テーブル** 테이블 | **上**(うえ) 위 | **取**(と)**る** 집다, 들다 | **～てくれる** (남이 나에게) ～해 주다 | **ない** 없다 | **いす** 의자 | **置**(お)**く** 놓다, 두다 | **～っけ** ～던가 | **ポケット** 호주머니, 포켓 | **中**(なか) 안, 속 | **～じゃない** ～이 아니다 | **ズボン** 바지 | **～だろう** ～일까? | **ちょっと** 잠시 | **電話**(でんわ)**する** 전화하다 | **～てみる** ～해 보다 | **かばん** 가방 | **もう** 정말 | **しっかりする** 정신 차리다

해설

남자의 스마트폰이 어디에 있는지를 묻는 문제이다. 남자는 여자에게 자신의 스마트폰을 집어 달라고 하면서도 스마트폰이 어디에 있는지를 모르고 있다. 결국 여자가 전화를 해 보고 나서(ちょっと電話してみるね), 스마트폰이 가방 안에 있다는 것(あ、かばんの中からだ！)을 알 수 있었다. 따라서 정답은 4번이 된다.

もんだい３

もんだい３では、えをみながらしつもんをきいてください。➡（やじるし）のひとはなんといいますか。１から３のなかから、いちばんいいものをひとつえらんでください。
でな、れんしゅうしましょう。

문제3

문제3에서는 그림을 보면서 질문을 들어 주세요. ➡(화살표) 한 사람은 뭐라고 말합니까? 1에서 3 중에서 가장 알맞은 것을 하나 골라 주세요.
그럼, 연습합시다.

れい

レストランでお店(みせ)の人(ひと)を呼(よ)びます。何(なん)と言(い)いますか。

F：1 いらっしゃいませ。
　2 失礼(しつれい)しました。
　3 すみません。

いちばんいいものは３ばんです。かいとうようしのもんだい３のれいのところをみてください。いちばんいいものは３ばんですから、こたえはこのようにかきます。
では、はじめます。

예

레스토랑에서 점원을 부릅니다. 뭐라고 말합니까?

여：1 어서 오세요.
　2 실례했습니다.
　3 여기요.

가장 적당한 것은 3번입니다. 해답용지의 문제3의 예 부분을 보세요. 가장 적당한 것은 3번이므로 답은 이렇게 씁니다.
그럼 시작하겠습니다.

1ばん

きょうは先生(せんせい)の誕生日(たんじょうび)です。先生(せんせい)に何(なん)と言(い)いますか。

M：1 おめでとうございます。
　2 ありがとうございます。
　3 どういたしまして。

1번

오늘은 선생님의 생일입니다. 선생님께 뭐라고 말합니까?

남：1 축하합니다.
　2 고맙습니다.
　3 천만에요.

단어

きょう 오늘 | **先生(せんせい)** 선생님 | **誕生日(たんじょうび)** 생일, 생신 | **おめでとうございます** 축하합니다 | **ありがとうございます** 고맙습니다 | **どういたしまして** 천만에요

해설

생일을 맞이한 선생님께 하는 말을 찾는 문제이다. 정답은 1번 '축하합니다'가 된다. 2번은 감사의 인사말이고, 3번은 감사의 인사말을 들었을 때 하는 말이다.

2ばん

郵便局(ゆうびんきょく)で切手(きって)を買(か)います。何(なん)と言(い)いますか。

M：1 切手(きって)をください。
　2 切手(きって)をどうぞ。
　3 切手(きって)を買(か)いますか。

2번

우체국에서 우표를 삽니다. 뭐라고 말합니까?

남：1 우표를 주세요.
　2 우표를 사용하세요.
　3 우표를 삽니까?

단어

郵便局(ゆうびんきょく) 우체국 | **切手(きって)** 우표 | **買(か)う** 사다 | **～をください** ～을 주세요 | **どうぞ** 그렇게 하세요, 사용하세요

해설

우체국에서 우표를 살 때 하는 말을 찾는 문제이다. 정답은 선택지 1번 '우표를 주세요'가 된다. 2번은 우표를 사용해도 된다는 승낙이고, 3번은 우체국 직원이 하는 말이다.

3ばん

パン屋さんでパンを買います。お店の人に何と言いますか。

F：1 このパン、ください。
2 このパン、買ってください。
3 このパン、買いますか。

3번

빵 가게에서 빵을 삽니다. 점원에게 뭐라고 말합니까?

여：1 이 빵, 주세요.
2 이 빵, 사 주세요.
3 이 빵, 삽니까?

단어

パン屋(や)さん 빵 가게 | **パン** 빵 | **買(か)う** 사다 | **お店(みせ)の人(ひと)** 점원 | **ください** 주세요 | **～てください** ～해 주세요

해설

빵 가게에서 빵을 살 때 점원에게 하는 말을 찾는 문제이다. 정답은 1번 '이 빵, 주세요'가 된다. 2번은 빵을 사 달라고 요청하는 말이고, 3번은 점원이 손님에게 빵을 살 것인지 묻는 말이다.

4ばん

雨が降っています。会社の人にかさを貸します。何と言いますか。

M：1 かさを貸しますか。
2 かさを借りましょうか。
3 これ、使ってください。

4번

비가 내리고 있습니다. 회사 사람에게 우산을 빌려 줍니다. 뭐라고 말합니까?

남：1 우산을 빌려줍니까?
2 우산을 빌릴까요?
3 이거 사용하세요.

단어

雨(あめ) 비 | **ふる** (눈, 비 등이) 내리다 | **会社(かいしゃ)** 회사 | **かさ** 우산 | **貸(か)す** 빌려주다 | **借(か)りる** 빌리다 | **～ましょうか** ～할까요? | **使(つか)う** 사용하다 | **～てください** ～해 주세요

해설

우산이 없는 회사 사람에게 우산을 빌려 줄 때 하는 말을 찾는 문제로, 3번 '이거 사용해 주세요'가 정답이 된다. 1번은 우산이 없는 사람이 있는 사람에게 우산을 빌려 주는지 묻는 말이고, 2번은 우산이 없는 사람이 우산을 빌리자고 할 때 하는 말이다.

5ばん

朝、先生に会いました。何と言いますか。

F：1 すみません。
2 おはようございます。
3 さようなら。

5번

아침에 선생님을 만났습니다. 뭐라고 말합니까?

여：1 미안합니다.
2 안녕하세요.
3 안녕히 가세요.

단어

朝(あさ) 아침 | **先生(せんせい)** 선생님 | **会(あ)う** 만나다 | **すみません** 미안합니다 | **おはようございます** 안녕하세요(아침 인사) | **さようなら** 안녕히 가세요, 안녕히 계세요

해설

아침에 선생님을 만났을 때 하는 말을 찾는 문제이다. 아침 인사말을 찾으면 된다. 정답은 2번 '안녕하세요'가 된다. 1번은 사과의 인사말이고, 3번은 헤어질 때 인사말이다.

もんだい４

もんだい４は、えなどがありません。ぶんをきいて、１から３のなかから、いちばんいいものをひとつえらんでください。
でな、れんしゅうしましょう。

れい

F：お国はどちらですか。
M：1 あちらです。
2 アメリカです。
3 部屋です。

いちばんいいものは２ばんです。かいとうようしのもんだい４のれいのところをみてください。いちばんいいものは２ばんですから、こたえはこのようにかきます。
では、はじめます。

문제 4

문제4는 그림 등이 없습니다. 문장을 듣고, 1에서 3 중에서 가장 알맞은 것을 하나 골라 주세요.
그럼 연습합시다.

예

여 : 고향은 어디십니까?
남 : 1 저쪽입니다.
2 미국입니다.
3 방입니다.

가장 적당한 것은 2번입니다. 해답용지의 문제4의 예 부분을 보세요. 가장 적당한 것은 2번이므로 답은 이렇게 씁니다.
그럼 시작하겠습니다.

１ばん

M：この部屋、ちょっと暑くないですか。
F：1 それがいいですね。
2 エアコンをつけましょうか。
3 あ、さむかったですか。

1번

남 : 이 방, 좀 덥지 않습니까?
여 : 1 그게 좋네요.
2 에어컨을 켤까요?
3 아, 추웠습니까?

단어

部屋(へや) 방 | **ちょっと** 좀, 조금 | **暑**(あつ)**い** 덥다 | **いい** 좋다 | **エアコン** 에어컨 | **つける** 켜다 | **~ましょうか** ~할까요? | **さむい** 춥다

해설

방이 좀 덥지 않냐고 묻는 말에 대한 응답으로 2번 '에어컨을 켤까요?'가 정답이 된다. 1번은 어떤 의견에 대한 긍정의 말이다.

２ばん

M：毎日何で学校へ行きますか。
F：1 自転車です。
2 １０分ぐらいです。
3 いつもひとりで行きます。

2번

남 : 매일 어떻게 학교에 갑니까?
여 : 1 자전거입니다.
2 10분 정도입니다.
3 항상 혼자서 갑니다.

단어

毎日(まいにち) 매일 | **何**(なに)**で** 어떻게, 무엇으로 | **学校**(がっこう) 학교 | **自転車**(じてんしゃ) 자전거 | **ぐらい** 정도 | **いつも** 언제나, 항상, 평소 | **ひとりで** 혼자서

해설

매일 학교에 어떻게 가는지를 묻고 있으므로, 1번 '자전거입니다'가 정답이 된다. 2번은 시간이 어느 정도 걸리는지에 대한 응답이고, 3번은 누구와 함께 가는지에 대한 응답이다.

3ばん

F：田中(たなか)さんは兄弟(きょうだい)がいますか。
M：1 はい、一人(ひとり)っ子(こ)です。
2 はい、高校生(こうこうせい)です。
3 いいえ、いません。

3번

여 : 다나카 씨는 형제가 있습니까?
남 : 1 네, 외동이입니다.
2 네, 고등학생입니다.
3 아니요, 없습니다.

단어

兄弟(きょうだい) 형제 | **いる** 있다 | **一人**(ひとり)っ**子**(こ) 독자, 외동이 | **高校生**(こうこうせい) 고등학생

해설

다나카 씨에게 형제가 있는지를 묻고 있다. 응답은 3번 '아니요, 없습니다'가 정답이 된다. 1번은 형제가 없는지를 물었을 때의 응답이다.

4ばん

M：マリアさん、冬休(ふゆやす)みはいつからですか。
F：1 先週(せんしゅう)から夏休(なつやす)みです。
2 今週(こんしゅう)からです。
3 来週(らいしゅう)行(い)きます。

4번

남 : 마리아 씨, 겨울 방학은 언제부터입니까?
여 : 1 지난주부터 여름 방학입니다.
2 이번 주부터입니다.
3 다음 주 갑니다.

단어

冬休(ふゆやす)**み** 겨울 방학, 겨울 휴가 | **いつ** 언제 | **～から** ～부터 | **先週**(せんしゅう) 지난주 | **夏休**(なつやす)**み** 여름 방학, 여름 휴가 | **今週**(こんしゅう) 이번 주 | **来週**(らいしゅう) 다음 주

해설

마리아 씨의 겨울 방학이 언제부터인지를 묻고 있으므로, 응답은 2번 '이번 주부터입니다'가 정답이 된다. 3번은 여행이나 휴가를 언제 가느냐에 대한 응답이다.

5ばん

M：あなたの弟(おとうと)は何歳(なんさい)ですか。
F：1 １４歳(じゅうよんさい)の時(とき)です。
2 １４歳(じゅうよんさい)になります。
3 １４歳(じゅうよんさい)のころに習(なら)いました。

5번

남 : 당신 남동생은 몇 살입니까?
여 : 1 14살 때입니다.
2 14살입니다.
3 14살 무렵에 배웠습니다.

단어

あなた 당신 | **弟**(おとうと) 남동생 | **何歳**(なんさい) 몇 살 | **～歳**(さい) ～살, ～세 | **時**(とき) 때 | **～になる** ～이 되다, ～이다 | **ころ** 무렵, 쯤 | **習**(なら)**う** 배우다

해설

남동생의 나이에 대한 질문을 받았을 때의 응답은 2번 '14살입니다'가 정답이 된다.

6ばん

M：これは誰(だれ)のノートですか。
F：1 私(わたし)もです。
2 木村(きむら)さんはどこにいますか。
3 わかりません。

6번

남 : 이것은 누구의 노트입니까?
여 : 1 저도입니다.
2 기무라 씨는 어디에 있습니까?
3 모르겠습니다.

단어

誰(だれ) 누구 | **ノート** 노트 | **私**(わたし) 나 | **～も** ～도 | **どこ** 어디 | **わかる** 알다, 이해하다

해설

노트가 누구의 것인지를 묻고 있으므로, 응답은 3번 '모르겠습니다'가 정답이 된다.

にほんごのうりょくしけん　かいとうようし

N5 실전모의테스트 1회

げんごちしき（もじ・ごい）

じゅけんばんごう Examinee Registration Number	

なまえ Name	

〈ちゅうい Notes〉

1. くろい えんぴつ（HB、No.2）で かいて ください。（ペンや ボールペンでは かかないで ください。）
   Use a black medium soft (HB or No.2) pencil.
   (Do not use any kind of pen.)
2. かきなおす ときは、けしゴムで きれいに けして ください。
   Erase any unintended marks completely.
3. きたなく したり、おったり しないで ください。
   Do not soil or bend this sheet.
4. マークれい Marking examples

よい れい Correct Example	わるい れい Incorrect Examples
●	⊘○○◎⊜◐●

もんだい 1				
1	①	②	③	④
2	①	②	③	④
3	①	②	③	④
4	①	②	③	④
5	①	②	③	④
6	①	②	③	④
7	①	②	③	④

もんだい 2				
8	①	②	③	④
9	①	②	③	④
10	①	②	③	④
11	①	②	③	④
12	①	②	③	④

もんだい 3				
13	①	②	③	④
14	①	②	③	④
15	①	②	③	④
16	①	②	③	④
17	①	②	③	④
18	①	②	③	④

もんだい 5				
19	①	②	③	④
20	①	②	③	④
21	①	②	③	④

にほんごのうりょくしけん　かいとうようし

N5 실전모의테스트 1회

げんごちしき（ぶんぽう）・どっかい

じゅけんばんごう Examinee Registration Number		なまえ Name	

〈ちゅうい Notes〉
1. くろい えんぴつ（HB、No2）で かいて ください。（ペンや ボールペンでは かかないで ください。）
Use a black medium soft (HB or No.2) pencil. (Do not use any kind of pen.)
2. かきなおす ときは、けしゴムで きれいに けして ください。
Erase any unintended marks completely.
3. きたなく したり、おったり しないで ください。
Do not soil or bend this sheet.
4. マークれい Marking examples

よい れい Correct Example	わるい れい Incorrect Examples
●	⊘ ◯ ◯ ⓞ ⊖ ◐ ●

もんだい 1				
1	①	②	③	④
2	①	②	③	④
3	①	②	③	④
4	①	②	③	④
5	①	②	③	④
6	①	②	③	④
7	①	②	③	④
8	①	②	③	④
9	①	②	③	④
もんだい 2				
10	①	②	③	④
11	①	②	③	④
12	①	②	③	④
13	①	②	③	④

もんだい 3				
14	①	②	③	④
15	①	②	③	④
16	①	②	③	④
17	①	②	③	④
もんだい 4				
18	①	②	③	④
19	①	②	③	④
もんだい 5				
20	①	②	③	④
21	①	②	③	④
もんだい 6				
22	①	②	③	④

にほんごのうりょくしけん　かいとうようし

N5 실전모의테스트 1회

ちょうかい

じゅけんばんごう Examinee Registration Number	

なまえ Name	

〈ちゅうい Notes〉

1. くろい えんぴつ (HB、No2) で かいて ください。(ペンや ボールペンでは かかないで ください。) Use a black medium soft (HB or No.2) pencil. (Do not use any kind of pen.)
2. かきなおす ときは、けしゴムで きれいに けして ください。 Erase any unintended marks completely.
3. きたなく したり、おったり しないで ください。 Do not soil or bend this sheet.
4. マークれい Marking examples

よい れい Correct Example	わるい れい Incorrect Examples
●	⊘ ◯ ◯ ⦶ ⊜ ◐ ●

もんだい 1

れい	①	②	●	④
1	①	②	③	④
2	①	②	③	④
3	①	②	③	④
4	①	②	③	④
5	①	②	③	④
6	①	②	③	④
7	①	②	③	④

もんだい 2

れい	①	②	●	④
1	①	②	③	④
2	①	②	③	④
3	①	②	③	④
4	①	②	③	④
5	①	②	③	④
6	①	②	③	④

もんだい 3

れい	①	②	●
1	①	②	③
2	①	②	③
3	①	②	③
4	①	②	③
5	①	②	③

もんだい 4

れい	①	●	③
1	①	②	③
2	①	②	③
3	①	②	③
4	①	②	③
5	①	②	③
6	①	②	③

にほんごのうりょくしけん　かいとうようし

N5 실전모의테스트 2회

げんごちしき（もじ・ごい）

じゅけんばんごう Examinee Registration Number	

なまえ Name	

〈ちゅうい Notes〉

1. くろい えんぴつ（HB、No2）で かいて ください。（ペンや ボールペンでは かかないで ください。）
   Use a black medium soft (HB or No.2) pencil.
   (Do not use any kind of pen.)
2. かきなおす ときは、けしゴムで きれいに けして ください。
   Erase any unintended marks completely.
3. きたなく したり、おったり しないで ください。
   Do not soil or bend this sheet.
4. マークれい Marking examples

よい れい Correct Example	わるい れい Incorrect Examples
●	⊘ ○ ○ ⦶ ⊜ ⦶ ●

もんだい 1				
1	①	②	③	④
2	①	②	③	④
3	①	②	③	④
4	①	②	③	④
5	①	②	③	④
6	①	②	③	④
7	①	②	③	④
もんだい 2				
8	①	②	③	④
9	①	②	③	④
10	①	②	③	④
11	①	②	③	④
12	①	②	③	④

もんだい 3				
13	①	②	③	④
14	①	②	③	④
15	①	②	③	④
16	①	②	③	④
17	①	②	③	④
18	①	②	③	④
もんだい 5				
19	①	②	③	④
20	①	②	③	④
21	①	②	③	④